suhrkamp taschenbuch
wissenschaft 143

Fetscher zufolge, dessen Rousseau-Buch bereits in der dritten Auflage erscheint (erste Auflage 1960), nimmt Rousseau den Ausgangspunkt für die Entwicklung seines Republikideals in der Kritik der ihm gegenwärtigen Gesellschaft, aber nicht des Ancien régimes als solchem, sondern der charakteristischen Züge der beginnenden kapitalistischen Gesellschaft. Dabei stellt sich ihm diese Gesellschaft als das Endstadium eines Verfallsprozesses dar, den die Politik keinesfalls aufhalten könne, aber zu verlangsamen habe. Die These, daß allein eine republikanische Verfassung legitim sei, war von Rousseau keinesfalls revolutionär gemeint, mußte aber angesichts der bestehenden Verhältnisse so wirken.

Dieses Paradox, daß ein in bezug auf die sozioökonomischen Verhältnisse konservativer Autor revolutionär wirkte, wird vor allem in dem erheblich erweiterten Kapitel »Rousseau und die Französische Revolution« diskutiert: Es kommt darauf an, zwischen den verschiedenen Gruppen von Revolutionären und sozialen Schichten zu differenzieren. Den sozialen Idealen und den politischen Vorstellungen Rousseaus am nächsten kommen dabei die Sansculotten, die sich auch aufgrund ihrer sozialen Herkunft am meisten mit ihm identifizieren konnten.

Dieses Kapitel stellt auch eine Antwort auf Einwände dar, die wohl zu Recht gegen die einseitige These der ersten Auflage des Buches erhoben wurden.

Iring Fetscher

Rousseaus politische Philosophie

Zur Geschichte des demokratischen Freiheitsbegriffs

Dritte überarbeitete Auflage

Suhrkamp

Die Deutsche Bibliothek – CIP-Einheitsaufnahme
Fetscher, Iring:
Rousseaus politische Philosophie : zur Geschichte des demokratischen Freiheitsbegriffs / Iring Fetscher. –
8. Aufl. – Frankfurt am Main : Suhrkamp, 1999
(Suhrkamp-Taschenbuch Wissenschaft ; 143)
ISBN 3-518-27743-X
NE: GT

suhrkamp taschenbuch wissenschaft 143
Erste Auflage 1975

Satz: LibroSatz, Kriftel
Druck: Nomos Verlagsgesellschaft, Baden-Baden
Printed in Germany
Umschlag nach Entwürfen von Willy Fleckhaus und Rolf Staudt

8 9 10 11 12 13 – 04 03 02 01 00 99

Inhalt

Dem Andenken
meines Vaters Rainer Fetscher
25. 10. 1895 – 8. 5. 1945

Rousseau wird im Text durchweg deutsch zumeist nach eignen Übersetzungen zitiert. Die Fundstellen werden nach folgenden Ausgaben angegeben:
Für die politischen Schriften und Fragmente nach »The political writings of J. J. Rousseau«, ed. by C. E. Vaughan, Cambridge 1915, 2 vol. (abgekürzt: Vaugh.).
Für alle übrigen Werke Rousseaus nach der Ausgabe des Verlages Hachette Paris 1870; ich benutze den Neudruck von 1905 (abgekürzt: Œuvres). Einzelne, in dieser Ausgabe fehlende Briefe nach der »Correspondance Générale de J. J. Rousseau« ed. par Th. Dufour und P. P. Plan, Paris 1924-1934 (abgekürzt: Corr. Gén.).
Beim Contrat Social gebe ich nur Buch und Kapitelnummer an, so daß in jeder Ausgabe die betreffende Stelle leicht gefunden werden kann.

Die Fußnoten enthalten außer den Fundstellen gelegentlich weitere Belege, die französisch zitiert werden. Seltene oder schwer erreichbare Texte werden im Original wiederholt.

Vorwort zur dritten Auflage

Für die vorliegende Auflage meines Buches habe ich eine Ergänzung zur Einleitung geschrieben, die kurz auf die neue Aktualität Rousseaus eingeht und das Kapitel über Rousseau und die Französische Revolution erheblich erweitert. Daß dieses Kapitel in seiner ursprünglichen Fassung, die lediglich auf die erste Phase der Französischen Revolution einging, erhebliche Schwächen aufwies, hat u. a. eine inhaltsreiche kritische Rezension von *Werner Bahner* unter dem Titel *War J. J. Rousseau ein konservativer Denker? Zu einigen Tendenzen in der gegenwärtigen Rousseau-Deutung* aufgezeigt.[1] Ich nehme an, daß einige seiner Einwände durch die neu hinzugekommenen Abschnitte über die Bedeutung Rousseaus für die sozialen und politischen Ideen der Jakobiner (namentlich Robespierres) und der Pariser Sansculotten entkräftet werden. Bei diesen Ausführungen habe ich mich im wesentlichen auf die bedeutenden Arbeiten von *Albert Soboul* und *Walter Markov*[2] gestützt. Auf Grund dieser Untersuchungen und Dokumente kann ich nunmehr auch meine These korrigieren, Rousseau sei mehr oder minder zu Unrecht mit der Französischen Revolution in Verbindung gebracht worden oder – genauer gesagt – sein Denken sei nur in einer Kombination mit dem ihm ganz inadäquaten Fortschrittsoptimismus der Physiokraten und Voltaires in das explosive Gemisch eingegangen, das die Revolutionäre von 1789–1794 benützt haben. Es kann nicht bezweifelt werden, daß Robespierre Rousseaus Gedankenwelt als wichtiges Ideenarsenal benützt hat und sich weithin von ihm inspirieren ließ (wobei sein spezifischer Rousseaukult eine wichtige Rolle spielte). Die Pariser Sansculotten aber stimmten schon aufgrund ihrer kleinbürgerlichen (egalitärmoralistischen) Einstellung spontan mit sozialen und politischen Ideen Rousseaus überein, auch wenn sie vielleicht von ihm gar nicht so viel gewußt haben.

Eine andere Frage, in der ich mit Bahner nicht übereinstimme, ist die nach Rousseaus eigener, subjektiver Auffassung von der Möglichkeit einer demokratisch-revolutionären Erneuerung in Frankreich (und anderen entwickelten Großstaaten seiner Zeit). Wenn Bahner die berühmte Stelle in Kapitel 8 des II. Buches des *Contrat Social* anführt, an der es heißt: »L'Etat, embrasé par les guerres civiles, renaît pour ainsi dire de sa cendre et reprend la vigueur de sa jeunesse en sortant des bras de la mort«, so vergißt er zwar nicht auf Rousseaus Einschränkung hinzuweisen, daß solche Ereignisse selten seien, aber er läßt den Hinweis unbeachtet, daß solche Revolutionen nur bei relativ »jungen« Völkern noch Chancen haben, eine Regeneration zu bewirken und daß, wenn »le ressort civil est usé« die Revolutionen statt zu einer Wiederherstellung der Freiheit zu führen, den Zerfall des politischen Körpers bewirken, so daß die Menschen »künftig einen Herren brauchen und keinen Befreier mehr«. *Maurice Halbwachs* erklärt in seinem Kommentar zu dieser Stelle mit Recht: »Die Völker, die auf solche Weise durch eine Revolution auf ihren ursprünglichen Zustand zurückgeführt werden, sind – wie er sofort danach erklärt – Völker, die jung geblieben sind und vorzeitig einem Tyrannen unterworfen wurden. Das wird auch aus den Beispielen deutlich, die Rousseau jedenfalls für die Antike gibt: Sparta zur Zeit des Lykurg . . Rom zur Zeit der Tarquinier, die Geschichte von Wilhelm Tell . . «[3] Aber auch die Revolutionsprophezeihung im *Émile,* auf die sich Bahner beruft, scheint mir kein überzeugendes Argument dafür zu sein, daß Rousseau in *Frankreich* eine demokratische Erneuerung auf revolutionärem Wege für möglich hielt – und allein das ist es, was ich leugne. Rousseau spricht dort davon, daß die gegenwärtige »Ordnung unvermeidlichen Revolutionen unterliegt, und daß es unmöglich ist, diejenigen vorauszusehen und zu verhindern, die Ihre Kinder betreffen werden«. Und in einer Fußnote heißt es »Ich halte es für unmöglich, daß die großen europäischen Monarchien sich noch lange halten werden, sie alle haben ihre Glanzzeit hinter sich, und jeder Staat, der geglänzt hat, ist im Niedergang . .«. Aus dem Kontext geht hervor, daß es sich um die Begründung des Ratschlages handelt, den jungen Emile – trotz seiner vornehmen Geburt – ein Handwerk lernen zu lassen. Allein als Handwerker ist er unabhängig vom äußeren Schicksal, ja als Handwerker kann er sogar – wenn sein Vaterland zur Tyrannis wird – emigrieren und im Ausland seinen Lebensunterhalt verdienen. Daß Rousseau zugleich die Notwendigkeit allgemeiner Arbeit auch moralisch begründet, gehört zu seinem kleinbürgerlich-egalitären Credo. Die Revolution, die er in Ländern wie Frankreich und England erwartete, war aber – wie sein zuvor in Erinnerung gebrachter zweiter Discours gezeigt hatte – nicht die demokratische Erneuerung, sondern der Übergang von der Monarchie zur Tyrannis, unter der alle auf das gleiche Maß der Ohnmacht (und möglicher Armut) reduziert werden.

Zusammenfassend könnte man sagen: Rousseau spürte sehr wohl, daß auch in Frankreich eine Revolution in der Luft lag, aber er glaubte nicht, daß dies eine demokratische Revolution sein und eine Republik errichten könne. Als Diagnostiker war er Pessimist, als Moralphilosoph glaubte er an die egalitäre Demokratie und propagierte sie. Im Wirkungszusammenhang seiner Ideen wurde seine pessimistische Diagnose und Geschichtsphilosophie ignoriert und die *persönliche* »Reform« des Menschen Rousseau (dessen Leiden den Zeitgenossen und »Erben« mythisch überhöht erschien) zum Modell der künftigen Reform des französischen Volkes gemacht.

Frankfurt, Sommer 1975

Einleitung

Eine neue Arbeit über Rousseau scheint dringend der Rechtfertigung zu bedürfen. Über kaum einen Autor ist so viel geschrieben, diskutiert und argumentiert worden wie über ihn, und über kaum einen mögen die Meinungen weiter auseinandergehen als über den großen Genfer Philosophen. Auch wenn inzwischen das historische Material in seltener Gründlichkeit aufbereitet worden ist[1] und verdienstvolle Untersuchungen die Beziehungen Rousseaus zur theologischen, naturrechtlichen und philosophischen Tradition aufgedeckt haben,[2] ist der Streit um Rousseau damit noch nicht beendet. – Dennoch zeichnet sich seit einiger Zeit eine gewisse Klärung ab. Nachdem fast hundert Jahre lang die Literaturhistoriker das Feld der Rousseauforschung – vor allem in Frankreich – beherrschten, haben sich endlich die Philosophen auf Rousseau besonnen und ihn in ihre Reihen aufgenommen. Zugleich könnte in einer Welt, deren politische Gegensätze ganz anders bestimmt sind, der leidenschaftlich engagierte Kampf um den Demokraten Rousseau einer distanzierten und nüchterneren Einschätzung Platz machen, wenn nicht manche Kritiker der Gegenwart allzusehr bemüht wären, in der fernsten Vergangenheit »Vorläufer« und »Mitschuldige« für den Totalitarismus des 20. Jahrhunderts zu suchen.[3] Meine Arbeit ist von dieser doppelten Möglichkeit der distanzierten und Rousseau zugleich ernst nehmenden Deutung bestimmt. Sie will einmal Rousseaus eigenem Anspruch, seine Lehre stelle eine *Einheit* dar,[4] gerecht werden und seine Schriften nicht als Ausdruck literarischer Moden, sondern als Ergebnisse philosophischer Analyse und Kritik verstehen; und zum anderen die *politischen Intentionen* des Autors nicht an ihren angeblichen historischen »Folgen«, sondern an den Willensäußerungen Rousseaus selbst und seiner Auseinandersetzung mit zeitgenössischen Ereignissen und Lehren ablesen.

Von allen Autoren, die sich mit Rousseaus Politik beschäftigt haben, ergab sich – ohne, daß seine Äußerungen zu Beginn der Arbeit als wegweisend angenommen worden wären – die größte Übereinstimmung mit einem betont konservativen Denker: *Bertrand de Jouvenel.* De Jouvenel hat in seinem glänzenden Essai über die Rousseausche Politik[5] den Charakter und die Grundtendenz des großen Demokraten richtig gedeutet. Gerade weil er in Rousseau weder einen liberalen »Bundesgenossen« noch einen »totalitären« Gegner suchte, ist er dem historischen Urbild näher gekommen als diejenigen, die sich auf das Erbe Rousseaus oder auf das der Liberalen des 19. Jahrhunderts beriefen. Nur seine Schlußfolgerung – die in diesem Zusammenhang nur am Rande auftaucht – daß es nämlich in der modernen Gesellschaft keine Demokratie mehr geben könne, möchte ich entschieden zurückweisen. Sie hat ihre Berechtigung nur, wenn sie auf die *Rousseausche* Demokratie (die Rousseau bekanntlich Republik nennt) eingeschränkt wird. Denn Rousseau kann m. E. nicht der Theoretiker der Demokratie der modernen Industriegesellschaft sein und er wollte es auch gar nicht. Die heute mögliche Form von Demokratie darf sich daher auch nicht auf Rousseau berufen, kann den Contrat Social höchstens als interessantes Modell demokratischer Verhältnisse ganz anderer Art – niemals aber als zu kopierendes Vorbild ansehen.

Die beiden ersten Kapitel stellen eine Einheit dar. Zunächst versuche ich deutlich zu machen, daß sich Rousseaus Gegenwartskritik vom ersten Discours an nicht so sehr gegen die überwundene Feudalgesellschaft als vielmehr gegen die entstehende *bourgeoise* Gesellschaft richtet. Zugleich wird gezeigt, daß Rousseau sich der *Unumkehrbarkeit* der sozialen Entwicklung und der mit ihr verbundenen Veränderung des Wesens des Menschen bewußt war. Im Hintergrund seiner Darstellung im zweiten Discours wie im Essai sur l'origine des langues und in allen anderen Schriften (auch des Emile z. B.) steht eine pessimistische Geschichtsphilosophie. Sie konstatiert zwar nicht *nur* Verfall der Sitten und Verlust unschuldiger Güte, aber läßt doch jeden »Fortschritt« auf technisch-kulturellem Gebiet von einem derartigen moralischen Verlust begleitet sein. Diese Geschichtsphilosophie scheint zwar »dialektisch« zu sein, insofern sie die Verbundenheit von negativen und positiven Seiten der Entwicklung herausarbeitet, darf aber keineswegs mit der optimistischen Dialektik verwechselt werden, die schon Kant in seinen »Ideen zu einer allgemeinen Geschichte in weltbürgerlicher Absicht« und später Hegel wie Marx gelehrt haben. Wenn moralische Gesichtspunkte entscheiden, dann kann die Entwicklung nur negativ beurteilt werden. Wie die umgekehrte Wertung bei Marx zur Lehre von der Notwendigkeit der Verschärfung der Gegensätze mit dem Zweck der *Beschleunigung* der Entwicklung führt, so muß Rousseau seine Aufgabe in der »Verlangsamung des Fortschritts unserer Laster«, das heißt aber in der Verlangsamung der (natürlichen) Entwicklung überhaupt erblicken. Mir schien es richtig, auch die im engeren Sinne politischen Theorien Rousseaus in dieser Perspektive zu sehen.

Im zweiten Kapitel wird die Entwicklung, von der im ersten Kapitel die Rede war, auf die Veränderung des Wesens des Menschen angewandt. Hier schließe ich mich z. T. an die hervorragende Arbeit *Robert Derathés* über den »Rationalismus Rousseaus«[6] an, gehe aber insofern über ihn hinaus, als ich in Rousseaus »raison« eine nicht geklärte Differenzierung aufdecke, die auf unterschiedliche Traditionen zurückweist (auf die zeitgenössische instrumentalistische Auffassung der Vernunft und auf die ältere, welche in der Vernunft die Einsicht in eine selbst vernunfthafte Ordnung erblickt). Unlängst hat *Martin Rang* eine überzeugende und umsichtige Darstellung von »Rousseaus Lehre vom Menschen« vorgelegt,[7] die mir zur Zeit der Abfassung meiner Arbeit (1958) noch nicht bekannt war, mit deren Thesen ich jedoch zu meiner Freude weithin übereinstimme.

Im dritten Kapitel wird im wesentlichen der Contrat Social interpretiert, wobei jedoch die übrigen politischen Arbeiten Rousseaus zur Erläuterung herangezogen werden. Hier kam es mir vor allem auf eine umsichtige und gerechte Würdigung der wichtigsten Bestandteile des Contrat Social an. – Das Hauptgewicht meiner Argumentation liegt auf dem vierten Kapitel, in dem es mir um den Nachweis geht, daß sich Rousseau der Tatsache wohl bewußt war, daß seine »Republik« nur unter ganz bestimmten, sozialen, ökonomischen und psychologisch-moralischen Bedingungen entstehen und sich erhalten kann. Entgegen dem verbreiteten Mißverständnis, Rousseau sei ein abstrakter und weltfremder Denker, möchte ich zeigen, daß er zwar ein blinder Verehrer der antiken Polis-Demokratie war, sich aber zugleich deutlich davon Rechenschaft ablegte, wie wenig diese auf entwickelte moderne Großstaaten mit ihren starken sozialen Spannungen unter den Vollbürgern angewandt werden kann. – Der Nachdruck, den Rousseau auf die erzieherischen Maßnahmen des Staates und auf Eingriffe in das Wirtschaftsleben legt, wird aus dem Bedürfnis der »Verlangsamung des Fortschritts unserer Laster« erklärt, den Rousseau für eine unheilvolle Fatalität hält und gegen den er die Widerstandskraft der gesundgebliebenen wie der »gut« gebliebenen Einzelnen aufruft. Auch in diesem Punkt stelle ich dankbar meine Übereinstimmung mit Martin Rang fest.[8]

Was nun die historischen »Wirkungen« der Lehren Rousseaus angeht, die in so krassem Widerspruch zu seiner ausgesprochen »konservativen« Intention steht, so können diese hier nur am Rande gestreift werden. Es ist freilich auch mittlerweile ein Gemeinplatz geworden, daß Ideen und Theorien kaum je im Sinne ihrer »Erfinder« in die Wirklichkeit eingehen, sondern von Leidenschaften und Interessen in ihren Dienst gestellt und oft weit von ihrem ursprünglichen Telos abgelenkt werden. Es gibt keine reine Ideengeschichte, am wenigsten auf dem Gebiet der politischen Theorie. Rousseau hat Losungen für radikale Demokraten geliefert, und die Reden Robespierres, Saint-Justs oder auch Dantons sind überladen mit Rousseauscher Terminologie und Metaphorik. Aber ein Gegner der Revolution wie der Marquis d'Antraigues glaubte sich ebenso auf Rousseau berufen zu können, als er gegen den zentralistischen Revolutionsstaat polemisierte,[9] und zwar mit dem gleichen Recht, wenn nicht mit größerem. Denn diese »Jünger« Rousseaus vergaßen, daß nach der Meinung ihres Lehrers in Frankreich keine Republik tugendhafter Citoyens mehr möglich sei und suchten mit dem ungeeigneten Mittel, dem Terror, die »Depravierung« der Gesellschaftsmenschen rückgängig zu machen.

Aber auch *Babeuf*, der diese »Sittlichkeit« durch die Herstellung kommunistischer égalité fundieren wollte, hätte Rousseau desavouiert, denn der Grundbesitz war für ihn das Fundament des Staatsbürgertums und eine legitime Wiederherstellung der verlorenen Besitzgleichheit unerlaubt.[10] So wenig aber der nüchterne Denker Rousseau mit den Prinzipien der Revolutionäre übereinstimmte, so sehr beflügelte sie der rhetorische Träumer. Sein Pathos ließ das Ancien Régime als unerträglich erscheinen und ein Reich von Freiheit, Gleichheit und Brüderlichkeit herbeisehnen. Die Gedanken, die von ihm aufgenommen wurden, waren sämtlich nicht sein ausschließlicher Besitz, aber vielen von ihnen hatte er das schönste Kleid gegeben, das ihnen im 18. Jahrhundert zuteil wurde. Wie die Absichten Voltaires oder der Physiokraten, gegen die sich Rousseau mit sicherem Instinkt zur Wehr setzte, wurden auch seine Intentionen von dem Gang der Ereignisse ignoriert. Aus den oft widersprüchlichen Tendenzen und Thesen des 18. Jahrhunderts schuf der Zeitgeist ein explosives Gemisch, das das Ancien Régime in die Luft sprengte. Was immer von Rousseauschem Geist in dieses Gemisch einging, seine eigenständige philosophische und politische Theorie war in ihm nicht enthalten.

In den Jahren seit Erscheinen der Erstausgabe dieses Buches (1960) sind sowohl politische Vorstellungen des Genfers als auch – auf höchst unerwartete Weise – seine fortschrittsskeptischen Auffassungen erneut aktuell geworden. Die Unzufriedenheit mit der formalen und repräsentativen Demokratie, die sich auf eine freie Konkurrenz politischer Eliten beschränkt, die in Wahlen um das Mandat der (mehr oder minder apolitischen und unmündigen) Wähler bemüht sind, hat zu einer Erneuerung von Gedanken der direkten Demokratie geführt, die – bewußt oder unbewußt – auf Rousseaus Demokratiekonzept zurückgehen. Auf eine allzu enthusiastische Rezeption von rätedemokratischen Utopien ist freilich inzwischen eine gewisse Ernüchterung gefolgt, ohne daß deshalb das Gespräch über die Erneuerung und Ausweitung der Demokratie verstummt wäre. Die praktischen Probleme, auf die jede Erneuerung direkter Demokratieformen heute stoßen muß, sind aber im Grunde bereits von Rousseau geahnt worden: In einer weltumfassenden, komplexen und arbeitsteiligen Wirtschaftsgesellschaft bleibt die lokal-limitierte Demokratie zu weitgehender Ohnmacht verurteilt. Eine Kontrolle weltumspannender Organisationen (wie der multinationalen Konzerne) wäre nur durch entsprechende übernationale Organe möglich, die natürlich nicht Institutionen einer direkten (Räte-) Demokratie sein könnten. Rousseaus Warnung vor dem ökonomisch-industriellen Fortschritt und seinen Konsequenzen erweist so erneut ihre Berechtigung. Das bedeutet aber praktisch die Notwendigkeit einer Kombination von demokratischen Partizipations- und Kontrollorganen, die sowohl die lokale direkte Mitgestaltung der Lebenswelt (z. B. durch direkte Demokratie am Arbeitsplatz und im Wohnbezirk) als auch die Kontrolle zentraler Entscheidungsinstanzen (Regierungen und internationale wie nationale Wirtschaftskonzerne) durch repräsentative Körperschaften erlauben.

Die zweite Zeitströmung, die Rousseaus Gedankenwelt wieder aktuell gemacht hat, ist die Ökologie. Im Unterschied zu den »Environmentalists«, die lediglich darum bemüht sind, zerstörerische Wirkungen der Industrialisierung aufzuhalten oder durch entsprechende Maßnahmen zu korrigieren, schlagen die (radikalen) Ökologen eine völlige Richtungsänderung der menschlichen Verhaltensweise gegenüber der natürlichen Umwelt vor.

Zu den Forderungen dieser Ökologen gehören u. a.:
1. der Abbau der Überindustrialisierung in den Metropolen bei gleichzeitiger Umstellung der Industrieentwicklung der Dritten Welt auf ökologisch ausgewogene Formen;
2. die Umstellung auf Technologien, die umweltfreundlich sind, arbeitsintensiv, überschaubar, kreativitätsfördernd, die Abhängigkeit von Experten abbauen und lokalen Kulturzusammenhängen angepaßt;
3. die radikale Dezentralisierung und der Ausbau sich selbst verwaltender kleiner »Ökosysteme«, die sowohl agrarische wie industrielle Produktion (in einem ausgewogenen Verhältnis) umfassen und »Gemeinschaftsgefühl und globale Bewußtheit« sowie die Entwicklung eines »ökologischen Lebensstils« zu entwickeln erlauben.[11] Frank-Peter Lach versucht in einer Dissertation die sozialphilosophischen Implikationen dieser ökologischen Kritik am industriekapitalistischen Fortschritt herauszuarbeiten und konvergierende Tendenzen zum utopischen Sozialismus (etwa Fouriers) sowie zur Kritik des jungen Marx aufzuweisen.[12] Die relative Rousseaunähe solcher Gedankengänge folgt aus ihrer skeptischen Einstellung gegenüber dem unendlichen Progreß, der angesichts begrenzter Ressourcen auf der Erde aus einem hoffnungsvollen Gedanken zu einem Alptraum zu werden beginnt. Wie für Rousseau wird daher auch für uns die »Verlangsamung des Fortschritts«, ja seine Stillegung auf längere Sicht zur eigentlichen Aufgabe. Wobei freilich nur eine Art blinder, auf endlose Steigerung der Produktion (und damit der ›Ausbeutung der Natur‹) abzielender Fortschritt gemeint ist, wie er offenbar dem Strukturprogramm industriekapitalistischer und mit ihm konkurrierender staatssozialistischer Systeme entspricht.

Wenn solche Ähnlichkeiten heute in den Blick kommen, dann darf man freilich nicht vergessen, daß Rousseau sich gegen den eben erst beginnenden Kapitalismus wandte, weil er ältere Formen bäuerlich-kleinbürgerlicher Gemeinschaften zerstörte, während es heute darum geht, auf der Basis der technologischen Errungenschaften, die der Kapitalismus gebracht hat, zur Aufhebung von dessen blinder Dynamik und zu einem ›neuen Gleichgewicht‹ mit der Natur zu gelangen, und so das Ende aller humanen Lebensformen in einer zentral gesteuerten, die ganze Welt umfassenden Metropole unter technokratisch-bürokratischer Leitung zu vermeiden.

Kapitel I
Rousseaus Kritik der zeitgenössischen Gesellschaft

§ 1 Grundzüge der Gegenwartskritik

Wohl nirgends hat Rousseau seiner Kritik an den gesellschaftlichen Verhältnissen seiner Zeit (namentlich in Frankreich) so klar Ausdruck gegeben wie in dem Vorwort zu seiner Komödie »Narcisse ou l'amant de lui-même«. Dieses Vorwort ist in der Zeit zwischen den beiden Discours entstanden und 1753 zusammen mit der Komödie im Druck erschienen. In den Bekenntnissen schreibt er hierzu: »Im Vorwort, das eine meiner guten Schriften ist, begann ich, meine Prinzipien etwas offener darzulegen, als ich es bis dahin getan hatte.«[1] Anlaß zur Abfassung des Vorworts war der scheinbare Widerspruch, der darin lag, daß der Autor des ersten, die Künste und Wissenschaften verurteilenden Discours eine komische Oper verfaßt hatte, die am 18. Dezember 1752 – wenngleich nicht unter seinem Namen – erstmals aufgeführt wurde. Rousseau verteidigt sich zunächst gegen das Mißverständnis, er wolle die Menschheit in einen primitiveren Zustand zurückführen, die Bibliotheken verbrennen, die Akademien schließen und überhaupt jede höhere Kultur verbieten. Niemals habe er etwas derartiges gesagt. Wissenschaft und Kunst seien nicht als Übel »an sich« anzusehen, sondern gälten ihm lediglich in ihrer umfassenden Verbreitung zugleich als Anzeichen und Beförderungsmittel des Zerfalls der Gemeinschaft.[2] Künstler und Wissenschaftler würden nur zu oft und in erster Linie von dem Bedürfnis getrieben sich auszuzeichnen (se distinguer), wobei sie die natürliche Ungleichheit der Anlagen ins Spiel brächten, die in der politischen Gemeinschaft gegenüber der rechtlichen Gleichheit zurücktreten sollte. Außerdem aber lebten sie in »oisiveté«, und diese ihre Muße, so muß man Rousseau ergänzen, geht auf Kosten der Mehrarbeit anderer und ist somit ebenfalls eine Störung der Gleichheit. Ungleichheit ist also sowohl die *Voraussetzung* (Ungleichheit der Muße) als auch das hauptsächliche *Ziel* (ausgezeichnete Hochschätzung im Gegensatz zu anderen Menschen) wissenschaftlicher und künstlerischer Tätigkeit. »Jeder Mensch, der sich mit den gefälligen Künsten beschäftigt, möchte gefallen, bewundert werden, und zwar möchte er mehr bewundert werden als andere.«[3] Das allen Menschen im Gesellschaftszustand eigentümliche Bedürfnis nach Anerkennung wird nicht – wie in einer intakten politischen Gemeinschaft – durch die allgemeine Anerkennung jedes Staatsbürgers als Glied des souveränen Ganzen vermittelt, sondern durch die individuelle Wertschätzung, die jeder – auf Kosten seiner Mitmenschen – zu erlangen sucht. In der von Rousseau als Gegenbild mitgedachten politischen Gemeinschaft richten sich die Anstrengungen aller darauf, so gut wie möglich ihre Pflichten gegenüber dem Ganzen zu erfüllen. Ehre wird in ihr nicht nach dem Maß der sittlich verdienstlosen Talente, sondern nach dem der (politischen) Tugend errungen. Höchster Ruhm ist es nicht, der geistreichste oder begabteste, sondern der tugendhafteste Staatsbürger zu sein. Das Streben nach Anerkennung wird durch den Wetteifer in der Tugend befriedigt. Im (allerdings wohl auf einige wenige beschränkten) optimalen Fall ist aber die (politische) Tugend nicht mehr das Mittel für die Erlangung gesellschaftlichen Ansehens, sondern Selbstzweck. Die Zufriedenheit mit der Sittlichkeit der eigenen Leistung tritt dann an die Stelle der Anerkennung durch andere. Der wirklich Tugendhafte ruht ebenso in sich selbst,[4] wie der ursprüngliche Naturmensch.

Die Kritik an Kunst und Wissenschaft im ersten Discours ist also bereits wesentlich *politisch* motiviert. Rousseau ist nicht der kulturmüde Décadent, als den man ihn gelegentlich hinzustellen sucht;[5] was er verurteilt, ist die individualistische und *egoistische Gesinnung*, die er als Motiv für die meisten künstlerischen und wissenschaftlichen Tätigkeiten annimmt. Das Bedürfnis nach individueller Auszeichnung auf Grund »natürlicher« (Talent, Begabung oder der Anschein derselben) Vorzüge führt nicht nur zu den gewaltigsten Kraftanstrengungen, sondern auch zu einem die Seele vergiftenden, die Gemeinschaft zerstörenden *Konkurrenzkampf*. Jeder will selbst an der Spitze stehen und sucht dieses Ziel nicht nur durch eigne Leistung, sondern auch durch Zurücksetzung und Schädigung der anderen zu erreichen. Das Prinzip des Konkurrenzkampfes, das für die entstehende moderne Gesellschaft so charakteristisch ist, dürfte Rousseau in der Welt der Schriftsteller und Künstler (und bis zum gewissen Grade auch der Wissenschaftler) zum ersten Male begegnet sein. Aber Rousseau bleibt nicht bei der Verurteilung dieser speziellen Berufe stehen, sondern erblickt im

Verhalten der »monde des lettres« nur einen besonderen Fall für eine die Gesamtgesellschaft seiner Zeit charakterisierende Haltung. Unmittelbar im Anschluß an seine Ausführungen über die demoralisierende und desozialisierende Wirkung der künstlerischen Tätigkeit geht Rousseau zur Kritik der zeitgenössischen Gesellschaft überhaupt über. Es ist bezeichnend, daß Leo Strauß diesen entscheidenden Gesichtspunkt in seiner so scharfsinnigen Interpretation des ersten Discours und des Vorworts zur Oper »Narcisse« übergeht. »Von allen Wahrheiten, die ich den Weisen zur Beachtung vorgelegt habe, ist folgende die erstaunlichste und grausamste. Unsere Schriftsteller halten sämtlich die Wissenschaften, die Künste (Gewerbe), den Luxus, den Handel, die Gesetze und anderen Bänder, welche die Bande der Gesellschaft durch das *persönliche Interesse* fester knüpfen, für ein Meisterwerk der Politik unserer Tage. Diese (Luxus, Handel usw.) machen die Menschen abhängig voneinander, geben ihnen wechselseitige Bedürfnisse und gemeinsame Interessen, und zwingen einen jeden von ihnen, zum Glück der anderen beizutragen, um so sein eignes machen zu können.«[6] Diese Beschreibung gibt ziemlich genau das wieder, was man später die liberale Auffassung von der Gesellschaft genannt hat und was in Hegels Rechtsphilosophie als »System der Bedürfnisse« beschrieben wird.[7] Unter den Schriftstellern, von denen Rousseau hier spricht, war zweifellos *Mandeville,* dessen Lehre nur wenige Seiten zuvor zusammen mit derjenigen des Thomas Hobbes als »dangereuse doctrine« (Œuvres V, 104) bezeichnet wird, der hervorragendste. Rousseau fährt an der zitierten Stelle fort: »Diese Ideen sind zweifellos schön und in günstigem Lichte dargestellt; wenn man sie aber näher und vorurteilslos betrachtet, dann muß man manches von den Vorzügen wieder abstreichen, die sie zunächst zu haben scheinen.

Es ist doch eine höchst wunderbare Sache, daß man die Menschen in eine solche Lage versetzt hat, *daß sie unmöglich zusammenleben können, ohne sich zu übervorteilen,* sich auszustechen, sich zu täuschen, sich zu verraten und sich wechselseitig zu vernichten. Man muß sich hinfort davor hüten, uns so erscheinen zu lassen, wie wir sind: denn auf zwei Menschen, deren Interessen übereinstimmen, kommen vielleicht 100 000, die entgegengesetzte Interessen haben, und es gibt kein anderes Mittel, zum Erfolg zu kommen, als alle diese Leute zu täuschen oder zugrunde zu richten. Hier haben wir die verderbliche Quelle der Gewalttätigkeiten, des Verrats, der

Heimtücke und all der anderen Scheußlichkeiten, die ein Zustand *notwendig* macht, in dem jeder, während er vorgibt, zum Glück, zum Wohlstand und zum Ansehen der anderen beizutragen, nur danach strebt, das seine über sie und auf ihre Kosten zu heben. Was haben wir dadurch gewonnen? Viel Geschwätz, Reiche und Sophisten, das heißt *Feinde der Tugend* und des gesunden Menschenverstandes. Dafür haben wir die *Unschuld* und die (guten) *Sitten verloren.* Die Menge kriecht im Elend dahin; alle sind Sklaven des Lasters. Die noch nicht ausgeführten Verbrechen liegen schon in den Herzen bereit und zu ihrer Verwirklichung fehlt nur die Gewißheit der Straflosigkeit. Welch seltsamer und verderblicher Zustand, *in dem die bereits aufgehäuften Reichtümer stets die Mittel zu ihrer Vermehrung erleichtern* und in dem es demjenigen, der nichts hat, unmöglich ist, etwas zu erwerben; wo der anständige Mensch keine Mittel besitzt, um dem Elend zu entkommen, die größten Gauner am höchsten geehrt werden und man gezwungen ist, auf Tugend zu verzichten, wenn man ein Ehrenmann werden will.«[8]

Der in London lebende, aber von einer französischen Familie in Holland abstammende Arzt *Bernard de Mandeville* hat 1709 ein merkwürdiges Lehrgedicht »The grumbling hive or Knaves turned honest« herausgegeben, dessen Grundthese war, daß die großen menschlichen Gemeinschaften nicht auf Rechtschaffenheit und Tugend, sondern auf Schlechtigkeit und Eigennutz aufgebaut sind, so daß jemand, der die Menschen ehrlich machen würde, damit zugleich das größte Elend über sie brächte. Die Moral des Gedichtes lautete:

»So klagt denn nicht, für Tugend hat's
in großen Staaten nicht viel Platz.
Mit möglichstem Komfort zu leben,
im Krieg zu glänzen und doch zu streben
von Lastern frei zu sein, wird nie
was andres sein als Utopie.
Stolz, Luxus und Betrügerei
muß sein, damit ein Volk gedeih' . . . «[9]

Da der Sinn des Gedichtes nicht sogleich vom Publikum verstanden wurde, ließ Mandeville 1714 eine erweiterte Ausgabe unter dem Titel »The fable of the bees or private vices made public benefits« mit Erläuterungen in Prosa erscheinen. Erst jetzt wurde man allgemein auf seine Thesen aufmerksam, die der herrschenden Verlogenheit der »offiziellen Gesellschaft« ins Gesicht schlugen und mit einer Mischung von Entrüstung und heimlichem Vergnügen aufgenommen wurden. 1732 konnte bereits die sechste Auflage erscheinen. Obwohl man sich mit einigem Recht fragen kann, ob Mandeville seine Apologie der Laster ernst gemeint hat, oder ob er nicht vielmehr auf diese Weise nur indirekt eine Gesellschaft kritisieren wollte, die auf der Lasterhaftigkeit ihrer Glieder aufbaut: seine Zeitgenossen und noch Rousseau verstanden ihn als den kalten Zyniker und Utilitaristen, der die von ihm beschriebene Welt der lasterhaften und verbrecherischen Egoisten rechtfertigt und bejaht.

Rousseau übt an der von Mandeville skizzierten Rechtfertigung dieses Zustandes in zwiefacher Hinsicht Kritik, ist aber in der Beschreibung der zeitgenössischen Gesellschaft völlig mit ihm einig. Rousseau bezweifelt einmal, daß aus den »private vices« wirklich »public benefits« hervorgehen und macht andererseits energisch dagegen Front, daß man die Laster des Menschen der zeitgenössischen französischen oder englischen Gesellschaft zu Lastern *des* Menschen schlechthin macht und als feste unveränderliche Größen hinnimmt, was übrigens weniger der Fehler Mandevilles als derjenige von Hobbes war. »Ich zeige vor allem etwas *sehr Tröstliches und Nützliches,* indem ich darauf hinweise, daß all diese Laster weniger dem Menschen als vielmehr dem *schlecht regierten Menschen* angehören.[10] Es gibt andere Gesellschaftsordnungen, in denen die Menschen nicht genötigt sind, sich wechselseitig zu hintergehen und zu bekämpfen, in denen wirklich Gemeinschaftsgesinnung herrscht und das Gemeinwohl von allen erstrebt wird. Das wird in einer Fußnote sogleich am Beispiel der »sauvages« erläutert.[11] »In Europa«, meint Rousseau, »trägt alles: die Regierungsweise, die Gesetze, die Bräuche und das Interesse dazu bei, die Einzelnen in die Zwangslage zu versetzen, einander ständig wechselseitig zu betrügen; alles macht ihnen aus dem Laster eine Pflicht; sie *müssen* böse sein, um klug zu sein, denn es gibt keine größere Dummheit, als das Glück von Gaunern auf seine eignen Kosten zu befördern. *Unter den Wilden* spricht das persönliche Interesse nicht weniger laut als unter uns, aber es sagt nicht das gleiche: die *Liebe zur (eignen) Gesellschaft* und die *Sorge um die gemeinsame Verteidigung* sind die einzigen Bänder, die sie vereinigen: das Wort ›EIGENTUM‹, das unsere Biedermänner so viele Verbrechen kostet, hat unter ihnen fast keine Bedeutung: sie kennen keinen Interessenstreit, der sie zerreißt; nichts bringt sie dazu, sich untereinander zu betrügen; die *öffentliche Achtung* ist das einzige Gut, nach dem jeder strebt, und das sie alle verdienen. Es ist sehr gut möglich, daß ein Wilder eine schlechte (unrechte) Tat begeht, aber es ist unmöglich, daß er die *Gewohnheit* annimmt, unrecht zu tun, denn *das würde ihm nichts nützen.* Ich glaube, man könnte eine sehr richtige Beurteilung der Sitten der Menschen auf Grund der *Anzahl der Handelsbeziehungen* durchführen, die sie untereinander haben: je mehr sie miteinander Handel treiben, je mehr sie ihre Talente und ihre Gewerbetätigkeit bewundern, desto mehr begaunern sie sich auf dezente und geschickte Weise und desto mehr verdienen sie unsere Verachtung. Ich sage es mit Bedauern, der gute Mensch ist derjenige, der es *nicht nötig hat,* irgend jemand zu betrügen, und der Wilde ist dieser Mensch.«[12] In einem fragmentarisch überlieferten »Discours sur les richesses«, den Rousseau etwa um 1755 entworfen hat, versucht er einen jungen Mann, der den Entschluß gefaßt hat, reich zu werden, um den Armen um so besser helfen zu können, von der Aussichtslosigkeit seines Vorhabens zu überzeugen. Seine Argumente sind dabei einerseits: »Wie sollte es möglich sein, sich zu bereichern, ohne zur Verarmung anderer beizutragen – und was sollte man von einem wohltätigen Manne sagen, der damit beginnt, seine Nachbarn auszuplündern (dépouiller), um anschließend das Vergnügen zu haben, ihnen Almosen zu geben«[13] – und andererseits: »Glaubst Du, daß dreißig Jahre Verhärtung Dir am Ende dieser Zeit noch die Fähigkeit lassen, Dein Herz dem Mitleid und Deine Börse den Unglücklichen zu öffnen?« »Ist es Dir nicht bekannt, daß Deine Ideen und Maximen ungewollt mit Deiner (sozialen) Situation wechseln werden und daß Du wider Willen, wenn Du nicht mehr bist, was Du warst, auch nicht mehr so denken wirst, wie Du dachtest?«[14] Das erste Argument hängt mit Rousseaus unzulänglichen ökonomischen Kenntnissen zusammen, die ihn die Menge der Güter in einer Gesellschaft als konstant voraussetzen ließ. Das zweite läuft deutlich auf die Behauptung der Abhängigkeit der Denkweise und des Fühlens von der sozialen Situation hinaus, also auf eine Art »historischen Materialismus« vor Marx. Das wird an einer anderen Stelle noch deutlicher, an der es heißt: »die Denkweise der Menschen hängt sehr stark von den Leuten mit denen sie zusammenleben und den Versuchungen ab, denen sie ausgesetzt sind.«[15] Diese Versuchungen aber entstehen – nach Rousseau – primär aus der gesellschaftlichen Position. Reich geworden, wirst Du die Gefühlslosigkeit der Reichen entwickeln und ein luxuriöses Leben wählen, weil Deine Umwelt es von Dir erwartet und weil es Dir so am nützlichsten erscheint; diese Überzeugung hat Rousseau nicht nur in diesem Fragment vertreten, sondern auch in seiner berühmten »réforme« zur praktischen Maxime seines eignen Lebens gemacht. Seinen Zeitgenossen wirft Rousseau weniger vor, daß sie sich feindselig und unsittlich verhalten, als daß sie dieses Verhalten unter Hinweis auf das durch ihren Egoismus geförderte Gemeinwohl auch noch zu rechtfertigen suchen. Er glaubt nicht an die »invisible hand«,[16] die, ohne durchs Bewußtsein der Bürger vermittelt zu sein, das Wohl der Gesellschaft besorgt. So sehr Rousseau an die Harmonie der Natur glaubt, so wenig hält er von der Harmonie der wildwuchernden natürlichen Interessen der Menschen in der zeitgenössischen europäischen Gesellschaft. Diese Gesellschaft hat ihr Prinzip in dem allgemeinen *Konkurrenzkampf* nicht nur der Einzelnen, sondern auch der sozialen Gruppen, die Rousseau freilich noch sehr primitiv als »riches« und »pauvres« bezeichnet. Der Konkurrenzkampf aber zerstört sowohl das natürliche Wohlwollen des Menschen wie die auf ihm beruhende menschliche Gemeinschaft. Im Emile wird deshalb auch ausdrücklich die »émulation« als Mittel der Erziehung abgelehnt.[17]

Rousseau begreift die französische Gesellschaft seiner Zeit als ein geschichtlich unvermeidliches Zerfallsphänomen. Seine politische Theorie muß auf dem Hintergrund einer nicht eigentlich ausgeführten aber doch im zweiten Discours und in dem »Essai sur l'origine des langues« und an verschiedenen Stellen seiner übrigen Schriften angedeuteten *Geschichtsphilosophie* gesehen werden; einer Geschichtsphilosophie, die im Gegensatz zum herrschenden Fortschrittsglauben seiner Zeit ausgesprochen pessimistisch und resigniert erscheint. Unter dem Eindruck eines unvermeidlichen natürlichen Verfalls (wie ihn die antiken politischen Philosophen gleichfalls kannten) erblickt Rousseau die Aufgabe einer guten politischen Ordnung in der Verlangsamung und im Hinausschieben desselben. Der »natürliche Gang« ist *hier* gerade *nicht* der heilsame und wünschenswerte. Die Anstrengung des Gesetzgebers und des verantwortlichen Staatsmannes richtet sich daher gerade *gegen* das natürliche Gefälle, seine Hauptaufgabe besteht darin, die Menschen zu »denaturieren«, sie in Citoyens zu verwandeln, die das Gemeinwohl wollen. Die Republik ist vor allem dazu bestimmt, die *»natürliche«* Dynamik der bürgerlichen Gesellschaft zu bremsen.

§ 2 Die Entwicklung vom ursprünglichen Naturmenschen zum Menschen der zeitgenössischen Gesellschaft

Wenn es Rousseau ablehnt, in dem Menschen seiner Zeit, wie ihn Hobbes und Mandeville geschildert haben, den Menschen schlechthin zu sehen, so beruft er sich dabei nicht nur auf den »Wilden«, sondern auch auf jenen Menschen, den er durch ein hypothetisches Experiment gleichsam aus dem »homme civil« seiner Zeit herausschält. Er denkt sich vom zeitgenössischen Menschen alles das weg, was aus dem Leben in der Gesellschaft und durch die Gesellschaft allererst entstanden sein kann; so gelangt er zum isoliert lebenden »homme naturel«. Da das Naturrecht und das Gesetz, das der Mensch im Naturzustand befolgen soll, diesem seinem Zustand angemessen sein muß,[18] ergibt sich für Rousseau auch eine entschiedene Abweichung von den Lehren der zeitgenössischen Naturrechtslehrer, die den »homme naturel« mit Vernunft und Sprache ausstatteten, die für Rousseau späte Produkte menschlicher Entwicklung sind. Leo Strauß hat prägnant den Unterschied herausgearbeitet, der zwischen dem klassischen (antiken) Begriff des Naturrechts und dem von Hobbes inaugurierten modernen Begriff desselben besteht. Während die Klassiker oberste sittliche Normen aufstellten, denen sich die Menschen nach Möglichkeit nähern sollten, die aber auch nach ihrer Ansicht niemals voll realisiert werden konnten, versucht erstmals und radikal Hobbes, ein Naturrecht zu konstruieren, das restlos realisierbar ist, weil es auf der Basis einer *realistischen Einschätzung der menschlichen Natur* ruht. Während die Klassiker von einem Wesensbegriff des Menschen als animal sociale et politicum ausgingen und Normen für die menschliche Vernunft aufstellten, erblickt Hobbes (realistisch) in den Leidenschaften die stärksten Triebfedern menschlichen Verhaltens und sucht demgemäß auch aus dem stärksten natürlichen Trieb, dem der Selbsterhaltung (Furcht vorm gewaltsamen Tode) die politische Ordnung zu konstruieren. Im Prinzip versucht Rousseau etwas ganz ähnliches, nur daß er neben dem Selbsterhaltungstrieb noch die »commisération« annimmt und diesen selbst geschichtlich in amour de soi und amour-propre differenziert. »Was wir sehr klar in bezug auf dieses Gesetz (der Natur) erkennen können, ist nicht nur, daß der Wille dessen, den er verpflichtet, sich ihm mit Bewußtsein (connaissance) unterwerfen können muß; sondern daß es auch – um natürlich zu sein – unmittelbar *mit der Stimme der Natur reden muß.«* [19] Die Stimme der Natur kann aber nicht die der Vernunft sein, weil diese erst im Laufe der Entwicklung durch den Menschen erworben wird. Sie spricht – zumindest zunächst – nur in den Instinkten und Trieben.

Von diesem Ausgangspunkt aus versucht Rousseau, die Geschichte der Entwicklung des Menschen zu rekonstruieren, um die Gegenwart begreifen und beurteilen zu können und die von der Dijoner Akademie gestellte Frage, welches der Ursprung der Ungleichheit unter den Menschen und ob sie durchs Naturgesetz autorisiert sei, zu beantworten. »O Mensch«, redet er den Leser feierlich an, » . . . Es ist gleichsam das Leben Deiner Gattung, das ich nach den *Eigenschaften, die Du* empfangen hast *und die Deine Gewohnheiten und Deine Erziehung depravieren, aber nicht zerstören konnten,* beschreiben werde. Ich fühle, daß es ein Lebensalter gibt, auf dem der individuelle Mensch gern stehenbliebe: Du wirst *das Zeitalter* suchen, *auf dem nach Deinem Wunsch die Gattung hätte stehenbleiben sollen.* Unzufrieden mit Deinem gegenwärtigen Zustand aus Gründen, die Deinen Nachkommen noch größere Unzufriedenheit ankündigen, würdest Du vielleicht gern zurückkehren (rétrograder) können; und dieses Gefühl muß ein Loblied auf Deine ersten Ahnen, eine Kritik Deiner Zeitgenossen und der Schrecken derer sein, die das Unglück haben, nach Dir zu leben.«[20] Wir erfahren also im voraus, daß die Geschichte der Menschheit von einem bestimmten, bereits zurückliegenden Zeitpunkt an eine Geschichte des Verfalls ist. In seinem »Lettre à M. Philopolis« (Charles Bonnet) schreibt denn Rousseau auch: »Vergessen Sie bitte nicht, daß – nach meiner Auffassung – die Gesellschaft dem Menschengeschlecht ebenso natürlich ist wie dem Individuum die Altersschwäche; und daß die Völker Gewerbe (arts), Gesetze, Regierungen benötigen wie Greise Krücken. Der ganze Unterschied besteht darin, daß das Alter aus der bloßen Natur des Menschen hervorgeht, der Gesellschaftszustand aber nicht unmittelbar aus dem Zustand des Menschengeschlechts, wie Sie sagen, sondern nur, wie ich es bewiesen zu haben glaube, durch die Mithilfe gewisser äußerer Umstände, die ebenso gut nicht oder wenigstens früher oder später eintreten und daher den Fortschritt (!) beschleunigen oder verlangsamen konnten. *Mehrere* dieser Umstände *hängen sogar vom Willen der Menschen ab.«*[21]

a) Die Unabhängigkeit (indépendance) des isoliert lebenden Naturmenschen

Wenn man vom Menschen alles das abziehen will, was ihm erst im Laufe des menschlichen Zusammenlebens zugefallen ist, muß man sich ihn als *isoliert Lebenden* vorstellen. Es ist die Frage, ob Rousseau an die reale Existenz eines solchen Zustandes der Menschheit geglaubt hat, oder ihn lediglich für eine heuristische Hypothese hielt. Leo Strauß ist überzeugt, daß der ursprüngliche Naturzustand für Rousseau ein Faktum war und daß sich alle seine Äußerungen über den »hypothetischen« Charakter seiner Darstellung lediglich auf die *Entwicklungsgeschichte* beziehen, die das Faktum des Urzustandes mit dem Faktum der gegenwärtigen Gesellschaft verbindet.[22] Der innere Grund für diese Überzeugung Rousseaus ist wohl darin zu erblicken, daß er sich selbst im Wesen für »gut« hielt, die christliche Lehre von der Erbsünde verwarf und alle Ungerechtigkeiten und Leidenschaften letztlich auf die Einwirkung äußerer Umstände, auf gesellschaftliche Zwangslagen, zurückführte. Genauer gesagt: die Menschen sind in ihrem Wesen *unschuldig,* aber gewisse äußere Umstände haben sie aus dem Zustand der Unschuld heraustreten lassen, so daß sie heute sowohl sich verfehlen als auch zur Tugend (und das heißt zu verdienstvoller sittlicher Handlungsweise) sich entscheiden können. Der Mensch ist unschuldig, wie er »aus den Händen der Natur«, d. h. aus den Händen Gottes hervorgegangen ist; auch wenn ihn äußere Bedingungen in Situationen gebracht haben, in denen er schuldig werden *mußte,* bleibt diese seine wesenhafte natürliche Unschuld erhalten. Die Konstruktion des »homme naturel« ist unter anderem auch ein Symbol für diesen Glauben.

Welche Eigenschaften kommen nun diesem Naturmenschen zu? Indem er von möglichen Veränderungen seiner leiblichen Beschaffenheit im Laufe der Zeit absieht, die man noch nicht genügend erforscht habe, nimmt Rousseau an, daß der Naturmensch sich äußerlich wenig vom Menschen unserer Tage unterscheidet (aufrechter Gang, Gebrauch der Hände, Vaugh. I, 143). Die gesunde Lebensweise inmitten der noch rohen Natur bringt es aber mit sich, daß er kräftiger, widerstandsfähiger und »glücklicher« ist als der

Kulturmensch. Erst in der Gesellschaft wird er »faible et craintif« (Vaugh. I, 147), erst die »commodités«, die er sich künstlich verschafft, machen ihn unglücklich und bedürftig. Selbst vor wilden Tieren hat der Naturmensch keine Angst (hier verweist Rousseau allerdings inkorrekterweise bereits auf die locker-vergesellschafteten »sauvages«, die Karaiben in Venezuela, die ja überhaupt sein Musterbeispiel darstellen).

Wesentlicher als diese körperlichen Vorzüge des Naturmenschen gegenüber dem homme civilisé sind die geistig-sittlichen Eigenschaften, die ihm zukommen. Während die Tiere »Maschinen« sind, »denen die Natur die Sinne verliehen hat, um sich selbst wieder aufzuziehen«,[23] zeichnet sich schon der Naturmensch dadurch gegenüber dem Tier aus, daß er zu seinen Tätigkeiten (opérations) auf Grund seiner Eigenschaft als »agent libre« beiträgt. Während das Tier völlig vom Instinkt bestimmt wird, kann der Mensch frei wählen. Sogleich weist Rousseau aber auch darauf hin, daß dieser Vorzug des Menschen ihm außerordentlichen Schaden bringt, weil er zu Exzessen führen kann. Dagegen besteht in bezug auf den Verstand (entendement) und die »Ideen« (im Sinne Lockes) kein prinzipieller, sondern höchstens ein gradueller Unterschied zwischen Tier und Mensch. Der Wille dagegen und seine Freiheit gehören allein dem Menschen an. »Denn die Physik erklärt in gewisser Weise den Mechanismus der Sinne und die Bildung der Vorstellungen (Rousseau sagt mit Locke und seiner Schule die ›Ideen‹, IF); aber in der Fähigkeit zu Wollen oder vielmehr zu Wählen und im Gefühl dieser Fähigkeit findet man nur *rein geistige Akte,* an denen man nichts durch die Gesetze der Mechanik erklären kann.«[24] Leo Strauß, der die Existenz einer dualistischen Metaphysik bei Rousseau zu bagatellisieren versucht, meint hierzu: »Wie R. auch immer über diese Dinge gedacht haben mag, seine Beweisführung in der Zweiten Abhandlung basiert dennoch nicht auf der Annahme, die Freiheit des Willens sei das Wesen des Menschen, oder, allgemeiner ausgedrückt, diese Beweisführung fußt *nicht* auf der dualistischen Metaphysik. Weiter sagt R., die zitierte Definition des Menschen sei strittig, und daher ersetzte er ›Freiheit‹ durch ›Vervollkommnungsfähigkeit‹ . . . Die Beweisführung der Zweiten Abhandlung ist als für Materialisten in gleicher Weise wie für andere annehmbar gedacht.« (Naturrecht und Geschichte, S. 277)

Aber für Rousseau besteht zwischen »liberté« und »perfectibilité« kein Gegensatz, die Unabhängigkeit des Naturmenschen vom starren Instinkt ermöglicht ja erst den Fortschritt (und zugleich das Herabsinken unter das Niveau des Tieres). So viel ist an dem Hinweis von Strauß sicher richtig, daß Rousseau das abgeleitete Phänomen (perfectibilité) zur Grundlage nimmt, um Materialisten (hier jedenfalls noch) durch das »anstößige« Wort »Freiheit« nicht zu irritieren. Das ändert jedoch nichts an der Tatsache, daß Rousseau für seine eigene politische Philosophie eine dualistische Anthropologie nicht nur voraussetzt, sondern auch an anderer Stelle ausdrücklich formuliert.[25]

Willensfreiheit und Perfektibilität kommen dem Naturmenschen im Grunde nur *potentiell* zu. Tatsächlich scheint er anfangs noch so gut wie ganz vom Instinkt geführt zu sein und sich insofern kaum vom Tier zu unterscheiden. Die beiden Grundtriebe, die er mit den Tieren teilt, sind der *Selbsterhaltungstrieb* und »eine angeborene *Abneigung, ein fühlendes Wesen* und vor allem unseresgleichen *umkommen oder leiden zu sehen«.*[26]

Der Selbsterhaltungstrieb, den Rousseau auch als »amour de soi-même« bezeichnet, kennt anfangs nur sehr einfache und relativ leicht zu befriedigende Bedürfnisse: »Seine Begierden gehen nicht über die physischen Bedürfnisse hinaus; die einzigen Güter, die er in der Welt kennt, sind seine Nahrung, ein Weibchen und Ruhe; die einzigen Übel, die er fürchtet, Schmerz und Hunger. Ich sage Schmerz und nicht Tod, denn niemals wird das Tier erfahren, was es heißt zu sterben, und die *Erkenntnis des Todes* und seiner Schrecken *ist eine der ersten Erwerbungen des Menschen, wenn er seinen tierischen Zustand verläßt.«*[27] Da die einfachen Nahrungsmittel von der Natur in genügender Menge und fertig geliefert werden, entsteht auch ihretwegen kaum Streit unter den Menschen, ebensowenig wie um die Weibchen, die sie lediglich als Geschlechtsobjekte und nicht um ihrer individuellen Vorzüge willen begehren (Vaugh. I, 164 f.). Überhaupt gibt es kaum dauernde Kontakte unter den Menschen, sondern nur flüchtige Begegnungen in den Wäldern, die sich oft nur in langen Abständen zufällig einmal wiederholen. Die isolierte Lebensweise und die relativ einfache Befriedigung der natürlichen Bedürfnisse läßt das Leben dieser Naturmenschen als *friedlich* erscheinen, auch wenn de iure ein »Kriegszustand« unter ihnen herrscht. Es gilt die (unbewußte) Maxime »Verfolge dein Wohl mit dem geringstmöglichen Schaden für andere«.[28] Dabei betont aber Rousseau wiederholt, daß die Naturmenschen »weder gut noch böse« sind, sondern in einem gleichsam *vormoralischen* Zustand leben, weil ihnen jeder Begriff der Pflicht und der Tugend fehlt und sie völlig unbewußt ihren Trieben folgen.

Eine gewisse Unsicherheit und Ungenauigkeit des Gedankengangs zeigt sich allerdings darin, daß Rousseau einmal davon spricht, daß sich der Mensch vom Tier unterscheidet, weil ihn seine Instinkte *nicht* eindeutig und absolut bestimmen, während er an anderen Stellen die ungebrochene Instinktsicherheit der Naturmenschen hervorhebt. Diese Unsicherheit zeigt sich am deutlichsten in folgendem Satz: »Der Naturmensch, den die Natur seinem bloßen Instinkt überläßt, oder vielmehr den sie für den ihm vielleicht fehlenden Instinkt durch Fähigkeiten entschädigt, die imstande sind, diesen zunächst zu ersetzen und ihn dann weit über denselben zu erheben, hat also anfangs rein animalische Funktionen.«[29] Welches sollten diese Fähigkeiten sein, die den Menschen für das Fehlen des Instinktes entschädigen? Wie soll man den Schluß des Satzes mit der anfangs eröffneten Möglichkeit eines doch spezifisch *menschlichen* Ersatzes für den tierischen Instinkt verbinden? Kommt der freie, naturüberlegene Wille doch schon dem Naturmenschen zu, oder wird er erst im Laufe der Entwicklung des Menschen zum Menschen erworben? Eine klare Antwort auf diese Frage hat Rousseau nicht gegeben, aber er neigte doch wohl der These zu, daß alle spezifisch menschlichen Eigenschaften dem ursprünglichen Naturmenschen nur potentiell zukamen und sich erst allmählich entwickelten (z. B. die freie Willensentscheidung in dem Maße, wie die Instinktsicherheit des Tier-Menschen verloren ging). Das gilt auch und ganz besonders von der *Vernunft* (der raison im Unterschied zum entendement), die der Naturmensch zum Leben noch nicht braucht. Die Weisheit der Natur aber zeigt sich nach Rousseau darin, daß sie Eigenschaften, die der Naturmensch entbehren kann, auch noch nicht entwickelt.

»Fassen wir also zusammen: in den Wäldern irrend, ohne Künste und Gewerbe, ohne Wohnsitz, ohne Krieg und ohne Verbindung, ohne Bedürfnis nach seinesgleichen und ohne Lust, ihm zu schaden, vielleicht sogar ohne jemals einen anderen persönlich zu treffen, war der Wilde (homme sauvage) nur wenigen Leidenschaften unterworfen und hatte, da er sich selbst genug war, nur die Gefühle und Einsichten, die diesem Zustand angemessen sind; er fühlte nur seine *wahren Bedürfnisse*, sah nur das, woran er ein Interesse zu haben glaubte, und seine Intelligenz machte nicht mehr Fortschritte als seine Eitelkeit.« Die Welt stand still: »Die Gattung war schon alt und der Mensch noch immer ein Kind.«[30]

Die rein-tierische Lebensweise der *ersten »Menschen«* war also durch folgende Merkmale charakterisiert:

1. Die Naturmenschen *lebten isoliert* in den Wäldern und ernährten sich von dem, was die Natur ihnen schenkte (Sammler – und allenfalls Jäger oder Fischer). Sie waren damit *materiell völlig autark* und bedurften ihrer Mitmenschen nicht. Die wenigen elementaren und »wahren« Bedürfnisse konnten i. allg. ohne Schädigung anderer befriedigt werden. Auch *seelisch* ruhten die Naturmenschen ganz in sich.
2. Diese Wesen besaßen zwar liberté und perfectibilité als *potentielle Eigenschaften,* die sich aber von allein nicht entwickeln konnten, und so gab es keinerlei »Fortschritt«, ähnlich wie sich das Rousseau vom Tierreich denkt.
3. Dagegen kommen den ersten Menschen die beiden Grundtriebe *amour de soi* (Selbsterhaltungstrieb) und *commisération* zu. Beide gehen der raison und der réflexion im Menschen voraus und finden sich selbst bei Tieren. Sie sind vormoralisch oder sittlich indifferent (Vaugh. I, 159).
4. Da die Naturmenschen ihre einfachen Bedürfnisse ohne Mithilfe anderer Wesen (und damit, ohne von ihnen »abhängig« zu sein) befriedigen können, sind sie »frei«. Ihre Freiheit wird von Rousseau vorzugsweise *»indépendance«* genannt im Gegensatz zu der ganz andersartigen Freiheit der Menschen im Gesellschaftszustand. Die Freiheit der Naturmenschen beruht zugleich auf ihrer materiellen und seelischen Autarkie. Denn ebensowenig wie sie bei der Befriedigung ihrer materiellen Bedürfnisse auf andere Menschen angewiesen sind, benötigen sie die Anerkennung und Bestätigung durch dieselben. Sie *ruhen ganz in sich* und zeichnen sich hierdurch vorteilhaft von den zivilisierten Menschen aus, die ständig »außer sich« sind, und auf die Anerkennung durch ihre Mitmenschen ausgehen, weil sie allein als »anerkannte« sich selbst fühlen können.

Die *Abhängigkeit von der Natur,* die auf dem Wilden viel schwerer lastet als auf dem modernen Menschen, der sich mit Hilfe der Naturwissenschaft und Technik zu ihrem Herrn zu machen weiß, erscheint Rousseau *nicht* als Unfreiheit. Denn »es gibt zwei Arten von Abhängigkeit: diejenige von Dingen, die natürlich ist; diejenige von Menschen, die der Gesellschaft angehört. Die Abhängigkeit von den Dingen schadet der Freiheit nicht und bringt keine Laster hervor, weil sie keine sittliche Bedeutung hat: die Abhängigkeit von Menschen erzeugt sämtliche (Laster), weil sie ungeordnet ist, und durch sie depravieren sich Herr und Knecht wechselseitig«.[31] Dabei unterstellt Rousseau, ohne sich dessen bewußt zu sein, daß die Naturmenschen sich die Umwelt als von unwandelbaren Gesetzen geregelt vorstellen und sich daher willig ins Unvermeidliche schicken. Wenn man seine Voraussetzung einer völlig isolierten Lebensweise der ersten Menschen übernimmt, ist auch die primitivste Erklärungsweise des Naturgeschehens, die wir kennen, ausgeschlossen. Bekanntlich erfährt aber der Naturmensch die Umwelt keineswegs als von unwandelbaren Gesetzen, sondern eher als vom Willen launenhafter Wesen bestimmt, in deren Abhängigkeit er sich fühlt und die er deshalb durch magische Beschwörungen zu besänftigen und zu bewältigen versucht. Rousseau unterliegt hier dem gleichen Irrtum, den er Hobbes und den Naturrechtslehrern zum Vorwurf macht, er projiziert eine spezifisch moderne Erkenntnis (die Auffassung der Natur als gesetzmäßig geordneten Zusammenhang) in die früheste Vergangenheit zurück.

Die gesamte Darstellung des Naturmenschen, die Rousseau im zweiten Discours gibt, ist übrigens insofern unklar, als er zwar oft zur Illustration »Wilde« heranzieht, wie sie in Reiseerzählungen seiner Zeit beschrieben werden,[32] gleichzeitig aber wiederholt betont, daß sich diese bereits weit von dem ursprünglichen Zustand entfernt hätten.

Es ist notwendig, *innerhalb* des Naturzustandes selbst weiter zu differenzieren. Im Grunde geht es darum, den Punkt zu bestimmen, an dem sich die »heile« Natur in die »gefallene« Natur verwandelt, denn im Gegensatz zu Hobbes, der einen einheitlichen Naturzustand kennt, führt Rousseau die (christliche) Zweiteilung wieder ein: am Anfang steht der »gute«, aber noch völlig tierhafte erste Naturmensch, aber dieser wird durch äußere Einwirkungen aus seiner Bahn geworfen und dazu *gezwungen,* die in ihm bislang schlummernden (potentiellen) Eigenschaften zu entwickeln; er verwandelt sich in den »bösen« (méchant) Naturmenschen, wie ihn Hobbes beschrieben hat, und diese Verwandlung entspricht dem christlichen Begriff des »Falls«.

b) Die Entstehung der ersten, lockeren Vergesellschaftung der Naturmenschen

»Naturmensch« ist für Rousseau ein idealtypischer Begriff. Es gibt gleichsam verschiedene *Grade* der Natürlichkeit, und manche widersprechende Aussagen über *den* Naturmenschen erklären sich dadurch, daß einmal der erste, isoliert lebende Wilde, dann wieder der bereits vergesellschaftete Barbar damit gemeint ist. Der Unterschied von »sauvages« (Wilden) und »barbares« findet sich bereits bei Montesquieu: »Zwischen wilden (sauvages) und barbarischen (barbares) Völkern herrscht folgender Unterschied: die ersteren sind kleine zerstreut lebende Völkerschaften, die aus irgendeinem besonderen Grunde sich nicht vereinigen können, während die Barbaren gewöhnlich kleine Völkerschaften sind, die sich vereinigen können. Die ersteren sind gewöhnlich Jäger, die zweiten Hirten.«[33] Die »Wilden« leben also in einer lockeren Verbindung (die aber doch immerhin über den *völlig* isolierten Zustand der ersten Naturmenschen Rousseaus hinausgeht) als Jäger (und Fischer), während die bereits zu kleinen Gesellschaften organisierten Barbaren Hirten sind. Wir werden noch sehen, daß Rousseau das »goldene Zeitalter der Menschheit« mit dem der »barbares« identifiziert. In seinem »Essai sur l'origine des langues« (Œuvres I, 370–408) verwendet Rousseau die gleiche Terminologie wie Montesquieu und bezeichnet ebenfalls die »sauvages« als Jäger und Fischer, während die »barbares« als »Hirten« erscheinen; im zweiten Discours ist diese Terminologie noch nicht exakt durchgehalten. Streng genommen müßte man bei Rousseau also zwei »Unterarten« des »homme naturel«, den sauvage und den barbare unterscheiden, wobei eventuell noch der *völlig* isoliert lebende Urmensch als ein dritter Typus (gleichsam der einfachste »sauvage«) hinzukäme, den man sich als »Sammler« denken könnte.

Die Entfaltung der im Naturmenschen zunächst noch schlummernden Anlagen wird durch die wachsenden *»difficultés«* bewirkt, denen er bei der Fristung seiner Existenz begegnet. Diese Schwierigkeiten entstehen ihrerseits vor allem durch die »exzessive Bevölkerungszunahme (population), die aus dem Naturzustand resultiert«[34] und die dazu führt, daß nach und nach auch solche Himmelsgegenden von Menschen besiedelt werden, die außerordentliche klimatische Anforderungen stellen. Im »Essai sur l'origine des langues« wird daher die Entstehung (der Ursprung) des

Menschengeschlechts in warme Länder, die menschlicher Gemeinschaften dagegen in kältere Zonen verlegt, weil in warmen Gegenden eine isolierte Lebensweise möglich war, während die Unbilden rauherer Klimata nur durch gemeinsame Anstrengungen überwunden werden konnten. In diesen Gegenden spielte auch der *Wechsel der Jahreszeiten* eine gewisse Rolle und zwang dazu, Vorsorge für die *Zukunft* zu treffen, was dem Naturmenschen zunächst keineswegs eigentümlich war. Durch all dies wurde die »raison« (die Erkenntnis von Zusammenhängen und ihr Verständnis) entwickelt, und die ersten Erfindungen entstanden: Angel und Angelhaken, Pfeil und Bogen, Feuer und die Zubereitung von Speisen mit seiner Hilfe. Im Zusammenhang damit wird sich der Mensch auch voller *Stolz* seiner Überlegenheit über die Tierwelt bewußt und legt damit den Keim für eine seelische Verhaltensweise, die später für ihn charakteristisch werden und die natürliche Gemeinschaft gefährden sollte. In dieser Zeit nimmt Rousseau noch keine festen und dauernden Verbindungen unter den Naturmenschen an. Zwar finden sie sich gelegentlich zu gemeinsamen Unternehmungen (z. B. Großwildjagd oder Fischfang) zusammen, aber diese »troupes« oder »associations libres« bleiben kaum über die Zeit des unmittelbaren Anlasses ihrer Entstehung hinaus vereinigt. Aus diesen ersten »Fortschritten« gingen jedoch bald weitere hervor, und schließlich kam es zur Gründung von Familien, die sich in einfachen Hütten für dauernd zusammenfanden und eine Art einfacher Besitzvorstellung entwickelten. Um den Besitz dieser (als völlig oder annähernd gleichartig zu denkenden) Hütten und das bei ihnen liegende Gartenland konnte es jedoch noch nicht zum Streit kommen, weil jede Familie sich ohne viel Mühe ihrerseits eine Hütte bauen konnte, solange die Erde noch so wenig dicht besiedelt war, wie es für diese Zeit von Rousseau angenommen wird.

Leo Strauß schildert diese Entwicklung zunächst im Anschluß an Rousseau wie folgt: »Die menschliche Natur oder die Rationalität des Menschen wird erworben. Die Vernunft tritt später auf als die elementaren Bedürfnisse des Körpers. Sie entsteht im Verlauf der Befriedigung der Bedürfnisse. Ursprünglich sind diese einfachen und gleichförmigen Bedürfnisse leicht zu befriedigen. Aber gerade *diese* Tatsache führt zu einem ungeheuren Zuwachs der Bevölkerung und macht somit die Befriedigung der elementaren Bedürfnisse schwierig. Um zu überleben, ist der Mensch daher zum Denken – zum Denken lernen – gezwungen« (Naturrecht und Geschichte, S. 285). Statt die »menschliche Natur wird *erworben*« müßte man wohl richtiger sagen, die menschlichen Eigenschaften, die im noch tierisch scheinenden Naturmenschen nur potentiell lagen, werden *entwickelt*. Unberechtigt apodiktisch wird aber die Darstellung von Strauß, wenn er behauptet: »Der Verstand und dessen Entwicklung wird dem Menschen durch den *Zufall* aufgezwungen« (a.a.O.). Er denkt dabei vor allem an die Naturkatastrophen, die Rousseau als wichtige Wendepunkte der Evolution hervorhebt. Das Bevölkerungswachstum, das Strauß selbst angeführt hat, dürfte jedoch kaum als zufällig bezeichnet werden. Rousseaus eigne Ansicht ist auch hier schwankend und unsicher. Einerseits scheint er an einen unvermeidlichen und notwendigen Prozeß zu denken, andererseits stellt er sich in der Tat zuweilen die Frage, ob es nicht auch ganz anders hätte kommen können. Man kann seine Haltung hier nicht anders als in Analogie zur Position der Theologie verstehen. Während für die Orthodoxie das Heraustreten des Menschen aus dem Stande paradiesischer Unschuld ein »Zufall« insofern war, als er nicht von Gott notwendig bewirkt, sondern dem freien Entschluß des Menschen in und durch die Sünde entsprang, erscheint der Sündenfall dem kulturbejahenden Denken z. B. Hegels als notwendige und ermöglichende Bedingung des Menschseins.[35] Das Wissen um Gut und Böse, das die Schlange in Aussicht stellt und das den Menschen gottähnlich macht, ist ihm nichts anderes als die Bedingung der Vermenschlichung des Menschen, und insofern der Mensch (nicht nur in der Spekulation Hegels) als für Gott »notwendiges Wesen« aufgefaßt wird, ist sein Fall, dessen moralische Qualifizierung damit fragwürdig wird, nicht nur unvermeidlich, sondern auch unentbehrlich. Ambivalent wie die christliche Lehre vom (notwendigen und doch freien) Sündenfall ist die Rousseausche Auffassung vom Heraustreten des Menschen aus dem Zustand der anfangs unschuldigen Lebensweise. Er blickt voll Sehnsucht auf diesen glücklichen Zustand zurück und weiß doch zugleich, daß er aufgegeben werden *mußte*. Schon für Kant war die Frage eindeutig zugunsten der Notwendigkeit entschieden: »Alle Naturanlagen eines Geschöpfes sind bestimmt, sich einmal vollständig und zweckmäßig auszuwickeln.« (Erster Satz der Idee zu einer allgemeinen Geschichte in weltbürgerlicher Absicht, 1784.) Rousseau schwankt auch deshalb, weil er den Zustand der entfalteten menschlichen Fähigkeiten in der Kultur nicht so eindeutig *über* einen primitiveren und natürlicheren Zustand zu stellen vermag, in dem die Menschen zwar noch nicht »menschlich«, aber dafür »glücklicher« waren. Wir werden allerdings noch sehen, daß der von Rousseau betrauerte Idealzustand *nicht* der der allerersten isoliert lebenden und vormenschlichen Menschen war, sondern der halbzivilisierte Zustand der Hirtenvölker (der »barbares«).

Erst nachdem durch die Bevölkerungsvermehrung und Verteilung über die Erdoberfläche bereits einige Fortschritte der Entwicklung erzielt waren, die »sauvages« als Jäger und Fischer ihren Lebensunterhalt fanden und ein gewisses vages Selbstgefühl sowie erste Anfänge der Sprache besaßen, wird die weitere Entwicklung durch große Katastrophen beschleunigt oder gar überhaupt erst ausgelöst. Auch hier ist Rousseau unpräzis, wohl weil er sich des hypothetischen Charakters seiner ganzen Erzählung bewußt bleibt. Im zweiten Discours heißt es an der entscheidenden Stelle, diese Naturkatastrophen hätten die Entwicklung der Sprache »*beschleunigt*, indem sie sie notwendiger machten« (Vaugh. I, 173); im »Essai sur l'origine des langues« dagegen ganz eindeutig: »Die Gesellschaftsbildungen der Menschen sind zum großen Teil ein *Werk von Zufällen der Natur*, partielle Überschwemmungen, über ihre Ufer tretende Meere, Vulkanausbrüche, große Erdbeben, durch Blitzschlag veranlaßte Waldbrände; alles, was die wilden Bewohner eines Landes erschrecken und zerstreuen mußte, mußte sie anschließend (auch wieder) zusammenführen, um gemeinsam die gemeinsamen Schäden zu reparieren. Die Überlieferungen der Unglücksfälle der Erde, die in alten Zeiten so häufig waren, zeigen, welcher Mittel sich die *Vorsehung* (!) bediente, um die Menschen zu zwingen, sich einander zu nähern. Seit Gesellschaften errichtet worden sind, haben diese großen Naturkatastrophen aufgehört oder sind seltener geworden; es mußte, scheint es, so kommen, denn die gleichen Unglücksfälle, die zerstreut wohnende Menschen zur Vereinigung bringen, würden bereits vereinigte wieder verstreuen.«[36] Auch dieser Satz bietet freilich wieder einige Interpretationsschwierigkeiten. Man kann sich nämlich fragen, ob Rousseau sagen will, daß die »sauvages« zwar durch diese Naturkatastrophen zerstreut wurden, die bereits entwickelteren »barbares« aber zu gemeinsamer Aktion sich aufgerufen fühlten, so daß die entscheidende Veränderung doch schon *vor* der Katastrophe stattgefunden haben müßte; oder aber, daß zunächst alles auseinanderlief, nachdem aber der Schaden eingetreten war, von den verstreuten Wilden das *Bedürfnis* nach Kollaboration empfunden wurde. Die zweite Deutung scheint die näherliegende zu sein. Auffallend ist aber auch, daß Rousseau hier von einer *Vorsehung* spricht, die sich dieser Katastrophen mit der Absicht bedient, die Menschen zur Gemeinschaft und damit zum Fortschritt auf dem Wege zur Vermenschlichung zu veranlassen. Der Hinweis auf den Wegfall oder das Zurücktreten der Katastrophen, *seit* es zu derartigen Vereinigungen gekommen ist, zeigt, wie ernst Rousseau diesen Gedanken nahm und daß er nicht als eine bloße rhetorische Formel oder eine Akkomodation abgetan werden kann.

Bei aller Unbestimmtheit der einzelnen Formulierung steht jedoch für Rousseau fest, daß die Entwicklung der Vergesellschaftung und die Entfaltung der menschlichen Anlagen des Menschen durch die »besoins« bestimmt wird, die ihrerseits allerdings wiederum durch die Veränderungen der menschlichen Natur sich wandeln. »Sei es nun, daß man den Ursprung der Handwerkskunst sucht, sei es, daß man die frühen Sitten beobachtet, man sieht, daß alles im Prinzip sich auf die Mittel bezieht, durch die man seinen Unterhalt findet, und daß diejenigen, die die Menschen vereinigen, ihrerseits durch das Klima und die Natur des Bodens bestimmt werden.«[37] Die kälteren Klimata, welche eine stärkere Kraftentfaltung des Menschen verlangen, sind daher auch die Heimat der Vergesellschaftung. Der Zusammenschluß des isoliert lebenden Naturmenschen ist gleichsam die »Antwort« auf die »Herausforderung« durch den klimatischen Reiz.[38]

Im Anschluß an diese Naturkatastrophen bilden sich die Anfänge *dauernder* Verbindungen unter den Menschen. Rousseau spricht von »troupes« und »nations«, was man vielleicht am besten mit Stämmen und Völkerschaften wiedergibt. Diese Völkerschaften waren noch *nicht* durch »réglements et lois« vereint, sondern lediglich durch *»moeurs«* und *»caractère«*, die ihrerseits auf die gleiche *Lebensweise* und das *Klima* zurückgeführt werden. Diese Feststellung Rousseaus verdient besondere Aufmerksamkeit, weil sie zu der verbreiteten Vorstellung vom individualistischen und mechanistischen Charakter seiner politischen Philosophie deutlich im Widerspruch steht. Die Gemeinschaft erscheint jedenfalls *hier* nicht als ein Produkt des freien Willensentschlusses isolierter Einzelwesen, sondern der politischen Organisation geht eine natürliche Lebensgemeinschaft voraus, die in einem gemeinsamen

»Volkscharakter« und gemeinsamen »Sitten« ihren Ausdruck findet. In seinen beiden Schriften zur Verfassung Korsikas und zur Regierungsweise Polens hat Rousseau immer wieder auf die Notwendigkeit der Pflege des individuellen Volkscharakters und auf die Bedeutung der »mœurs« hingewiesen. Ich werde deshalb auf diesen Zusammenhang bei der Behandlung der politischen Theorie Rousseaus ausführlich zurückkommen.

Erst *jetzt* bricht das wahre »goldene Zeitalter« an, das Rousseau nicht müde wird zu preisen, und das mit dem Schäfer-Idyll seiner Zeit manche verwandten Züge hat. Im zweiten Discours wie im Essai sur l'origine des langues wird diese Epoche in überschwänglichen Farben geschildert. Nicht das Zeitalter der isoliert lebenden Naturmenschen, sondern das der einfachen freien Gemeinschaften von *Hirten* in der »richtigen Mitte zwischen der Indolenz des ursprünglichen Zustandes und der ungestümen Aktivität unserer Selbstsucht muß die glücklichste und dauerhafteste Epoche« der Menschheit gewesen sein.[39] Während im zweiten Discours die Hirten nicht ausdrücklich genannt werden, wird im Essai das Hirtenzeitalter als Ideal geschildert: »Die Tätigkeit des Hirten, eine Quelle der Ruhe und der Leidenschaften des Müßiggangs, ist diejenige, die sich am meisten selbst genügt. Sie liefert dem Menschen fast mühelos Leben(smittel) und Kleidung, sie liefert ihm sogar seine Behausung« (das Zelt aus Tierhäuten).[40] Der Vorzug dieser Epoche gegenüber den ersten Zeiten besteht darin, daß die Menschen bereits angefangen haben, sich ihres Glückes *bewußt* zu sein, daß sie für Schönheiten *eindrucksfähig* geworden sind (in dieser Annahme zeigt sich die ganze Zeitbedingtheit und Romantisierungstendenz Rousseaus, der hier dem Hirten die Sensibilität des Literaten der Hirtenidylle unterstellt), auf der anderen Seite aber noch nicht weit genug vom Ausgangspunkt sich entfernt haben, um die Leiden der Zivilisation: Ungleichheit und Unfreiheit, Unechtheit und Selbstwiderspruch zu kennen. Wie sehr dieses Ideal bei Rousseau – und vielleicht auch bei seinen Zeitgenossen – aus der Abneigung gegen die Unrast und Dynamik des beginnenden bürgerlich-industriellen Zeitalters entsprang, geht u. a. daraus hervor, daß als wichtigster Zug an ihm hervorgehoben wird: es *»genüge sich selbst«*. Das heißt, die Gesellschaft der Hirten drängt nicht über sich hinaus, die in ihr lebenden Menschen sind nicht zu ständig sich steigernden Kraftanstrengungen genötigt; es ist eine statische Welt, nach der sich Rousseau zurücksehnt. Hier ist das

Zeitalter, »von dem Du wünschtest, daß Deine Gattung bei ihm haltgemacht hätte«.[41] Erst dieser Zustand war der »beste für den Menschen« und das »Beispiel der Wilden scheint zu bestätigen, daß das Menschengeschlecht geschaffen war, für immer in ihm zu verharren; daß er die wahre Jugend der Welt war; und daß alle *späteren Fortschritte scheinbar* ebensoviel Schritte zur Vervollkommnung des Individuums und in Wahrheit zum Verfall der Gattung waren«.[42] Der letzte Satz muß überraschen, denn es würde doch offenbar näher liegen, von einem Fortschritt der Gattung bei gleichzeitigem (nämlich moralischem) Verfall der Individuen zu sprechen. Was Rousseau mit ihm gemeint hat, verstand ich erst auf Grund einer anderen Stelle, an der er ausdrücklich »Gattung« (espèce) und Gesellschaft (société) unterscheidet.[43] Der geschichtliche Fortschritt führt seiner Überzeugung nach zu vollkommeneren Gesellschaftsgebilden (wenn auch nicht zu gesünderen und sittlich besseren) und auch zu (einzelnen) hervorragenderen Individuen, aber die »Gattung«, d. h. die große Mehrheit der Menschen, wird durch diesen Fortschritt auf eine niedrigere Stufe herabgedrückt, als sie sie vorher erreicht hatte, denn sie ist außerstande, dem verführerischen Druck der Umstände standzuhalten und aus Tugend über ihre wachsenden Leidenschaften zu herrschen. Der »Fortschritt« des Einzelnen aber ist ein bloßer Schein, wenn man ihm den Verfall der Menge gegenüberstellt.

Die Höherschätzung des »barbarischen Zeitalters« gegenüber dem der »Wildheit« kommt noch deutlicher als im zweiten Discours im Essai sur l'origine des langues zum Ausdruck. Diese Schrift, die vier Jahre nach dem zweiten Discours (1759) erschien, scheint überhaupt in einigen Punkten von der übertriebenen Hochachtung vor dem »bon sauvage« abzurücken. Die dort als »angeboren« angenommene »commisération« erscheint hier (wie im Emile) deutlich erst als *Produkt* einer allmählichen Entwicklung. Denn »derjenige, der nie nachgedacht hat, kann weder mildherzig noch gerecht noch mitleidig sein: er kann auch nicht rechthaberisch und böse sein. Wer sich nichts vorstellt (n'imagine rien) fühlt nur sich selbst; er ist einsam inmitten des Menschengeschlechts«.[44] Noch deutlicher heißt es kurz davor: »die sozialen Gefühle entwickeln sich in uns erst mit unseren Einsichten. Wenn auch das Mitleid (pitié) dem Menschenherzen *natürlich* ist, so bliebe es *doch ewig inaktiv ohne* die Vorstellungskraft *(imagination)*, die es in Bewegung setzt«.[45] Die für die Aktivierung des Mitleids notwendige Vorstellungskraft ihrerseits entsteht erst im Kontakt der Menschen untereinander. Nur für die Menschen, mit denen der »sauvage« oder »barbare« ständig zusammenlebte, empfand er Mitleid und Anteilnahme, die übrigen waren ihm »une bête, un monstre« (Œuvres I, 385). Wir müssen also zwei Entwicklungslinien der allmählichen Veränderung der menschlichen Natur unterscheiden: eine, die zu einer zunehmenden Aktivierung des Mitleids führt, wobei es freilich eine Grenze gibt, über die hinaus die Teilnahme völlig unverbindlich und konsequenzlos wird (der »Kosmopolitismus«, gegen den Rousseau immer wieder polemisiert); und eine zweite, die zur Depravierung des »amour de soi« zum »amour-propre« führt. Während für die Aktivierung des Mitleids die Vorstellungskraft entfaltet werden muß (deren Intensität in einem umgekehrten Verhältnis zur Weite ihres Inhalts steht, weshalb es ein Optimum gibt, das nicht mit dem Maximum identisch ist), entsteht der amour-propre in Verbindung mit raison und réflexion. Beide Eigenschaften aber entfalten sich erst im Zusammenhang mit dem menschlichen Gemeinschaftsleben. Das Verhängnis liegt darin, daß die Vorstellungskraft ihrem Wesen nach begrenzt ist, während die raison durch die Erfassung immer größerer Zusammenhänge endlos wachsen kann. Deshalb gibt es für den Umfang des Gegenstandes des Mitleids eine optimale Grenze (die Rousseau mit der Grenze einer kleinen republikanischen Nation gleichsetzt), während der amour-propre unbegrenzt ist und die gesamte Menschheit zum Mittel seiner ehrgeizigen Wünsche machen will. Es gibt daher gleichsam einen Punkt der Entwicklung, an dem sich die depravierende Tendenz des amour-propre und die Tendenz zur Aktivierung des Mitleids schneiden, an dem das Mitleid sein Optimum erreicht hat und der amour-propre noch, entsprechend dem Entwicklungsgrad der Gesellschaft, minimal entwikkelt ist. Das aber ist das »juste milieu« der idyllischen Hirtengesellschaft. In der auf sie folgenden Entwicklungsstufe überwiegt und erstickt der amour-propre das natürliche Mitleid (und Wohlwollen), und es bedarf künstlicher Veranstaltungen (wie z. B. der patriotischen Erziehung), um ein ausreichendes Gegengewicht gegen ihn zu schaffen, während die kosmopolitische Denkart der sogenannten Gebildeten durch die exzessive Ausdehnung des Gegenstandes des Mitleidens dessen Intensitätsgrad noch weiter herabsetzt, so daß es vollends ohnmächtig wird, die asozialen Leidenschaften des amour-propre in Schach zu halten.

Erst der mit dem Ende des »Hirtenzeitalters« eintretende *Bruch* der Entwicklung wird von Rousseau als schlechthin verhängnisvoll angesehen, wenn er auch weiß, daß die bereits erfolgte Entwicklung ihn in gewisser Weise ermöglicht hat. Erst hier hätte die Menschheit stehenbleiben müssen und hier hätte sie auch stehenbleiben können, denn dieses Zeitalter drängte von sich aus nicht über sich hinaus, es ruhte in sich, wie der »gute« Naturmensch in sich ruht. Der von Rousseau idealisierte Naturzustand ist also nicht die uranfängliche Wildheit, sondern ein »juste milieu« zwischen dieser und dem Zustand des Kampfes aller gegen alle, der für die zeitgenössische Gesellschaft seiner Meinung nach charakteristisch war. Rousseau ist kein absoluter Gegner jeder Kultur, sondern lediglich ein Kritiker der depravierenden Hochkultur, in der die ursprüngliche »Güte« des Menschen und die natürliche und freie Gemeinschaft der Hirtenvölker verlorengegangen ist. Leo Strauß formuliert dieses Ideal Rousseaus treffend, wenn er sagt: »das gute Leben besteht in der größten Annäherung an den Naturzustand, die auf der Ebene der Humanität möglich ist«, aber er wendet es in der Folge nicht auf Rousseaus Lehre vom idealen Zustand der Hirtengesellschaft an, sondern lediglich auf den Gesellschaftsvertrag und die Einsamkeit in der Gesellschaft, die namentlich der alte Rousseau beschrieben hat.

Der von Rousseau beklagte Verfall setzt – *äußerlich* gesehen – mit der *Arbeitsteilung* ein: »Solange sich die Menschen nur mit Arbeiten befaßten, die ein Einzelner verrichten konnte, und mit Handwerken, die nicht die Mithilfe mehrerer Hände erforderten, lebten sie in Freiheit und Gesundheit gut und glücklich, soweit sie das auf Grund ihrer Natur sein konnten, und fuhren fort, untereinander die süßen (Freuden) eines unabhängigen Verkehrs zu genießen«.[46] Das galt aber noch für die Hirtengesellschaft, da die Tätigkeit des Hirten, wie wir gehört haben, allen Bedürfnissen des einfachen (barbarischen) Menschen genügt. Rousseau scheint hier jedoch die gemeinsamen Anstrengungen vergessen zu haben, die zu den ersten Lebensgemeinschaften geführt hatten. Man muß das wohl so verstehen, daß diese kollektiven Arbeiten (etwa der Bau eines Dammes) nicht so sehr die Angewiesenheit der Einzelnen auf andere Glieder der Gemeinschaft als vielmehr die *aller* oder richtiger eines jeden auf die Gesamtheit, die allein imstande war, ihre Lebensgrundlage zu sichern, zum Ausdruck brachten. Insofern war die Freiheit (im ursprünglichen Sinne: die Nichtabhängigkeit) noch nicht gefährdet. Auf der Grundlage des in gemeinschaftlicher Anstrengung Gesicherten konnte ein jeder (jede Familie müssen wir genauer sagen) völlig autark für seinen Lebensunterhalt sorgen. »Aber von dem Augenblick an, da ein Mensch der Hilfe eines anderen bedurfte, und da man erkannte, daß es für einen Einzelnen nützlich war, Vorräte für zwei zu besitzen, verschwand die Gleichheit, das Eigentum wurde eingeführt, die *Arbeit* wurde notwendig; und die ausgedehnten Waldungen verwandelten sich in lachende Felder, die mit dem Schweiß der Menschen gedüngt werden mußten und in denen man bald Sklaverei und Elend mit den Ernten zusammen keimen und wachsen sah.«[47] Es ist auffällig und für den Antihistorismus des Autors kennzeichnend, daß Leo Strauß diesen wichtigen Hinweis Rousseaus auf die Entstehung der Ungleichheit und Unfreiheit aus der *Arbeitsteilung* übersehen hat. Ältere Arbeiten, wie z. B. die von *H. Höffding* haben dagegen die Bedeutung dieses Zuges der Rousseauschen Theorie durchaus richtig gesehen (Rousseau und seine Philosophie, S. 134).

Der erste epochemachende Fall von Arbeitsteilung (nach dem bereits vorausliegenden der Arbeitsteilung von Mann und Frau, die im Zusammenhang mit der Gründung von Familien und festen Wohnsitzen entsteht) ist der von Ackerbauer und Metallbearbeiter bzw. Hersteller. Rousseau verwendet die abgekürzte Formel: fer et blé. Erst mit dem Ackerbau beginnt die »Zivilisation«, und der Ackerbau ist erst möglich, nachdem die anderen Handwerke (arts) erfunden worden sind (Vaugh. I, 177). »Der Ackerbau . . . hängt von allen Handwerken ab, er führt zum *Eigentum*, zur *Errichtung von Regierungen*, zu *Gesetzen* und nach und nach zu *Elend und Verbrechen.*«[48] Vermutlich nimmt Rousseau an, daß erst nach der Erfindung der Metallbearbeitung der Ackerbau entstand: »Wie die einen (die Metallerzeuger) Nahrungsmittel im Austausch für ihr Eisen brauchten, so fanden die anderen endlich das Geheimnis, das *Eisen zur Vervielfältigung der Nahrungsmittel zu verwenden.*«[49] Das heißt, sie erfanden den eisernen Pflug. Als Symbol dafür, daß der Ackerbau eigentlich der Anfang der menschlichen Misere und das Ende des Standes der Unschuld war, gilt Rousseau die biblische Erzählung von Kain und Abel: »Man könnte versucht sein zu sagen, daß der erste Pflüger bereits in seinem Charakter die üblen Folgen seiner Tätigkeit (art) ankündigt.« – »Moses scheint den Ackerbau zu verurteilen, indem er ihm einen Bösewicht zum Erfinder gibt und Gott dessen Opfer zurückweisen läßt.«[50] Moses, den Rousseau zu den großen Gesetzgebern zählt, wird hier ganz profan verstanden und sein »Bericht« von Kain und Abel als eine Allegorie interpretiert, die den Juden gleichsam im Sinne der Rousseauschen Kulturphilosophie die Schädlichkeit und Verworfenheit des Ackerbaus sinnfällig machen sollte. Mit dem Ackerbau und der Arbeitsteilung der Gesellschaft zwischen Bauern und »Schmieden« (das Wort in einem umfassenderen Sinne als heute gebraucht) beginnt die »civilisation« und endet das goldene Zeitalter der Barbarei. »Eisen und Getreide haben die Menschen zivilisiert und die menschliche Gattung zugrunde gerichtet.«[51] Von diesem Augenblick an überwiegen nach Rousseaus Überzeugung die Nachteile des »Fortschritts« bei weitem seine Wohltaten.

Aus der Bearbeitung des Bodens folgte »notwendig« seine *Aufteilung* »und aus dem einmal anerkannten *Eigentum* ergaben sich die ersten Regeln der Gerechtigkeit. Denn, um jedem Menschen das Seine zu geben, muß zuvor jeder etwas haben«.[52] Aus der *Bearbeitung* leitet Rousseau – wie vor ihm John Locke[53] – das Eigentum ab: »Allein die Arbeit, der der Ackerbauer das Recht auf das Produkt der Erde verdankt, die er gepflügt hat, verdankt er auch das auf den Boden, wenigstens bis zur Ernte und so von Jahr zu Jahr: da dies einen ununterbrochenen *Besitz* bewirkt, verwandelt er sich leicht in *Eigentum*.«[54] Hieraus erklärt sich vermutlich auch, daß Rousseau im Stadium der »Barbarei« bei den Hirtenvölkern noch kein Privateigentum kennt, weil die Spuren der Bearbeitung an den Herdentieren nicht so gut sichtbar sind wie am angebauten Boden; als aber einmal das Grundeigentum eingeführt war, wurde auch das Vieh zum Privatbesitz: »Bevor man repräsentative Zeichen des Reichtums (Geld, IF)[55] erfunden hatte, konnte dieser nur in *Land und Vieh*, den einzigen Gütern bestehen, welche die Menschen besitzen konnten.«[56]

Auf dieser Stufe der Entwicklung setzt nun die Wirkung der *natürlichen Ungleichheit* der Talente ein, die erst jetzt von weitreichender Konsequenz sein konnte. Aus unterschiedlicher Geschicklichkeit ergab sich unterschiedlicher Besitz. Aber auch der Eisenbedarf der Ackerbauer und der Getreidebedarf der »Schmiede« unterlag Schwankungen und führte zu unterschiedlichen Graden der Abhängigkeit dieser beiden Bevölkerungsteile (»Klassen«) voneinander. Beides aber führte zu einer immer stärker fühlbaren und dauerhafteren Differenzierung der ursprünglich (annähernd) gleichen Menschen. Schließlich standen sich »riches« et »pauvres«

oder genauer gesagt Grundbesitzer und Besitzlose gegenüber. Während die einen (die Besitzer) auf das Naturrecht des »ersten Besitzergreifers« (durch ihre Bearbeitung) sich berufen konnten, versuchten die Besitzlosen das »Recht des Stärksten« ins Feld zu führen. Das Ergebnis war der »Kampf aller gegen alle«, wie ihn Thomas Hobbes beschrieben hat. »Die entstehende Gesellschaft (das Hirtenzeitalter, IF) machte dem fürchterlichsten Kriegszustand Platz.«[57]

In dieser Situation *wurden* die *Menschen* zu den Wesen, die Hobbes beschrieben hat, und Rousseau bezeichnet sie selbst als »avares, ambitieux et méchants« (Vaugh. I, 180). Zugleich mit diesen negativen Eigenschaften entfalten sich aber auch jene im Naturmenschen nur potentiell angelegten »Fähigkeiten, die die Menschheit ehren« (a.a.O.), nämlich Vernunft und (wohl auch) Gerechtigkeitsempfindung. Die Phantasie (imagination) ist voll entwikkelt, und der menschliche Geist hat »fast das Ende seiner Vervollkommnungsmöglichkeit erreicht« (a.a.O., S. 178). Die gleichen Eigenschaften freilich, die der Menschheit zur Ehre gereichen, werden auch zu Mitteln der Schlechtigkeit und der Perversion. Die Menschen haben aufgehört, »indépendants« zu sein. Sie vermögen weder ihren materiellen Lebensunterhalt ohne Mithilfe anderer zu besorgen, noch ruhen sie seelisch in sich. Jeder strebt danach, in der »opinion« der anderen möglichst hoch zu steigen, und um das zu erreichen, entwickelt er mit höchstem Ehrgeiz seine Anlagen oder täuscht sie auch mit List nur vor. Denn »Sein und Scheinen« fallen jetzt auseinander, und es kommt mehr auf den Anschein an, als auf das Sein. Um anerkannt zu werden, täuschen sich die Menschen wechselseitig, und um die notwendige Hilfe voneinander zu erhalten, müssen sie ständig so tun, als ginge es ihnen selbst nur ums Wohl ihrer Mitmenschen, während sie in Wahrheit nur an ihrem eigenen »Vorwärtskommen« arbeiten. Da es allen nur auf den *relativen* Platz ankommt, den sie in der Gesellschaft einnehmen, versuchen sie, ihr Ziel ebenso durch die direkte Schädigung der anderen wie durch eigne Leistung zu erreichen. Es herrscht ein allgemeiner *Wettkampf* und ein allgemeiner *Gegensatz der Interessen.*

Der Zustand des Wettkampfes läßt alle Anlagen zur Entfaltung kommen und führt zum technischen wie intellektuellen Fortschritt, aber er korrumpiert zugleich die Seelen der meisten, und dieser Schaden übertrifft in den Augen Rousseaus den Vorteil bei weitem. Wenn man diese Veränderungen am Wesen des Menschen auf einen Nenner bringen will, so muß man hierzu auf die Unterscheidung von »amour de soi« und »amour-propre« eingehen, die Rousseau von *Vauvenargues* und *Malebranche* übernommen hat[58] und die den Schlüssel zum Verständnis seines Menschenbildes gibt. Während der ungebrochene amour de soi des »Naturmenschen« (bis zum Sündenfall der Arbeitsteilung und der Besitzergreifung) unmittelbar auf die Selbsterhaltung sich bezieht, entsteht der amour-propre erst in einer Situation, in der der Einzelne von anderen Menschen *abhängig* wird und daher dazu genötigt ist, ihre Hilfe zu erbitten, bzw. sie durch List oder Gewalt zu »Mitteln« für seine egoistischen Zwecke zu machen. Diese letztere Haltung ist charakteristisch für den amour-propre. Der »amour-propre« ist die egoistische Beziehung aller Mitmenschen auf die Privatinteressen der individuellen Person. Das Interesse aber, dem die Mitmenschen hier dienstbar gemacht werden sollen, ist nicht mehr einfach die Selbsterhaltung, sondern in allererster Linie die *Anerkennung*, die *Wertschätzung* oder – wie Rousseau gewöhnlich sagt – die »opinion«. Nur aus der Wertschätzung, die ihm entgegengebracht wird, bezieht ja der homme civilisé nach Rousseau sein Selbstbewußtsein, er lebt »ganz außer sich«, während der autarke Naturmensch in sich ruhte. Nun gibt es aber kein sichereres Mittel, um »anerkannt« zu werden, als überlegene *Macht.* Macht innerhalb einer Gesellschaft aber ist immer relative Macht, sie steht in notwendigem Konkurrenzverhältnis zu anderen Mitbewerbern um Macht, und ihr Inhaber muß daher stets auf ihre Erhaltung und Erweiterung bedacht sein. Die erste, vorstaatliche Form von Macht von Menschen über andere Menschen war die der Reichen über die Besitzlosen, die genötigt waren, sich ihnen zu verdingen. Sehr bald hatten aber die Reichen erkannt, daß es möglich ist, mit Hilfe bereits versklavter Armer die Herrschaft über weitere Besitzlose zu erwerben, und nachdem sie einmal «das Vergnügen zu befehlen kennengelernt hatten, verachteten sie bald alle anderen«,[59] sie wurden gierig auf Herrschaft, *wie Wölfe,* die einmal von Menschenfleisch gekostet haben, alle andere Nahrung verweigern. Rousseaus Beschreibung des Menschen dieses Zeitalters, der noch der Mensch seiner Tage war, stimmt, wie gesagt, völlig mit der von Hobbes und Mandeville überein, und man könnte hier ebensogut Zitate aus den »Elements of Law«, aus dem »de cive« oder aus dem »Leviathan« und der »Fable of the Bees« wie solche aus dem zweiten Discours anführen. Im 10. Kapitel der »Elements of Law« schreibt Hobbes z. B.: »Der Vergleich eines *Menschenlebens* mit einem *Wettrennen* ist nicht in jedem Punkte zutreffend, eignet sich aber für unseren Zweck so gut, daß wir dadurch fast alle vorher erwähnten Affekte sehen und uns ihrer erinnern können. Dieses Rennen darf aber *kein anderes Ziel, keinen anderen Ruhm als den kennen, an erster Stelle zu stehen,* und darin ist: . . .

> Streben, den nächsten zu überflügeln, Eifersucht; . . .
> Einen anderen plötzlich fallen sehen, Neigung zum Lachen; . . .
> Jemand siegen sehen, von dem wir dies nicht wünschen, Entrüstung; . . .
> Stets den nächsten vor uns besiegen, Glück . . . «[60]

Rousseau ist mit Hobbes darin einig, daß der Grundcharakter des zivilisierten Menschen mit dem Hinweis auf den »amour-propre« und die »vanité« (vanity) oder den »orgueil« richtig bestimmt ist, und lehnt alle wohlgemeinten Beschwichtigungsversuche wie die Hinweise auf »mildernde« oder wohlwollende Triebe ab. Die Menschen haben in diesem Zustand tatsächlich (von Hause aus gleichsam) »eine Neigung, sich wechselseitig zu schaden«[61] sie sind »böse«, und das im Naturzustand lebendige »Mitleid« (die commisération) wird durch ein egoistisches Interessenkalkül außer Kraft gesetzt und von den »passions« des »amour-propre« erstickt. Die Berufung auf die »natürliche Güte« des Menschen ist daher in dieser Lage machtlos. Das friedliche Zusammenleben kann nicht mehr von »natürlichen Gefühlen« garantiert werden, weil diese unter den neuen Bedingungen der Abhängigkeit völlig verändert und »depraviert« worden sind. Die Paradoxie der Situation hat Rousseau im Entwurf zum Contrat Social einmal wie folgt umschrieben: »Unsere Bedürfnisse nähern uns einander genau in dem Maße an, als unsere Leidenschaften uns trennen, und je mehr wir zu Feinden unseresgleichen werden, desto weniger können wir ohne sie auskommen.«[62] Durch unsere Bedürfnisse sind wir voneinander abhängig und zum Zusammenleben gezwungen, weil kein Einzelner mehr den stets wachsenden materiellen Bedarf eines Menschen decken kann und jeder zur Bestätigung seiner selbst auf alle anderen angewiesen ist. Feinde aber sind wir, weil wir alle um den ersten Rang und die höchste Macht konkurrieren. Mit jeder neuen Erfindung wächst aber die Abhängigkeit der Menschen voneinander, weil diese zwar anfangs als Erleichterung begrüßt, bald aber von allen als zwingendes Bedürfnis empfunden und notwendig stets von einer großen Anzahl schmerzlich entbehrt wird. Der Nichtbesitz eines neuen materiellen Gutes bedeutet aber zugleich auch immer eine Zurücksetzung in der sozialen Rangordnung, im allgemeinen Wettlauf um Ansehen und Ehre (Anerkennung).[63]

c) Der »Contrat Social«, den die »riches« vorschlagen

In dem chaotischen Zustand, der sich aus der Abhängigkeit der Menschen voneinander einerseits und ihrem feindlichen Gegensatz andererseits ergibt, waren vor allem die *Besitzungen* der »Reichen« (worunter wir die Grund- und Viehbesitzer zu verstehen haben), ständig bedroht. Rousseau ist *nicht* der Meinung, daß sie bereits ein »Naturrecht« auf ihr Eigentum in Anspruch nehmen konnten, jedenfalls nicht ein solches, das Besitzlose von ihrem gleichfalls dem Naturrecht entsprechenden »Recht auf alles« ausschließt. Er bezeichnet deshalb die Besitzungen *vor* Abschluß eines Gesellschaftsvertrages auch als »usurpations«. Wie Hobbes ist ihm das private Eigentum erst der positiv-rechtlich anerkannte Besitz, eine *Schöpfung* des Staates, nicht etwas, das seiner Gründung vorausgeht, wie bei Locke.

Die Grundbesitzer hatten daher das meiste Interesse an der Beseitigung eines Zustandes der Unsicherheit, unter dem die gesamte Bevölkerung litt. Da sie weder »gültige Gründe« noch die »ausreichenden Kräfte« zu ihrer Verteidigung besaßen und sich auch »auf Grund ihrer wechselseitigen Eifersucht« nicht mit ihresgleichen zur gemeinsamen Verteidigung gegen die Schar der Besitzlosen zusammenschließen konnten, kamen sie endlich auf den »ausgeklügeltsten Plan, den der menschliche Geist je entworfen hat« (Vaugh. I, 181). Dieser Plan war ein Gesellschaftsvertrag. Die Darstellung dieses Vertragsschlusses weicht aber in ihren Voraussetzungen bereits erheblich von derjenigen ab, die in Rousseaus »Contrat Social« geschildert wird, eine Abweichung, auf die in der Literatur gewöhnlich nicht genügend geachtet wird.[64] Während hier ausdrücklich der soziale Gegensatz von Landbesitzern und Besitzlosen vorausgesetzt wird, kann man annehmen, daß Rousseau den gerechten Contrat von der Bedingung abhängig macht, die er in der Fußnote zum 9. Kapitel des 1. Buches beiläufig erwähnt. Dort heißt es u. a.: »In der Tat sind die Gesetze den Besitzenden immer nützlich und den Nichtbesitzenden schädlich, woraus folgt, daß der Gesellschaftszustand (der Staat) nur insoweit den Menschen von Vorteil ist, als sie *alle etwas* besitzen und keiner von ihnen zu viel.«[65] Da es für Rousseau keine rechtliche Handhabe zur Enteignung von Reichen gibt, ist die weitgehende Gleichheit des Besitzes und vor allem das Fehlen einer Schicht von Besitz*losen* die unerläßliche *Voraussetzung* eines gerechten Gesellschaftsvertrages in seinem Sinne. Was Gesetzgeber und Regierung lediglich verhüten können und sollen, ist die Zuspitzung und Erweiterung der bereits bestehenden Unterschiede, so daß »kein Staatsbürger so wohlhabend wird, um einen anderen kaufen zu können, und keiner so arm, um sich verkaufen zu müssen«.[66] Gerade das aber war nach Rousseau ja bereits in der chaotischen Gesellschaft der Fall, aus der er in seinem zweiten Discours den Staat hervorgehen läßt (vgl. z. B. den Hinweis auf die Verwendung der bereits unterworfenen »Sklaven« für die Unterwerfung anderer [s. o. p 31]).

Während im zweiten Discours die Grundbesitzer (oder ein »Reicher«, wie es bei Rousseau wörtlich heißt) den »ausgeklügeltsten Plan« des Gesellschaftsvertrages in Vorschlag bringen, ist es im Idealfall (im Fall des einzig legitimen Vertrages) ein *Gesetzgeber*, der durch keinerlei persönliches Interesse gebunden und womöglich aus einem anderen Staat ausdrücklich hierzu berufen worden ist.[67]

Merkwürdig ist der Rousseausche Hinweis auf die »Eifersucht« unter den Grundbesitzern, die einen Zusammenschluß zur Verteidigung gegen die Angriffe der Besitzlosen verhindere. Es ist nicht recht einzusehen, wieso dieser Zusammenschluß unmöglich sein soll, während der Sozialvertrag mit allen Mitgliedern der Gesellschaft für durchführbar gehalten wird. Wenn es mit Hilfe von »raisons spécieuses« möglich ist, sogar die Armen zum Bündnis zu gewinnen, die bei diesem Schritt alles zu verlieren haben, ohne etwas Entscheidendes dafür zu erhalten, um wieviel leichter müßte es möglich sein, die anderen Eigentümer zum Abschluß eines Gesellschaftsvertrages zu überreden? Karl Marx hat bekanntlich die politische Macht im Staate auf einen solchen Zusammenschluß (allerdings nicht in der Vertragsform), eine solche Interessengemeinschaft der Besitzenden zurückgeführt und war überzeugt, daß das gemeinschaftliche »Klasseninteresse« im Grenzfall über die divergierenden Privatinteressen der Besitzenden siegt. Rousseau scheint übrigens in diesem Fall doch auch die Konkurrenzgesellschaft *seiner* Zeit in die Vergangenheit zurückzuprojizieren und die Unterschiede, die zwischen dem »état de guerre« in dieser Frühzeit und der modernen Welt bestehen, zu vergessen.

Ein kluger Grundbesitzer (le riche) erfand also »täuschende Gründe« (raisons spécieuses), um seine Mitmenschen zum Abschluß eines Vertrages zu überreden, und sagte ihnen: »Vereinigen wir uns, um die Schwachen vor der Unterdrückung zu bewahren, die Ehrgeizigen im Zaum zu halten und jeden in seinem Besitzstand zu sichern: stiften wir Regeln der Gerechtigkeit und des Friedens, denen alle zu Gehorsam verbunden sein sollen und die keinen Unterschied der Person kennen und in gewisser Weise die Launen des Glückes ausgleichen, indem sie den Starken wie den Schwachen gegenseitigen Pflichten unterwerfen. Mit einem Wort, laßt uns unsere Kräfte, statt sie gegeneinander zu wenden, in einer obersten Gewalt zusammenfassen, die uns nach weisen Gesetzen regieren, alle Glieder der Gemeinschaft beschützen und verteidigen, die gemeinsamen Feinde abwehren und uns in ewiger Eintracht erhalten soll.«[68] Es ist nicht eindeutig ersichtlich, ob die »raisons spécieuses« in diesem Aufruf selbst enthalten sein sollen, oder noch andere nichtgenannte Argumente enthielten. Man könnte jedoch die Behauptung, der Gesellschaftszustand (die politische Gesellschaft) werde eine Art Ausgleich für die Launen des Glücks bringen, als glatten Betrug interpretieren, da in Wahrheit jetzt erst die Ungleichheit des (prekären) Besitzes zu einer rechtlich anerkannten Differenz des Eigentums geworden ist und der (vielleicht körperlich starke) Besitzlose auf die Anwendung *seiner* Kraft Verzicht geleistet hat. Man könnte daher sagen, daß zwar die Unterschiede der Körperstärke durch den vertraglich konstituierten Rechtszustand in ihrer Bedeutung aufgehoben werden, weil der Schutz der Personen in erster Linie durch die Organe des Staates gewährleistet wird, daß aber gleichzeitig die wirtschaftlichen Unterschiede erst ihre Sanktionen erfahren, also nicht nur nicht durch die Rechtsgleichheit »ausgeglichen«, sondern sogar noch verfestigt werden.

Da die Menschen dieser primitiven Welt zwar die Vorzüge des neuen Zustandes, nicht aber seine Gefahren sahen, war es relativ leicht, sie zu überreden. Die am fähigsten gewesen wären, die Gefahren vorauszusehen und die Möglichkeit des Mißbrauchs des neuen Zustands zu erkennen, waren aber gerade die, welche von seiner Herstellung zu profitieren hofften, d. h. also, die »Reichen«. So war es kein Wunder, daß die Wirkung des Gesellschaftsvertrages darin bestand, daß »den Schwachen neue Fesseln auferlegt und den Starken zusätzliche Kräfte verliehen wurden«. Die natürliche Unabhängigkeit (liberté) war für immer dahin und Eigentum und Ungleichheit eingeführt. Im Zusammenhang mit der Abwehr andersartiger Hypothesen über den Ursprung des Staates (Eroberung durch den Stärksten oder Zusammenschluß der Schwachen) verteidigt Rousseau die seine als »la plus naturelle«, weil es vor Einführung einer gesetzlichen Ordnung nur »arm« und »reich« gab, und die Armen keinerlei *Interesse* an der Aufgabe des Naturzustandes haben konnten, der ihnen immerhin noch das »Recht« zuerkannte, die Besitzenden um das zu berauben, was sie für ihren Lebensunterhalt für notwendig hielten. Da es schließlich »vernünftig ist anzunehmen, daß eine Sache von denen erfunden worden ist, denen sie nützt«, kann man annehmen, daß die Initiative zur Staatsgründung von den »Reichen« ausging. Der Fehler, den von Anfang an diese Staatsgründung enthielt, die weniger ein Werk ruhiger Überlegung als das »des Zufalls« (Vaugh. I, 183) war, bestand darin, daß man nicht – wie es Lykurg z. B. getan hatte – damit begann, »die Tenne freizufegen und alles alte Material zu beseitigen, um (erst) darauf ein gutes Gebäude zu errichten« (a.a.O.). Unter diesem »Freifegen der Tenne« hat man zweifellos die Herstellung einer annähernden Gleichheit des Besitzes und unter der »Beseitigung des alten Materials« die vollständige *Veränderung des Menschen,* oder wie Rousseau sagt, seine *Denaturierung* zu verstehen. Diese Verwandlung des natürlichen Menschen, der ein »être absolu« ist, in den »citoyen«, der sich als eine »fraction du tout« begreift, sieht Rousseau als die Hauptaufgabe des Gesetzgebers und der staatsbürgerlichen Erziehung an. Da beide Maßnahmen in dem hier geschilderten Fall jedoch *nicht* getroffen wurden und alles dem »Zufall« überlassen blieb, nahm das verhängnisvolle Schicksal bald weiter seinen Lauf. Auch wenn das, was Rousseau hier sagt, ganz ähnlich klingt wie die Beschreibung der politischen Gesellschaft in seinem Contrat Social, darf man nie vergessen, daß ihm *hier* die Weichen von vornherein falsch gestellt zu sein schienen.

Bald zeigte sich, daß das allgemeine Versprechen des Gehorsams gegenüber der »communauté« nicht ausreichte, um Verbrechen zu verhindern und Gesetzesübertretungen zu bestrafen, und man beschloß, die »öffentliche Autorität« einer Anzahl von Privatpersonen (particuliers) zu übergeben. Nachdem der Gesellschaftsvertrag eine staatliche Gemeinschaft (ein corps politique, wie Rousseau sagen würde) geschaffen hat, ist ein *zweiter Vertrag* notwendig, um die Regierung einzusetzen. Im Gegensatz zum Contrat Social, in dem die Notwendigkeit und Möglichkeit eines derartigen Regierungsvertrages ausdrücklich verneint wird (CS III, 1, 16), folgt Rousseau hier der »opinion commune«, in erster Linie wohl *Pufendorf*, dessen Hauptwerk er in der Übersetzung *Barbeyracs* gekannt und gründlich studiert hat.[69] Dieser Autor, dem sich *Thomasius* und *Wolff* anschließen, unterscheidet einen »Vereinigungsvertrag« (pactum unionis) und einen »Unterwerfungsvertrag« (pactum subjectionis) und läßt erst durch den zweiten die Konstituierung des Staates zum Abschluß kommen. So betrachtet auch hier Rousseau »die Errichtung des corps politique als einen wahren Kontrakt zwischen dem Volk und den Vorgesetzten, die es sich wählt, einen Vertrag, durch den *beide Seiten* sich zur *Einhaltung* der von ihnen stipulierten *Gesetze* verpflichten, die das sie vereinigende Band bilden.«[70] Dieser Vertrag soll *beiden* Seiten Verpflichtungen auferlegen und von *beiden* Seiten kündbar sein. »Denn, wenn es keine höhere Gewalt gab, die der Garant der Vertragstreue der Kontrahierenden sein konnte, blieben die Parteien (Volk und Regierung) die einzigen Richter in ihrer eignen Sache und jede von ihnen würde stets das Recht haben, auf den Vertrag zu verzichten, sobald sie fand, daß die andere dessen Bedingungen verletzt oder er aufgehört hätte, ihr zuzusagen.«[71] Rousseau waren aber die Einwände, die Hobbes gegen einen derartigen Vertrag gemacht hat, durchaus bekannt,[72] und so betont er denn auch sofort die Notwendigkeit einer »solideren Basis (für das Gemeinschaftsleben) als die bloße Vernunft«, um die endlosen Unruhen zu verhindern, die aus der »gefährlichen Macht« des Volkes, auf die »Abhängigkeit zu verzichten«, hervorgehen müßten. Diese solidere Basis ist die *Religion.* Der Wille Gottes muß eingreifen, um der »souveränen Autorität einen geheiligten und unverletzlichen Charakter zu verleihen und den Untertanen die verderbliche Verfügungsmacht über sie zu nehmen«.[73] Auch in diesem Punkt unterscheidet sich diese Verfassung entscheidend von der des Contrat Social. Vor allem wird hier noch kein Unterschied zwischen Souverän und Regierung (magistrat) gemacht, sondern wie in den Monarchien des 18. Jahrhunderts ganz allgemein[74] beides miteinander identifiziert. Rousseau hält sich hier völlig an das traditionelle Begriffsschema und versieht die Regierungsgewalt mit jener sakralen Würde, die er später allein der volonté générale und ihrem Ausdruck, den Gesetzen, vorbehält.

Entsprechend der Identifizierung von Souveränität und Regierung (d. h. von Staats- und Regierungsform) wird auch das Prinzip der Bildung von Monarchie, Aristokratie und Demokratie anders bestimmt als im Contrat Social. Während dort diese verschiedenen Formen möglicher »magistrats« entsprechend der Größe des zu verwaltenden Territoriums als geeignetste angesehen werden, ist *hier* der Grad der Ungleichheit bzw. Gleichheit, der in der Gesellschaft herrscht, für die Differenzierung ausschlaggebend. Der Staat des zweiten Discours ist das bloße Abbild der – nach Rousseaus später klar formulierter Überzeugung – korrupten Staaten seiner Zeit. Hier wird noch als Staat anerkannt, was im »Contrat Social« unter den Begriff der Despotie (CS III, 10) fällt. Wenn nur eine Person aus der Menge hervorragt, wird eine Monarchie, wenn eine Gruppe von der Masse sich abhebt, eine Aristokratie errichtet, wobei wir hier unter Monarchie die absolute und souveräne Herrschaft eines Fürsten und unter Aristokratie ebenfalls die von Rousseau im Contrat Social als schlechteste Souveränitätsform bezeichnete Souveränität einer Minderheit verstehen müssen. »Diejenigen, deren Vermögen und Talente weniger disproportioniert waren und die sich *am wenigsten vom Naturzustand* entfernt hatten, behielten die gemeinsame oberste Verwaltung (administration suprême) bei und bildeten eine Demokratie«,[75] sie behielten ihre Freiheit und lebten in Glück und Tugendhaftigkeit, während die anderen bald »Herren« hatten und darauf ausgingen, andere Völker gleichfalls ihrer Freiheit zu berauben. In den unfreien Gesellschaften herrschte Reichtum (richesses), in den demokratischen Tugend. Rousseaus Vorliebe ist hier eindeutig bei der demokratischen Ordnung, während er im Contrat Social gegenüber den Regierungsformen relativ neutral bleibt, aber in der »Republik« (deren Gesetzgebung bei der Gesamtheit der Citoyens liegt) die einzig legitime Staatsform erblickt. Die relative Gleichheit und möglichste Nähe zum Naturzustand, die hier als Voraussetzung nur der Demokratie angesehen wird, erscheint dann bis zum gewissen Grade als die (stillschweigend angenommene) Bedingung eines jeden legitimen Staates (einer jeden Republik). Was im zweiten Discours noch als mögliche Spielarten staatlicher Ordnung angesehen wird, ist im Contrat Social bereits illegal (die Souveränität des Monarchen oder einer aristokratischen Oberschicht).

Rousseau verfolgt den notwendigen Verfall der freiheitlichen Gemeinschaft weiter. Zunächst waren die Inhaber der souveränen Autorität noch gewählt, und wenn »nicht der Reichtum den Sieg davontrug« (Vaugh. I, S. 189), wurde dem Verdienst oder dem Alter der Vorzug gegeben. Je ältere Männer aber gewählt wurden, desto häufiger mußte es zu Neuwahlen kommen, und in diesem Zusammenhang konnten Parteiungen und gefährliche Umtriebe entstehen, die dem Volk die Errichtung erblicher Herrschaft als Erlösung erscheinen ließ. Das an »Abhängigkeit, Ruhe und Annehmlichkeiten (commodités) gewöhnte Volk war bereits außerstande, seine Fesseln zu brechen, und willigte in eine Vergrößerung seiner Knechtschaft zur Sicherung seiner Ruhe ein«.[76] So wurden die Inhaber der Regierungsgewalt, die »zunächst nur die Beamten des Staates waren« zu »Besitzern« desselben, und »gewöhnten sich daran, . . . ihre Mitbürger ihre Sklaven zu nennen«.[77] An dieser Formulierung erkennen wir, wie unklar Rousseaus Begriffsbestimmungen zur Zeit des zweiten Discours noch waren. Denn daraus, daß hier die »magistrats« als »officiers« (Beamte) des Staates bezeichnet werden und daß später (S. 193) von den »ruines de la République« gesprochen wird, müßte man schließen, daß hier doch schon wie im Contrat Social zwischen der republikanischen Staatsform, die mit der Volkssouveränität identisch ist, und den verschiedenen Regierungsformen unterschieden wird. Rousseaus Vorstellungen waren offenbar noch in der Entwicklung begriffen, und sein Bedürfnis, bei jedem neuen Schritt der politischen Entwicklung eine neue Ungleichheit und Unfreiheit entstehen zu lassen, führte zu einer Reihe von Ungenauigkeiten und Widersprüchen.

Zum Schluß wird noch einmal auf den Zusammenhang der politischen Unfreiheit und Ungleichheit mit dem veränderten Wesen der »hommes civiles« hingewiesen. Die Menschen, die in der zeitgenössischen Gesellschaft leben, haben mit den »sauvages« nichts gemein. Es sind keine »natürlichen« Menschen, sondern »d'hommes artificiels« mit »passions factices« (S. 195). Der Wilde und der »homme policé« unterscheiden sich wie Tag und Nacht, was das Glück des einen ausmacht, würde den anderen zur Verzweiflung bringen und umgekehrt. Der Wilde strebt nach Ruhe und Freiheit, der »homme policé« (der gesittete Mensch) arbeitet unablässig und nimmt selbst Knechtschaft hin, um seinerseits über andere herrschen zu können, ja, er erblickt sogar seine Ehre darin, den Großen dienen zu können. Diese fundamentale Veränderung in der Natur des Menschen führt Rousseau letztlich darauf zurück, daß der »homme sociable« »nur in der Meinung der anderen zu leben vermag und gleichsam nur aus ihrem Urteil zum Gefühl seines eigenen Daseins gelangt«,[78] während der Wilde ganz in sich ruht. Deshalb halten sich die zivilisierten Menschen für völlig verändert, sobald ein Fürst ihnen sagt: »Sei groß, Du und Dein Geschlecht.« (S. 191); und ihr ganzer Ehrgeiz (ambition) richtet sich darauf, unter ihren Mitbürgern durch Ansehen, Rang oder Reichtum hervorzuragen. Ja, selbst die Freude über die Annehmlichkeiten des Lebens und seine Genüsse ist wesentlich vermittelt durch das Bewußtsein, sich leisten zu können, was andere entbehren müssen (»sie schätzen die Dinge, die sie genießen nur in dem Maße, als andere sie entbehren, und ohne daß an ihrem Zustand etwas geändert würde, würden sie aufhören, glücklich zu sein, wenn das Volk aufhören würde, im Elend zu leben«).[79]

Der Wunsch eines jeden für seine Person, möglichst an der Spitze zu stehen, und der allgemeine Wettlauf nach Ehre, Reichtum und Macht verhindert aber – in für den Herrscher höchst vorteilhafter Weise – jeden Zusammenschluß der Unterdrückten, jede echte Gemeinschaft. Deshalb ist der Machthaber auch daran interessiert, diese Neigungen seiner Untertanen anzuspornen und unter einer »concorde apparente« ständig die Zwietracht zu fördern (S. 192). Unter den hierzu geeigneten Mitteln werden auch die »arts inutiles« (worunter man sich die Luxusgewerbe und die schönen Künste vorzustellen hat) und die »sciences frivoles« genannt, worin sich noch einmal der zu Anfang dieses Kapitels betonte Zusammenhang der Problematik des ersten Discours mit der des zweiten offenbart.

Auf der Grundlage der Ungleichheit und des mörderischen Konkurrenzkampfes der Einzelnen und der damit einhergehenden Gleichgültigkeit eines jeden für die öffentlichen Angelegenheiten entsteht schließlich der *Despotismus.* Die Gesetze und das Volk sind nichts mehr und die »chefs« (Führer) verwandeln sich in *Tyrannen.* An die Stelle von Sitten und Tugend tritt der nackte Gehorsam, die »einzige Tugend, die den Sklaven bleibt« (S. 194). Damit hat sich der Ring geschlossen, und die Gleichheit ist – in verwandelter Gestalt – wiederhergestellt. Aber die Herrschaft des

Tyrannen ruht auf keinerlei Vertrag mehr und kann kein anderes »Recht« für sich in Anspruch nehmen als das des Stärksten. »Der Despot ist daher nur so lange Herr, als er der Stärkste ist, und sobald man ihn vertreiben kann, hat er keinen Grund, sich über Gewalttätigkeit zu beklagen. Der Aufstand, der zur Erwürgung oder Absetzung eines Sultans führt, ist ebenso legal wie die Akte, durch die er am Vortag über Leben und Eigentum seiner Untertanen verfügte.«[80] Den gleichen Gedanken hat Rousseau im Contrat ausgeführt: »Sobald die Macht das Recht ausmacht, ändert sich die Wirkung mit der Veränderung der Ursache; jede Macht, die die erste besiegt, tritt auch deren Rechtsnachfolge an. Sobald man ungestraft den Gehorsam verweigern kann, ist es legitim.«[81] Von der Verpflichtung des Untertanen zum Gehorsam gegenüber der »souveränen Autorität« durch die Religion ist hier nicht mehr die Rede, und am Ende (S. 196) seiner Ausführungen wird ausdrücklich noch einmal gesagt, daß die aufgezeigte Entwicklung von den »geheiligten Dogmen, die der souveränen Autorität die Sanktion des göttlichen Rechts verleiht«, (d. h. vom Gottesgnadentum) abstrahiert.

In diesem negativen Bild der Entstehung der ungerechten unfreien und ungleichen politischen Gesellschaft seiner Zeit finden sich nur einige wenige Andeutungen, aus denen man auf Rousseaus positives Gegenbild des Staates Schlüsse ziehen kann. Gewöhnlich stellt man ja den zweiten Discours als eine absolute und radikale Kritik jeder Vergesellschaftung hin, ich habe im Gegensatz dazu gezeigt, daß Rousseau nur der Entwicklung den Prozeß macht, die zur zeitgenössischen Gesellschaft geführt haben mag. Am Ende steht daher die gleiche Beschreibung, wie wir sie schon im ersten Discours und namentlich im Vorwort zu »Narcisse« fanden. Rousseau bedauert zwar diese Entwicklung, aber er hat weder seine Zeitgenossen dazu aufgefordert, »zur Natur zurückzukehren«,[82] noch glorifiziert er die allerersten, isoliert lebenden Naturmenschen. Wir erinnern uns, daß Rousseau davon sprach, daß diese Entwicklung zum Teil auf äußere Umstände, zum Teil auch auf das Verhalten der Menschen selbst zurückgehe. Es kommt ihm darauf an, die Punkte zu entdecken, an denen ein anderer Weg hätte eingeschlagen werden können und an denen es vielleicht jungen (fast noch barbarischen) Völkern möglich sein könnte, dem Verhängnis zu entgehen. Auf den entscheidenden Punkt habe ich bereits einmal hingewiesen: im Augenblick der eigentlichen Staatsgründung hätte man wie Lykurg »die Tenne reinigen« und das »alte Material beseitigen« müssen (S. 183). Auf diesen Gedanken kommt Rousseau noch einmal zurück und beschreibt, worin die Vorzüge dieses Lykurgschen Werkes seiner Meinung nach bestanden: »Das Gesetz wachte in Sparta über die Erziehung der Kinder, und es wurden Sitten (mœurs) eingeführt, die es beinahe unnötig machten, ihnen Gesetze hinzuzufügen. Die Gesetze, welche im allgemeinen weniger stark sind als die Leidenschaften, halten die Menschen zurück, ohne sie zu verändern.«[83] Durch die Sitten und Gewohnheiten dagegen, so muß man den Gedankengang hier ergänzen, wird das Wollen der Menschen selbst *verändert*, und Menschen, die einen anderen Willen (nämlich den Gemeinwillen) haben, sind »andere Menschen«. Nur, wenn eine solche Veränderung des depravierten Naturmenschen in den Citoyen gelingt, wenn Erziehung und Sitte die Menschen völlig umgestalten, kann eine freie und dauerhafte republikanische Staatsordnung geschaffen werden, das ist einer der wesentlichsten Gedanken der politischen Philosophie J. J. Rousseaus. Wird von dieser Umwandlung der Menschen abgesehen, so gilt das Dilemma: daß »die Laster, welche die sozialen Institutionen *notwendig* machen, die gleichen sind, welche ihren Mißbrauch unvermeidlich machen«.[84] Umgekehrt brauchte man überhaupt keine Regierung und keine Gesetze, wenn niemand die Gesetze übertreten und die Herrschaft mißbrauchen würde (S. 191). Die ganze Anstrengung des von Rousseau hier als Gegenbild angedeuteten Erziehungsstaates geht darauf hin, durch staatsbürgerlich-sittliche Erziehung und Beeinflussung der Sitten die Gesetze, wenn nicht überflüssig, so doch zu möglichst selten mit Gewalt durchzusetzenden Einrichtungen zu machen. Der gute Staat arbeitet in gewisser Weise (und wie Rousseau überzeugt ist, ohne Aussicht auf völligen Erfolg) an der Überwindung der ihn notwendig machenden sozialen Voraussetzungen, während der schlechte auf Grund der sich ständig verschärfenden Gegensätze und des immer mehr überhandnehmenden »amour-propre« zugrunde geht.

Die gesamte Darstellung der hypothetischen Entwicklung des Menschen und der Gesellschaft von dem isoliert lebenden Wilden an bis zum antagonistischen Chaos der Gegenwart hat Rousseau am Anfang (S. 139) wie am Ende (S. 196) gleichsam als für die Monarchien seiner Zeit ungültig eingeklammert. Diese Klammer, in der man doch wohl nicht mehr als eine Vorsichtsmaßregel erblicken darf, besteht im Hinweis auf die religiöse Basis der politischen Institutionen.

Am Ende des Vorwortes heißt es: »Indem wir betrachten, was wir, uns selbst überlassen, geworden wären, müssen wir den zu preisen lernen, dessen wohltätige Hand, indem sie unsere Institutionen korrigierte und ihnen eine unerschütterliche Grundlage gab, der Unordnung vorgebeugt hat, die aus ihr hervorgehen mußte, und der unser Glück aus allen Mitteln hervorgehen ließ, die das Maß unseres Elends vollenden zu sollen schienen.«[85] Es ist außerordentlich strittig, wen hier Rousseau wirklich gemeint hat. Das Lob kann sich – ernst gemeint – auf *Calvin* beziehen, der dem Genfer Gemeinwesen nicht nur ein neues Glaubensbekenntnis und eine neue Kirchenordnung, sondern auch eine auf dieser Glaubensgrundlage ruhende politische Verfassung gab. Dafür, daß diese Stelle ernst gemeint und nicht nur eine vorsichtige Rückversicherung ist, spricht auch die Formel »der unser Glück aus Mitteln hervorgehen ließ, die das Maß unseres Elends vollenden zu sollen schienen«, die völlig der Formel in einem Fragment zum Contrat Social entspricht: »Bemühen wir uns, dem Übelstand selbst das Heilmittel zu entnehmen, das ihn überwinden soll: bessern wir den inneren Fehler der allgemeinen Gesellschaft durch neue Vergesellschaftungen wieder aus.«[86] Andrerseits kann aber die »unerschütterliche Grundlage«, von der Rousseau hier spricht, auch auf die religiöse Sanktion der politischen Ordnung bezogen werden, wie sie z. B. im Gottesgnadentum der französischen Könige bestand. Der bereits zitierte Passus (S. 189), in dem von der Sanktion der souveränen Autorität durch den göttlichen Willen gesprochen wird, müßte dann mit dieser Stelle in Verbindung gebracht werden. Von dieser göttlichen Sanktion aber soll – zufolge des ersten Satzes des letzten Abschnittes der ganzen Schrift – bei der hypothetischen Darstellung des Verfalls der Gleichheit und Freiheit ganz abgesehen werden: »Ich habe versucht, den Ursprung und den Fortschritt der Ungleichheit, die Errichtung und den Mißbrauch der politischen Gesellschaften darzustellen, soweit sich diese Dinge aus der menschlichen Natur im Lichte der bloßen Vernunft entwickeln lassen und *unabhängig von den geheiligten Glaubenssätzen, die der souveränen Autorität die Sanktion des göttlichen Rechts verleihen.*«[87] An dieser Stelle dürfte der Charakter einer bloßen Vorsichtsmaßnahme eindeutig sein.

Auch ein zweiter bemerkenswerter Nebengedanke des zweiten

Discours ist – soviel ich weiß – bisher nicht ins rechte Licht gerückt worden. Rousseau erklärt sich nämlich keineswegs *prinzipiell* gegen die »inégalité morale«, d. h. gegen die durch menschliche Institutionen künstlich geschaffene Ungleichheit, sondern nur gegen eine solche, die mit der *natürlichen* Ungleichheit in Widerspruch steht, bzw. wider die »loi naturelle« verstößt.[88] In der Gesellschaft gibt es nach Rousseau vier verschiedene Arten der Auszeichnung (distinction), nämlich: Reichtum, Adel oder Rang, Macht und persönliches Verdienst (mérite personnel), und er fügt hinzu, »ich könnte beweisen, daß die Übereinstimmung oder der Konflikt dieser verschiedenen Ränge ein Anzeichen für einen gut oder schlecht konstituierten Staat ist«.[89] Je weiter aber ein Staat sich von seinem Ausgangspunkt entfernt hat, desto mehr wird der Reichtum zum alleinigen Ziel des Strebens aller Bürger, weil er alle anderen Arten sich auszuzeichnen mit einschließt und möglich macht. Am anderen Ende der Liste steht das »persönliche Verdienst« oder die natürliche Qualifikation eines Menschen, auf Grund deren ihm auch in einem gut konstituierten Staat Macht zukommen sollte. Es ist daher ein Skandal, »wenn ein Greis von einem Kind beherrscht wird und ein Schwachsinniger einen Weisen führt« (S. 196).[90] Alter und Weisheit als den beiden »natürlichen« Auszeichnungsarten (mérite – insofern ein in Ehren erreichtes Alter als Verdienst angesehen werden kann) gebührt der Vorzug gegenüber Jugend und Schwachsinn. Große Unterschiede des Reichtums aber sollen überhaupt nicht existieren, denn statt seine Aufzählung fortzusetzen, indem er sagen würde: genau so unnatürlich ist, daß ein Armer über die Reichen herrscht, schreibt Rousseau: »Es ist *gegen das Naturgesetz,* wie man es auch definieren mag . . . , daß eine Handvoll Leute im Überfluß schwimmt, während die hungrige Menge das Notwendige entbehrt.«[91] Mit diesem Satz endet der zweite Discours.

Die Unterschiede, welche durch die politische Gesellschaft geschaffen werden, sind also in den Augen Rousseaus legitim, soweit »persönliches Verdienst« und Macht zusammenfallen. (Zu große) Unterschiede des Reichtums aber sind »gegen das Naturrecht«, und ebenso abzulehnen ist die Errichtung erblicher Ränge in der Gesellschaft, aus denen der widernatürliche Zustand hervorgehen kann, daß ein Kind über Greise herrscht. Auch im zweiten Discours ist Rousseaus Ideal nicht die Herrschaftslosigkeit, sondern die (sittlich gerechtfertigte) Herrschaft der durch persönliches

Verdienst Ausgezeichneten. Aber die Grundbegriffe für die Konstruktion der dem »Naturrecht« entsprechenden Errichtung eines Staates sind noch nicht entwickelt, was zu einer Reihe von Unklarheiten führt, auf die ich hingewiesen habe.

Kapitel II
Rousseaus Menschenbild und seine Ethik

Wenn auch Rousseaus Auffassung vom »Wesen« des Menschen schon bei der Interpretation des »zweiten Discours« behandelt wurde, so erscheint es mir doch sinnvoll und notwendig, noch einmal ausführlich in systematischem Zusammenhang sein Menschenbild zu entwickeln. Dabei werde ich auch seine späteren Schriften mit berücksichtigen, in denen manche Teile seiner Lehren erst hinlänglich ausgearbeitet und präzisiert worden sind. Da hier von der *Entwicklung* des Rousseauschen Denkens abstrahiert wird, wird die Frage nach der allmählichen Änderung seiner Auffassung nur ganz gelegentlich gestreift werden.

Die erste Eigentümlichkeit des Rousseauschen Menschenbildes – verglichen mit den Auffassungen der Naturrechtslehrer – ist seine »Geschichtlichkeit«. Hierunter verstehe ich die Tatsache, daß Rousseau keine feststehende oder gar normative »Wesenheit« Mensch entwickelt, sondern – wenigstens im Prinzip – dem empirischen Wandel des Menschen nachgeht, um eine Anzahl *Grundtypen* des Menschseins zu entdecken. Dabei stellt die aufeinanderfolgende Reihe dieser Typen keineswegs eine »aufsteigende Linie« dar, darf aber ebensowenig als Abfall von einer ursprünglichen Norm angesehen werden. Unter verschiedenen Gesichtspunkten ergeben sich vielmehr unterschiedliche Bewertungen: So war etwa der ursprüngliche Naturmensch »glücklicher« aber dafür auch dümmer und phantasieärmer als der Mensch der »société naissante«, der über einen höheren Grad von Bewußtheit und Schönheitssinn verfügte, aber dafür auch schon stärker dem Leid ausgesetzt war. Unterm Gesichtspunkt der moralischen Wertung war der Status des »Naturmenschen« zwar »gut«, aber diese seine Güte war verdienstlos, weil unbewußter Ausfluß eines Naturdranges; der zivilisierte Mensch dagegen konnte »tugendhaft«, das heißt verdienstvoll sittlich werden, aber dafür fiel er auch häufig unter die instinkthafte Güte des Naturmenschen herunter, um »böse« und »unwahrhaftig« zu werden.

Wenn die Naturrechtslehrer den »Naturzustand« konstruierten, dann abstrahierten sie hierzu zwar von der (staatlichen) Gesellschaft, aber es gelang ihnen – nach der Überzeugung Rousseaus – dabei nicht, auch den dieser vor-gesellschaftlichen Lebensweise entsprechenden »Menschen« zu finden. Sie statteten ihren Naturmenschen vielmehr mit Vernunft und Sprache aus, die Rousseau erst in der Gesellschaft und durch das Zusammenleben der Menschen entstehen läßt. Rousseau nimmt die Suche nach dem vorgesellschaftlichen Menschen ganz ernst und streicht hierzu von den Eigenschaften der zeitgenössischen Menschen alle diejenigen ab, die irgendwie Produkte des Zusammenlebens sein könnten, oder die nur für den mit anderen Menschen zusammenlebenden Menschen Sinn haben. Mit Vernunft und Sprache nimmt er seinen Naturmenschen auch Konkurrenzgeist, Neid, Rachsucht, kurz all die Laster, die nur inmitten einer Gesellschaft entstehen können, weil sie für einen isoliert lebenden Menschen gegenstandslos sind. Während die meisten Naturrechtslehrer beim »Naturzustand« an einen vor*staatlichen* Zustand dachten, nimmt Rousseau einen Zustand wirklicher Vor-*Geselligkeit,* d. h. wirklicher Isoliertheit, zum Ausgangspunkt. Damit rückt sein Naturmensch zugleich dem Tier erheblich näher, weil in einer solchen Isoliertheit jede Tradierung kultureller Leistungen unmöglich wird und das vernunft- und sprachlose Menschen-Tier sich intellektuell nur wenig von den Anthropoiden unterscheidet und kaum »Fortschritte« zu machen vermag. Als einzige ursprüngliche differentia specifica des Menschengeschlechtes gegenüber den höheren Säugetieren gilt ihm die »Freiheit«, worunter er – wie wir sahen – die Abgelöstheit von einer festen, instinktgesteuerten Bindung an eine bestimmte Ernährungs- und Lebensweise verstand. In dieser »Freiheit« von der Determination durch den allmächtigen Instinkt kündigt sich aber – nach Rousseau – auch bereits die »spiritualité de son âme« an, die in nichts anderem als dem Bewußtsein solcher Freiheit besteht. Wenn Rousseau hier von der »Geistigkeit« der menschlichen Seele spricht, so steht er ganz in der Tradition des französischen 17. Jahrhunderts, der Tradition sowohl *Descartes'* als auch der großen Theologen, die er studiert hat und von denen er stark beeinflußt wurde *(R. P. Malebranche, d'Abbadie* usw.). Ich bin überzeugt, daß die Verkennung dieser Einflüsse, die erst in den letzten beiden Jahrzehnten von der Forschung stärker beachtet wurden, für das Verständnis des Rousseauschen Denkens nicht ohne Folgen war. Eine ganze Anzahl Gelehrter ließ sich von dem vordergründig stärkeren Einfluß der Engländer (vermittelt durch Diderot und die französischen Materialisten) dazu verleiten, den Dualismus bei Rousseau zu unterschätzen und seine Ethik wie sein Menschenbild einseitig sensualistisch zu deuten. Wenn Rousseau im zweiten Discours – um seine Argumentation auch für Materialisten annehmbar zu machen – an Stelle von Freiheit und Geistigkeit der Seele den Begriff »perfectibilité« in Vorschlag bringt, so kann daraus noch keineswegs geschlossen werden, daß ihm sein eignes dualistisches Menschenbild problematisch erschien. Vielmehr ist ja diese »perfectibilité« gar nicht anders zu erklären, als durch die fehlende Instinktgesteuertheit, welche es dem Menschen erlaubt, sich zu »perfektionieren«, zugleich aber auch aus der natürlichen Ordnung herauszutreten und damit »schuldig« zu werden. Der Begriff »perfectibilité« beschreibt nur äußerlich einen Tatbestand, dessen Erklärung für Rousseau in der Freiheit und Geistigkeit der Menschenseele lag; es scheint mir daher nicht angängig, aus dieser Formulierung Rückschlüsse auf eine im Grunde materialistische Überzeugung Rousseaus zu ziehen.[1]

Abgesehen von dieser »perfectibilité« ist aber das Wesen des Menschen zunächst rein animalisch. Die Natur gibt allen Lebewesen den Trieb mit, sich am Leben zu erhalten, das gilt für Mensch wie Tier. Dieser Selbsterhaltungstrieb spiegelt sich im Gefühl des Naturmenschen als *»amour de soi«*, als Liebe zum eigenen Sein. Die Selbstliebe ist das »Motiv«, das die Natur mit der Absicht in den Menschen gelegt hat, ihren Zweck: die Selbsterhaltung zu erreichen. Sie ist die Wurzel des menschlichen Wesens, wie es die französischen Moralisten des 17. Jahrhunderts beschrieben haben. Aber die einfache und natürliche Selbstliebe erfährt unter den veränderten Bedingungen, in die der Mensch im Laufe seiner Entwicklung eintritt, eine grundlegende Verwandlung. Aus dem von der Natur gewollten Motiv der Selbsterhaltung, das durch die Abneigung, andere leiden oder umkommen zu sehen, genügend in Schach gehalten wird, um nicht zur Zerstörung der Gattung zu führen, wird eine übermächtige, die Ordnung (der Natur) störende und verletzende Leidenschaft: der »amour-propre«, die Selbst*sucht.* Diese Verwandlung ist nicht etwas Beiläufiges, das neben den gewaltigen Fortschritten einherginge, die auch Rousseau der sich zivilisierenden Menschheit zugesteht, sie ist vielmehr *das* entscheidende Ereignis, das im Mittelpunkt sowohl der Rousseauschen genetischen Anthropologie als auch seiner Ethik steht. Um Rousseaus Menschenbild und letztlich auch seine politische

Philosophie verstehen zu können, ist deshalb die möglichst exakte und detaillierte Deutung dieses Übergangs von der natürlichen (in der Ordnung der Natur bleibenden) Selbstliebe zur künstlichen (die Ordnung störenden) Selbstsucht erforderlich.

§ 3 Amour de soi und Amour-propre

»Die *Selbstliebe* (amour de soi) ist ein natürliches Gefühl, das jedes Tier dazu anhält, seine Selbsterhaltung zu erstreben.«[2] Da es die Natur ist, die die Lebewesen mit diesem Gefühl erfüllt, kann es auch nicht als unmoralisch verdammt werden, sondern wird geradezu als »bon« bezeichnet: »Die Selbstliebe ist immer gut und der Ordnung gemäß. Da jeder ganz besonders mit seiner Selbsterhaltung betraut ist, ist seine erste und wichtigste Sorge, ständig sich um sie zu kümmern: und wie sollte er das tun, wenn er an ihr nicht das größte Interesse nähme?«[3]

Man hat aus dieser bedingungslosen Bejahung der Selbstliebe bei Rousseau auf seinen eudämonistischen Materialismus geschlossen und Verbindungen zur englischen Gefühlsethik hergestellt. Die Tradition, aus der diese Auffassung jedoch in Wahrheit stammt, kann bis auf Augustinus zurückverfolgt werden; als unmittelbare Quelle für Rousseau muß m. E. in erster Linie *Malebranche* und seine »Schule« angesehen werden.

Malebranche hat vor allem in seinem »Traité de l'amour de Dieu« und in seinen »Lettres au Pére Lamy« gegen die Lehre von der völlig selbstlosen Liebe zu Gott die Augustinische Doktrin verteidigt, daß in aller Liebe der Kreatur zu Gott die menschliche Selbstliebe als Motiv wirksam sei. Den protestantischen Theologen Abbadie gegen Pater Lamy (OSB) verteidigend schreibt er: »Was versteht Abbadie unter der Liebe zu uns selbst, wenn nicht jene *unschuldige und natürliche Begierde*, auf dauerhafte Weise *glücklich zu sein*, das heißt glücklich und vollkommen? Was heißt sich selbst zu lieben, wenn nicht glücklich sein wollen? Und was heißt glücklich sein wollen, wenn nicht sich selbst lieben? . . . Da es also kein Zu-viel in der Begierde des Menschen, glücklich zu sein, geben kann,[4] und man dem Menschen immer nur vorgeworfen hat eine *falsche* Glückseligkeit und nicht, mit zu viel Leidenschaft das wahre Glück zu erstreben, so folgt daraus, daß wir uns verfehlen, wenn wir uns selbst in schlechter Weise lieben und nicht, weil wir uns zu sehr lieben . . . «[5]

Malebranche unterscheidet dabei zwei Arten von Selbstliebe, »eine Liebe der Selbstgefälligkeit (amour de complaisance) und eine Liebe des Wohlwollens (amour de bienveillance)«. Die selbstgefällige Liebe wird als sittlich unerlaubt verworfen, weil man sich nicht »in sich selbst ausruhen und sein Gefallen haben«, sondern das höchste »Gefallen« nur an Gott finden könne und dürfe. Die wohlwollende Liebe zu uns selbst sei dagegen natürlich. Abbadie und mit ihm Malebranche ziehen sodann (wiederum in der Augustinischen Tradition) einen Schluß von der unendlichen Selbstliebe des Menschen auf sein Hingeordnetsein auf Gott, der als »das höchste Gut« allein imstande sei, die Menschenseele und ihre unendliche Sehnsucht zu erfüllen. Der Mensch will von Natur aus sich selbst am Leben erhalten und sich das höchste Glück verschaffen, er hat ein unendliches Wohlwollen gegenüber seinem Selbst, was keineswegs ausschließt, daß er dieses Selbst seiner Sündhaftigkeit wegen kritisiert und unglücklich wird, wenn er es des höchsten Glückes für unwürdig halten muß. »Gott zieht aus der Liebe (des Wohlwollens), die wir zu uns selbst haben, alle Motive, um uns zur Beförderung unserer Heiligung zu veranlassen; denn wozu sollten sonst seine Versprechungen und Drohungen dienen?«[6] Die Selbstliebe ist auch die Grundlage der moralischen Wertschätzung: »Alle die das innere Gefühl (sentiment intérieur) ihres Gewissens nicht verleugnen, stimmen darin überein, daß diese wohlwollende Selbstliebe unüberwindlich ist; daß sie die Gerechtigkeit und Wahrheit lieben, weil sie ihnen gefällt, und weil Lüge und Ungerechtigkeit ihnen Abscheu einflößt. Das kommt daher, daß sie auf Grund jener wohlwollenden Selbstliebe, deren Urheber Gott ist, die Vollkommenheit ihres Seins lieben und seine Korruption hassen.«[7]

Auch *Rousseau* kennt jene von Malebranche beschriebene wohlwollende Selbstliebe, die nur im anschauenden Genuß der »Ordnung« (bei Malebranche Gottes oder der göttlichen Ordnung) ihre Befriedigung findet. Aber unter der »Selbstliebe« (amour de soi) des Naturmenschen versteht er lediglich das auf die physische Selbsterhaltung gehende natürliche Gefühl. Ich werde auf die »höhere Form der Selbstliebe« (oder Liebe zum »höheren Selbst«) noch einmal ausführlich zurückkommen. Hier sollte nur angedeutet werden, daß die Anerkennung der Natürlichkeit und Güte der (wohlwollenden) Selbstliebe im Mittelpunkt auch christlich-spiritualistischer Ethiken stand und deshalb bei Rousseau keineswegs auf einem sensualistischen Eudämonismus beruhen muß.

Die Selbstsucht (amour-propre) wird von französischen Theologen und Moralisten des 17. Jahrhunderts ebenfalls schon lange vor Rousseau als die Wurzel aller Laster und bösen Leidenschaften beschrieben. Nur wird sie terminologisch noch nicht allgemein von der Selbstliebe (amour de soi) abgesetzt. Um nur ein paar Belege für die verbreitete Verwendung des Begriffs zu geben: *Bossuet* charakterisiert in seiner »Predigt über den unbußfertigen Tod« den »weltlichen Geist« als »ein Übermaß an Selbstsucht, das weit entfernt davon, an andere zu denken, sich einbildet allein auf der Welt zu sein«.[8] In der *Logik von Port-Royal,* die Rousseau eifrig studiert hat, werden im 20. Kapitel des dritten Teils die »Sophismen der Selbstsucht« analysiert und auf eine »boshafte und neidische Disposition zurückgeführt, die im Grunde der Herzen der Menschen liegt«. Der »Geist der Menschen ist nicht nur in sich selbst verliebt, heißt es weiter, sondern er ist auch von *Natur* eifersüchtig, neidisch und böse gegenüber anderen: er duldet nur unter Schmerzen, daß sie irgendeinen Vorteil haben, weil er alle für sich besitzen möchte . . . «[9] *Pascal* endlich hat im amour-propre die Quelle aller Laster aufgedeckt und die völlige Erfülltheit der menschlichen Seele mit ihm auf den Fall Adams zurückgeführt: »Der Mensch liebte sich in diesem Zustand (vor dem Fall, IF) nicht allein ohne Sünde, sondern konnte sich auch gar nicht anders als ohne Sünde lieben. Seither jedoch, nachdem der Fall eingetreten ist, hat der Mensch seine erste Liebe (zu Gott, IF) verloren und die Liebe zu sich selbst ist in seiner großen Seele, die einer unendlichen Liebe fähig ist, allein zurückgeblieben, diese Selbstsucht (amour-propre) hat sich ausgedehnt und die Leere eingenommen, welche von der Liebe zu Gott erfüllt gewesen war; so begann er *sich selbst ganz allein und alle Dinge nur um seinetwillen* zu lieben, das heißt unendlich. Das ist der Ursprung der Selbstsucht (amour-propre). Diese war in Adam natürlich und gerecht in ihrer Unschuld, aber sie ist verbrecherisch geworden und maßlos auf Grund seines Falls.«[10]

Im Gegensatz zu Malebranche verurteilt Pascal beim »gefallenen« Menschen die Selbstliebe völlig, aber immerhin anerkennt er deren »Unschuld« für den paradiesischen Menschen. Es fehlt allerdings die begriffliche und terminologische Unterscheidung von amour-propre und amour de soi, vielmehr erscheint nach dem Erlöschen der primären Liebe zu Gott *jede* Selbstliebe als sündhaft. Für Malebranche dagegen war die *erleuchtete* Selbstliebe gerade das entscheidende Motiv der Gottesliebe, weil allein in Gott die Seele ihre unendliche Befriedigung finden kann, die Befriedigung der Seele aber nur erstrebt wird, wenn sich der Mensch zu ihr als »wohlwollend Liebender« verhält.

Malebranche ist – soweit ich sehe – der erste bekannte Autor, welcher deutlich zwischen »amour de soi« und »amour-propre« unterschieden hat. Unter Berufung auf Abbadie schreibt er: »*L'amour-propre* marque *l'amour de nous-mêmes* en tant qu'il est vicieux et corrompu.«[11] Der »amour de nous même« oder »de notre propre conservation« wurde zwar von Gott allen Wesen mitgeteilt, aber *durch den Sündenfall* und ohne Mithilfe der Gnade *verwandelt er sich in den »amour-propre«*. »Es ist nämlich nicht recht, sein höchstes Ziel in sich selbst zu suchen und sich nicht in bezug auf Gott zu lieben. Denn da wir in der Tat aus uns selbst heraus keinerlei Güte und keinerlei Existenz haben, fehlt uns auch die Kraft, uns glücklich und vollkommen zu machen und wir dürfen uns nur in bezug auf Gott lieben, der allein unser höchstes Gut sein kann und der allein uns vollkommen zu machen vermag.«[12] »Ohne die Gnade lieben wir Gott jedoch immer nur unvollkommen und aus Selbstsucht. Denn, wenn wir ihn vielleicht auch als einen lieben, der die Kraft hat, uns glücklich zu machen, so lieben wir ihn doch nicht als höchste Gerechtigkeit, d. h. so wie er ist. Wir lieben ihn als einen im menschlichen Sinne wohlwollenden und zuvorkommenden Gott und *wollen uns nicht* unsrerseits *an sein Gesetz und die unabänderliche Ordnung* seiner göttlichen Vollkommenheiten *anpassen . . .«*[13] Sodann unterscheidet Malebranche zwischen zwei Arten der Selbstsucht, nämlich »der Liebe zur Größe« und der »Vergnügungsliebe«. »Auf Grund der Liebe zur Größe erstreben wir Macht, (Standes) Erhebung, Unabhängigkeit und daß unser Sein aus sich selbst subsistieren möchte. Wir begehren in gewisser Weise ein notwendiges Sein, wir wollen . . . sein wie Götter. Denn nur Gott hat wahrhaft Sein und existiert notwendigerweise . . . Die Menschen also, welche wünschen, daß sie notwendig existieren, wünschen auch die Macht und die Unabhängigkeit, die sie vor der Macht anderer Menschen schützt.«[14] Die Vergnügungsliebe kann nach Malebranche sowohl die wahren, geistigen Freuden erstreben, die in der Anschauung der unendlichen Vollkommenheit Gottes bestehen, als auch die verderblichen Sinnenfreuden. Sie ist also im Unterschied zum »amour de grandeur« nicht prinzipiell böse und kann als »amour-propre éclairé« mit der Liebe zur göttlichen Ordnung zusammengehen.[15] Da Rousseau in erster Linie unter dem »amour-propre« die »Liebe zur Größe« versteht, ist sie bei ihm auch keinerlei Abschwächung oder Aufklärung zugänglich.

In die profane Diskussion hat *Vauvenargues* die Unterscheidung von »amour de soi« und »amour-propre« eingeführt, und, da Rousseau auch diesem Autor Anregungen verdankt,[16] will ich die wenigen hierher gehörigen Stellen aus seinen Schriften gleichfalls anführen. Vauvenargues beruft sich schon auf »einige Schriftsteller«, die vor ihm diese Unterscheidung gemacht hätten, und erklärt »diese stimmen darin überein, daß die Selbstliebe (amour de soimême) an allen unseren Leidenschaften Anteil hat, aber sie unterscheiden diese Liebe von der anderen (dem amour-propre, IF). Mit der Selbstliebe, sagen sie, kann man sein Glück außer sich suchen (d. h. für die Theologen letztlich in Gott, IF), kann man sich außer sich mehr lieben als in seiner eigenen Existenz, ist man sich selbst nicht der einzige Gegenstand (der Liebe). Die Selbstsucht *(amour-propre) dagegen, ordnet alles der eignen Annehmlichkeit und dem eignen Wohlergehen unter,* sie *ist sich selbst* der einzige Gegenstand und *der einzige Zweck:* . . . während die Leidenschaften der Selbstliebe uns den Dingen hingeben, will die Selbstsucht *alle Dinge auf uns beziehen,* und *stellt sich selbst in den Mittelpunkt des Ganzen«.*[17] Auf alle Fälle hat Rousseau die 291. Maxime von Vauvenargues gelesen, in der es heißt: »Wenn es eine von der Natur *liebenswürdige und mitleidsvolle Selbstliebe* (amour de nous-même) gibt, *und eine andere unmenschliche, unbillige, unbegrenzte, vernunftlose* Selbstsucht (amour-propre), soll man sie dann verwechseln?«[18] Bei Vauvenargues hatte diese Distinktion vor allem die Bedeutung, seine eigne Auffassung vom Wesen des Menschen gegenüber dem extremen anthropologischen Pessimismus La Rochefoucaulds zu rechtfertigen, dessen ganze Lust im Aufsuchen immer neuer und verborgener Erscheinungsformen des amour-propre bestand und der den Menschen für durch und durch unehrlich, egoistisch und bösartig zu halten geneigt war.

In den Umschreibungen des Begriffes der Selbstsucht bei *Rousseau* finden sich Bestandteile aller genannten Definitionen wieder, freilich stets unter Absehung von der theologischen Argumentation: der Wille zur Macht, das Sich-in-den-Mittelpunkt-Stellen und das An-der-Spitze-stehen-Wollen, Neid, Mißgunst und Haß auf die Mitmenschen, die als unliebsame Mitbewerber empfunden werden, Störung der »Ordnung« usw. In einer Anmerkung zum zweiten Discours hieß es bereits: »Man darf nicht die Selbstsucht mit der Selbstliebe verwechseln, zwei Leidenschaften, die durch ihr Wesen und ihre Auswirkungen grundverschieden sind ... Die Selbstsucht ist nur ein relatives und künstliches Gefühl, das *in der Gesellschaft* entsteht und jedes Individuum dazu anhält, auf sich selbst größeren Wert zu legen als auf alle anderen, das den Menschen alles Böse eingibt, das sie einander zufügen und die wirkliche Quelle der Ehre ist.«[19]

Im Emile führt er aus: »Die Selbstliebe, die nur auf uns sieht, ist zufrieden, wenn unsere *wahren* Bedürfnisse befriedigt sind; die Selbstsucht aber, die sich vergleicht, ist nie zufrieden und kann es nie sein, weil dieses Gefühl, indem es uns selbst anderen gegenüber den Vorzug gibt, verlangt, daß die anderen uns gleichfalls sich selbst gegenüber vorziehen, was unmöglich ist.«[20] Während aber für theologische Denker die Entstehung des amour-propre aus dem amour de soi kein Problem darstellt, da sie auf das Dogma des Sündenfalls zurückgeführt werden kann, mußte Rousseau, der mit den meisten seiner gebildeten Zeitgenossen an diesen »Fall« nicht mehr glaubte, eine andere, »profane« Erklärung hierfür finden. Er brachte, wie wir schon gesehen haben, die Verwandlung der unschuldigen Selbstliebe in die Selbstsucht mit der Vergesellschaftung des Menschen in Verbindung. Die einzige detaillierte Ausführung zu diesem Problem findet sich aber erst in einer späten Schrift Rousseaus, in den Dialogen »Rousseau juge de Jean-Jacques«, ein Beweis übrigens, wie stark und wie nachhaltig ihn diese Frage beschäftigt hat:

»Die ursprünglichen Leidenschaften, die alle direkt auf unser Glück ausgehen, beschäftigen uns mit den Gegenständen, auf die sie sich beziehen (vgl. das Vauvenargues-Zitat, IF), und – da sie lediglich die *Selbstliebe* zum Prinzip haben – sind sie alle liebenswürdig und sanft in ihrem Wesen: werden aber die Leidenschaften von ihren Gegenständen durch Hindernisse *abgehalten*, dann kümmern sie sich mehr um diese Hindernisse, die sie beseitigen wollen, als um die Ziele und verändern ihr Wesen. Sie werden zornig und haßerfüllt und so geht die *Selbstliebe*, die ein gutes und *›absolutes‹* (d. h. ein in sich ruhendes, IF) Gefühl war, in die *Selbst-*

sucht über, die ein *relatives* Gefühl ist, auf Grund dessen man sich vergleicht, das Bevorzugungen beansprucht, dessen Freude rein negativ ist und das weniger durch unser eigenes Wohl als durch den Anblick des Unglücks anderer Befriedigung sucht.«[21] Nun begegnet aber nach Rousseau die Befriedigung der »wahren Bedürfnisse der Menschen«, nämlich ihrer elementaren Lebensbedürfnisse – wenigstens im Naturzustand – kaum derartigen Hindernissen. Oder, wenn solche doch auftreten, so führt das nicht zur Entstehung des »amour-propre«, weil sich Rousseau diesen Fall nur als Folge einer Naturkatastrophe vorstellen kann, die *alle* in einem Gebiet lebenden Menschen *in gleicher Weise* betrifft, so daß diese Not viel mehr zu einem zeitweiligen Zusammenschluß zwecks gemeinsamer Überwindung der Schwierigkeiten führt, als zu Streit, Eifersucht und Kampf unter den Einzelnen. Dagegen sind ihm die »künstlichen« Bedürfnisse, die auf Grund des menschlichen Zusammenlebens und der Fortschritte der Handwerke (arts) entstehen, grundsätzlich unersättlich. Ebensowenig, wie man sagen kann, wo das »Notwendige« aufhört, und der »Luxus« anfängt, kann man hier einen absoluten Endpunkt der Entwicklung angeben. Mit jedem neuen Kunsterzeugnis entsteht unter den Menschen ein neues Bedürfnis und neue Unzufriedenheit, weil es unmöglich ist, daß alle Menschen dieses Bedürfnis sogleich befriedigen können und doch jeder in erster Linie das neue »Gut« für sich selbst begehrt. In dieser Situation betrachtet jeder, der dieses Gut nicht besitzt, die anderen, die es besitzen, als ebensoviele »Hindernisse«, die seinem Besitz, seiner Allmacht im Wege stehen: und das Bewußtsein einer derartigen Begrenzung der eignen Befriedigung durch die Befriedigung und den Besitz der anderen führt zur dauernden Beschäftigung mit diesen als »Hindernissen«, und daher zu Neid, Mißgunst und Haß.

Nun trat aber im Gesellschaftszustand zu den materiellen Bedürfnissen ein wesentlich neues, psychisches Bedürfnis hinzu, das der ganz in sich ruhende, sich als »absolut« fühlende Naturmensch nicht kannte: das Bedürfnis nach »Anerkennung«, nach Bestätigung der eignen, unsicher gewordenen Selbsteinschätzung durch die anderen. Der Mensch verliert in der Gesellschaft – nach der Beobachtung Rousseaus – weithin jenes in sich ruhende Selbstgefühl, und bedarf, um sich seines Daseins und seines Wertes zu vergewissern, ständig der Mitmenschen. Diese Angewiesenheit des Selbstgefühls auf andere hat Rousseau auch dazu veranlaßt, von einem

»sentiment relatif« zu sprechen im Gegensatz zum »sentiment absolu«, des ursprünglichen »amour de soi«.

Die Selbstsucht hat das Ziel, aus der doppelten materiellen und psychischen Abhängigkeit herauszukommen, die den »homme civilisé« kennzeichnet. Die Wege, die zu diesem Ziele führen, laufen jedoch alle darauf hinaus, daß jeder auf Kosten aller anderen seine »Unabhängigkeit« zurückzuerobern sucht. Ansehen, Reichtum und politisch-rechtliche Macht werden erstrebt, weil sie ihren Besitzer unabhängig und andere von ihm abhängig machen. Wenn diejenigen, von deren mannigfacher Arbeit die Befriedigung meiner Bedürfnisse abhängt, ihrerseits von mir (politisch oder ökonomisch) abhängig werden, habe ich auf diesem Wege meine »Unabhängigkeit« wiederhergestellt. Meine Macht findet an der Eigenmacht der anderen keine Grenze mehr, sondern bedient sich ihrer als bloßer Mittel. Hierbei ist notwendig die Befriedigung des einen mit der Nichtbefriedigung vieler anderen verbunden. Das führt schließlich dazu, daß es jedem überhaupt nur noch möglich ist, an der »Unbefriedigtheit«, oder dem »Ausgeschlossensein« andrer das eigne »Wohlergehen« abzulesen. Der scheele oder hämische Blick auf den Konkurrenten wird zum konstitutiven Faktor der seelischen Verfassung. Wenn man schon nicht an der Spitze stehen kann, will man wenigstens *besser* dran sein als der Nachbar. Nur in dieser Relation »fühlt man sich« noch. Ähnlich ist es mit der »Anerkennung«. Diese wird von den im Gesellschaftszustand *verdorbenen* Menschen im Hinblick auf die »natürlichen« Vorzüge ihrer Person gesucht: jeder will der schönste, stärkste, klügste usw. sein, und da auch hier die Befriedigung des Bedürfnisses (nach Anerkennung) des einen notwendig mit der Nichtbefriedigung aller anderen einhergeht, ist wiederum Neid, Haß, Mißgunst und Feindschaft unter den Menschen die Folge. Der Mensch des »amour-propre« kann nie zufrieden sein, »denn dieses Gefühl verlangt, indem es uns allen andren gegenüber vorzieht, daß diese uns gleichfalls den Vorzug geben, was unmöglich ist«.[22] Über den Wortlaut bei Rousseau hinausgehend kann man sagen: der amour-propre entsteht aus dem amour de soi, wenn die Menschen faktisch ihre (materielle wie psychische) Unabhängigkeit verloren haben. Er ist nichts anderes als das grenzenlose Bedürfnis (oder das Gefühl dieses Bedürfnisses) durch Herrschaft und Anerkanntwerden die verlorene Unabhängigkeit auf Kosten der Mitmenschen zurückzugewinnen. Aus dem amour-propre gehen daher zwar alle Kraftanstrengungen hervor, denen wir den zivilisatorischen und kulturellen Fortschritt verdanken, aber zugleich wird dieser Fortschritt selbst, von einem sittlichen Standpunkt aus betrachtet, fragwürdig. Der Naturmensch war eine »existence absolu«, aber er war zugleich doch ganz eingebettet in die »natürliche (göttliche) Ordnung«. Er stellte sich daher weder selbst bewußt in den Mittelpunkt des Ganzen, noch ordnete er sich (tugendhaft) dem Ganzen ein, sondern wurde unbewußt von der umfassenden Ordnung geprägt und getragen. Darin bestand seine Unschuld und Güte. Wenn der depravierte Gesellschafts- und Kulturmensch sich dagegen als ein »absolutes Wesen« begreift und durch die Beziehung aller Dinge und Menschen auf sein »liebes Ich« sich zum Mittelpunkt zu machen sucht, zerstört er damit die natürliche (und göttliche) Ordnung: »denn der Gute ordnet sich selbst in Hinblick auf das Ganze (ein), der Böse bezieht das Ganze (nur) auf sich. Dieser macht sich zum Mittelpunkt aller Dinge, jener mißt seinen Abstand (vom Zentrum) und hält sich an der Peripherie. Dann ist er hingeordnet auf das gemeinsame Zentrum, das Gott ist, und auf alle konzentrischen Kreise, seine Kreaturen«.[23] Die Überwindung der Haltung des amour-propre vollzieht sich bei Rousseau auf Grund einer höheren Form der Selbstliebe und der verdienstvollen Unterwerfung der Leidenschaften durch die »Tugend«. Ehe wir uns jedoch mit dieser beschäftigen können, müssen wir noch einmal zum »guten« Naturmenschen zurückkehren.

Rousseaus Lehre von der Verwandlung des amour de soi in den amour-propre gewinnt vielleicht an Anschaulichkeit, wenn wir in einem Exkurs auf seine Auffassung von der Liebe der Geschlechter eingehen. Der Naturmensch kennt nur die sinnliche Anziehung, das rein physische Bedürfnis: »die physische Liebe ist jenes allgemeine Bedürfnis, das ein Geschlecht dazu antreibt, sich mit dem anderen zu vereinigen«.[24] Da dieser Naturtrieb zwischen den Individuen des anderen Geschlechts noch kaum einen Unterschied macht und das zahlenmäßige Verhältnis der Geschlechter als ausgeglichen angenommen wird, führt es keineswegs notwendig zu Kämpfen zwischen den Menschen. Ganz anders aber, nachdem sich durchs Zusammenleben der Barbaren Vernunft, Sinn für Schönheit und das Bedürfnis nach Anerkennung entwickelt haben. Nunmehr entsteht die »geistige Liebe«, d. h. eine Leidenschaft, an der die seelischen und geistigen Unterscheidungsfähigkeiten der Menschen Anteil haben und die dementsprechend auf bestimmte

Vorzüge des Partners ausgeht und von diesem ihrerseits geliebt werden will. »Die geistige Liebe (moral de l'amour) bestimmt diese Begierde, sich ausschließlich auf einen Gegenstand zu fixieren, oder gibt ihr zumindest für diesen bevorzugten Gegenstand einen höheren Energiegrad. Es ist nun aber leicht zu sehen, daß diese geistige Liebe ein künstliches Gefühl (sentiment factice) darstellt, das aus dem gesellschaftlichen Herkommen hervorgegangen ist und von den Frauen mit viel Geschick und Sorgfalt gepflegt wird, um ihre Herrschaft zu errichten und das Geschlecht, das gehorchen sollte an die Macht zu bringen. Da dieses Gefühl auf gewissen Begriffen von Verdienst und Schönheit beruht, die der Wilde noch nicht besitzt, fehlt es bei ihm fast ganz.«[25] So schön dieses menschliche Gefühl der Liebe in seiner entwickelten Form auch sein mag, so sehr erscheint es Rousseau als gesellschaftsgefährdend und kritikwürdig.[26] – Andrerseits kommt der »geistigen Liebe« jedoch auch eine versittlichende Bedeutung zu, da sie den undifferenzierten Naturtrieb auf eine einzige Person einschränkt. Von ihr heißt es daher auch im Emile: »Weit davon entfernt, daß die Liebe von der Natur käme, ist sie vielmehr eine Regel, ein Hemmschuh der (natürlichen) Neigungen: durch sie bedeutet – ausgenommen der geliebte Gegenstand – ein Geschlecht nichts mehr für das andere.« Und in der Nouvelle Héloïse wird die wahre Liebe sogar als »die keuscheste aller Verbindungen« bezeichnet, als ein »himmlisches Feuer, das unsere natürlichen Neigungen reinigt, indem es sie auf ein einziges Objekt beschränkt« . . .[27]

Dennoch bleibt der Übergang von der physischen zur »geistigen« Liebe eine Begleiterscheinung des gesellschaftsgefährdenden amour-propre. Solange daher Schönheit oder andere Naturanlagen zum Motiv der Ausschließlichkeit der Liebe gemacht werden und ein erbitterter Konkurrenzkampf um den Besitz eines solchen Gegenstandes entbrennt, wird die sittigende Wirkung der geistigen Liebe praktisch wieder aufgehoben. Ein weiser Erzieher wird daher dafür sorgen, daß sich die Liebe nicht diesen verdienstlosen äußerlichen Glücksgütern, sondern den tugendhaften Eigenschaften des zu liebenden Menschen zuwendet. Diesen Weg geht auch Emiles Hofmeister mit seinem Zögling. Dessen Liebe zu Sophie bedarf der Läuterung und ist erst, nachdem sie Sophies tugendhafte Seele erkannt hat auf den in sich selbst wahrhaft »liebenswerten Gegenstand« gerichtet und kehrt damit in die »Ordnung« zurück. Erst diese versittlichte »geistige« Liebe ist das in der Nouvelle Héloïse so sehr gepriesene wertvolle Gefühl, während die ungeregelte »geistige« Liebe, die auf den Besitz der natürlichen Vorzüge ausgeht, eins der typischsten Beispiele des amour-propre darstellt. Solange der Mensch nur das Gefühl der physischen Anziehung kennt, kann er gar nicht aus der Ordnung heraustreten, sobald sich aber die »geistige« Liebe in seinem Herzen entwickelt, bedarf es auch der Vergeistigung und Versittlichung ihres *Gegenstandes*, wenn die »Ordnung« wiederhergestellt werden soll, aus der der sich entwikkelnde Mensch heraustrat.

Wie der Erzieher aber diese stärkste Leidenschaft des Privatmenschen zum Ansatzpunkt seiner entscheidenden sittlichen Einwirkung macht, so benützt der Législateur das den Gesellschaftsmenschen charakterisierende allgemeine Bedürfnis nach Anerkennung, um das Streben der Staatsbürger – auf dem Wege über die Beeinflussung der »opinion« – auf patriotische und staatsbürgerliche Hochleistungen zu richten.

§ 4 Die »pitié« (oder commisération) und der »amour pour la patrie«

Wie dem Tier bereits eine Art »amour de soi« zukam, so ist auch das Mitleid keine spezifisch *menschliche* Eigenschaft, sondern ein bereits im Tierreich nachweisbares Phänomen (Rousseau nennt im zweiten Discours z. B. Pferde). Dieses Mitleid – oder richtiger gesagt, »eine angeborene Abneigung, ein fühlendes Wesen und vor allem seinesgleichen umkommen oder leiden zu sehen« – mäßigt und begrenzt die Selbstliebe und verhindert, daß sie sich schädigend auf den Bestand der Gattung auswirkt. Wenn man sie biologisch deuten will, hat sie die Funktion, die *Selbsterhaltung der Gattung* zu bewirken, wie der *amour de soi* die *Selbsterhaltung der Individuen* motivierte. Beide Naturanlagen ergänzen einander und begrenzen sich wechselseitig. »Vor der Entstehung des amour-propre ist die wilde Begierde (féroce désir) sich selbst zu erhalten, durch eine angeborene Abneigung seinesgleichen leiden zu sehen temperiert.«[28] Das Mitleid hat daher im Naturzustand die gleiche Funktion, die später von »Gesetzen, Sitten und Tugenden erfüllt wird«.[29]

Genau wie die Selbstliebe kann aber auch das Mitleid nicht immer gleich bleiben. Es verwandelt sich mit der Verwandlung des Menschen. Die Art seiner Umgestaltung ist freilich anders. Das Mitleid ist von der »imagination« abhängig, denn wenn auch »das Mitleid dem Menschenherzen natürlich ist, so würde es doch ewig untätig bleiben ohne die Einbildungskraft, die es in Bewegung setzt. Wie lassen wir uns zum Mitleid bewegen? Indem wir uns aus uns selbst herausstellen und uns mit dem leidenden Wesen identifizieren. Wir leiden nur, insoweit wir der Meinung sind, daß es leidet; nicht in uns, sondern in ihm leiden wir. Man bedenke wieviel Kenntnisse diese Identifikation voraussetzt. Wie soll ich mir Übel vorstellen, von denen ich keine Idee habe? Wie kann ich leiden, indem ich einen anderen leiden sehe, wenn ich nicht einmal weiß, daß er leidet, wenn ich nicht weiß, was ihm und mir gemeinsam ist? Wer niemals nachgedacht hat, kann weder mild noch gerecht sein, er kann auch nicht böse und rechthaberisch sein. Wer sich nichts vorstellt, fühlt nur sich selbst, er ist allein inmitten des Menschengeschlechts«.[30] Da sich aber die Imagination im Laufe der kulturellen Entwicklung immer mehr entfaltet, sieht es zunächst so aus, als müßte Rousseau auch annehmen, daß unter den entwickeltsten Kulturmenschen am meisten Mitleid angetroffen wird. Der Fortschritt betrifft aber leider nur den *Umfang* der von dem Gefühl umfaßten Wesen, und diese *Ausdehnung* des Gefühls steht in umgekehrtem Verhältnis zu seiner *Intensität.* Das Mitleid ist daher »vif et obscur«, d. h. lebendig und unerleuchtet beim Wilden, »développé mais faible« beim Zivilisierten. Je größer der Umkreis ist, auf den sich das Mitleid bezieht, desto weniger intensiv ist dieses Gefühl und desto weniger veranlaßt es zu helfender Tätigkeit oder zur Unterlassung einer die Mitmenschen schädigenden Handlung.

Diese Entwicklung wäre aber weniger verhängnisvoll, wenn sie nicht mit der Umgestaltung des amour de soi in den amour-propre zusammentreffen würde. Genau in dem Maße nämlich, als das Mitleid sich ausdehnt und dadurch an Kraft verliert, werden die Leidenschaften der Menschen feindselig und böse. Wo erhöhtes Mitleid als Gegengewicht notwendig wäre, steht also gerade nur ein »verdünntes« zur Verfügung, das sich obendrein meist auf ganz »abstrakte« Weise, z. B. beim Ansehen von Trauerspielen, betätigt und verbraucht. Zwar identifizieren sich die Naturmenschen zunächst nur mit ihren allernächsten Verwandten, aber »alle ihre Gefühle . . . hatten dadurch mehr Energie«,[31] während die »cosmopolites« »sich rühmen alle Welt zu lieben, um so das Recht zu erwerben, niemanden (wirklich) gern zu haben«.[32] Von hier aus wird sowohl Rousseaus Hochschätzung des patriotisme wie auch seine Bevorzugung der Kleinstaaten verständlich: durch die Kleinheit der Gemeinschaft und die Erziehung ihrer Glieder zur Vaterlandsliebe soll die *Intensität* des Zusammengehörigkeitsgefühls und all der sympathischen Gefühle, die aus der pitié sich entwickelt haben, erhöht werden. Voltaire hat er vorgeworfen, daß er »die Tartaren liebe, um der Vaterlandsliebe überhoben zu sein«. Es komme aber darauf an, daß man »gut zu den Menschen ist, mit denen man zusammenlebt«. Am nachdrücklichsten wird dieser Gedanke in dem Artikel Economie Politique (1755) entwickelt: »Das menschliche Mitgefühl scheint sich mit seiner Ausdehnung auf die ganze Erde zu verflüchtigen und abzuschwächen, und die Nöte der Tartaren oder Japaner vermögen uns nicht in gleicher Weise zu rühren wie die eines europäischen Volkes. Man muß das Interesse (an den Mitmenschen, IF) und das Mitleid in gewisser Weise *komprimieren*, um es tätig werden zu lassen.«[33]

R. Dérathé hat auf den Widerspruch aufmerksam gemacht, der darin zu bestehen scheint, daß Rousseau im zweiten Discours das Mitleid als ein unabhängiges, der Selbstliebe korrigierend gegenüberstehendes Gefühl bezeichnet, während er es in seinen späteren Schriften (vor allem im Emile) aus einer Ausweitung der Selbstliebe (bzw. einer Identifizierung mit anderen) hervorgehen läßt. Derathé führt diese unterschiedliche Formulierung auf eine Entwicklung des Rousseauschen Denkens zurück, das erst 1762 bzw. zur Zeit der Abfassung des Emile seine volle Reife erreicht habe. Wenn das bedeuten soll, daß Rousseau den Gedanken einer Beschränkung der Selbstliebe durch das Mitleid und die aus ihm entwickelten Verhaltensweisen und Gefühle fallengelassen habe, so möchte ich das bestreiten. Denn welchen Zweck könnte die noch im Verfassungsentwurf für Korsika und in den Betrachtungen zur Regierung Polens gelehrte »Komprimierung« des Mitleids auf die Mitbürger haben, wenn dieses nicht als ein Gegengewicht gegen die Selbstliebe, ja bis zu einem gewissen Grade *sogar* noch *gegen* die gemeinschaftzerstörende *Selbstsucht* (amour-propre) angesehen würde? Nach meiner Überzeugung ist der von Derathé gesehene Widerspruch gar nicht vorhanden. Selbstliebe und Mitleid mögen zwar beide Modifikationen der einen Selbstliebe sein, die einmal auf das »être absolu«, die physische Individualität, beschränkt und das andere Mal auf eine Gruppe von Mitmenschen ausgedehnt wird, mit denen das Individuum sich identifiziert; aber dieser gemeinsame Ursprung hindert doch nicht, daß beide Erscheinungsformen in einem gewissen, sich ausschließenden Verhältnis zueinander stehen. Das Mitleid steht dann zwar nicht mehr als ein absolut *selbständiges* Prinzip der egoistischen Selbstliebe gegenüber, wie die mißverständliche Formulierung von 1755 sagt, es führt aber doch notwendig zu einer Verminderung derselben, da es ihr seelische Energien entzieht.

Der Patriotismus hat übrigens für Rousseau nicht nur die Bedeutung, daß er den Kreis der vom Mitleid umfaßten Menschen auf die Mitbürger beschränkt und dem Gefühl dadurch eine Aktivität verleiht, die durch Ausdehnung auf die gesamte Menschheit im Kosmopolitismus verlorengehen würde; er ist gleichzeitig auch eine Variante des »amour-propre«, durch die dessen gemeinschaftsschädigende Wirkung aufgehoben wird. Man könnte geradezu sagen, daß sich der Patriotismus in dieser Bedeutung zum amour-propre so verhält wie die commisération zum amour de soi! Im Artikel Economie Politique schreibt Rousseau denn auch: »Es ist gewiß, daß die größten Wundertaten der Tugend von der Vaterlandsliebe vollbracht worden sind: dieses angenehme und lebhafte Gefühl, das die Stärke der Selbstsucht (amour-propre) mit der ganzen Schönheit der Tugend verbindet, gibt dieser eine Energie, die sie, ohne sie zu entstellen, zur heroischsten Leidenschaft macht.«[34]

Die »Kraft der Selbstsucht (amour-propre)« muß man hierbei wörtlich nehmen, während von der Tugend – nach Rousseaus eigner Lehre, die im folgenden noch zu entwickeln ist, – nur im uneigentlichen Sinne gesprochen werden kann. Es handelt sich in Wahrheit eher um ihren schönen Schein (beauté) als um die sittliche Eigenschaft selbst. Während nämlich die »vertu« im strengen Wortsinne aus einer vom Gewissen veranlaßten Selbstüberwindung des von Leidenschaften (die aus dem amour-propre hervorgegangen sind) heimgesuchten Menschen erwächst, ist der Patriotismus – ähnlich wie das Mitleid – vormoralisch oder sittlich indifferent. Hier ist keine *Selbst*überwindung notwendig, sondern die Wesensart des zivilisierten Menschen ist gleichsam nur »quantitativ« verändert, sein privater Egoismus in einen staatlichen verwandelt. Es wird daher leicht nachzuweisen sein, daß der Patriotismus in den Augen Rousseaus nicht den höchsten sittlichen Rang für sich beanspruchen kann, wenn er auch als ein probates und sicheres Mittel zur Herbeiführung eines harmonischen Gemeinschaftslebens angesehen wird, das für die Bürger zu einer Vorschule der staatsbürgerlichen (republikanischen) Tugend werden kann.

§ 5 Der Mensch als Doppelwesen (être intelligent – être sensitif) und die zwei Weisen der Selbstliebe

Leo Strauß behauptet, es sei ganz generell die Absicht Rousseaus gewesen, seine Lehre von einer dualistischen Metaphysik unabhängig zu machen, weil diese »unlösbaren Einwänden«, »mächtigen Einwänden« oder »unüberwindlichen Schwierigkeiten«[35] ausgesetzt sei. Dieser Standpunkt kann m. E. nicht gehalten werden. Auch wenn Rousseau selbst wiederholt auf die Schwierigkeiten einer dualistischen Metaphysik hingewiesen hat (die von Strauß angeführten Stellen bedürften freilich auch eingehender Interpretation und Diskussion), läßt sich, wie mir scheint, überzeugend nachweisen, daß er ein dualistisches Menschenbild nicht nur hier und da selbst ausdrücklich entwickelt, sondern auch seiner politischen Philosophie in den Hauptwerken zugrunde gelegt hat. Ja, ich möchte sogar behaupten, daß man den logischen Zusammenhang seines Systems *ohne* diese dualistische Anthropologie gar nicht richtig verstehen kann.

Der ursprüngliche Naturmensch ist ein fast tierisches Wesen. Seine Selbstliebe geht ausschließlich auf die Erhaltung der physischen Existenz. Aber auch nachdem sich der amour de soi in den amour-propre verwandelt hat, bleibt die Existenz der Menschen wesentlich eine physische. Zwar ist der Bezug auf den begehrten Gegenstand jetzt »gebrochen« und indirekt. Der amour-propre richtet sich ja mehr auf die Hindernisse, die dem Genuß im Wege stehen und auf die Mitmenschen als *Mittel,* die möglichen Genuß verschaffen. Es geht aber doch immer um die physische (biologisch-tierische) Existenz, nicht um etwas »Geistiges«. Anders scheint der Fall schon bei der »Anerkennung«, bei der Begierde nach Ehre und Ruhm zu liegen. Ehre und Ruhm sind etwas »Geistiges«, aber das Wesen, das nach ihm strebt, bleibt noch ganz in seiner »existence absolu« befangen. Es möchte bestätigt werden in seiner einmaligen, physischen Besonderheit, verlangt eine Anerkennung seiner (natürlichen) Schönheit, seiner (angeborenen) Intelligenz, seiner (materiellen) Macht. Kurz: das Selbst, dessen sich die depravierten Gesellschaftsmenschen mit Hilfe der Anerkennung durch andere vergewissern wollen (weil sie das unmittelbare Selbstgefühl der in sich ruhenden Naturmenschen verloren haben) ist das materiell-egoistische Subjekt der sinnlichen Leidenschaften und Begierden. Der Mensch des amour-propre ist sich selbst der

Einzige, betrachtet alles als sein »Eigentum« und verlangt von allen anderen das Unmögliche: nämlich die Anerkennung dieser Einzigkeit. Durch die Verwandlung des amour de soi in den amour-propre hört der Mensch nicht auf, seine physische (absolute) Existenz für sein eigentliches Wesen zu halten. Er bleibt, wie Rousseau sagt, ein »homme naturel«, wenn auch einer, dessen Natur *depraviert* ist.

Die Situation wäre in der Tat ziemlich hoffnungslos, wenn der Mensch nicht, abgesehen von seiner physischen Existenz als »être sensitif«, auch eines geistigen Daseins als »être intelligent« fähig wäre. In seinem Brief an den Pariser Erzbischof Christophe de Beaumont (1762), der vielleicht die geschlossenste Darstellung der Rousseauschen Gedanken enthält, schreibt er: »Der Mensch ist kein einfaches Wesen; er ist *aus zwei Substanzen* zusammengesetzt . . . Nachdem das bewiesen ist, ist die Selbstliebe (amour de soi) nicht mehr eine *einfache* Leidenschaft, sondern hat *zwei Prinzipien,* das intelligente (être intelligent) und das Sinnenwesen (être sensitif), dessen Wohl nicht das gleiche sein kann. Die Sinnenlust (appétit des sens) zielt auf das Wohl des Leibes, die *Liebe zur Ordnung* (amour de l'ordre) auf das der Seele. Diese letztere Liebe erhält, wenn sie entwickelt und aktiviert ist, den Namen *Gewissen* (conscience).«[36] Es gibt also nach Rousseau, der sich in dem Schreiben an Beaumont ausdrücklich auf seine Übereinstimmung mit der christlichen Tradition beruft, gleichsam zwei »Selbste« im Menschen: ein physisches und ein geistiges, und diesen »Selbsten« sind jeweils Erscheinungsformen der Selbstliebe zugeordnet. Während die physische Selbstliebe durch die mit dem Zusammenleben auftretenden Hindernisse abgebogen und in die »böse« Selbstsucht (amour-propre) pervertiert wird, entsteht die andere Art der Selbstliebe erst mit dem Erwachen eines geistigen Selbst(-bewußtseins) im Menschen. Das Subjekt dieser Liebe (amour de l'ordre) muß gleichsam erst gebildet werden. Es ist das Selbst des Gewissens: »Aber das Gewissen entwickelt sich erst und wird aktiv mit der wachsenden Einsicht (lumières) des Menschen. Nur durch seine Einsicht gelangt er zur Erkenntnis der Ordnung, und erst nachdem er sie erkannt hat, veranlaßt ihn sein Gewissen sie zu lieben. Das Gewissen ist also inexistent (nulle) in dem Menschen, der nichts verglichen hat und seine Beziehungen (zu anderen Menschen und zum Ganzen der Wirklichkeit, IF) nicht kennt. In diesem Zustand kennt der Mensch nur sich selbst; er sieht sein Wohl dem irgendeines anderen weder entgegenstehend noch mit ihm zusammenstimmend, er liebt und haßt nichts; auf den bloßen physischen Instinkt (der Selbsterhaltung, IF) beschränkt, ist er nichts (nul), er ist ein wildes Tier (bête): das habe ich in meinem zweiten Discours gezeigt.«[37] Um das Organ jener höheren Selbstliebe (= Ordnungsliebe) zu entfalten, müssen die »lumières« entwickelt werden und muß die »raison« in Aktion treten. Kenntnisse und Vernunft sind aber nicht ohne weiteres und von allein schon Werkzeuge im Dienste jener Einsicht, die zur höheren Selbstliebe führt. Hier könnte man Rousseau den Vorwurf machen, daß er unter der Bezeichnung *»raison« zwei* völlig *verschiedene Arten von »Vernunft«* zusammenfaßt: einmal die kalkulierende Vernunft, die im Knechtsdienst der sinnlichen Leidenschaften steht und zum anderen jene Fähigkeit der Erkenntnis der Ordnung, die die höhere Selbstliebe (das Gewissen) auslöst. Er wäre der Irrationalist, als der er oft verschrien wurde, wenn er die Vernunft prinzipiell in eine dienende Rolle versetzen würde und sie einmal (bei den sittlich indifferenten Naturmenschen und bei den depravierten Zeitgenossen) als Dienerin der sinnlichen Leidenschaften und ein andermal (bei den »tugendhaften« Bürgern antiker und neuerer Republiken) als Dienerin des (völlig irrational verstandenen) Gewissens erscheinen ließe. Offenbar hat sie aber zwei einander entgegengesetzte Funktionen zu erfüllen: – im Dienste der Selbstsucht – sucht sie lediglich geeignete *Mittel* zur Erreichung der von den Leidenschaften festgelegten Ziele auf; dem Gewissen offenbart sie das *Ziel* selbst (die Ordnung). Der erste Vernunftsbegriff entspricht dem seiner Zeit, wie er vielleicht am radikalsten von Hobbes entwickelt worden ist und den *David Hume* wie folgt gekennzeichnet hat: »Die Vernunft ist und soll nur die Sklavin der Leidenschaften sein und kann niemals auf irgendeine andere Aufgabe Anspruch machen als ihnen zu dienen und zu gehorchen.«[38] Der zweite kann bis auf die Antike zurückverfolgt werden, dürfte aber Rousseau vor allem durch die großen französischen Theologen des 17. Jahrhunderts vermittelt worden sein.[39] Im scholastischen Sprachgebrauch unterschied man (z. B. Thomas) zwischen der »ratio« als dem Vermögen diskursiven Denkens und dem »intellectus«, der eine Wesenseinsicht, eine Art Schau der Prinzipien vermittelt. Das Fehlen einer derartigen terminologischen Differenzierung führt dazu, daß Rousseau auf die gleiche *raison* sowohl den Übergang vom amour de soi zum amour-propre, (»Die Vernunft ist es, die die

Selbstsucht erzeugt und durch die Reflexion wird sie verstärkt«),[40] als auch die Entfaltung des Gewissens zurückführt.

Während aber seine Zeitgenossen nur die eine Art der Vernunft kannten, nämlich das Vermögen diskursiven Denkens, findet sich bei Rousseau immerhin ein Ansatz zur Erfassung jener anderen Art von Vernunft, die auf Einsicht in die (schöne und objektiv vernünftige) Ordnung ausgeht. Gegenüber der Ableitung der gesellschaftlichen Ordnung aus der kalkulierenden diskursiven Vernunft, wie sie sich bei den Naturrechtslehrern findet, hat Rousseau denn auch nur geringschätzigen Spott. Während diese Aufklärer glaubten, daß die Erkenntnis des »wohlverstandenen eignen Interesses« die Menschen zu friedlichem Zusammenleben, wechselseitiger Duldung und Eintracht bringen würde, weist Rousseau darauf hin, daß zwar jeder sehr gerne sieht, wie andere die gesetzlichen Beschränkungen beachten, selbst aber weit lieber sich über diese Schranken hinwegsetzt, um daraus noch größeren Vorteil zu ziehen. Solange es lediglich um unser Wohl als sinnliche Lebewesen geht, nicht um das unseres sittlichen Selbst, erscheint die Ausnützung der Gutmütigkeit und Rechtlichkeit unserer Mitmenschen immer noch der »rationellere« Weg zum Glück, als die Befolgung dieser Normen. Wer sich stark genug fühlt, sie ungestraft zu verletzen, wird von der die geeignetsten Mittel kalkulierenden Vernunft nicht davon abgehalten werden. In der Erstfassung des Contrat Social heißt es: »Es ist nicht wahr, daß im Zustand der Unabhängigkeit die *Vernunft* uns dazu bringt, zum öffentlichen Wohl auf Grund der *Einsicht in unser Eigeninteresse* beizutragen. Weit entfernt, daß der Partikularwille mit dem Allgemeinwohl (bien général) sich verbände, schließen sich beide vielmehr *in der natürlichen Ordnung der Dinge* gegenseitig aus; und die Gesetze der Gesellschaft sind ein Joch, das ein *jeder* sehr wohl *den anderen aufzwingen, nicht aber selbst auf sich nehmen möchte* . . .[41] Die Vernunft, die im Dienste der sinnlichen Leidenschaften steht, und die selbst zur Entstehung des amour-propre beigetragen hat, kann nicht aus sich heraus dessen antagonistische Konsequenzen überwinden. Dazu ist nur jene Vernunfts*einsicht* in der Lage, die das *Gewissen* zum Sprechen bringt.«

Daß die Lehre vom Gewissen im Mittelpunkt der Rousseauschen Ethik steht, hat man immer erkannt. Vielfach hat man sie jedoch dahingehend mißverstanden, daß man in ihr eine völlige Abkehr und Gegenstellung zur Ratio erblickte. Erst den Arbeiten von Robert *Derathé* ist eine allseitige Interpretation und Klärung des Rousseauschen Gewissensbegriffs und seines Verhältnisses zur Vernunft zu danken.

Zunächst muß man davon ausgehen, daß Rousseau in einer Frontstellung gegen die Naturrechtslehrer (Pufendorf und vor allem auch Burlamaqui) steht, die das Gewissen mit der (urteilenden) raison identifizierten.[42] Die »loi naturelle« konnte für ihn nicht mit der »loi de raison« identisch sein, weil die Naturmenschen noch keine Vernunft (actu) besaßen. Aber auch *die* These, daß sich die *zivilisierten* Menschen ohne weiteres von vernünftiger Einsicht leiten lassen, beruhte seiner Überzeugung nach auf einer falschen Einschätzung der menschlichen Psyche. »Eine rein theoretische (spekulative) Ansicht kann im Menschenherzen die Leidenschaften nicht überwinden.«[43] Die Menschen werden von Leidenschaften und Gefühlen, nicht von der bloßen Vernunft zum Handeln bewegt. »Die kalte Vernunft hat niemals etwas Großes vollbracht, und man triumphiert über Leidenschaften nur, indem man sie einander entgegenstellt.«[44] »Wenn auch die Vernunft den Menschen (zum Menschen, IF) macht, so ist es (doch) das *Gefühl*, das ihn führt.«[45] Das universale Gefühl, das allem menschlichen Sein zugrunde liegt, ist aber der »amour de soi«, der sich, wie wir sahen, zu zwei gegensätzlichen Erscheinungsweisen entwickeln kann: einmal sich depravierend hin zum amour-propre, das andere Mal sich veredelnd hin zum »amour de l'ordre« (von dem ich ein Teil bin). Die Liebe zur Ordnung (und ihrer beauté) ist keineswegs der Selbstliebe entgegengesetzt, sondern steht lediglich in einem Ausschließlichkeitsverhältnis zum amour-propre. Der »amour de soi-même« war ja – wie wir gehört haben – durchaus »conforme à l'ordre« (Emile, Œuvres II 183), und erst mit dem amour-propre trat der Mensch aus der natürlichen Ordnung heraus. Während aber der ursprüngliche Naturmensch in naiver Einheit mit der (natürlichen) Ordnung lebt, kann sich der zivilisierte, aus der Ordnung herausgefallene Mensch, dessen Vernunft entfaltet ist, bewußt und liebend auf jene Ordnung (zurück)-beziehen. Wenn

Kant gegen das bis heute übliche Mißverständnis des Rousseauschen »zurück zur Natur« (das sich ja nirgends so in seinen Schriften findet) bemerkt, daß es Rousseau nur darum gehe, daß der Mensch von heute zu jener Vergangenheit zurückblicke,[46] um sich an diesem Eindruck zu orientieren, dann ist wohl jene Orientierung an einer noch ungestörten Ordnung gemeint. Derathé interpretiert hier etwas zu rasch, wenn er meint: »Die Liebe zur Ordnung stellt sich keineswegs unserer Selbstliebe entgegen, sondern nur der Liebe zu unserem materiellen Sein.«[47] Denn das Streben nach materiellem Wohlergehen war ja *als solches* keineswegs schon wider die Ordnung, sondern lediglich die rücksichtslose Überordnung dieses Gutes über das Verlangen der Seele, die der Ordnung bedarf, um sich frei und glücklich zu fühlen. Derathé scheint hier den Unterschied von amour de soi und amour-propre zu vergessen. Rousseaus Ethik will nicht das Sinnenglück als solches prohibieren, sondern lediglich die Gesinnung, welche innerhalb der Gesellschaft ohne Rücksicht aufs Ganze das je eigene materielle Wohl durchzusetzen sucht, und die Haltung, die das eigne materielle Wohl zum universellen Zweck und alle andere Menschen zu bloßen Mitteln hierfür macht. Der Unterschied zwischen dem sittlich guten Menschen und dem bösen ist: »daß der Gute sich selbst in Hinblick auf das Ganze (ein)ordnet und daß der Böse das Ganze nur auf sich bezieht. Dieser (der Böse) macht sich zum Mittelpunkt aller Dinge, jener mißt seinen Abstand (vom Zentrum) und hält sich an der Peripherie. Dann ist er hingeordnet auf das gemeinsame Zentrum, das Gott ist, und auf alle konzentrischen Kreise, seine Kreaturen. Wenn es keine Gottheit gibt, dann argumentiert nur der Böse vernünftig, und der Gute ist ein Wahnsinniger«.[48]

Das Gewissen ist für Rousseau im Gegensatz zur Auffassung der Naturrechtslehrer weder mit der Raison *identisch* noch ist es ein »jugement«, es ist ein Gefühl und zwar das Gefühl der Liebe zur Ordnung, zu einer Ordnung, in der sich der Einzelne auf das »gemeinsame Zentrum« bezieht. Dieses gemeinsame Zentrum wird an der eben zitierten Stelle als »Dieu« bezeichnet, es kann aber auch die staatliche Gemeinschaft, das Volk oder die Republik sein. Das sittliche Handeln ist daher bei Rousseau nicht der Ausdruck eines angeborenen Altruismus (wie die Engländer annahmen) noch auch ein aus reiner Selbstüberwindung hervorgehender Akt, sondern der Ausdruck der höheren Selbstliebe, des »intérêt moral«. Auch wo das Gute um des Guten willen getan wird, geschieht es aus »Interesse« am eignen Glück, denn nichts verschafft höhere Befriedigung als sittliches Handeln, und die »Bösen« sind im Grunde alle unglücklich (C. G. VI p 227). Der hohe Lohn sittlichen Handelns besteht in der Zufriedenheit mit sich selbst: »Die höchste Glückseligkeit liegt in der Selbstzufriedenheit; um diese Seligkeit zu verdienen und zu erlangen, sind wir auf der Erde und mit Freiheit begabt, werden wir von Leidenschaften versucht und vom Gewissen zurückgehalten.«[49] Zwar geht Rousseau, wie Derathé bemerkt, nicht ganz so weit wie Plato, der Gerechtigkeit und Glück in eins fallen läßt, aber er glaubt doch, daß der Gerechte im Glück zu größerer Freude und im Unglück zu größerer Geduld befähigt ist. Der Seelenfrieden, der ihm zuteil wird, sei zwar nicht das Glück selbst, aber doch dessen Vorbedingung. Ein Leben nach dem Tode wird (wie bei Kant) für nötig gehalten, um den Gerechten in vollem Umfang in den Genuß der belohnenden Selbstzufriedenheit kommen zu lassen. Dennoch steht völlig außer Zweifel, daß die Ethik Rousseaus insofern »heidnisch« ist, als sie dem Menschen die Kraft zuspricht, die schädlichen Folgen des »Sündenfalls« des amour-propre zu reparieren, ohne hierzu eines übernatürlichen Beistands (der Gnade) zu bedürfen. Der Gerechte erwirbt sich gleichsam einen Rechtsanspruch auf Glück und insofern er im Diesseits nicht erfüllt wird, postuliert er ein Leben nach dem Tode. Wenn aber auch das Motiv für sittliches Handeln, wie alle Motive des menschlichen Wollens, nur ein Gefühl sein kann, so ist doch die raison fürs Zustandekommen dieses Gefühls, wie wir schon gehört haben, unentbehrlich. Wie das Mitleid der »imagination« bedurfte, um sich zu entwickeln, so ist die »conscience« auf Vernunft angewiesen, um die Ordnung lieben zu können, die jene erkannt hat. Das Gewissen ist dem Menschen *angeboren*, es ist eine seiner potentiellen »facultés«, die sich im Laufe der Geschichte der Vergesellschaftung entfalten. Die vernünftige Erkenntnis aber ist nicht angeboren, sondern erworben. Wie alle Erkenntnis ist sie für Rousseau (der in *diesem* Punkt von Condillac abhängig bleibt) letztlich aus den Sinneseindrücken hervorgegangen. »Das Gute kennen heißt noch nicht es lieben; der Mensch hat *keine angeborene Kenntnis* des Guten, aber sobald die Vernunft es ihm bekannt macht, veranlaßt ihn sein Gewissen es zu lieben, dieses Gefühl (der Liebe, IF) ist angeboren.«[50] Derathé meint hierzu: »Man sieht, wie Gewissen und Vernunft sich ergänzen, während die zweite nur Erkenntnis (›lumières‹) gibt, ist die erste nur ein blinder Elan (›élan aveugle‹), solange sie nicht von der Vernunft erhellt wird.«[51] Diese wechselseitige Durchdringung von blindem Drang und ohnmächtiger Vernunft erinnert stark an das Spätwerk Max Schelers, dessen Philosophie auch noch andere Anklänge an Rousseau aufweist.[52]

Daran, daß es eine »schöne Ordnung« in der Natur gibt und daß die menschliche Vernunft sie zu erkennen vermag, hat Rousseau mit seinen Zeitgenossen fest geglaubt. Die Erkenntnis der Natur war ja im 17. und 18. Jahrhundert von einer enthusiastischen Begeisterung für die Weisheit des Schöpfergottes begleitet, dessen sinnvolle Anordnung man auf Schritt und Tritt zu sehen glaubte.[53] Von den »Physikotheologen«, die diese fromme Art der Naturbetrachtung pflegten, hat Rousseau Bernhard Nieuwentyt ausdrücklich, wenn auch kritisch, genannt.[54] Die Güte der von Gott geschaffenen natürlichen Ordnung hat er aber auch gegen Voltaires bittre Klage über das Erdbeben von Lissabon verteidigt: nicht die Natur sei schuld an den zahlreichen Opfern dieser Katastrophe, sondern die Menschheit, die von der natürlichen Lebensweise abweichend, gewaltige Städte gebaut und damit die erhöhte Todesgefahr heraufbeschworen habe.[55] Am ausführlichsten wird das Grunderlebnis dieser Ordnung im Glaubensbekenntnis des savoyischen Vikars beschrieben: »Vergleichen wir die Einzelzwekke, die Mittel, die geordneten Beziehungen aller Art und hören wir dann auf das innere Gefühl; welcher gesunde Geist kann seinem Zeugnis widerstehen? Welchem unvoreingenommenen Auge kündigt nicht die fühlbare Ordnung des Universums eine höchste Intelligenz an? Welche Sophismen muß man nicht zusammentragen, um die Harmonie der Wesen und das bewunderungswürdige Zusammenwirken jedes Teils zur Erhaltung des Ganzen zu verkennen.«[56] Nein, eine derartige Ordnung kann nicht dem Zufall entsprungen sein, wie die Materialisten meinen; der sicherste und überzeugendste Beweis vom Dasein Gottes liegt nicht so sehr in der Natur des Menschen (wie Nieuwentyt meinte) als vielmehr in der »Harmonie und Zusammenstimmung des Ganzen«. In dieser harmonischen Weltordnung sind alle Wesen »wechselseitig Zweck und Mittel«, während die Menschen, die vom »amour-propre« geleitet werden, einzig sich selbst als Zweck und alle anderen nur als Mittel ansehen und damit die Ordnung stören. Die in der Natur erkannte Ordnung wird zum Richtmaß fürs sittliche Verhalten der Menschen: sittlich verhält sich, wer seine Person aufs Ganze bezieht und nicht das Ganze auf seine Person oder wer seine Mitmenschen niemals bloß als Mittel, sondern immer zugleich als Selbstzweck ansieht, wie Kant sagen wird.

Um sich derart aufs Ganze oder auf die Ordnung zu beziehen, muß der Mensch auf seinen amour-propre verzichten, er muß aufhören, jener *depravierte Naturmensch* zu sein, zu dem er im Laufe der Vergesellschaftung wurde. An seine Stelle muß der de-naturierte Mensch treten, der nicht mehr ein »être absolu« zu sein beansprucht und aufhört, sich mit seinem Sinnenwesen zu identifizieren. Er muß sich in ein »être moral« verwandeln, was in der Sprache Rousseaus höchst mehrdeutig sowohl das sittliche Wesen des Individuums als auch die Existenzweise überindividueller Gebilde, vor allem des Staats, bezeichnet.

Es wäre übrigens ebenso irrig, »être moral« durchwegs im sittlichen Sinne zu interpretieren, wie es verkehrt wäre, jede sittliche Nebenbedeutung auch noch bei der Bezeichnung des Staates als être moral aus dem Auge zu verlieren. Da der Mensch aber kein reines »Geisteswesen« (être moral in diesem Sinn) ist, bedarf es seiner höchsten *Anstrengung*, wenn er sich auf den Standpunkt der höheren Selbstliebe, der Liebe zur Ordnung erheben will. Nur weil der Mensch ein Doppelwesen ist, das zwischen Sinnlichkeit und Geistigkeit steht, kann er auch moralisch verdienstvoll handeln und »Tugend« erwerben. Um sich auf den Standpunkt des Gewissens zu erheben, bedarf es eines Kampfes mit sich selbst, dessen Ziel die *Befreiung* vom sinnlichen Trieb und von der ordnungswidrigen Leidenschaft ist. »Wenn der Geist des Menschen frei und rein geblieben wäre, welches Verdienst hätte er dann, wenn er die Ordnung liebt und befolgt, die er erkennt und zu deren Störung ihn keinerlei Interesse antreiben würde? Zwar wäre er glücklich, aber seinem Glücke fehlte der höchste Grad, der *Ruhm der Tugend* und das gute Zeugnis seiner selbst; er wäre nur wie die Engel; der tugendhafte Mensch aber wird mehr als sie sein. Mit einem sterblichen Leib durch nicht minder starke wie unerklärliche Bande verbunden, veranlaßt die Sorge um die Erhaltung dieses Körpers die Seele, *alles auf sich zu beziehen* und gibt ihr damit ein der Gesamtordnung widersprechendes Interesse, die sie jedoch erkennen und lieben kann; unter diesen Umständen wird der gute Gebrauch der Freiheit *(le bon usage de la liberté)* zugleich Verdienst und Belohnung und bereitet sich ein unerschütterliches Glück vor, indem er die *irdischen Leidenschaften bekämpft* und an seinem ersten Willen (d. h. dem Willen des geistigen Selbst zur

Ordnung) festhält.«[57] Dieser sittlich verdienstvolle Kampf des Menschen mit sich selbst unterscheidet die *Tugend* von der bloßen (vormoralischen) bonté. In seinem Brief an Franquières schreibt Rousseau: »Das Gute tun ist die angenehmste Tätigkeit für einen wohlgeborenen Menschen (bien né): seine Redlichkeit, seine Wohltätigkeit sind nicht das Werk seiner Prinzipien, sondern das seines guten Naturells; wenn er Gerechtigkeit übt, gibt er seinen Neigungen (penchants) nach wie der Böse den seinen nachgibt, so oft er ungerecht ist. Der Neigung nachgeben, die uns Gutes tun heißt, ist Güte (bonté) aber nicht Tugend . . . Die Tugend besteht nicht nur darin, gerecht zu sein, sondern es zu sein, indem man über seine Leidenschaften triumphiert und über sein eignes Herz herrscht.«[58] Vertu wird einem Menschen zugeschrieben, dessen Handlungen vom Gewissen und der »Liebe zur Ordnung« bestimmt werden statt vom amour-propre. Diese Tugend geht aus einem auf »Prinzipien« basierenden Sieg über die Leidenschaften hervor, sie ist die *»liberté morale«*, welche sich der Mensch durch Unterwerfung seiner blinden Leidenschaften unter das sittliche Selbst erobern muß. Die Ausdrücke vertu und conscience werden von Rousseau oft fast im gleichen Sinne gebraucht, so wird etwa auch von der vertu gesagt, daß sie »amour de l'ordre« sei und die conscience erscheint andrerseits als »principe de la vertu«. Mit der Bezeichnung conscience wird dabei mehr die gefühlsmäßige Motivation und mit dem Wort vertu mehr die moralisch zuzurechnende Anstrengung des Willens betont.[59]

In politischer Beziehung ist die vertu die Übereinstimmung des Partikularwillens mit dem Gemeinwillen (volonté générale). Der Gemeinwille ist dann die Selbstbejahung der politischen Ordnung eines Volkes, als dessen »membre« sich der Staatsbürger fühlt. Die Zurückstellung des Partikularwillens gegenüber dem Gemeinwillen in jedem Einzelnen, oder, anders ausgedrückt, die Identifikation seines partikularen Wollens mit dem Wollen der Gemeinschaft ist Tugend. Könnte man sicher sein, daß jedes Glied des politischen Körpers (corps politique) sich von der Tugend leiten ließe, wären Gesetze und Regierungen überflüssig. Unter reinen Geistern herrschte jederzeit Einheit und Einigkeit. Da die Menschen aber Doppelwesen sind, bedürfen sie – je einzeln – der Selbstüberwindung, aber auch insgesamt einer festen Institution, die diese Einigkeit und Einheit verbürgt, indem sie von allen ein Handeln entsprechend dem Gemeinwillen verlangt und notfalls erzwingt. Der Patriotismus, der uns bereits als eine Variation des amour-propre erschien, bei der die eifernde Selbstsucht auf den größeren Kreis der Mitbürger ausgedehnt wird, erscheint hier in einem anderen Lichte als eine Art »vertu«. In ihm ist ja in der Tat auch ein Stück Liebe zur »Ordnung« enthalten, d. h. die Liebe zur republikanischen Verfassung und zur Herrschaft des Gemeinwillens und seines Ausdruckes (dem Gesetz).[60] Ohne eine republikanische Verfassung konnte sich Rousseau aber auch keinen Patriotismus denken. Wenn im Patriotismus also auch ein unlauteres Motiv (der amour-propre) der Tugend kräftigend zu Hilfe kommt, so darf man vielleicht die »beauté de la vertu« doch nicht ganz so »uneigentlich« verstehen, wie ich das selbst weiter vorn getan habe.

Rousseaus Denken war immer auf das »Praktischwerdenkönnen« ausgerichtet und so genügte es ihm auch nicht, die Tugend erklärt zu haben; er wollte wissen, wie sie bewirkt wird. Den meisten Menschen fällt es sehr schwer »tugendhaft« zu sein. Ohne Anleitung durch einen Lehrer (wie Emile) oder durch den Staat und seine bereits herrschenden Gesetze oder auch durch die letztlich religiös fundierte Autorität des Législateur scheint Tugend überhaupt nicht möglich zu sein. »Mag es auch Sokrates und Männern von seiner Art eigen sein, die Tugend durch Vernunft zu erlangen, das Menschengeschlecht hätte doch seit langem aufgehört zu existieren, wenn seine Erhaltung nur von den Vernunftschlüssen seiner Glieder abhängig gewesen wäre.«[61] Rousseau hat deshalb neben der höheren Sittlichkeit der Tugend durchaus auch der verdienstlosen, instinkthaften *»bonté«* ihren Platz im Gemeinschaftsleben gewahrt. Er hat, wie Derathé betont, das moralische Leben nicht auf ein einziges Prinzip zurückgeführt, wie das Kant nach ihm getan hat, sondern neben die »vertu« die einfache »bonté« gestellt und es als weise angesehen, wenn der Staatsmann versucht, so oft und so lange wie möglich mit der instinkthaften bonté der Bürger auszukommen, ohne an ihre (heroische) Tugend appellieren zu müssen. So richtig aber auch dieser Gesichtspunkt ist, es muß doch sogleich hinzugefügt werden, daß Rousseau glaubte, daß man zur Tugend erziehen könne. Denn wenn (äußerlich) *»tugendhaftes«* Handeln eine Zeitlang *erzwungen* worden ist (wozu der amour-propre sogar als Mittel dienen kann), wird die Einstellung hierzu leicht habituell und der betreffende Mensch entdeckt die Belohnung, die auf sittliches Handeln in Form des »contentement avec soi même« folgt, so daß ihm hinfort Handeln *aus Tugend* leicht fällt. Der Herrschaft des sittlichen Selbst (des moralisch-vernünftigen Wesens) über die Leidenschaften (das sinnlich-unvernünftige Wesen) geht die Unterwerfung des heranwachsenden Menschen unter den Lehrer vorauf. *André Ravier* hat in seiner Interpretation des Emile[62] darauf aufmerksam gemacht, daß das IV. Buch des Emile eine Art »contrat pédagogique« enthält, den man durchaus mit dem politischen Gesellschaftsvertrag in Parallele setzen kann. Emile sagt dort zu seinem Lehrer: »Verteidigen Sie mich gegen alle Feinde, die mich belagern und vor allem gegen die, die ich in mir trage und die mich verraten; wachen Sie über Ihrem Werk, damit es Ihrer würdig bleibe. Ich will Ihren Gesetzen gehorchen, ich will es immer, das ist mein konstanter Wille (ma volonté constante); wenn ich Ihnen jemals nicht gehorche, wird es wider Willen (malgré moi) sein: *machen Sie mich frei* (!) indem Sie mich *gegen die Leidenschaften schützen, die mich vergewaltigen;* verhindern Sie, daß ich ihr Sklave werde und zwingen Sie mich dazu, *mein eigner Herr* zu sein, indem ich nicht meinen Sinnen, sondern *meiner Vernunft gehorche.«*[63] Was Rousseau hier »seiner Vernunft gehorchen« nennt ist nichts anderes als das tugendhafte Verhalten, das von der Liebe zur Ordnung (conscience) inspiriert wird, welche die raison erkennt. Emile bevollmächtigt seinen Erzieher auf einer bestimmten Stufe seiner moralischen Entwicklung, ihn künftig gegen die Leidenschaften seines entstehenden amour-propre durch einen heilsamen *Zwang* in Schutz zu nehmen. Der Augenblick, in dem diese Bevollmächtigung erfolgt, ist außerordentlich wichtig. Er liegt *vor* der Entstehung der ersten großen Leidenschaft, an welcher der amour-propre teil hat, nämlich vor Emiles Liebe zu Sophie,[64] aber doch in einem Moment, in dem Emile bereits zu einer derartigen Leidenschaft *fähig* wäre. Man macht sich ein falsches Bild von Rousseau, wenn man immer nur den ersten, freilich wichtigsten Teil seiner Erziehungslehre, die »negative Pädagogik«, ins Auge faßt. In dem entscheidenden Augenblick, da die mächtigen Leidenschaften des amour-propre entstehen, gegen die das Individuum zunächst ohnmächtig ist, greifen durchaus auch »positive« Erziehungsmaßnahmen ein und hat autoritativer Zwang seinen legitimen Ort. Als Emile zögert, seiner »raison« folgend Sophie zu verlassen und sein Gewissen von der Stimme der Leidenschaften übertönt wird, setzt der einfache Befehl seines Erziehers ein, der sich auf jenes zitierte Gehorsamsversprechen berufen kann: »Da Sie nicht der Vernunft gehorchen, anerkennen Sie nun einen anderen Herren! Sie haben das Versprechen (engagement) nicht vergessen, das Sie eingegangen sind. Emile, Sie müssen Sophie verlassen; *ich will es.*«[65]

Der Zwang, den hier der Erzieher im Interesse der sittlichen Freiheit (Autonomie des vernünftigen und vom Gewissen geleiteten Menschen) ausübt, findet seine genaue Entsprechung im Contrat Social, der dem Staat das Recht zuerkennt, ihn gegen Bürger anzuwenden, die dem Gemeinwillen den Gehorsam versagen. Beim Eingehen des Contrat hatte sich jeder der »suprême direction de la volonté générale« unterstellt (CS I, 6), um diesen Pakt aber auch wirksam zu machen, enthielt er »stillschweigend das Versprechen (engagement) . . . daß, wer immer dem Gemeinwillen den Gehorsam verweigert, hierzu durch das ganze Korps gezwungen werden wird: was nichts andres bedeutet, als daß man ihn *zwingen wird frei zu sein*« (CS I, 7).[66] Freiheit kann für den Staatsbürger nur heißen, daß er mit dem Willen der Gemeinschaft, deren Teil (membre) er ist, übereinstimmt; und damit zugleich, daß er mit seinem eigenen vernünftigen Wollen oder mit der Substanz seines Wesens (als eines être moral, das an dem größeren être moral der Republik teilhat) einig ist. Wenn er aber den Anordnungen des Gemeinwillens, d. h. den Gesetzen, Widerstand leistet, ist er mit sich selbst in Widerspruch, sein Handeln geht dann nicht aus seinem eigentlichen, sittlichen (und sozialen) Selbst hervor, sondern aus der Leidenschaft des amour-propre. Wer den Gesetzen (und »lois« im genauen Sinne des Wortes sind für Rousseau nur Äußerungen des Gemeinwillens) zuwiderhandelt, der fällt auf einen Standpunkt zurück, auf dem sich jedes Individuum als ein »être absolu« begriff und die natürliche Ordnung auf den Kopf stellend alle anderen Menschen und Dinge um sich selbst gruppierte, um sie egoistisch zum Vorteil seiner materiellen (absoluten) Existenz zu verwenden. Man pflegt gegen die starke Annäherung von sittlicher Freiheit und politischer Freiheit, von sittlichem Gehorsam gegen Vernunft und Gewissen und von staatsbürgerlicher Gehorsamspflicht gegen Gesetz und volonté générale Bedenken anzumelden. *Leo Strauß* wirft Rousseau wie Hobbes vor, die Moral auf ihre politisch-relevanten Bestandeile reduziert zu haben,[67] andere glauben, daß durch die Kontaminierung mit dem Politischen das spezifisch Moralische überhaupt zerstört würde. Wir müssen uns daher fragen, wie Rousseau jene Annäherung, ja Ineinssetzung von sittlichem und politischem Verhalten rechtfertigt. Das Verständnis kann nur aus der Einsicht in das Ganze der Rousseauschen politischen und moralischen Philosophie erwachsen. Rekapitulieren wir noch einmal den Gang der Argumentation. Der ursprüngliche Naturmensch ist ausschließlich durch seinen »amour de soi« bestimmt, ein Gefühl, das seinen Willen dazu antreibt, für die Erhaltung seines Leibes zu sorgen. Bei dieser Selbsterhaltung ist er vom Willen anderer Menschen gänzlich unabhängig. Er weiß sich als autark und ergreift ohne alle Umschweife die Gegenstände seines Bedarfs. Mit dem Entstehen menschlicher Gesellschaften und zumal der Arbeitsteilung hört diese Autarkie des Individuums auf. Jeder ist jetzt auf jeden angewiesen. Solange er daher in seiner ursprünglichen Einstellung verharrt, wird er versuchen, durch Unterwerfung seiner Mitmenschen jene »Autarkie« indirekt wiederherzustellen. Das heißt, in diesem Zustand geht jeder darauf aus, jeden anderen als Mittel für seine eignen Zwecke zu gebrauchen. Diese Verhaltensweise entspringt dem »amour-propre«, der gleichsam die Reaktion des amour de soi (physique) auf die Situation der Abhängigkeit, auf den Verlust der materiellen und psychischen Autarkie ist. Hierdurch wird aber die *Ordnung*, wie sie die Natur geschaffen und gewollt hat, gestört. Aus dem amour-propre gehen Leidenschaften und Kämpfe hervor, die ein friedliches Zusammenleben unmöglich machen. Der ursprüngliche Naturmensch war »bon«, d. h. unschuldig. Durch seine Vergesellschaftung und die Entwicklung seiner potentiellen Fähigkeiten ist er »böse«, d. h. schuldig geworden. Seine sittliche Aufgabe besteht in der Überwindung der »bösen« Leidenschaften, die aus dem amour-propre entsprangen, durch die »vertu«, seine politische (staatsbürgerliche) in der Herstellung einer einigen Gemeinschaft, in der die Zwietracht der depravierten Naturmenschen überwunden wird. Beide Aufgaben stehen in einem engen Wechselverhältnis: tugendhafte Menschen, die aus der Selbstliebe ihres moralischen Wesens heraus handeln, geraten mit der gleichen Selbstliebe der anderen nicht in Konflikt, wie die sich absolut setzenden egoistischen Individuen durch den amour-propre. Auf der anderen Seite ist aber die politische Gemeinschaft (le corps politique) unter der Herrschaft von Gesetzen (und nur unter dieser Voraussetzung verdienen nach Rousseau Republiken ihren Namen) ein *Bild der Ordnung* par excellence. Da sich aber das Gewissen nur entfalten kann, wenn ihm von der Vernunft die Erkenntnis der Ordnung vermittelt wird, ist es für die sittliche Entwicklung des Einzelnen keineswegs gleichgültig, ob er in einem Staat lebt oder nicht. Selbst ein verkommener Staat vermag noch diese Funktion der Veranschaulichung einer echten »Ordnung« zu erfüllen, weil und soweit er wenigstens das Prinzip: die Herrschaft des Gesetzes, zur Darstellung bringt. »Der *bloße Schein* der Ordnung führt ihn (den sittlichen Menschen, z. B. Emile) dazu, sie zu erkennen und zu lieben. Das öffentliche Wohl, das anderen nur als Vorwand dient, ist allein für ihn ein wirkliches Motiv. Er lernt sich zu bekämpfen, sich zu besiegen (d. h. seine Leidenschaften, die aus dem amour-propre hervorgingen, IF), sein Interesse dem Interesse der Gemeinschaft zu opfern. Es ist nicht wahr, daß er keinerlei Vorteil aus den Gesetzen zöge; sie geben ihm den Mut gerecht zu sein, selbst mitten unter Bösen. Es ist nicht wahr, daß sie (die Gesetze, IF) ihn nicht *frei gemacht* haben, sie haben ihn *gelehrt, über sich selbst zu herrschen«* (d. h. über sein depraviertes Natur-Selbst, IF).[68]

Die Beziehung von Ethik und Politik ist also eine zweiseitige. Der sittliche (tugendhafte) Mensch ist der ideale Staatsbürger, weil er niemals sein egoistisches Privatinteresse als sinnlicher Mensch, sondern stets das höhere Interesse seines sittlichen Selbst vertritt, das mit keinem fremden Privatinteresse und noch weniger mit dem der sittlich-rechtlichen Gemeinschaft in Konflikt geraten kann, weil es sich auf Güter bezieht, deren Menge unbegrenzt ist und daher durch »Genuß« nie aufgebraucht werden könnte. Der konstituierte Staat aber liefert selbst noch in seiner schlechtesten Gestalt das Bild einer Ordnung, die die Vernunft erkennen kann, um die Liebe des Gewissens zu ihr auszulösen, und verhilft so der Tugend zur Herrschaft über die Leidenschaften.

Wenn auch Rousseau das Gewissen schlechthin als »amour de l'ordre« bezeichnet und die Ordnung namentlich auch in der von menschlichen Eingriffen ungestörten Natur bewundert, scheint doch das Bild der Republik als einer Ordnung, in der die Gesetze als Äußerungen des Gemeinwillens herrschen, in besonderem Maße als *Modell* für jene Herrschaft des sittlichen Selbst über seine Leidenschaften zu fungieren. Wie der Staat die Partikularwillen unterdrücken muß, soweit sie dem Gemeinwillen und dem Gemeinwohl zuwider sind (d. h. im Interesse der Ordnung), so muß auch der Einzelne seine Leidenschaften unterdrücken, damit die rechte Ordnung seiner Person erreicht und ihre Übereinstimmung mit der (göttlichen und sittlichen) Weltordnung hergestellt wird.

Wie der Staat nicht schlechthin *alle* selbständigen Regungen des Partikularwillens unterdrückt, sondern nur solche, die die Ordnung der Gemeinschaft zerstören, so herrscht auch das tugendhafte Selbst über seine Leidenschaften, ohne die ihnen zugrunde liegenden (aber durch den amour-propre depravierten) natürlichen Triebe zu ersticken. Wo und soweit der Einzelne spontan (ohne Selbstüberwindung) dem Gemeinwohl dient, weil es mit seinem partikularen Interesse übereinstimmt, braucht der Gemeinwille nicht noch eigens zu befehlen, sind besondere Gesetze überflüssig. Wo »bonté« (bzw. pitié) ausreicht, um die zwischenmenschlichen Verhältnisse zu regeln (etwa innerhalb der Familie), da bedarf es keines Aufschwungs zur Tugend und keines staatlichen Kommandos. Der Staat ist für Rousseau ebenso wie die höhere Sittlichkeit (vertu) ein, allerdings unentbehrlicher, Notbehelf, der erst erforderlich wird, wenn die Unschuld und Güte des ursprünglichen Naturmenschen verlorengegangen ist.

Wie die Erziehung Emiles zur Tugend in dem Augenblick einsetzen mußte, da die Stimme der Leidenschaften eben zu sprechen begann, weder früher noch später, muß auch die Errichtung einer (guten) staatlichen Gemeinschaft den *geeignetsten Zeitpunkt* abpassen. Das zu einem politischen Körper zusammenzuschließende Volk darf weder zu wenig noch zu weit auf dem Weg zum amour-propre fortgeschritten sein. Es muß aufgehört haben, »sauvage« zu sein, soll sich aber von der »barbarie« noch nicht zu weit entfernt haben. Aus diesem Grunde erschien Rousseau Korsika als einziges europäisches Land noch »capable de législation« zu sein (C. S. II, 10), weil es »die Einfachheit der Natur zusammen mit den Bedürfnissen der Gesellschaft« aufwies, die so selten angetroffen wird. Das Problem des Menschen ist ein Problem der Erziehung und der politischen Verfassung. Im Grunde sind beide aber nur eins, weil die Hauptaufgabe der politischen Institution selbst eine erzieherische ist. Gute Institutionen dienen dazu, die Menschen zu »denaturieren«, sie aus »absoluten« Einzelnen zu Gliedern einer Gemeinschaft, eines corps politique, eines être moral zu machen. Die gute (Individual-)Erziehung hat zunächst zu verhindern, daß der Einzelne, der in einer korrupten Gesellschaft lebt, vom amour-propre überwältigt wird, *bevor* er stark genug ist, um aus Tugend über die Leidenschaften zu herrschen (negative Erziehung), sie soll aber schließlich auch dem Einzelnen bei der Errichtung jener Herrschaft über sich selbst (bzw. über seine Leidenschaften) behilflich sein, indem sie ihm »befiehlt«. So hat Emiles Erzieher zwar zunächst die Aufgabe, dessen menschliche Natur vor Depravierung zu bewahren, letztlich aber muß auch er seinen Zögling de-naturieren und ihm zur Findung und Festigung seines *nicht mehr natürlichen*, sondern *»moralischen«* Selbst verhelfen. Wenn die Entstehung des amour-propre ganz vermieden bzw. verhindert werden könnte, wäre jener letzte Schritt der Erziehung nicht nötig. In den entwickelten Gesellschaften entwickelt er sich aber mit absoluter Notwendigkeit. Sobald Emile daher unter Menschen kommt und ein Interesse an ihrer Wertschätzung gewinnt, was unvermeidlich ist, wenn er nicht als Einsiedler leben will, entsteht in ihm der amour-propre und seine Leidenschaften, die nur durch vertu besiegt werden können. Das gleiche aber gilt fürs Zusammenleben der Menschen in der Republik. Gewiß sollen der Gesetzgeber und die Regierungen dafür sorgen, daß die Partikularwillen möglichst wenig mit dem Gemeinwillen in Konflikt geraten, damit das friedliche Zusammenleben nicht allein auf die »Tugend« der Bürger angewiesen ist: ein völliges und dauerndes Zusammenfallen von Einzelinteresse und Einzelwille mit dem Gemeininteresse und dem Gemeinwillen ist aber undenkbar, jedenfalls unter Menschen. Bei den staatenbildenden Tieren hatte Hobbes jene Identität konstatiert, bei reinen Geistern wäre sie ebenfalls vorhanden. Der Mensch aber als ein Zwischenwesen wird weder vom physischen Instinkt eindeutig determiniert, noch steht er ausschließlich unter der Gesetzgebung der Vernunft. Der Wilde ist »gut«, weil er niemanden zu betrügen *braucht*, um sein materielles Wohl zu bewirken. Der Mensch, »der in der Gesellschaft den Primat der natürlichen Gefühle aufrecht erhalten will«, d. h. der auch nach Verlust der Autarkie sein materielles Eigeninteresse zum alleinigen Maßstab und Ziel seiner Tätigkeit macht, wird notwendig »böse« und betrügerisch. Aufgabe des Staatsmannes (des Législateur wie der Regierung) ist es, den Anreiz zur Bosheit möglichst zu verringern, d. h. den Interessenantagonismus auf ein Minimum zu reduzieren. Diesem Ziel dienen sozialpolitische und wirtschaftliche Maßnahmen zur Erhaltung einer möglichst homogenen Gesellschaft. Der Drang sich auszuzeichnen und seine Mitbürger zu überragen ist aber dadurch nicht eliminierbar. Auch wenn der Konkurrenzkampf um den Besitz materieller Güter durch staatliche Maßnahmen stark reduziert werden kann, ist es doch unmöglich, das Bedürfnis nach Anerkennung aus der Welt zu schaffen, das den Menschen in der Gesellschaft charakterisiert. Höchste Weisheit ist es deshalb, die öffentliche Meinung so zu lenken, daß bei ihr nicht mehr »angeborene« Eigenschaften und einander ausschließende Qualitäten (wie Reichtum) im höchsten Ansehen stehen, sondern patriotische Gesinnungen und Taten. Wenn das unausrottbare Bedürfnis nach Auszeichnung auf diese Bahn gelenkt wird, kann es der Gemeinschaft und ihrer Friedensordnung nicht mehr schaden. Im Gegenteil: der in Patriotismus transformierte amour-propre wird dann sogar zum gewaltigsten Hebel der »Tugend«.

§ 7 Politik und Moral (Zusammenfassung)

Rousseaus Betrachtung des Menschen ist eine »genetische«. Der Mensch entwickelt sich und ist durch Erziehung und politische Institutionen formbar. Besser noch als die Anpassung der Regierung an die Nation ist die »Formierung der Nation für die Regierung« (Vaugh. II, 307), das heißt die Verwandlung der Menschen durch die politische Verfassung. (Das Wort »Gouvernement« hat hier eine umfassendere Bedeutung als im präzisen Sprachgebrauch Rousseaus, demzufolge es lediglich die Exekutive bezeichnet. Im gleichen umfassenden Sinne spricht Rousseau vom Gouvernement de Pologne.) Die Gesetze sollen nicht nur das äußere Verhalten der Staatsbürger bestimmen, sondern auch ihren Willen motivieren. Oberste Erziehungsaufgabe des Staates ist es daher, die Bürger zur Liebe zu den Gesetzen zu veranlassen.[69] Der Gemeinwille, der in (echten) Gesetzen zum Ausdruck kommt, ist ja zugleich auch »ein reiner Vernunftakt, der – während die Leidenschaften schweigen – darüber nachdenkt, was der Mensch von seinesgleichen verlangen kann und was seinesgleichen von ihm zu fordern berechtigt ist«.[70] In jedem Menschen ist also gleichsam der Gemeinwille angelegt, die Erziehung hat sich nur darauf zu richten, diesem Gemeinwillen auch Gehör zu verschaffen und die Leidenschaften zum Schweigen zu bringen. Wo die (aus dem amour-propre hervorgehenden) Leidenschaften schweigen, wird die Stimme des Gemeinwillens, die hier der Stimme des Gewissens sehr nahe kommt, vernommen und die echten Gesetze als »Register« des eigenen Willens bejaht und befolgt. In einer Republik, in der wirklich das Gesetz herrscht, ist derjenige frei, dessen Wille mit dem Gemeinwillen identisch oder der »tugendhaft« ist. Diese politische Tugend bedarf immer auch einer echten sittlichen Selbstüberwindung, insofern dem Gemeinwillen entgegengesetzte Regungen des amour-propre unterdrückt werden müssen, wenn das Gesetz bejaht werden soll. Diese Herrschaft des sittlichen Selbst über seine eignen Leidenschaften ist die Voraussetzung der Freiheit im moralischen wie im politischen Bereich. Nur weil Rousseau eine solche sittliche Selbstbeherrschung für möglich hielt und weil er glaubte, daß ein gut eingerichteter Staat durch seine Institutionen und durch Erziehung der Bürger der menschlichen Schwäche zur Tugend verhelfen kann, glaubte er auf die totale Herrschaft, wie sie Hobbes als Vorbedingung jedes friedlichen Zusammenlebens forderte, verzichten zu können. In seinem Brief an Mirabeau vom 26. 7. 1767 beurteilt Rousseau allerdings die Möglichkeit einer Regierungsform, »die das Gesetz über den Menschen stellt«, recht skeptisch, denn er schreibt: »Wenn unglücklicherweise diese (Regierungs)Form unauffindbar ist, und ich gebe offen zu, daß es mir so zu sein scheint, sollte man meiner Ansicht nach zum andren Extrem übergehen und den Menschen auf einmal so hoch wie nur möglich über das Gesetz stellen, folglich den willkürlichen Despotismus und zwar den willkürlichsten, den man sich denken kann, errichten«. Aber diese Alternative erscheint Rousseau zugleich als so schrecklich, daß er sich weigert, sie weiter auszumalen. Der Zusammenhang, in dem dieses Zitat steht, macht es zwar verständlich; es geht Rousseau darum zu beweisen, daß der »despotisme légal« Mirabeaus und der Physiokraten ein Unding ist und eine »legale« (oder eine legitime legale) Staatsordnung nur dort besteht, wo das von der Gemeinschaft gegebene Gesetz über die Einzelnen herrscht. Immerhin gibt er in diesem Zusammenhang zu, wie ungeheuer schwer dieses Ideal zu verwirklichen ist und seine Resignation dürfte wenigstens zum Teil echt gewesen sein. In einer Zeit, in der es seiner Meinung nach kaum noch tugendhafte Menschen gab,[71] erschien ihm eine freie republikanische Verfassung so gut wie unmöglich. Es ist bezeichnend, daß Rousseau nur noch in wirtschaftlich wenig entwickelten Randstaaten Europas, vor allem in Korsika, die Errichtung und Erhaltung einer republikanischen Ordnung für denkbar hielt.

Das politische Denken Rousseaus ist von seinem Menschenbild abhängig. Sein Menschenbild aber ist, auch wenn es zahlreiche Züge von zeitgenössischen Denkern und von Theologen des 17. Jahrhunderts (Fénelon, Malebranche) übernimmt, originell. Es unterscheidet sich aber vor allem deutlich von dem der Enzyklopädisten. Wie in seinem Menschenbild trennt sich Rousseau auch in der Ethik von seinen Zeitgenossen. Sein Menschenbild ist dualistisch – wie das der Christen. Aber diese Dualität ist bei ihm nicht von vornherein fertig da, sondern entwickelt sich erst. Sein Mensch erscheint als von Natur aus »gut« wie bei den Materialisten, aber er wird durch eigne Schuld »böse« – wie bei den Christen. Während aber für die Theologen die Bosheit des Menschen ohne Beistand der Gnade Gottes nicht überwindbar ist, glaubt er an die Möglichkeit, den Weg zum Verderben zu verlangsamen, ja durch geeignete Maßnahmen der Politik und Erziehung sogar das Böse wenn nicht ganz, so doch wenigstens teilweise zurückzudrängen. Er identifiziert das Glück der ursprünglichen Menschen – wie die Materialisten und Sensualisten – weithin mit dem bloßen Sinnengenuß und leugnet, daß der kulturelle Fortschritt einen Fortschritt des Glückes im ganzen gebracht habe. Aber er richtet neben dem Maßstab des Glücks einen zweiten Maßstab auf, der in der Sittlichkeit besteht, und unter diesem Gesichtspunkt erscheint die »bonté« der ersten Naturmenschen als indifferent, das Festhalten an der Orientierung am individuellen Glück bei den »Zivilisierten« aber als verwerflich und nur die *Überwindung* des leidenschaftlich gewordenen (materiellen) Glücksstrebens (des amour-propre) als tugendhaft. Die Errichtung einer Herrschaftsordnung, in der die Gesetze über den Menschen stehen, wird dann zur ermöglichenden Bedingung für die Selbstüberwindung des tugendhaften, vom Gewissen (und der volonté générale) geleiteten Individuums. Das Glück des natürlichen Menschen geht notwendig auf diesem Wege verloren, und Rousseau behält stets etwas Sehnsucht nach diesem verlorenen Paradies zurück. Aber der Wert der politischen Ordnung liegt auch gar nicht darin, daß sie jedem Einzelnen ein Maximum an Glück sichert (wie Bentham fordern wird), sondern in der Hilfe, welche die organisierte Gemeinschaft bei der Versittlichung des Individuums leistet. »Man könnte zu dem Vorangehenden als Errungenschaft des Gesellschaftszustandes die sittliche Freiheit (liberté morale) hinzufügen, die allein den Menschen zum Herrn seiner selbst macht; der Trieb der Begierde ist nämlich Knechtschaft und der Gehorsam gegenüber dem Gesetz, das man sich selbst gegeben hat, Freiheit (C. S. I, 8).«[72] Aus der wechselseitigen Aufeinanderangewiesenheit des Gemeinwesens und der sittlichen Individuen ergeben sich die Probleme und Aporien der Rousseauschen Politik: denn die Republik kann nur leben, wenn das Gesetz über den Menschen steht. Soll aber das Gesetz über den Menschen stehen, dann müssen diese (wenigstens in ihrer Mehrheit) tugendhaft sein. Tugendhaft aber werden sie erst mit Hilfe der organisierten Republik. Die Frage ist daher ebenso zu stellen, woher die ersten tugendhaften Republikgründer kamen (sollten sie aus der Privaterziehung hervorgegangen sein, so muß man wieder fragen, woher deren Lehrer ihre Tugend hatten), wie wodurch die ersten Republiken (im Rousseauschen Sinne) entstanden sind. Die Einführung der Gestalt des Législateur und der Rekurs auf die Religion sind zwei Versuche Rousseaus, dieser Aporie zu entkommen. Sie würde gar nicht erst entstanden sein, wenn Rousseau ernsthaft die Entstehung der Gemeinwesen aus den ersten, einfachen Lebensgemeinschaften der Naturmenschen heraus ins Auge gefaßt hätte, die sich nach der Darstellung im zweiten Discours zur Abwehr der ihre Existenz bedrohenden Naturkräfte gebildet haben sollen. Derartige homogene, durch Sitte, Gewohnheit und das Gefühl des gemeinsamen Interesses zusammengehaltene Gemeinschaften hätten dann in dem Maße, wie gesellschaftliche Unterschiede und dem Gemeinwohl widersprechende partikulare Interessen es notwendig machten, Verfassung und Gesetze gegeben, deren Aufgabe es von vornherein gewesen wäre, die Gemeinschaft vor den zersetzenden Wirkungen der »Entwicklung« zu schützen. Aus diesen Staaten hätten auch die Législateurs hervorgehen können, die den Völkern zur Umkehr verhalfen, welche schon auf der verhängnisvollen Bahn des Verfalls weiter fortgeschritten waren, oder von vornherein eine unglücklichere Entwicklung gehabt hatten. Im folgenden Kapitel suche ich diese von Rousseau aus *denkbare* Hypothese weiter auszuführen.

Mit der Frage, wie ein »tugendhafter« (oder »gerechter«) Souverän aufgefunden werden kann, hat sich auch Kant in seiner politischen Philosophie beschäftigt. Er war bekanntlich der Meinung, daß der Mensch »ein Tier ist, das, wenn es unter anderen seiner Gattung lebt, einen Herrn nötig hat«, weil er durch seine »selbstsüchtigen tierischen Neigungen« ständig dazu veranlaßt wird, das Gesetz, dessen Befolgung durch andere er gleichwohl wünscht, zu übertreten. Ein Herr muß ihm daher allererst seinen »eigenen Willen brechen und ihn nötigen, einem allgemeinen Willen, dabei jeder frei sein kann, zu gehorchen« (Idee zu einer allgemeinen Geschichte in weltbürgerlicher Absicht, 1784, Werke ed. Vorländer VI p. 11 sq.). Nun ist aber dieser Herr notwendig wiederum ein

Mensch oder eine Anzahl von Menschen, hat also seinerseits einen Herrn nötig und so fort. Es ist also – nach Kant – gar nicht abzusehen, wie dieses Problem gelöst werden soll. »Aus so krummem Holze, als woraus der Mensch gemacht ist, kann nichts ganz Gerades gezimmert werden.«

Dennoch nimmt Kant eine allmähliche Annäherung an den republikanischen Rechtsstaat an, in dem das Gesetz über alle herrscht und der Souverän gerecht ist. Für diesen nie voll zu realisierenden Idealzustand stellen die bestehenden Staaten die Vorbedingung dar. Einmal, indem sie die Untertanen daran gewöhnen, ihre selbstsüchtigen Neigungen zu unterdrücken und sich dem herrschenden Recht (auch wenn es materiell Unrecht sein sollte) zu unterwerfen. Zum anderen, indem sie die Oberhäupter der Staaten und ihre Ratgeber allmählich von der Nützlichkeit der Aufklärung des Verstandes und der Freiheit des bürgerlichen Lebens überzeugen. Der blinde egoistische Machttrieb der Herrscher wird in Kants geschichtsphilosophischer Beleuchtung zum unbewußten Vehikel einer endlich zu stiftenden republikanischen Ordnung im Inneren und einer weltweiten Föderation zur Sicherung des Friedens nach außen. Während nach Rousseau die Bedingungen für die Errichtung einer legtimen Republik allmählich schwinden, nähern sich nach Kant die europäischen Staaten erst schrittweise einem Zustand, der wenigstens »der Wirkung nach« mit dem republikanischen Rechtsstaat zusammenstimmt.

Kapitel III
Die Rousseausche Republik

»Ceux qui voudront traiter séparément la politique et la morale n'entendront jamais rien à aucune de deux.«
(Emile IV)

Erst auf dem Hintergrund seiner Zeitkritik und seines Menschenbildes können wir Tragweite und Bedeutung von Rousseaus politischer Theorie ermessen. Der Contrat Social, dem wir uns jetzt vor allem zuwenden müssen, ist bekanntlich nur ein Teil eines geplanten umfangreicheren Werkes, das den Titel »Institutions politiques« tragen sollte. Die abstrakteren Partien dieses Werkes trennte Rousseau jedoch um das Jahr 1759 aus dem Ganzen heraus und beschloß, sie getrennt zu veröffentlichen. Hieraus entstand das Werk, das wir unter dem Namen »Contrat Social« kennen, und das er zunächst »principes du droit politique« nennen wollte, was vielleicht zutreffender gewesen wäre. Alle übrigen Teile des größeren Werkes will Rousseau selbst verbrannt haben, ein Kapitel über den föderativen Zusammenschluß kleiner Staaten hat angeblich der Marquis d'Antraigues von Rousseau erhalten und in der Revolutionszeit vernichtet.[1] Bei der Lektüre des Contrat Social darf man jedoch den größeren Zusammenhang, in dem dessen mehr oder weniger abstrakte Thesen stehen sollten, nie vergessen. An die Stelle der vernichteten (oder auch nie geschriebenen) Partien der »Institutions politiques« können dabei drei andere Schriften Rousseaus treten, die z. T. erst nach seinem Tode veröffentlicht wurden und sicher, auch soweit sie in der klassischen Ausgabe von 1782 schon enthalten waren, keine große unmittelbare Wirkung gehabt haben, nichtsdestoweniger aber für uns *heute* im Interesse einer gerechten Würdigung und eines allseitigen Verständnisses Rousseaus unentbehrlich sind; ich meine das *»Projet de Constitution pour la Corse«*, die *»Considérations sur le Gouvernement de Pologne«* und die *»Lettres de la Montagne«*, die sich mit der politischen Situation in Genf und der allmählichen Zerstörung der republikanischen Verfassung dieser Stadt beschäftigen. Auch wo nicht ausdrücklich auf diese Schriften verwiesen wird, habe ich mich von den dort gegebenen Darstellungen bei der Interpretation des Contrat Social bestimmen lassen.

Vor dem berühmten Fanfarenstoß, mit dem der Rhetor Rousseau sein erstes Kapitel eröffnet, gibt er eine kurze Erklärung über seine Ziele ab, die wir interpretieren müssen, weil sie oft übersehen oder auch mißverstanden werden. »Ich will erforschen«, sagt Rousseau dort, »ob es in der bürgerlichen Ordnung (ordre civil) eine gerechte und sichere Regel des Staatsaufbaus (»administration« ist hier in diesem umfassenden Sinne gemeint) gibt, indem ich die Menschen so nehme, wie sie sind und die Gesetze so, wie sie sein können. Ich werde bei dieser Untersuchung stets das, was das *Recht* erlaubt, mit dem, was das *Interesse* vorschreibt, zu verbinden suchen, damit Gerechtigkeit und Nützlichkeit nicht auseinanderfallen.«[2] Gesucht wird also eine gerechte Ordnung des Gemeinwesens, die zugleich die Gewähr dafür gibt, funktionsfähig zu sein. Dabei sollen die Menschen so »genommen werden, wie sie sind«. Diese Äußerung richtet sich in erster Linie gegen das Menschenbild der Naturrechtslehrer, die den Menschen als ein von vornherein mit Vernunft und Geselligkeitsbedürfnis ausgestattetes Wesen ansahen und ihn bereits im Naturzustand vernünftigen »Naturgesetzen« unterwarfen, deren Befolgung ihnen – nach Rousseau – völlig unmöglich sein mußte. Es gilt also die Menschen so zu sehen, wie Rousseau sie in seinem zweiten Discours beschrieben hat: als von ihren Gefühlen gelenkte und in erster Linie vom »amour de soi« und später vom »amour-propre« angetriebene Lebewesen, die sich von bloßen »spekulativen Einsichten« nicht bewegen lassen. *Vor* der Errichtung einer Republik, in der »société générale du genre humain«, fallen die Gebote des vernünftigen Rechts und die Interessen der Menschen auseinander, denn niemand hat eine Gewähr dafür, daß »während er das Gesetz andren gegenüber aufs genaueste einhält, sämtliche anderen es ihm gegenüber einhalten« (Erstfassung des Contrat Social, Vaugh. I. 450).[3] Deshalb ist es eine der wichtigsten Aufgaben des republikanischen Staates, dafür zu sorgen, daß jedem die Einhaltung der von der Vernunft erkannten und vom Gewissen bejahten natürlichen Gesetze (der »Ordnung«) ohne Schaden für das gleichfalls unaufgebbare Gebot der Selbsterhaltung möglich wird. Das und nichts anderes ist mit dem »Zusammenfallen von Gerechtigkeit und Nützlichkeit« gemeint. Der wirksame rechtsstaatliche Zwang gegenüber allen sichert die Freiheit der Befolgung der gerechten Gesetze durch einen jeden. Das Thema des Rousseauschen Contrat Social ist also *nicht* die *Aufhebung der »Ketten«, sondern ihre Legi-*

timierung. Oder, anders ausgedrückt, die Suche nach einer politischen Struktur, die die im Gesellschaftszustand unentbehrliche »Herrschaft« zugleich gerecht und zweckmäßig gestaltet. Die gefundene Ordnung wird den Namen Respublica (Politie) tragen. Sie ist nicht eine Staatsform unter anderen, sondern die einzig legitime schlechthin, die sich zwar nach Zweckmäßigkeitsgesichtspunkten den Zeit- und Ortsumständen anpassen soll, aber in ihren wesentlichen Teilen nicht alteriert werden darf.

§ 8 Die Entstehung der Republik aus dem Contrat Social

Durch das freie Spiel der Kräfte entsteht aus der »société naissante« notwendig ein Kampf aller gegen alle, eine Welt der Ungerechtigkeit, der Ungleichheit und der Unfreiheit. Während Hobbes an diesem Zustand vor allem die *Bedrohtheit des Lebens* eines jeden hervorgehoben hat, erblickt Rousseau in der *Unfreiheit* seinen hervorstechendsten Zug. Der Hobbessche Staat dient daher der Herstellung der Sicherheit der Bürger (d. h. der bourgeois, die in Ruhe ihren Privatangelegenheiten nachgehen wollen), der Rousseausche der Wiederherstellung der Freiheit der in (Staats)Bürger verwandelten Menschen. Es geht um das Problem der legitimen Herrschaftsordnung (der Republik) oder um die Versöhnung der notwendigen Herrschaft mit der als unaufgebbar empfundenen Freiheit, nicht um Herrschaftslosigkeit oder Einschränkung der Herrschaft als solcher.

Eine derartige politische Ordnung kann *nicht aus der Natur* entspringen, sie kann weder aus einer natürlichen Gemeinschaft[4] wie der Familie, noch aus der unmittelbar gegebenen physischen Überlegenheit eines oder einiger Menschen abgeleitet werden (C. S. I, 2, 3). Aber auch aus der *freiwilligen Aufgabe* der Freiheit kann kein legitimer Staat entstehen. Wie der Einzelne nicht das Recht hat, für sich oder gar auch für seine Kinder auf die Freiheit zu verzichten, um sich in Sklaverei zu begeben, so kann auch ein Volk sich nicht einem absoluten Herrn unterwerfen (I, 4), denn »auf seine Freiheit verzichten heißt auf seine menschliche Qualität verzichten, auf die Rechte der Menschheit und sogar auf ihre Pflichten. Für denjenigen, der auf alles verzichtet, gibt es keinerlei mögliche Entschädigung«.[5] »Eine derartige Selbstaufgabe ist mit dem Wesen (nature) des Menschen unvereinbar; und der würde alle Moralität seiner

Handlungen aufgeben, der auf die Freiheit seines Willens Verzicht leistete.«[6] In der *Freiheit* erblickt Rousseau jetzt ganz eindeutig die differentia specifica des Menschen gegenüber dem Tier, während die Klassiker des Naturrechts sie in *Ratio und Geselligkeit* (Hobbes dagegen nur in einer rein instrumental verstandenen Ratio) erblickt hatten. Die Freiheit ist aber auch die Voraussetzung für die Moralität der menschlichen Handlungen. Wer daher seinen freien Willen aufgibt, der macht sich schuldhaft zum Werkzeug fremder Willkür. Auch die Unterwerfung einer noch so großen Anzahl einzelner Menschen durch einen Eroberer ergibt noch keine politische Gesellschaft, sondern lediglich eine »agrégation«. Rousseau unterscheidet terminologisch:

agrégation und *association* – die bloße äußerliche Zusammenfassung einer *multitude* und die innerliche Vereinigung zu einem *peuple*.[7] Diesen beiden Formen der Vergesellschaftung sind zugeordnet:

maître und *chef*, der nur äußerlich mit roher Gewalt gebietende *Herr* und der auf Grund innerer Übereinstimmung mit der Gemeinschaft regierende *»Führer«*. Da nun Rousseau den individualistischen Ausgangspunkt eines Hobbes und Locke übernimmt, muß er zunächst die Frage beantworten, wie es aus dem bloßen Nebeneinander von Individuen überhaupt zu einer Gemeinschaft, einem »peuple«, einer »association« kommen kann. Der einzige für ihn unter dieser Voraussetzung denkbare Weg ist der über einen *freiwilligen Zusammenschluß* aller (künftigen) Bürger zu einem corps politique. Bis hierher stimmt Rousseau ganz und gar mit Hobbes überein, der ja den Staat auch aus einem Vertrag aller mit allen hervorgehen ließ. Da jedoch für Rousseau die Freiheit ein unaufgebbares Gut des Menschen, ja seine Wesensbestimmung ist, darf der *Inhalt* dieses Vertrages keinesfalls, wie bei Hobbes, ein Verzicht auf Freiheit, eine bedingungslose Unterwerfung sein. Es ergibt sich also die Aufgabe: »Eine Form der Vergemeinschaftung (association) zu finden, die mit der ganzen gemeinsamen Macht die Person und das Eigentum jedes Gemeinschaftsgliedes verteidigt und beschützt und durch die jeder, indem er sich mit allen vereinigt, doch *nur sich selbst gehorcht und ebenso frei bleibt wie zuvor.«*[8]

Auch der berühmte Anfang des 1. Kapitels ist oft als Schlagwort mißverstanden worden. Was sagt Rousseau dort wirklich? »Der Mensch ist frei geboren und überall liegt er in Ketten.« Gut, das hört sich wie ein Aufruf zur revolutionären Befreiung an. Aber was folgt in den nächsten Sätzen? »Mancher hält sich für einen Herren (maître) der anderen und ist doch noch mehr versklavt (nämlich gegenüber der ›opinion‹, von der seine Herrschaft abhängig ist, IF) als sie.« D. h. von dieser Knechtschaft sind im Grunde *alle* betroffen, sie kann also auch nicht durch eine revolutionäre Veränderung in der personalen Zusammensetzung der »herrschenden Schicht« aufgehoben werden. »Wie ist es zu dieser Veränderung gekommen? Ich weiß es nicht. *Was kann sie legitimieren?* Diese Frage glaube ich beantworten zu können.« Bei Hobbes hieß es dagegen: »Der einzige Weg zur Konstituierung einer öffentlichen Macht besteht darin, daß jeder seine gesamte Macht und Kraft einem Manne oder einer Versammlung überträgt, wodurch der Wille aller in einen zusammengefaßt wird.«[9] Auch hier wird versucht, aus vielen Einzelwillen einen einzigen Willen, der die Grundlage der »communis potentia« bildet, zu gewinnen. Da aber für Hobbes die Freiheit des Menschen nicht unveräußerlich ist, kann der Wille aller auch auf einen einzelnen Mann oder eine Versammlung übertragen werden, die *nicht* mit der Gemeinschaft *aller* Vertragsschließenden identisch ist. Bei Hobbes verpflichtet sich im Regelfall jeder (künftige Untertan) gegenüber jedem anderen, einem dritten (dem souveränen Monarchen oder der souveränen Körperschaft) zu gehorchen. Bei Rousseau soll dagegen jeder »nur sich selbst gehorchen« und doch durch den Vertrag eine politische Gemeinschaft entstehen und die Anarchie überwunden werden, die zum Kampf aller gegen alle geführt hatte. Das zwingt ihn dazu, einen *Sonderfall* der Hobbesschen Formel als den einzig legitimen anzusehen. Auch bei Hobbes ist es nämlich denkbar, *daß der »Coetus«*, gegenüber dem sich alle Einzelnen wechselseitig zu Gehorsam verpflichten, *aus der Vereinigung der Gesamtheit dieser Einzelnen besteht.* Das aber ist die Lösung der von Rousseau gestellten Aufgabe, denn in einer derartigen Verfassung gibt zwar auch jeder Einzelne sein anarchisches Wollen auf, um sich dem einheitlichen Willen des Staates zu unterwerfen, aber insofern er selbst je auch Mitglied der souveränen Körperschaft ist, gibt er als solches zugleich die Gesetze, denen gegenüber er zum Gehorsam sich verpflichtet hat und bleibt damit so frei wie zuvor (wenn auch das Wesen, der neu gewonnenen Freiheit sich von dem der natürlichen Unabhängigkeit unterscheidet).

Die zentrale Klausel des Vertrages verlangt »die *totale Entäuße-*

rung (aliénation) jedes Assoziierten mit allen seinen Rechten an die gesamte Gemeinschaft (communauté)«.[10] Durch diesen Akt wird allererst die Gemeinschaft erzeugt, während zuvor nur Individuen existieren. Da sich jeder gänzlich an die (zu schaffende) Gemeinschaft hingibt, sind die Bedingungen nach diesem Akt für alle gleich und keiner kann als Mitglied der Gemeinschaft noch ein Interesse daran haben, deren »Bedingungen« (d. h. die Gesetze) so zu gestalten, daß sie anderen (z. B. einer bestimmten Gruppe) »zur Last fallen«. Während bei Hobbes die völlige Aufgabe des im Naturzustand geltenden Rechts aller auf alles (ius omnium in omnia) notwendig erschien, um die absolute Herrschaft des Souveräns mit der höchsten Machtvollkommenheit auszustatten, damit sie in der Lage sei, die zum Bürgerkrieg führenden Leidenschaften der Menschen zu unterdrücken, ist die totale Entäußerung der Rechte der Einzelnen bei Rousseau die ermöglichende Bedingung ihrer Freiheit im Gesellschaftszustand. Freiheit (liberté civile) heißt hier die Unabhängigkeit von der individuellen Willkür von Einzelmenschen, nicht aber absolute Unabhängigkeit (indépendance naturelle). Im Interesse des friedlichen Gemeinschaftslebens wird vielmehr zugleich eine Abhängigkeit aller Einzelnen von der Willensäußerung der Gemeinschaft, dem Gesetz, postuliert. Soll aber das Gesetz wirklich ein Ausdruck des Gemeinwillens (der volonté générale, mit der wir uns noch näher beschäftigen werden), sein, so darf bei seinem Zustandekommen kein der Rechtsgleichheit zuwiderlaufendes Interesse mitsprechen. Das würde aber leicht passieren, wenn nicht *jeder* Assoziierte seine Rechte, oder auch nicht *sämtliche* Rechte aufgeben würde. Wer immer Rechte zurückbehalten hätte (diese vorbehaltenen Rechte wären seine Privilegien), könnte sich auf Grund von »Gesetzen«, die ihn selbst nicht träfen, zum Herrn derjenigen machen, die sich diese Rechte nicht reserviert haben. Die gleiche Rechtelosigkeit aller ist hier die ermöglichende Bedingung für die gleich-gerechte Behandlung eines jeden durch das allgemeine Gesetz, das »alle« erlassen.

Weiter aber sei durch die totale Entäußerung auch eine so vollkommene *»Union«* wie möglich erreicht. Würden nämlich den Einzelnen gewisse Rechte verbleiben, so müßte es notwendig zum Streit zwischen den Einzelnen und der Gemeinschaft kommen, der – weil ein *über* diesen beiden Parteien stehender Richter nicht gefunden werden kann – entweder zu einer tyrannischen oder zu einer wirkungslosen Assoziation führen müßte. Was Rousseau sich offenbar nicht vorstellen kann, ist die Existenz einer *unabhängigen Gerichtsbarkeit,* die zwar nicht über der Gemeinschaft und über den Individuen steht, aber doch zwischen Staat und Bürgern als »dritte Kraft« ausgleicht und schlichtet, wie überhaupt darin die wesentlich antiliberale Komponente seiner politischen Institutionenlehre besteht, daß sie die Jurisdiktion nicht von der Exekutive trennt, während übrigens Legislative und Exekutive bei ihm durchaus auf zwei Organe (die souveräne Volksversammlung und den Magistrat) verteilt sind. Wobei man sich freilich fragen kann, ob die liberale Auffassung von der Jurisdiktion als »unabhängiger dritter Kraft« den realen Bedingungen politischen Lebens entspricht oder bloß eine Wunschvorstellung ist.

Schließlich aber »gebe sich jeder, indem er sich allen hingibt, gleichzeitig niemandem hin, und, da es keinen Assoziierten gibt, über den man nicht das gleiche Recht gewönne, das man ihm an sich einräumt, gewinne man das Äquivalent dessen, was man verliere zurück und dazu noch mehr Macht, um das zu bewahren, was man hat«.[11] Hierdurch soll noch einmal betont werden, daß die Aufgabe der Rechte nicht einer anderen Person (wie dem souveränen Monarchen oder den souveränen Aristokraten bei Hobbes) einseitig zugute kommt, sondern der Gemeinschaft aller, von der wir zugleich selbst ein Glied sind. Als Glieder dieser Gemeinschaft erhalten wir von jedem anderen das zurück, was wir als Einzelne allen gegenüber aufgegeben haben. Es ist eine Art »Tausch«, durch den die Gemeinschaft, die unsere Person und unser Eigentum schützt, entsteht. Doch kann die Bezeichnung »Tausch« leicht zu einer schiefen Auffassung vom Wesen des Contrat Social führen.

Das alles faßt Rousseau in die berühmte Formel: »Jeder von uns legt seine Person und seine gesamte Macht zusammen, (und) unterstellt sie der obersten Leitung des Gemeinwillens; und wir als Korps nehmen jedes Mitglied als einen unabtrennbaren Teil des Ganzen auf.«[12] Im Emile ist die Aufstellung der zusammenzulegenden Dinge noch vollständiger: »seine Güter, seine Person, *sein Leben* und seine gesamte Macht«.[13] Diese Formel umschreibt jene geheimnisvolle Verwandlung des isoliert-existierenden Einzelnen in das Glied einer innigen politischen Gemeinschaft. Man ist versucht den Prozeß, der sich hier vollziehen soll, mit der Transsubstantiation zu vergleichen, die in der Eucharistie Ereignis wird.[14] Das wird durch die folgenden Sätze des Contrat besonders nahegelegt:

»Sogleich erzeugt dieser Assoziationsakt an der Stelle der partikularen Person jedes Vertragsschließenden ein corps moral et collectif, das aus ebenso vielen Mitgliedern besteht, als die Versammlung Stimmen hat und das durch den gleichen Akt seine *Einheit* (unité), sein Gemeinschafts-Ich (moi-commun), sein Leben und seinen Willen empfängt.«[15] Der geistig-moralische Körper, der durch die totale Aufgabe der Rechte eines jeden zu seinen Gunsten entsteht, erhält den Namen »Cité« oder Republik. Die Frage, wer eigentlich das Subjekt dieses Vertragsschlusses sei, hat Rousseau an verschiedenen Stellen ähnlich, jedoch nicht völlig identisch beantwortet. *Im Contrat social* heißt es: »Der Akt der Assoziation enthält ein gegenseitiges Engagement der *Öffentlichkeit* (public) gegenüber den *Privatpersonen* (particuliers), und jedes *Individuum, das sozusagen nur mit sich selbst einen Vertrag schließt,* ist in doppelter Hinsicht verpflichtet: nämlich als Mitglied des Souveräns gegenüber den Privatpersonen und als Mitglied des Staates (d. h. als isolierter Untertan, wie sich aus Rousseaus Terminologie ergibt, IF) gegenüber dem Souverän.«[16] Das heißt doch aber nur, daß aus der Konstituierung der Gemeinschaft durch die totale Aufgabe der Rechte der isoliert lebenden Individuen eine wechselseitige Verpflichtung insofern entsteht, als die den Staat konstituierenden Menschen sich je (als moralisch-geistige Wesen) in Glieder des Souveräns und (als sinnlich-materielle Wesen) in Untertanen aufspalten.[17] *Im Emile* führt Rousseau aus: »der Gesellschaftsvertrag ist von einer besonderen und nur ihm eigenen Wesenheit (nature) insofern *das Volk* (in ihm) *nur mit sich selbst einen Vertrag schließt,* d. h. das Volk *en corps* als Souverän mit den einzelnen *Privatpersonen* als den Untertanen: eine Bedingung, die den Kunstgriff (artifice) und das Spiel der politischen Maschine ausmacht und allein Verpflichtungen legitim, vernünftig und gefahrlos macht, die ohne sie absurd, tyrannisch und den gewaltigsten Mißbräuchen ausgesetzt wären«.[18] Auch hier kann streng genommen nicht von dem ersten »Akt« die Rede sein, durch den ja allererst das *Volk als Volk geschaffen* wird, wie Rousseau ausdrücklich bemerkt (acte par lequel un peuple est un peuple I, 5). Einzig im 6. der »Lettres de la Montagne« finde ich eine Formel, die zur Not auf den Vertragsschluß, durch den das Corps politique erst geschaffen wird, Anwendung finden könnte. In fast wörtlicher Anlehnung an den Emile, aber doch charakteristisch von ihm abweichend heißt es dort: »Die Errichtung (etablissement) des Contrat Social ist ein Vertrag von besonderer Art, durch den sich ein *jeder gegenüber allen* verpflichtet, woraus ein gegenseitiges Engagement *aller gegenüber jedem* folgt, das das unmittelbare Ziel der Vereinigung (union) ist.«[19] Die Verpflichtung eines jeden gegenüber allen (tous) ist in der Tat denkbar, noch bevor alle sich zu einem »peuple« oder einer »association« zusammengefunden haben. »Tous« bedeutet dann nur alle (noch isolierten) Einzelnen, und das Prinzip dieses Vertrages wäre mit dem Hobbesschen Vertrag eines jeden mit jedem anderen identisch. Das, *wozu* sich aber jeder gegenüber allen verpflichtet, ist nicht der Gehorsam gegenüber allen (als bloßer Summe der Einzelnen), sondern der *Gehorsam gegenüber der* erst *durch* diesen Akt zu schaffenden einheitlichen *Gemeinschaft* (die ein »moi commun« und eine »volonté générale« besitzt). Eine Gemeinschaft, deren (sittliche) Qualitäten keineswegs Resultat bloßer Summierung sind.

Völlig klar scheint Rousseau freilich das Wesen dieses merkwürdigen »Vertrages« eben deshalb nicht geworden zu sein, weil er – im Gegensatz zu Hobbes – an dem zweiseitigen Modell des bürgerlich-rechtlichen Vertrages festhielt, während dieser den Vertrag zugunsten eines nicht vertraglich gebundenen Dritten zum Vorbild wählte. Hätte Rousseau dieses Muster verwandt, hätte er die absolute souveräne Macht des »peuple« ohne Schwierigkeit aus der völligen Aufgabe der Rechte der Individuen zu dessen Gunsten (zugunsten des hiermit zu schaffenden souveränen Körpers) erklären können. Rousseau wollte aber zeigen, wie schon durch das Wesen des Contrat Social die Freiheit jedes Bürgers unangetastet bleibt, weil er es ja selbst ist, der sich durch ihn verpflichtet und bevollmächtigt (und das eine nach Maßgabe des anderen); deshalb zog er es vor, von einem Vertrag des peuple, oder eines jeden unter seinen zwei verschiedenen Erscheinungsweisen, mit sich selbst zu sprechen. Der Hobbessche Gesellschafts-(Unterwerfungs-)Vertrag hat einen absoluten Rechtsverzicht der Einzelnen zum Inhalt, der Rousseausche eine moralische *Selbst*verpflichtung. Der Hobbessche enthält noch eine einschränkende Bedingung: ich will auf meine natürliche Freiheit zugunsten des Souveräns verzichten, »vorausgesetzt, daß Du es auch tust«. Der Rousseausche enthält eine *unbedingte* doppelseitige Selbstverpflichtung: ich will als Souverän gemäß dem Gemeinwillen handeln und als Untertan diesem Gemeinwillen unbedingten Gehorsam leisten.

Was Rousseau dagegen völlig klar war, ist die *Veränderung des*

Wesens des Menschen, die allein dem Contrat Sinn und Bestand verleihen kann. Das Hobbessche »Commonwealth by institution« existiert lediglich kraft der absoluten Macht, die dem Souverän durch den Rechtsverzicht aller zu seinen Gunsten verliehen wurde. Die Rousseausche Republik hat ihre Einheit (unité) und ihre Vereinigung (union) nur dank des inneren Zusammenhalts der zu Staatsbürgern (citoyens) gewordenen und de-naturierten Menschen. Was hier vor sich geht, wird von Rousseau erst im zweiten Buch des Contrat näher umschrieben, wo er von der schier übermenschlichen Aufgabe spricht, die der Législateur zu erfüllen hat. Im ersten Buch sieht es dagegen so aus, als glaube er an einen reibungs- und mühelosen Transformationsprozeß. »Wer es wagt« sagt er aber im Kapitel über den Gesetzgeber, »einem Volk eine Institution zu geben, muß sich in der Lage fühlen, sozusagen die *Natur des Menschen zu verändern* und jedes *Individuum,* das durch sich selbst ein vollkommenes und einsames *Ganzes ist,* in den *Teil eines größeren Ganzen* zu verwandeln, von dem dieses Individuum in gewisser Weise sein Leben und sein Sein empfängt, die Konstitution des Menschen zu verändern, um sie zu verstärken, *eine partielle, moralische Existenz an die Stelle der unabhängigen physischen* zu setzen, die wir alle von der Natur empfangen haben.«[20] In der Erstfassung des Contrat heißt es noch schärfer: »die Konstitution des Menschen zu verstümmeln, um sie zu verstärken«.[21] Nichts anderes war ja schon als Resultat des Contrat behauptet worden. Denn vor dem Vertragsschluß waren ja die Menschen »vollkommene, einzelne Ganze«, »physische Existenzen« gewesen, und nach seinem Abschluß waren sie »Glieder« eines »être moral et collectif«, des »corps politique« geworden. Nur wenn sich die zusammenschließenden Menschen derart *verwandeln,* kann aber aus ihrem Vertrag eine legitime republikanische Verfassung hervorgehen. Was in der Vertragsformel als das Resultat eines mühelosen, spontanen Verzichts erschien (die aliénation totale), das erweist sich bei näherem Zusehen als das Ergebnis mühevoller Erziehungsarbeit durch den Législateur, die obendrein an bestimmte gesellschaftliche Voraussetzungen gebunden ist. Der wahre Gesetzgeber (als Vorbild schweben Rousseau vor allem Moses, Lykurg und Numa vor) unterscheidet sich dadurch von den listigen Reichen, die im zweiten Discours zur Staatsgründung »verführten«, daß er die Menschen nicht einfach so läßt, wie sie durchs Zusammenleben geworden sind (als Menschen des amour-propre), sondern sie zu de-naturieren unternimmt, um sie zu geistig-sittlichen Staatsbürgern zu machen, die ihr »ich« in das »moi commun« verlegen und an der »volonté générale« teilhaben. An der oben zitierten Stelle fährt Rousseau fort: »Er muß in einem Wort dem Menschen seine eignen Kräfte nehmen, um ihm solche zu geben, die ihm fremd sind und deren er sich nicht ohne die Hilfe anderer bedienen kann. Je mehr nun aber seine *natürlichen* Kräfte tot und vernichtet sind, desto größer und dauerhafter sind die erworbenen und desto fester und vollkommener ist auch die Institution.«[22] Vaughan bemerkt als Variante zu der Stelle »seine eignen (eingeborenen) Kräfte nehmen«: »die Kräfte nehmen, deren natürliches Gefühl er hat«.[23] Diese Variante ermöglicht uns die Verbindung herzustellen zu einer Äußerung Rousseaus, in der man so etwas wie den Schlüssel zum Verständnis seiner gesamten politischen Philosophie erblicken kann: »Wer im zivilisierten Zustand den Primat der natürlichen Gefühle bewahren will, weiß nicht, was er will. *Stets in Widerspruch mit sich selbst,* stets schwankend zwischen seinen (natürlichen, IF) Neigungen und seinen (gesellschaftlich-moralischen, IF) Verpflichtungen wird er niemals *weder Mensch noch Staatsbürger sein.* Er wird einer der Leute unserer Tage werden: ein Franzose, ein Engländer, *ein Bourgeois;* er wird ein nichts sein.«[24] Zwischen dem nur fürs *isolierte Leben* geeigneten Naturmenschen und dem fürs friedliche *Zusammenleben* tauglichen Staatsbürger muß man sich entscheiden. Entweder Primat der natürlichen Gefühle – dann aber auch isolierte und primitive Lebensweise – oder De-naturierung, Ver-geistigung und Versittlichung und friedliche Vergemeinschaftung. An der gleichen Stelle des Emile wird noch einmal auf diese Notwendigkeit hingewiesen: »Die guten sozialen Institutionen, heißt es dort, sind diejenigen die den Menschen am besten zu *denaturieren* wissen, die ihm seine absolute, für sich seiende Existenz nehmen, um ihm eine relative zu geben und die das Ich in die gemeinsame Einheit verlegen, so daß sich jeder Einzelne nicht mehr für eine Einheit hält, sondern für einen Teil der (größeren) Einheit und dann nur noch im Ganzen fühlt.«[25] Die Beispiele, die Rousseau für die völlige »Denaturierung« des guten Staatsbürgers gibt, sind aufschlußreich genug: Ein Spartaner, dessen Aufnahme in den Rat der Dreihundert abgelehnt wurde, kehrt in dem Gedanken fröhlich nach Hause zurück, daß es in Sparta 300 Menschen gibt, die besser sind als er. Eine Spartanerin, deren fünf Söhne in der Schlacht gefallen sind, denkt nicht an ihren Schmerz, sondern an das Glück des Sieges der Polis und bringt den Göttern Dankopfer. Im ersten Fall wird der »amour-propre« überwunden, der jeden dazu antreibt, sich selbst höher als alle anderen einzuschätzen,[26] im zweiten sogar das natürliche Gefühl des Schmerzes über den Verlust der nächsten Angehörigen. Wer nur »im Ganzen fühlt«, der vermag die Gefühle, die sich auf die eigne »absolute« physische Existenz beziehen, mühelos zu unterdrücken.[27]

Fassen wir das Ergebnis der Vertragsschließung, wie sie im ersten Buch des Contrat Social beschrieben wird, zusammen: aus einer durch *»agrégation«* geschaffenen *»multitude«* von *»absoluten«* physischen Einzelwesen ist durch *»association«* (durch Vergemeinschaftung, würde ich sagen) ein *peuple* geworden, das aus »moralischen« *Citoyens* besteht, deren *»relative* Existenz« nur in der und durch die Teilhabe am Ganzen (dem corps politique oder dem peuple) besteht. Die so geschaffene *Republik* (oder Cité) heißt als *»aktive« »Souverän«* und als *»passive« »Staat«* (Etat). Entsprechend dieser Zweiteilung in aktive und passive Momente des Ganzen wird auch zwischen dem aktiven Citoyen und dem passiven Sujet unterschieden und jeder »Assoziierte« erscheint, je nachdem er als Mitglied des Souveräns (der souveränen Volksversammlung) tätig ist oder als Staatsangehöriger den Gesetzen gehorcht, als Citoyen oder Sujet. Das Geheimnis der Freiheit der republikanischen Verfassung besteht darin, *daß jedermann zugleich Souverän und Untertan* oder *citoyen und sujet ist.* Er ist beides jedoch nicht in ein und derselben Hinsicht, sondern kann souverän nur sein in der Vereinigung seines Willens mit dem aller anderen zum Gemeinwillen und wird Untertan durch die (unvermeidliche) Vereinzelung seines Wollens als physisches (Einzel)Wesen. Zwar bildet die Summe der Sujets ebenso den »Etat« wie die Gemeinschaft der Citoyens den Souverän bildet, aber das Verhältnis der Individuen (membres) zu diesen beiden Aspekten des Ganzen ist doch grundsätzlich verschieden: Die Citoyens gehen in der souveränen Gemeinschaft gleichsam auf, verschmelzen mit ihr zu einer Einheit, einem einheitlichen Wollen (der volonté générale, die zu ihrem gemeinsamen Wollen werden muß, wenn ein einheitlicher politischer Körper entstehen soll). Die Sujets aber machen gerade in ihrer *Isoliertheit* (und durch ihre unvermeidliche Isoliertheit) den Staat aus, dessen »membres« sie daher in ganz anderem Sinne sind als die Citoyens membres des Souveräns. Unabhängig von Rousseau könnte man auch formulieren: durch ihren freiwilligen und restlosen Zusammenschluß bilden die Menschen (die Assoziierten, wie Rousseau sagt) die souveräne Gemeinschaft, durch ihre (notwendige) Isoliertheit den zu beherrschenden Staat der Untertanen. Insofern jeder Assoziierte sich zum sittlichen Wollen des Gemeinwillens erhebt, hat er Teil an der souveränen Freiheit, insofern und insoweit er an seine physische und begrenzte (»absolute«) Existenz gebunden bleibt, ist er dem Ausdruck des Gemeinwillens (dem Gesetz) untertan. Freiheit, d. h. allgemeine und dauerhafte Freiheit kann im Gesellschaftszustand nur durch den Zusammenschluß zur Gemeinschaft erlangt werden, jede Form der Isoliertheit hat eine entsprechende Abhängigkeit und Unfreiheit zur Folge. Daß nur die Vereinigung die Bürgerschaft frei macht, haben die Mitglieder der regierenden Körperschaften von Genf wohl erkannt: indem sie dem souveränen Volk verboten, sich »en corps« zu präsentieren, haben sie ihm seine Freiheit genommen: »in welcher Zahl ihr auch sein mögt, ruft Rousseau seinen Landsleuten zu, sie sehen in Euch nur noch Privatpersonen (particuliers) und, seit es Euch verboten wurde, Euch en corps zu zeigen, betrachten sie diesen corps als zerstört«.[28] Könnten Menschen restlos in geistig-moralische Wesen sich auflösen, wäre eine völlige und unauflösbare Vereinigung aller zu einer Gemeinschaft möglich und Abhängigkeit würde überhaupt verschwinden. Dann wäre aber auch kein Staat und keine Verfassung mehr nötig und die vollkommenste Demokratie der gesamten Menschheit würde praktisch mit absoluter Anarchie koinzidieren. Da die Menschen jedoch – wie wir im letzten Kapitel gesehen haben – geistig-körperliche Doppelwesen sind, ist ein solcher Zustand nie erreichbar und sie müssen im Staate sich in eine »herrschende« geistig-sittliche und eine beherrschte natürliche »Hälfte« spalten. Soweit der Mensch an seine materielle Existenz gebunden bleibt, bleibt er notwendig »unfrei«. Die Voraussetzung der Befreiung im Gesellschaftszustand ist die Versittlichung bzw. Vergeistigung, weil ohne sie eine Vergemeinschaftung nicht möglich ist.

Werfen wir zum Schluß noch einen Blick auf die Situation, in der Rousseau *hier* im Gegensatz zur Darstellung im zweiten Discours den Contrat Social zustandekommen läßt. Während dort (vgl. S. 33 ff.) der mörderische Kampf aller gegen alle und die allgemeine Unsicherheit des Besitzes die Reichen (oder einen besonders intelligenten Reichen) zu der Erkenntnis der Notwendigkeit eines rechtlich geregelten Zusammenlebens kommen ließ, heißt es hier: »ich nehme an, daß die Menschen bis zu jenem Punkt gelangt waren, wo im Naturzustande die ihrer Erhaltung im Wege stehenden Hindernisse durch ihren Widerstand die Kräfte, die jeder *einzelne* anwenden konnte, um sich hierin zu erhalten, übertrafen. Da konnte dieser primitive Zustand nicht länger währen und das Menschengeschlecht wäre untergegangen, wenn es nicht seine Lebensweise (manière d'être) geändert hätte«.[29]

Als Motiv für die Stiftung eines corps politique wird im Contrat Social also der Widerstand angenommen, den die Natur der Selbsterhaltung der isolierten Einzelnen leistet. Von derartigen Widerständen hatte Rousseau auch im zweiten Discours gesprochen. Dort hatten sie freilich nicht zur Staatsgründung durch einen Contrat Social geführt, sondern lediglich zur Bildung von »troupes« und »nations«, die nicht durch Gesetze, sondern durch »Sitten, die gleiche Lebens- und Ernährungsweise und durch den Einfluß des Klimas vereinigt waren«.[30] Wenn außerdem Rousseau in der endgültigen Fassung seines Contrat Social das ausführliche Kapitel über die »société générale du genre humain« wegläßt, in dem ähnlich wie im zweiten Discours die Entstehung der antagonistischen und anarchischen Gesellschaft geschildert worden war, aus der dann der Staat hervorgehen sollte, so könnte man hieraus auf eine Präzisierung seiner politischen Konzeption schließen. Die Stiftung der *(legitimen)* Republik würde jetzt nicht mehr in eine Epoche der bereits bestehenden gesellschaftlichen Gegensätze (von arm und reich) und des Kampfes aller gegen alle verlegt, sondern würde schon zu einem Zeitpunkt erfolgen, in dem Rousseau ursprünglich nur »troupes« und »nations« entstehen ließ, die sich nur *vorübergehend zur gemeinsamen Überwindung der Widerstände der Natur* zusammenfanden.

Das Übermächtigwerden der Widerstände, oder das Mißverhältnis zwischen den natürlichen Kräften der Individuen und ihren Bedürfnissen kann aber auf zweierlei Weise zustandekommen:
a) dadurch, daß die *natürliche Umwelt übermächtig* wird und den Isoliertlebenden die nackte Existenz unmöglich macht;
b) dadurch, daß die *Bedürfnisse* der Einzelnen *über das von der Natur gelieferte* (und »an sich« im Naturzustand ausreichend vorhandene) *Maß hinausgehen.*[31] Im ersten Falle zwingt die *Natur* zur Aufgabe der individuellen Lebensweise, im zweiten Falle stören die *Menschen* von sich aus den natürlichen Gleichgewichtszu-

stand. Das erstgenannte Mißverhältnis kann durch gemeinsame Anstrengung aller überwunden werden (ein Damm wird gebaut, um das Land vor Überschwemmung zu sichern, Brunnen werden gebohrt, um es fruchtbar zu machen, Wälder gerodet, um es bebauen zu können usw.); das zweite erscheint Rousseau prinzipiell unüberwindlich, weil die technische Entwicklung immer neue Erfindungen hervorbringt, aus denen immer neue menschliche Bedürfnisse entstehen, die stets rascher wachsen als die Möglichkeiten ihrer allgemeinen Befriedigung. Das zweite Mißverhältnis führt durch die Arbeitsteilung und das große Privateigentum zu einer Abhängigkeit eines jeden von allen anderen, der im anarchischen Zustand jeder dadurch zu entkommen sucht, daß er sich möglichst viele andere unterwirft, um seine Bedürfnisse nicht nur »optimal« zu befriedigen, sondern auch möglichst viele andere von dem gleichen Grad der Befriedigung auszuschließen und auf Grund dieser relativen Besserstellung sich »glücklich« zu fühlen. Das erste Mißverhältnis kann nur durch gemeinsame Anstrengung aller beseitigt werden, und das Resultat dieser Anstrengung sollte in der Wiedergewinnung der Existenzmöglichkeit eines jeden bestehen. Solange es aber jedem nur darum geht, seine *notwendigen* (von der Natur vorgeschriebenen) Bedürfnisse zu befriedigen, gibt es weder Konkurrenzkampf noch Zwietracht unter den Gliedern der Gemeinschaft, die erkannt haben, daß in dieser Situation die Existenz jedes einzelnen von der gemeinsamen Anstrengung aller abhängig ist.

Die Annahme eines *natürlichen* Widerstandes, der die Fortführung der isolierten Lebensweise der Naturmenschen unmöglich macht, führt daher – im Sinne Rousseaus – gradlinig zur Stiftung einer homogenen und festgefügten politischen Gemeinschaft. An die Stelle des natürlichen Milieus könnte bei der Betrachtung der bereits existierenden republikanischen Gemeinschaft auch die *politische* Umwelt treten: wie der Widerstand der übermächtigen Natur, so kann die Bedrohung durch mächtige Nachbarn nur durch einen festen Zusammenschluß aller Bürger zu einem einheitlichen Corps politique überwunden werden.

Für die von mir vorgeschlagene Interpretation könnte auch folgendes sprechen: In der Erstfassung ist dem Anfang des 6. Kapitels ein Satz vorangestellt, der die Entstehung des Mißverhältnisses zwischen den individuellen Kräften und den Bedürfnissen im Sinne der zweiten von mir genannten Möglichkeiten entwickelt: »Sobald die Bedürfnisse des Menschen seine Fähigkeiten (facultés) übersteigen und die *Gegenstände seiner Begierden sich ausdehnen und vervielfältigen,* muß er entweder ewig unglücklich bleiben oder *versuchen, sich ein neues Sein zu geben,* von dem er die Hilfsmittel bezieht, die er nicht mehr in sich selbst findet.«[32] Diesen Satz hat Rousseau in der veröffentlichten Fassung weggelassen, während er den gesamten folgenden Abschnitt in sein 6. Kapitel übernahm. Kann man nicht auch daraus folgern, daß ihm die Ableitung des Motivs für die Stiftung der legitimen republikanischen Verfassung aus dem übermächtigen Widerstand der Natur gegen die Befriedigung der elementaren Bedürfnisse eines jeden plausibler dünkte als die aus dem Überhandnehmen künstlicher Bedürfnisse, die nur von einer arbeitsteiligen Gesellschaft befriedigt werden können und auch dort immer einen »unerfüllten Rest« zurücklassen?

Die gleiche Lebensnot aller ist eine bessere Voraussetzung für die Stiftung einer homogenen politischen Gemeinschaft als das schrankenlose Wachstum künstlicher Bedürfnisse bei den Einzelnen, die sowohl aus dem »amour-propre« stammen, als auch zur Verstärkung des amour-propre führen. Es ist aber wahrscheinlich, daß Rousseau dieser Zusammenhang selbst nicht völlig klar geworden ist, soll er doch später zu Dusaulx gesagt haben: »was den Contrat Social anlangt, so sind die, welche sich rühmen ihn ganz zu verstehen, geschickter als ich. Das ist ein Buch, das neugeschrieben werden müßte, aber ich habe hierzu nicht mehr die Kraft und die Zeit«.[33] Aber auch wenn ich mit meiner Hypothese eine zufällige Korrektur Rousseaus in ihrer Bedeutung überschätzen sollte, bleibt die Herausarbeitung der beiden möglichen typischen Situationen der Menschen, in denen die Vergesellschaftung und die Staatsgründung erfolgen kann und muß, für das Verständnis der Rousseauschen Politik von Belang:

Der *gute Weg* führt über die Erkenntnis der gemeinsamen natürlichen Notlage zur Bildung einer homogenen politischen Gemeinschaft, deren kollektive Kraft die ermöglichende Bedingung der Fortexistenz jedes Einzelnen ist. Jeder dankt hier alles der Gemeinschaft und ist daher auch an nichts so sehr wie an der Erhaltung der Gemeinschaft interessiert. *Vergesellschaftung* und *Staatsbildung fallen* in diesem Falle *zusammen:* in dem Augenblick, in dem eine Zusammenarbeit der bislang vereinzelt Lebenden *notwendig* wird, entstehen auch bereits die Grundlagen einer politischen Organisation!

Der *schlechte Weg* führt über das *Wachstum der individuellen Bedürfnisse,* die hiermit zusammenhängende *Arbeitsteilung* und die Abhängigkeit des einzelnen auf seine Spezialtätigkeit reduzierten Gesellschaftsmenschen von jedem anderen (Einzelnen). Eine Abhängigkeit jedes von jedem, die notwendig zu einem Herrschenwollen eines jeden über jeden führen muß, und die im Kriege aller gegen alle endet, der endlich die Stiftung der politischen Ordnung im Interesse der Erhaltung der Gattung notwendig macht. Dieser »schlechte Weg« ist der indirekte und hat nicht die äußere Unmöglichmachung der isolierten Lebensweise, sondern deren innere Verunmöglichung zur Voraussetzung – nicht die Veränderung der natürlichen Bedingungen, sondern die Depravierung des natürlichen Menschen. Es ist damit zugleich der »unnatürliche« Weg.

Ist eine politische Gemeinschaft auf dem zweiten Wege noch nicht allzuweit fortgeschritten, dann kann es der Anstrengung eines weisen Législateurs noch gelingen, sie zu einer republikanischen Ordnung zu führen, die so aussieht, *als wäre* sie von vornherein auf dem »guten Weg« gewesen. Die von vornherein auf diese Weise entstandene Gemeinschaft ist aber stets in Gefahr, sich durch die Entstehung der auf dem zweiten Wege liegenden Möglichkeiten zu zersetzen und zu zerfallen, wenn die gemeinsame Bedrohung aller oder auch nur das Wissen um sie nachzulassen beginnt und neue Bedürfnisse nach Luxusgütern sowie der Konkurrenzkampf um die Anerkennung auf Grund persönlicher Vorzüge statt bürgerlicher Tugenden, entstehen. Der »gute Weg« führt beinahe unmittelbar von dem »guten«, isoliert lebenden Naturmenschen zum tugendhaften, denaturierten Staatsbürger und Glied des politischen Körpers, der »schlechte Weg« läßt zunächst die »bürgerliche Gesellschaft« mit ihren lebensgefährlichen Antagonismen und depravierten Menschen entstehen und aus ihnen erst als ein notwendiges Regulativ den Staat. Eigentlich gilt nur für diesen Fall der Ausspruch Rousseaus, daß die Völker Gesetze und Regierungen brauchten, wie alternde Menschen Krücken. Auf dem guten Wege entstehen ja so homogene Sitten (mœurs) und Lebensweisen, daß eine ausdrückliche Formulierung von lois ursprünglich noch gar nicht notwendig erschien. Aber vielleicht muß man sich die Entwicklung hier so vorstellen, daß allmählich die Kraft und die Selbstverständlichkeit der Sitten und Gewohnheiten nachließ und daher der öffentlichen Erinnerung in Form von Gesetzen bedurfte.[34]

Der »schlechte Weg« ist im Grunde auch der Weg aller liberalen Theoretiker, die den Primat der bürgerlichen Gesellschaft gegenüber dem Staat verkündigen und diesen Primat zuweilen auch durch historische Konstruktionen wie die bezeichnete zu stützen suchen.[35] Leo Strauß hat sicher recht, wenn er Hobbes aus diesem Grunde zu einem (ungewollten) Stammvater des Liberalismus macht. Der Staat der Liberalen hat ja nur die Aufgabe, die *Koexistenz der egoistischen Bourgeois zu ermöglichen.* Je nachdem man nun diese »Bourgeois« für »Wölfe« hält wie Hobbes oder für harmlose, aber doch nützliche Egoisten wie Locke oder Adam Smith, wird man dann für einen starken oder einen relativ schwachen Staat eintreten. Der Staat Rousseaus aber soll eine Lebensform sein, in der jeder Einzelne seine isolierte Existenzweise (Seinsweise) aufgibt, um sich fortan als ein unabtrennbares Glied des Ganzen zu fühlen (um »sich im Ganzen zu fühlen«). Seine Aufgabe ist nicht die Regelung der Koexistenz des isolierten Bourgeois, sondern die Erhaltung der Einheit aller als Voraussetzung der (materiellen und sittlich-geistigen) Existenz eines jeden. Der Staat soll nicht die Abhängigkeit der Einzelnen voneinander *regeln* und garantieren, sondern derartige Beziehungen der »Bourgeois« untereinander auf ein Minumum reduzieren, um sie durch die Beziehung eines jeden Einzelnen *aufs Ganze* zu ersetzen. Wie sehr es Rousseau darauf ankommt, daß sich jeder Citoyen vom Ganzen und seinem Wohlergehen abhängig fühlt, werden wir bei der Behandlung seiner patriotisch-staatsbürgerlichen Erziehungsgedanken und seiner Wirtschaftspolitik im einzelnen sehen.

§ 9 Funktion und Bedeutung der »volonté générale«

Der zentrale Begriff der Rousseauschen Politik ist nicht der »Contrat Social«, sondern die »volonté générale«. Da man namentlich unter Berufung auf diesen Gemeinwillen Rousseau oft für eine totalitäre Staatsauffassung verantwortlich gemacht hat und gefährliche Umdeutungen seiner Theorie in der Tat hier anknüpfen können, müssen wir uns mit diesem Begriff besonders eingehend beschäftigen. Bevor wir zur eigentlichen Erörterung übergehen, will ich jedoch – angeregt durch Betrand de Jouvenel[36] – die »dreifache Wurzel der volonté générale« in ihrer *logischen*, *naturrechtlichen* und *theologischen* Bedeutung aufzeigen.

1. Im *logischen* Sinn kann von einer »volonté générale« gesprochen werden, um einen Willen zu bezeichnen, der sich auf das Ziel im Gegensatz zur volonté particulière, die sich auf die Mittel bezieht (Jouvenel S. 105). *Fontenelle* spricht der Seele »une volonté générale de faire quelque chose« zu, die mit verschiedenen partikularen Willen zu bestimmten Mitteln verbunden sein könne. Etwas abweichend gebraucht *Malebranche* den Terminus, wenn er den Partikularwillen auf partielle Güter zielen läßt, während die volonté générale auf das »bien général de l'âme« gerichtet sei. Solange die volonté générale uns auf das unbestimmte, allgemeine Wohl (bien général) hinführt, ist sie stets gut, durch Herabsteigen zu einem bestimmten Gegenstand wird sie böse.[37] Einen Anklang an diesen zweiten logischen Sinn des Wortes findet de Jouvenel im Contrat Social (II, 4), wo es heißt, daß eine »volonté générale«, »um wirklich allgemein zu sein, es auch in ihrem *Gegenstand* sein muß«. Das Herabsteigen zu einem partikularen Gegenstand würde auch bei Rousseau die volonté générale zerstören und »böse« machen. Dem Einfluß Malebranches auf Rousseau begegnen wir ja hier nicht zum ersten Male und die Genealogie des Begriffs des Gemeinwillens bestätigt aufs neue, wie stark Rousseau in der kontinentalen Geistestradition des 17. Jahrhunderts wurzelte.

2. Im *naturrechtlichen* Sinn kann man den Gedanken eines »Gemeinwillens« bereits bei Hobbes finden, jedoch in einem von Rousseau stark abweichenden Sinne. Da Hobbes seinen individualistischen Standpunkt nie aufgibt, kann er sich einen »gemeinsamen Willen« nicht anders denn als eine juristische *Fiktion* vorstellen. Alle Glieder eines zu errichtenden Staates vereinbaren untereinander, den Willen eines bestimmten Mannes oder einer Versammlung (bzw. ihrer Mehrheit) inskünftig für ihren je eignen Willen zu *halten*. Nur durch diese verbindlich vereinbarte *Fiktion* kann aus einer *Vielzahl* divergierender Einzelwillen ein politischer Körper mit einheitlichem Willen werden. Dieses Prinzip: daß der Wille eines Einzelnen oder einer Gruppe als der der Gemeinschaft »gilt«, bezeichnet de Jouvenel als »Prinzip aller zäsaristischen oder jakobinischen Tyrannien« (a.a.O. S. 107). Mit Rousseau habe es nichts zu tun. Denn jedes Regime, in dem das Volk einem Manne oder einer Partei *sich übergibt* und ihm glaubt, daß er oder sie den Gemeinwillen »inkarniert«, erscheint nach dem Contrat Social als illegitim. Jouvenel lehnt darüber hinaus überhaupt die Zurückführung von Rousseaus Contrat auf eine Variante des Hobbesschen

Vertrags-Schemas, wie ich sie oben selbst – nach manchen anderen – versucht habe, ab. Auch, wenn sich alle Einzelnen darüber verständigen, künftig den Mehrheitsentschluß aller für den Ausdruck ihres Gemeinwillens zu halten, bliebe diese Bezeichnung noch eine Fiktion und es könnte jedenfalls nicht begründet werden, wie der Gemeinwille zu jenen moralischen Prädikaten kommt, die ihm Rousseau zuschreibt. Genauer gesagt wäre jene Fiktion die Identifikation des Willens der Gemeinschaft (volonté générale) mit dem Willen aller (volonté de tous) oder der Mehrheit aller Staatsbürger. Die »volonté de tous« ist aber keineswegs notwendig immer »gut«. Die Mehrheit kann durch geschickte Redner verführt werden, die »volonté générale« aber ist »immer gerecht und geht immer auf den öffentlichen Nutzen« (CS II, 3). Freilich schlägt auch Rousseau vor, das Volk (jeden Staatsbürger) zu befragen, um den Gemeinwillen zu ermitteln, aber die bloße Befragung gibt noch keine Garantie für eine richtige Antwort. Wenn das Volk irregeführt ist, kann die Stimme der »volonté générale« verstummen. Sie ist zwar noch da, aber bleibt latent und wenn sie aufhört sich zu manifestieren, geht die Gemeinschaft zugrunde. Der Rousseausche Gemeinwillen ist *keine juristische Fiktion, sondern eine moralisch-metaphysische Wesenheit.*

3. Im *theologischen* Sinn wird die »volonté générale« mit dem gesetzgeberischen Willen Gottes identifiziert. Was der Naturforscher als Naturgesetz entdeckt, das kann der Theologe im Hinblick auf seinen Ursprung auch »volonté générale« Gottes nennen. Dieser Wille Gottes erschien dem Zeitalter der Physikotheologie als durchaus erkennbar. In allen Wesen schien sich Gottes allgemeiner Wille in einer schönen Ordnung zu spiegeln. Diese Ordnung, die aus Gottes allgemeinem Willen stammt, findet der Mensch auch in sich selbst, so daß »jeder Mensch wenigstens eine Idee von Ordnung hat, auch wenn er nicht immer daran denkt« (Malebranche, Méditations chrétiennes).[38] »Bestimmt uns zu leiten, ist dieses Naturgesetz in alle Menschen gelegt, so daß es aus der volonté générale Gottes stammend, in der gesamten Menschheit als eine volonté générale der Gattung gegenwärtig ist.«[39] Diesen Begriff der volonté générale hat noch *Diderot* in seinem Artikel »droit naturel« der Großen Enzyklopädie verwendet, der auf Rousseau einen so nachhaltigen Einfluß ausgeübt hat. Die oft debattierte Frage, ob Rousseau tatsächlich den Begriff der volonté générale von Diderot übernommen und nur statt auf den Naturzustand und die gesamte

Menschheit, auf den Gesellschaftszustand und den Einzelstaat angewandt hat,[40] oder ob nicht die ursprüngliche Anregung von Rousseau selbst ausging, der damals (1755) noch in täglichem Umgang mit Diderot stand, soll hier offen bleiben, zumal sie für den entscheidenden Gesichtspunkt von geringerer Bedeutung ist. Jouvenel meint mit Recht, daß der Sinn des Wortes bei Rousseau *»moralisch«* sei und hebt diese Bedeutung von den drei vorgenannten ab. Gleichzeitig muß er jedoch zugeben, daß auch die von Diderot aus der theologischen Tradition abgeleitete Bedeutung volonté générale und loi morale zusammenfallen läßt. Der Punkt, an dem Rousseau von Diderot abweicht und die naturrechtliche Fiktion hinter sich läßt, muß daher m. E. an einer anderen Stelle gesucht werden.

Um Rousseaus Auffassung vom Wesen der volonté générale herauszuarbeiten, gehen wir am besten von seinem Artikel »Economie politique« (1755) aus, in dem der Begriff am breitesten entwikkelt wird. Rousseau unterscheidet dort verschiedene *Grade* der »Generalität« oder Allgemeinheit des Willens und zeichnet schließlich einen, nämlich den Gemeinwillen eines *Einzelstaates* (oder »Volkes«) als *den* Gemeinwillen schlechthin aus. Diese »volonté générale« des corps politique, deren Äußerungen die Gesetze sind, ist zwar »in bezug auf die Citoyens eine sichere Regel der Gerechtigkeit, kann aber unzuverlässig und schuldig (fautive) werden in bezug auf Fremde; der Grund hierfür ist evident: Der Wille des Staates wird nämlich, wenn er auch allgemein ist bezüglich seiner Glieder, *für andere Staaten* und deren Glieder *partikular und individuell* und hat seinen Maßstab der Gerechtigkeit im Naturgesetz . . . Denn dann wird die große Stadt der *Welt* zum politischen Körper, *dessen Gemeinwille* stets *das Naturgesetz* ist und von dem die verschiedenen Staaten und Völker nur individuelle Glieder sind«.[41] Diese Abstufung der Allgemeinheit des Willens setzt sich auch innerhalb des Staates weiter fort: auch die kleineren Gruppen und Gemeinschaften, die *in* einem Volk entstehen, haben einen »Gemeinwillen«, der allgemein in bezug auf seine Glieder und partikular in bezug auf das Ganze des politischen Körpers ist.[42] Da aber die partiellen Gesellschaften der umfassenderen immer untergeordnet sind, hat auch ihr Gemeinwille dem jeweils höheren zu weichen. »Die Pflichten des Staatsbürgers gehen denen des Senators, die des Menschen (des Gliedes des Menschengeschlechtes) denen des Staatsbürgers voraus.« »Leider aber steht die *Interes-*

siertheit der Person im umgekehrten Verhältnis zum Grad der Verpflichtung.«[43] »Der allgemeinste Wille ist auch immer der gerechteste und die Stimme des Volkes in der Tat die Stimme Gottes.«[44] Während aber soeben noch davon gesprochen wurde, daß die Pflichten des *Menschen* (d. h. doch des Gliedes der Menschheit oder des Weltbürgers) denen des Citoyen vorausgehen und sie überragen, wird jetzt als höchste Allgemeinheit des Willens nur noch der Wille eines Volkes angenommen. Was kann diese Entscheidung Rousseaus bestimmt haben und inwieweit bedeutet sie eine Abkehr von einer allgemein-menschlichen Moral? Daß Rousseau *nicht* in allen Dingen den Willen eines Einzelstaates zum obersten Gesetz machen wollte, geht schon daraus hervor, daß er anschließend an unser Zitat noch einmal betont, daß auch »eine gut regierte Republik einen ungerechten Krieg führen kann« (a.a.O.). An anderer Stelle hat er erklärt, daß er *über* der souveränen Autorität einer Republik »erstens die Autorität Gottes, sodann die des Naturgesetzes, das aus der Konstitution des Menschen sich ableitet und endlich die Ehre annimmt, welche eine größere Macht über das menschliche Herz ausübe als alle Könige der Erde«, und ausdrücklich betont er noch einmal, daß diese Autoritäten »nicht nur unabhängig von der souveränen Gewalt, sondern auch *höher* als diese« sind.[45] Wenn Rousseau dennoch die Bezeichnung »volonté générale« nicht mehr für den Gemeinschaftswillen der gesamten Menschheit, sondern nur für den Willen einer begrenzten und besonderen politischen Gemeinschaft annimmt, so darf man das nicht als eine Ablösung des »rationalen und kosmopolitischen Imperativs durch den affektiven und nationalistischen« interpretieren, wie das de Jouvenel (a.a.O. S. 115) getan hat. Der Grund liegt vielmehr an einer anderen Stelle, wenn auch die nachdrückliche Betonung der staatsbürgerlich-patriotischen Pflichten des Citoyen durch Rousseau nicht geleugnet werden kann. Die aufschlußreichste Äußerung zu dieser Frage finden wir in der Erstfassung des Contrat Social: »Es steht fest, meint er dort, daß das Wort Menschengeschlecht (genre humain) dem Geist nur eine rein kollektive Idee vorstellt, mit der er *keinerlei reale Verbindung* unter den es konstituierenden Individuen verbindet . . . Wenn die allgemeine Gesellschaft (société générale, gemeint ist die Gemeinschaft aller Menschen der Erde) wirklich anderswo als in den philosophischen Systemen existierte, wäre sie, wie ich gesagt habe, *ein être moral* mit eignen Eigenschaften, die von denen der es konstituierenden

Einzelwesen verschieden sind, etwa so wie chemische Verbindungen Eigenschaften aufweisen, die keinem der Elemente zukommen, aus denen sie zusammengesetzt sind.[46] Es gäbe eine Universalsprache, welche die Natur allen Menschen lehrt und die das erste Mittel ihrer Kontaktaufnahme wäre. Es gäbe eine Art ›Gemeinsinn‹, der der Verbindung aller Teile diente. Das öffentliche Wohl und der öffentliche Schaden wären nicht nur die Summe von Wohl und Wehe der Einzelnen wie in einer einfachen Aggregation, sondern bestünde in dem Bande, das sie vereinigt und wäre größer als die Summe. Und, weit davon entfernt, daß die öffentliche Glückseligkeit auf dem Glück der Einzelnen beruhte (hinzugefügt und wieder gestrichen: ›und auf ihre Kosten‹), wäre sie vielmehr dessen Quelle.«[47] Kurz gesagt: die Menschheit besteht lediglich aus einer Summe unverbundener Einzelner (agrégation) und kann als solche – wenigstens solange dieser Zustand andauert – keinen realen Gemeinwillen aufweisen. Denn von Natur ist offenbar ein solcher Wille nicht vorhanden, und künstlich geschaffen wurden bislang jedenfalls mit Erfolg nur Gemeinwillen begrenzter politischer Körper. Wie problematisch schließlich die Schaffung einer Weltrepublik ist, war Rousseau bei der Bearbeitung der Ideen des Abbé de Saint-Pierre zum Bewußtsein gekommen. Die Annahme einer »société générale« der Menschheit ohne die vorausgehende Konstituierung eines Weltstaates (von dessen praktischer Unmöglichkeit für Rousseau wir hier absehen) setzt die Annahme einer *natürlichen Geselligkeit* des Menschen voraus, die Rousseau gerade in Frage stellte.[48] In dem Maße nämlich, in dem die Menschen voneinander abhängig wurden und der Gesellschaft bedurften, wurden sie vielmehr gerade asozial, denn jeder versuchte auf Kosten aller anderen nur noch seinen egoistischen Privatvorteil durchzusetzen. *Dieses von Geld und ökonomischen Interessen gewebte Band* aber hielt Rousseau für die *schlechteste Voraussetzung einer sittlichen Vereinigung.* Die Natur diktiert keinen die gesamte Menschheit umfassenden Sozialvertrag, »denn dessen Bedingungen sind entweder unbekannt (solange die Menschen unabhängig leben können, IF) oder unpraktizierbar (wenn sie voneinander abhängig, aber gleichzeitig auch »böse« und ungesellig geworden sind, IF), sie müssen also notwendig entweder ignoriert oder gebrochen werden«.[49] Die Vergesellschaftung, die der Schaffung bzw. Wiederherstellung der Voraussetzungen für das Leben der Individuen dient, umfaßt immer nur eine *begrenzte* Menge von Menschen, erst die von Rousseau als verhängnisvoll beurteilte Entstehung grenzenloser künstlicher Bedürfnisse führt zur Angewiesenheit der Einzelnen auf die Produktion fast der *gesamten* Menschheit (Luxuswaren, exotische Erzeugnisse usw.).

Der Grund für das Fehlen einer Gemeinschaft aller Menschen liegt nach Rousseau darin, daß sie kein *Interesse* daran haben, sich einer angenommenen »volonté générale« der Menschheit zu unterwerfen: Der Philosoph verweist uns »an das Menschengeschlecht selbst, dem es zukommt zu entscheiden, da das größte Wohl aller seine einzige Leidenschaft ist. An die volonté générale muß sich das Individuum wenden, wird es mir sagen, wenn es wissen will, wie weit es Mensch, Citoyen, Untertan, Vater, Kind zu sein hat und wann es leben und sterben soll«.[50] Der unabhängige Mensch aber antwortet hierauf: »Ich sehe hier zwar eine Regel, die ich befragen kann, aber noch *nicht den Grund, mich dieser Regel zu unterwerfen.* Es geht nicht darum, mir beizubringen, was Gerechtigkeit ist, sondern welches *Interesse* ich habe, gerecht zu sein.«[51] Zur Erkenntnis *dieses* Interesses aber kann der Mensch erst kommen, wenn er zum Bewußtsein seines höheren Selbst erwacht ist, wenn seine Vernunft die »Ordnung« erkannt hat und sein Gewissen ihn dieser Ordnung sich liebend zuwenden läßt.

Diese Verwandlung des Naturmenschen in den moralischen, ist aber ein Werk der Staaten, d. h. kleiner politischer Gemeinschaften. Sie sind es, die dem Einzelnen bei der Errichtung der Herrschaft über seine eignen ungeselligen Leidenschaften (des amour-propre) helfen und ihm ein Bild der »Ordnung« vorstellen, auf das sich seine Vernunfterkenntnis richten kann. »Wir fangen daher erst eigentlich an, Menschen zu sein, *nachdem wir Staatsbürger* geworden sind.«[52] Die »société générale« ist nur eine gedachte Ausweitung der uns bekannten sociétés particulières auf die ganze Erde.

Fassen wir zusammen: unter volonté générale verstand Rousseau den einigen Willen einer politischen Gemeinschaft, der diesem »être moral et collectif« zukommt und nicht mit der Summe der Einzelwillen identisch ist, noch ausschließlich das Interesse aller Einzelnen als Einzelnen, sondern vielmehr in erster Linie die Aufrechterhaltung ihrer »union« zum Ziele hat. Einen solchen einigenden und einheitlichen Willen kann man für die gesamte Menschheit nicht annehmen, da die Natur keine Veranstaltungen hierzu getroffen hat, die Menschen nur mit Mühe zu kleinen Republiken sich zusammengeschlossen haben und, wie wir sehen werden, schon die größeren Reiche keine legitimen Herrschaftsordnungen mehr gestatteten. Über die Wünschbarkeit einer Weltrepublik äußert sich Rousseau nicht, er dürfte sie für utopisch gehalten haben. Weiter scheint es Rousseau nicht möglich, den einzelnen, unabhängig existierenden Menschen die Notwendigkeit der Unterwerfung unter einen angenommenen Gemeinwillen der Menschheit plausibel zu machen. Zwar hat der depravierte Naturmensch mit seinen zahllosen Bedürfnissen seine Abhängigkeit und Angewiesenheit auf einen großen, fast die gesamte Menschheit umfassenden Kreis von Personen erkannt, aber aus dieser (wechselseitigen) Abhängigkeit folgert er *nicht* die Notwendigkeit einer Unterordnung unter einen regelnden Gemeinwillen, sondern sucht ihr vielmehr auf Kosten anderer zu entkommen, indem er möglichst viele Menschen unterwirft und überflügelt. Zur Stiftung einer wirklichen Vereinigung (einer association im Gegensatz zur von selbst entstehenden agrégation) kommt es nur unter der Voraussetzung der De-naturierung des Menschen oder seiner Versittlichung und Vergeistigung. Diese Umgestaltung aber kann nur in einem republikanischen Staat unter guten Gesetzen stattfinden. Erst die dergestalt denaturierten Menschen vermögen auch die Idee der Weltrepublik oder vielmehr die des Weltbürgers zu entwickeln und sinnvoll zu machen.[53] Wer dagegen die Pflichten des Citoyen und Patrioten zu überspringen sucht, der wird praktisch weder der Menschheit noch seinem Vaterlande nützen. Derartige *»Kosmopoliten«* sind in Wahrheit nur Egoisten, »welche sich rühmen alle Welt zu lieben, um daraus ein Recht abzuleiten, niemanden gern zu haben«.[54] Ganz ähnlich heißt es ja auch im Emile: »Mißtraut jenen Kosmopoliten, die in der Ferne, in ihren Büchern die Pflichten suchen, welche in ihrer Umgebung zu erfüllen sie verabscheuen. Manch ein Philosoph liebt die Tartaren, um nicht seine Nachbarn lieben zu müssen.«[55]

Die Tatsache, daß die Reihe der »allgemeinen Willen« nicht über den Gemeinwillen eines Staates hinausreicht, läßt sich aber auch damit begründen, daß die Republiken, wie Rousseau sie sich dachte, nach Möglichkeit *autarke* Wirtschaftskörper sein sollten, eine Autarkie, deren Erreichbarkeit durch die von ihm angenommene »frugalité« erleichtert wurde. Stellt man sich den Idealfall einer Menschheit vor, die aus lauter kleinen, autarken Republiken im Rousseauschen Sinne besteht, so wäre in der Tat nicht jener Hobbessche Kriegszustand aller gegen alle, sondern die gleiche »friedliche Koexistenz« erreicht, wie sie für die ursprünglichen Naturmenschen von Rousseau angenommen wurde. Die Feindseligkeit war ja erst ein Produkt der Abhängigkeit und des Willens, ihr auf Kosten anderer zu entkommen. Solange Staaten wirtschaftlich von anderen abhängig oder in ihrem Selbstbewußtsein auf äußere Erfolge angewiesen sind, ist der Weltfrieden bedroht; sind aber lauter autarke und in sich ruhende, selbstbewußte Republiken über die Erde verteilt, dann kann der Frieden auch ohne eine politische Vereinigung der Menschheit unter einer umfassenden volonté générale erhalten bleiben. Fraglich scheint allerdings, ob die Selbstliebe der Republikaner in den seltenen Fällen, wo sie dennoch mit den Ansprüchen Fremder in Konflikt geraten würde, wie bei den im Naturzustand lebenden Urmenschen, durch das Mitleid (commisération) gemildert sein könnte. Denn »jeder Patriot ist hart gegenüber Fremden, es sind nur Menschen, sie sind nichts in seinen Augen . . . «.[56] Rousseau nimmt das jedoch offensichtlich an. In der Erstfassung des Contrat Social heißt es: »Beschützt durch die (politische) Gesellschaft, deren Glieder wir sind oder in der wir leben, werden wir – nachdem unsere natürliche Abneigung Böses zu tun nicht mehr durch unsere Furcht Böses zu erleiden aufgewogen wird – zugleich durch die Natur, die Gewohnheit und die Vernunft dazu gebracht, uns den übrigen Menschen gegenüber etwa so zu verhalten, wie gegenüber unseren eignen Mitbürgern. Aus dieser (allgemeinen) Einstellung gehen, wenn man sie auf (einzelne) Akte zurückführt, die Regeln des vernünftig begründeten Naturrechts hervor . . . «[57] Wenn alle Bedürfnisse der Staatsbürger innerhalb der Republik befriedigt werden können und der Staat als ganzer jedem ausreichenden Schutz gewährt, ist gleichsam zwischen den Staaten auf höherer Ebene und mit vernünftigem Bewußtsein ein Zustand wiederhergestellt, wie er unter den isoliert lebenden (und voneinander unabhängigen) Naturmenschen bestand. Aus dem dumpfen Instinkt des Mitleides ist das vernünftig begründete Natur- (und Völker-)Recht geworden. Rousseaus Stehenbleiben beim Gemeinwillen der Republik hat also seiner Intention nach keineswegs die nationalistischen und kriegerischen Konsequenzen, die ihm manche Kritiker unterstellen.

Unter »volonté générale« schlechthin verstehen wir also fortan mit Rousseau den Willen einer Republik. »Ich glaube es als eine unbestreitbare Maxime aufstellen zu können, daß allein die volonté générale die Kräfte eines Staates entsprechend dem Zweck seiner Institution, nämlich dem Gemeinwohl, dirigieren kann . . .«[58] »Da nämlich der Wille immer auf das Wohl des Wollenden ausgeht, und der Partikularwille das Privatwohl zum Ziel hat, wie der Gemeinwille das Gemeinwohl, so folgt hieraus, daß der letztere allein der Beweggrund eines Sozialkörpers *ist oder sein soll.«*[59] An dieser Stelle kommt klar zum Ausdruck, daß der Begriff der volonté générale für Rousseau *normativen* Charakter hat. Es handelt sich um den postulierten und vorauszusetzenden Willen der Gemeinschaft als solcher, nicht um den empirischen Willen der Summe der Glieder dieser Gemeinschaft oder derjenigen, die im Namen dieser Gemeinschaft wollen oder handeln. In der endgültigen Redaktion des Contrat Social ist dieser normative Charakter nicht mehr so deutlich zu fassen. Wenn Rousseau jedoch sagt, daß der Gemeinwille »allein dadurch, *daß* er ist, schon ist, *was er sein soll«*, so meint er, daß er nur dann als existent angesehen werden kann, wenn er der ihm immanenten Norm entspricht. Nicht jeder beliebige Wille kann sich (auch wenn er eine Mehrheit für sich gewinnt) als Gemeinwille ausgeben, seine »Existenz« läßt sich vielmehr erst an einer Reihe von Eigenschaften ablesen, die nicht bereits durch die faktische allgemeine Verbreitung gegeben sind. In der Tat gibt es nämlich nur sehr wenige Staaten, die den Bestimmungen des Rousseauschen Contrat Social entsprechen. Viele erscheinen ihm lediglich als »agrégations«, die nur unter dem falschen Namen von Republiken oder politischen Körpern auftreten und »es gibt unter ihnen vielleicht nicht zwei, die auf gleiche Weise entstanden sind und nicht einen, der so entstanden wäre, wie ich es darstelle. Aber ich erforsche das *Recht und die Vernunft* und streite nicht über Fakten«.[60]

Es genügt aber nicht zu wissen, daß »die volonté générale allein die Kräfte des Staates ihrem Zweck entsprechend leiten kann«, man muß auch wissen, *wo und wie* man diese volonté *finden,* wie man sie zum Sprechen bringen kann. Die volonté générale ist der Wille einer Gemeinschaft, der sich auf die Selbsterhaltung und das Wohl dieser Gemeinschaft richtet, er kann daher auch nirgends anders gefunden werden, als »in« dieser Gemeinschaft. Nun ist aber das Corps politique ein »être moral et collectif«, ein geistig-moralisches Wesen, kein natürliches. Konkret habhaft werden können wir deshalb auch der volonté générale nur *in* den Individuen, in denen diese Gemeinschaft allein ihren faßbaren Bestand hat. Es gibt daher für Rousseau keinen anderen Weg zur Auffindung der volonté générale als die Befragung *jedes* das Gemeinwesen konstituierenden Citoyens. Natürlich ist es prinzipiell auch denkbar, daß allein ein bestimmter Mensch oder eine kleine Gruppe das Gemeinwohl wünscht, weil sein oder ihr *partikularer* Wille ganz und gar mit dem Gemeinwillen übereinstimmt. Aber eine solche Übereinstimmung wäre doch ein bloßer Zufall, und niemand könnte garantieren, daß sie in alle Zukunft bestehen bleiben wird;[61] schließlich bliebe aber noch immer die Frage, *welcher Mensch* oder welche Gruppe den Gemeinwillen so rein verkörpert. Aber auch aus der Befragung *aller* Staatsbürger muß nicht notwendig die volonté générale resultieren. »Oft gibt es einen großen Unterschied zwischen dem Willen aller (volonté de tous) und dem Gemeinwillen, der nur auf das gemeinsame Interesse gerichtet ist, während der andere das Privatinteresse im Auge hat und lediglich eine *Summe von partikularen Willen darstellt.*«[62] Die gemeinsame Beratung der Staatsbürger braucht also nicht *notwendig* zur Offenbarung des Gemeinwillens zu führen und kann es auch nicht, wenn die Staatsbürger, welche dazu aufgerufen sind, ihre Stimme abzugeben, ihrem Privatinteresse folgen, statt das Gemeinwohl im Auge zu haben. Der Gemeinwille kann nur dann resultieren, wenn (abgesehen von dem Fall einer totalen Interessenidentität aller) wenigstens in den meisten Staatsbürgern genügend »vertu« vorhanden ist, um dem allgemeinen Interesse des Ganzen (und ihres sittlichen Selbst) gegenüber dem besonderen Eigeninteresse (ihres physischen Selbst) den unbedingten Vorzug zu geben. Daß die vorherrschende Tugend und patriotische Gesinnung der Staatsbürger die ermöglichende Bedingung für die republikanische Verfassung und ihre Funktionsfähigkeit ist, wird in dem eben genannten Kapitel des Contrat Social von Rousseau durch einen Hinweis auf den Abstimmungsmechanismus verdeckt. Er meint nämlich, daß sich durch die Addition der Stimmen die entgegengesetzten partikularen Interessen der Privatpersonen aufheben und als Summe dieser Differenzen der Gemeinwille übrig bleiben werde. Dabei setzt er voraus, daß immer noch ein erheblicher Anteil von echten Äußerungen des Gemeinwillens erfolgt und sich dadurch durchsetzt, daß die egoistischen Privatwillen der schlechten Staatsbürger einander widersprechen und sich wechselseitig neutralisieren. Man könnte sich diesen Neutralisierungsprozeß auch als Läuterungsprozeß des Willens eines jeden vorstellen: befragt über seine Deutung des Gemeinwillens habe z. B. ein Citoyen eine Mischung von echtem Gemeinwillen (der aufs Gemeinwohl geht) und angeblichem Gemeinwillen (in Wahrheit aber ihm selbst vielleicht unbewußt Partikularwillen, der auf den Privatvorteil geht) geäußert. Wenn man nun mehrere derartige »unreine« Mischungen addiert, würde dadurch die unreine Beimischung der Privatwillen wegsubtrahiert und der »reine Gemeinwille« übrig bleiben. Die Hoffnung auf das Funktionieren dieses Additions- und Reinigungsprozesses darf man aber keineswegs mit einem naiven *Glauben an die Unfehlbarkeit der Mehrheit* verwechseln, von dem Rousseau im Gegenteil *weit entfernt* war. Nur sittliche, in einfachen Verhältnissen lebende Völker geben die Gewähr dafür, daß bei ihren Beratungen die volonté générale zu Wort kommt, niemals aber verkommene Gesellschaften, wie die Bevölkerung von Paris und London.[63] Man muß Rousseaus Äußerungen im zweiten Buch des Contrat Social mit denen im vierten Buch kombinieren, um sich ein Bild von seiner Auffassung zu machen. Wenn er dort schreibt, daß das Volk niemals korrumpiert, sondern nur getäuscht werden kann, so daß es »zu wollen scheint, was ein Übel ist« (CS II, 3), so darf man das jedenfalls nicht im Sinne eines naiven Glaubens an die ewige Güte des Volkes mißverstehen. Das »peuple« ist vielmehr ein »être moral et collectif« und stellt nur den Staat oder den politischen Körper unter einem anderen Aspekt dar. Es ist nicht identisch mit der Summe der natürlichen Individuen, die im Staatsgebiet leben, sondern *entsteht* erst durch die Vereinigung und den ständigen Willen der Staatsbürger zur Einheit. Solange daher das »peuple« als peuple existiert, kann sein Wille in der Tat nicht korrumpiert werden, wohl aber kann es durch Korruption der es konstituierenden Glieder auseinanderfallen und aufhören zu existieren. Wenn die Menschen aufhören, das Gemeinwohl zu wollen und sich damit als Citoyens zu verhalten, wenn sie über dem Wohl ihrer Person oder ihrer Gruppe und Clique das des Ganzen vergessen, dann hören sie nämlich nach Rousseau auf, ein Volk zu bilden, und der Gemeinwille schweigt. Das Volk im Sinne Rousseaus ist also kein *ethnischer*, sondern ein *politischer* Begriff. Seine »Unfehlbarkeit« bedeutet nicht die Glorifizierung des irrationalen Unbewußten, sondern stellt eine Konsequenz der normativen Begriffsbildung dar und ist an bestimmte Qualitäten der es bildenden Citoyens gebunden.

Eine wichtige Voraussetzung für das »Sprechen« des staatlichen

Gemeinwillens ist, daß es innerhalb des Staates *keine partiellen Gruppen und Parteien* gibt, deren Zusammenhalt auf Kosten der Einheit des Ganzen geht. Durch die Bildung derartiger Gruppen werden nämlich die Anzahl der divergierenden Partikularwillen und Privatinteressen reduziert und es gebe dann »nicht mehr so viele Stimmen wie Menschen, sondern nur noch so viele wie es Gesellschaften (innerhalb des Staates, IF) gibt« (CS II, 3). Wenn dagegen die Staatsbürger ohne derartige Verbindung sind und gleichsam je einzeln befragt werden, dann resultiere »aus der großen Anzahl kleiner Differenzen *immer*(!) der Gemeinwille«. Der Staatsmann hat daher nach Rousseau darauf zu achten, daß entweder erst gar keine derartigen Gruppen, Parteiungen und Verbände entstehen, oder aber dafür zu sorgen, daß deren Anzahl möglichst groß und ihre zahlenmäßige Ungleichheit verhindert wird, damit nicht eine mächtige Teilgruppe dem Ganzen ihr Gesetz aufzwingen kann, denn dann würde der Gemeinwille aufhören zu existieren und durch den Partikularwillen dieser Gruppe ersetzt (a.a.O.).

Zur Bildung derartiger Teilgruppen kommt es aber auch nur dann, wenn der Zusammenhalt des Staates sich gelockert hat und der politische Körper geschwächt ist. »Dann herrscht keine Einstimmigkeit mehr, Widersprüche und Debatten entstehen und der beste Ratschlag geht nicht mehr ohne Streit durch«, während unter den von Rousseau angenommenen Verhältnissen einer nur ein vernünftiges Gesetz vorzuschlagen brauchte, das als notwendig für die Erhaltung des Ganzen empfunden wurde, um auch schon die Zustimmung aller zu erhalten. »Wenn dann schließlich der Staat seinem Ruin entgegengeht und nur noch als nichtige und leere Form sich erhält, wenn das Band der Gesellschaft in allen Herzen gebrochen ist und das verächtlichste Interesse sich schamlos mit dem geheiligten Namen des öffentlichen Wohles schmückt, dann *verstummt der Gemeinwille* und alle stimmen, von geheimen Motiven bewegt, *nicht mehr als Citoyens ab*, als hätte der Staat nie existiert; und man verabschiedet *unter der* (falschen, IF) *Bezeichnung Gesetze* ungerechte Dekrete, die nur das Privatinteresse zum Ziele haben.«[64] In diesem Zustand tritt jeder nur noch insoweit fürs Gemeinwohl ein, als es (zufällig) mit seinem Privatinteresse übereinstimmt. Der Staat zerfällt in jene schlechte bürgerliche Gesellschaft, die wir aus Rousseaus gegenwartskritischer Schilderung kennen. Dennoch schreibt Rousseau (CS IV, 1) dem Gemeinwillen eine Unzerstörbarkeit zu, die von seinem *Erscheinen* in der Welt unabhängig ist. Er kann nur verstummen und aus den politischen Beratungen sich zurückziehen, irgendwie existiert er aber fort und kann (unter Umständen, die freilich nicht ohne weiteres in der Macht der Menschen liegen) zu neuem Leben erweckt werden, wenn die Überlagerungen und Verdrängungen durch die leidenschaftlichen Interessen der Privatpersonen einmal aufgehört haben. Die Aufgabe des Staatsmannes ist es, dafür zu sorgen, daß »der Gemeinwille stets befragt wird und immer antwortet« (a.a.O.). Hierzu ist einerseits die Aufrechterhaltung der »republikanischen« Verfassung und andererseits staatsbürgerliche Erziehung und eine bestimmte sozialpolitische Einwirkung auf die Gesellschaft erforderlich.

Zusammenfassend können wir sagen, daß der Gemeinwille nur dann »sprechen« kann, wenn zumindest eine Mehrzahl der Staatsbürger das Gemeinwohl will und es über das Privatwohl oder das Wohl partieller Gruppen stellt. Der Gemeinwille, den Eduard Spranger einmal als »echten und gerechten Willen« bezeichnet hat, ist also an bestimmte sittliche Voraussetzungen in den Individuen gebunden und darf nicht mit dem beliebigen Willen des Volkes oder einer Mehrheit im Volke verwechselt werden.

Es ist also für den Gemeinwillen nicht unbedingt charakteristisch, daß er von *allen* faktisch gewollt wird (dann wäre er identisch mit der volonté de tous), wohl aber, daß er auf das Gemeinwohl und nicht auf den Vorteil des Einzelnen oder einer Gruppe abzielt. Was nämlich »den Willen zu einem allgemeinen macht, ist weniger die Anzahl der Stimmen, als das gemeinsame Interesse, das sie vereint«.[65] Die Äußerungen des Gemeinwillens sind Gesetze, und legitime Gesetze gelten ohne Ausnahme für alle. Diese allgemeine Geltung ist es, die den Gemeinwillen von allen partikularen Willen unterscheidet.

Während ein »Gemeinwille« der gesamten Menschheit eine utopische Forderung zu bleiben verdammt ist, bestehen aber für das Zustandekommen und die Aktivierung des Gemeinwillens einer begrenzten republikanischen Gemeinschaft eine Anzahl günstiger Voraussetzungen. Es ist nämlich nicht allein die Versittlichung und Vergeistigung des Individuums, die es zu einem Glied des politischen Körpers macht, das seinen Willen mit dem Willen des Ganzen identifiziert. Dieser sittliche Aufschwung kann unterstützt, ja bis zum gewissen Grade sogar *ersetzt* werden durch die Erkenntnis der Abhängigkeit des materiellen Wohls eines jeden vom Wohl des

Ganzen und durch die Ausweitung der Selbstliebe und der Selbstsucht (amour de soi wie amour-propre) auf das Vaterland im *Patriotismus.* Der tolerante Kenner der menschlichen Psyche Rousseau hat darauf verzichtet, als alleiniges Motiv für staatsbürgerliches Verhalten die sittliche »vertu« anzusetzen und bleibt sich der Tatsache bewußt, daß dieser sittliche Aufschwung für die Mehrheit der Bevölkerung immer ein unerreichbares Ideal bleiben wird. Wenn aber die Wirtschaftsgesellschaft eines Landes so organisiert ist, daß die Bürger ständig die Abhängigkeit ihres privaten Wohls von der Stärke und Prosperität der Gemeinschaft vor Augen haben und wenn sie ihren Egoismus auf die ganze Nation ausweiten, werden sie auch ohne vertu dazu kommen, den Gemeinwillen zu wollen. In seinen beiden Verfassungsentwürfen ist Rousseau diesen Weg gegangen. Für die Korsen hat er mehr Wert auf die Schaffung eines bestimmten Wirtschaftssystems gelegt, während er den Polen mit Nachdruck die staatsbürgerlich-patriotische Erziehung empfahl.

Rousseau hat dem Gemeinwillen eine Reihe von Eigenschaften zugeschrieben, die dazu geführt haben, diesen Begriff als mystisch zu bezeichnen. Die volonté générale, deren Ausübung als Souveränität bezeichnet wird, erscheint ihm als *absolut* (I, 7), *unveräußerlich* und unübertragbar (II, 1), *unteilbar* (II, 2) und *unfehlbar* (II, 3), ja sogar als *unzerstörbar* (IV, 1). Aber alle diese Eigenschaften, so »überirdisch« sie auch zunächst erscheinen mögen, sind doch nur emphatische Beschreibungen, die sich aus der Funktion dieses angenommenen Gemeinwillens ergeben. Seine *Absolutheit* folgt daraus, daß es keinen höheren Gemeinwillen gibt, an den man appellieren könnte. Sie schließt aber, wie wir gesehen haben, die Normierung durchs Naturrecht und Gottes Gebote, ja sogar durch die Ehre nicht aus. So gesehen bedeutet sie nichts anderes als die bedingte Letztinstanzlichkeit des Souveräns und seines Willens (der ja nur solange »existiert«, als er seiner Bestimmung: das Gemeinwohl zu wollen und die Bürger als gleich zu behandeln, treu bleibt). Die *Unveräußerlichkeit* der beim vereinigten Volk liegenden Ausübung des Gemeinwillens ergibt sich aus der Unmöglichkeit einer Garantie für die Übereinstimmung eines Partikularwillens mit ihm und aus der als ebenso unmöglich angesehenen Aufgabe der »Freiheit«. Die *Unfehlbarkeit* ist eine Konsequenz der These, daß der Gemeinwille nur existiert, wenn er das Gemeinwohl will, oder anders gesagt nur die Umkehrung dieses

Satzes. So bleibt als wirklich »mystische« These nur die Behauptung der *Unzerstörbarkeit* übrig, die freilich von Rousseau in Kapitel 1 des IV. Buches behauptet und im Kapitel 3 des II. Buches geleugnet wird (»alors il *n'y a plus* de volonté générale«). Sehen wir uns dann aber das 1. Kapitel des IV. Buches näher an, so stellen wir fest, daß hier nur noch einmal die Unfehlbarkeit und Unverfälschbarkeit des Gemeinwillens behauptet wird, denn was immer in Verfallszeiten *fälschlich unter seinem Namen* auftritt, sei *in Wahrheit Partikularwille* oder der Wille einer Interessentengruppe innerhalb der Gemeinschaft. Insgeheim (ob bewußt oder unbewußt, das wird nicht recht klar) antworte dann der befragte Staatsbürger nicht mehr auf die Frage »ist es für den Staat nützlich«, daß diese oder jene Ansicht angenommen wird, sondern auf die ganz andersartige: »ist es für diesen oder jenen *Mann* oder diese oder jene *Partei* nützlich, daß diese oder jene Ansicht angenommen wird«. Es handelt sich also nicht mehr um das Volk, welches (wenn immer es will) das Gemeinwohl will und nur über Einzelmaßnahmen sich sachlich täuschen oder im Irrtum befinden kann, sondern um isolierte und korrumpierte Einzelne, die gar nicht mehr das Gemeinwohl wollen, in denen daher die volonté générale verstummt ist, weil sie aufgehört haben, Citoyens zu sein. Aber selbst »indem (der Einzelne) seine Stimme für Geld verkauft, verlöscht er damit den Gemeinwillen in sich noch nicht, sondern umgeht ihn« nur (IV, 1). Das heißt: ebensowenig, wie er die Stimme des Gewissens ganz zum Schweigen bringen kann, die mit dem Wollen des Gemeinwillens übereinstimmt, kann die volonté générale in ihm ganz verschwinden, aber er kann es vermeiden, sie zu befragen. Er verdrängt sie, läßt sie von der kräftigeren Stimme der Leidenschaften und des Privatvorteils oder des Gruppeninteresses übertönen.[66] Solange der Einzelne in einer Gemeinschaft lebt und auf sie irgendwie bezogen bleibt, stirbt in ihm aber jener die Gemeinschaft konstituierende Wille nie ganz ab, er schlummert oder schweigt nur; für das Schicksal des politischen Körpers jedoch läuft das auf dasselbe hinaus. Höchstens für den politischen Pädagogen stellt die »Unzerstörbarkeit« des Gemeinwillens eine Hoffnung dar: die Hoffnung auf seine Wiedererweckung und Neubelebung.

> »La liberté consiste à ne dépendre que des lois« (Pensées sur le Gvmt. 1752)
> »Voici dans mes vieilles idées, le grand problème politique ... trouver une forme de gouvernement qui mette la Loi au-dessus de l'homme« (Bf. an Mirabeau v. 26. 7. 1767)
> »La pire des lois vaut encore mieux que le meilleur maître«. (Lettres de la Montagne, 1764 Vaughan II 235).

Das Gesetz ist der Ausdruck des Gemeinwillens und allein von ihm sollen die Bürger einer Republik »beherrscht« werden. Nur unter dieser Bedingung sind sie im Gesellschaftszustand frei. Es kommt daher alles darauf an, das Gesetz über die Menschen zu stellen.[67] Das Gesetz aber ist »die einem jeden durch alle auferlegte (Lebens-)Bedingung« (Lettres de la Montagne, Vaugh. II, 235).

Welche Vorstellungen hat Rousseau vom Wesen dieses so wichtigen »Gesetzes« und welche Konsequenzen ergeben sich aus seiner Auffassung? Um diese Frage zu beantworten, müssen wir wiederum die Erstfassung des Contrat Social mit der endgültigen Formulierung vergleichen und manches in der letzten Weggelassene durch die früheren und ausführlicheren Äußerungen Rousseaus ergänzen. Das Gesetz sagt uns, »was gut und der Ordnung gemäß ist« und insofern existiert es »unabhängig von menschlichen Abmachungen«. Es gibt also auch für Rousseau fraglos ein natürliches (und vernünftiges) Gesetz, das die Ordnung des menschlichen Zusammenlebens wenigstens bestimmen *sollte*. Dieses gerechte Gesetz, oder diese Gerechtigkeit kommt wie alle Gerechtigkeit von Gott, aber leider können wir sie nicht »von so hoch empfangen«, denn wenn das möglich wäre, könnten wir auf Regierungen und positive Gesetze verzichten und uns allein nach der Vernunft richten. Dieser universalen Gerechtigkeit fehlt vor allem aber auch die »natürliche Sanktion«, die ihr Geltung zu schaffen vermöchte. Die natürlichen Gesetze sind unter den Menschen so lange wirkungslos, ja unverbindlich, als es keine Garantie dagegen gibt, daß sie den Gerechten zum Schaden und den Ungerechten zum Nutzen gereichen. Hierzu aber bedarf es bindender Abmachungen unter den Menschen – oder anders gesagt, der Errichtung einer (legitimen) Herrschaftsordnung, die den Ungerechten zu zwingen vermag. »Es werden also Verträge und (positive) Gesetze *benötigt*, um Rechte und Pflichten zu vereinigen und die *Gerechtigkeit mit ihrem Gegenstand zusammenzubringen* (CS II, 6).« In der Erstfassung wird für die zweite Hälfte dieses Satzes die Variante angegeben: »die *Gerechtigkeit für den Gerechten nützlich zu machen«*.[68] Solange das nämlich nicht erreicht ist, steht die Forderung nach Befolgung der Normen der Gerechtigkeit mit der Forderung der *Selbsterhaltung* in Widerspruch, die ja für Rousseau (wie für Hobbes) gleichfalls ein »natürliches Gesetz« ist. Erst wenn einem jeden durch eine staatliche Herrschaftsordnung garantiert worden ist, daß sich die anderen ihm gegenüber nicht ohne Schaden normwidrig verhalten können, wird die Einhaltung dieser Norm (des gerechten Natur-Gesetzes) durch ihn zur eindeutigen Pflicht, weil erst dann die Sorge um die Selbsterhaltung dem Friedensgebot nicht mehr widerspricht. Das natürliche Gesetz wird also faktisch erst dort bindend, wo es positive Gesetze gibt, die ihrerseits nur »Gesetze« sind, wenn sie den Forderungen der Gerechtigkeit entsprechen.

Solange die Menschen isoliert lebten, sorgte die Natur durch das *Mitleid* dafür, daß sie einander nicht mehr als unvermeidbar Schaden zufügten. Das Mitleid erfüllte die Funktion, die das Naturrecht bei Grotius, Pufendorf, Burlamaqui usw. zu erfüllen hatte. Es erschien als dessen realistischer Ersatz, da nach Rousseau beim primitiven Menschen weder die für die Erkenntnis des vernünftigen Naturgesetzes notwendige Ratio angenommen werden kann, noch die für die sinnvolle Ermöglichung der Einhaltung eines solchen gerechten Gesetzes unentbehrlichen Sanktionen vorhanden sind. Wir werden gleich noch sehen, wie Rousseau auf höherer Stufe eine Art Neuauflage des ursprünglichen Zustandes und eine sowohl rationale wie emotionale Regelung der zwischen*staatlichen* Beziehungen annimmt.

Zunächst gilt es zu klären, was ein Gesetz ist, wobei wir jetzt unter dem Gesetz schon immer das *positive Gesetz eines Einzelstaates* zu verstehen haben, soweit es ein wirkliches Gesetz – und das bedeutet für Rousseau ein »gerechtes Gesetz« – ist. Denn wie für den Gemeinwillen gilt auch für das Rousseausche Gesetz, daß es »allein dadurch, *daß* es ist, immer schon ist, was es sein soll«, oder anders gesagt, daß ihm sein ethischer Rechtsgrund immanent ist.

»Materie und Form der Gesetze machen ihr Wesen aus: die Form liegt in der statuierenden Autorität (und dem verkündenden Organ), die Materie in der Sache, über welche etwas verordnet wird (und in dem Zweck, den man sich dabei setzt). Dieser Teil . . . scheint von denen, die sich mit Gesetzen beschäftigt haben, schlecht verstanden worden zu sein.«[69] Das heißt: als Subjekt der Gesetzgebung kann, wie wir schon wissen, nur der Gemeinwille auftreten, den man lediglich aus einer Befragung jedes Staatsbürgers zu gewinnen hoffen kann (und auch das nur, solange die Mehrheit der Bürger nicht korrumpiert ist). In dem vorliegenden Kapitel geht es dagegen um die Frage, welcher Art der *Gegenstand* eines Gesetzes sein muß. Rousseau gibt hier – allerdings sehr formale und abstrakte – Bestimmungen über den möglichen Inhalt einer gerechten Gesetzgebung (einer Gesetzgebung, die einzig auf diesen Namen Anspruch machen kann). An der zitierten Stelle fährt er daher fort: »Da die Sache, über welche etwas verordnet wird, sich notwendig auf das Gemeinwohl bezieht, so folgt daraus, daß der *Gegenstand des Gesetzes* ebenso *allgemein sein muß,* wie der Wille, welcher es beschließt. Diese doppelte Gesamtheit (universalité) macht den wahren Charakter des Gesetzes aus . . . Was bedeuten diese Worte Gesamtheit (universalité) und Allgemeinheit (généralité), die hier ein und dasselbe sind? Die abstrakt aufgefaßte Gattung (genre) oder das was allem, worum es geht, zukommt: Das Ganze aber ist nur das Ganze in bezug auf *seine* Teile.«[70] Ein Gesetz liegt nur dann vor, »wenn das ganze Volk über das ganze Volk eine Bestimmung erläßt« (CS II, 6), das heißt wenn die Gesamtheit bestimmt, was für die Allgemeinheit gilt. Die Notwendigkeit der Allgemeinheit des Inhalts jedes Gesetzes erläutert Rousseau durch einige Beispiele: Wenn ein vereinigtes Volk etwas über einen *Fremden* bestimmt, der nicht Glied dieses Volkes ist, so liegt hier kein Akt des Gemeinwillens und daher auch kein Gesetz vor. Trifft es eine Bestimmung, die von vornherein nur auf ein Glied oder einige Glieder des Volkes abzielt, so ist das gleichfalls kein Gesetz, weil die Allgemeinheit zugleich im Subjekt und im Objekt gestört ist. Es ergibt sich nämlich dann eine Beziehung zwischen dem Ganzen minus einem (oder einigen) und diesem einen (oder diesen einigen), eine Beziehung zwischen zwei wenngleich verschieden großen *Teilen,* nicht eine »vom Ganzen zum Ganzen«, wie sie die Voraussetzung eines Gesetzes ist. Natürlich heißt das nicht, daß alle Gesetze immer auch alle Glieder des Staates *aktuell* betreffen, aber sie müssen doch so formuliert werden, daß eine »abstrakt aufgefaßte Gattung« von Handlungen unter sie fällt. »Wenn ich sage, daß der Gegenstand der Gesetze immer allgemein ist, so meine ich, daß das Gesetz die *Untertanen in corpore* und die *Handlungen nach ihrer Gattung oder Art* betrachtet und niemals einen einzelnen Menschen oder eine einzige und individuelle Handlung.«[71] So kann die Gesetzgebung z. B. bestimmen, daß es »Privilegien geben«, oder daß die Bürgerschaft in »mehrere Klassen« eingeteilt werden soll (wie in Genf), aber sie darf *nur allgemein die Eigenschaften festlegen, die zur Aufnahme in diese oder jene Klasse berechtigen* und nicht bestimmte, namentlich genannte Bürger der einen oder anderen Klasse zuweisen oder mit Privilegien versehen. »Mit einem Wort, keine Funktion, die sich auf einen individuellen Gegenstand bezieht, fällt unter die gesetzgebende Gewalt.«[72] In einem später wieder durchgestrichenen Passus fügt Rousseau hierzu an, daß in dem Verbot eines individuellen Gegenstandes für die Gesetzgebung auch einer der Gründe für die Unzulässigkeit eines *rückwirkenden* Gesetzes liegt, »denn es enthielte Bestimmungen über ein partielles Faktum statt allgemein über eine Gattung von Handlungen zu statuieren, die erst nach der Veröffentlichung des Gesetzes zu individuellen werden und zwar allein durch den (freien, IF) Willen derjenigen, die sie begehen«.[73] Deshalb ist auch eine *Enteignung* der Klasse der (bereits) »Reichen« rechtlich nicht möglich, sondern lediglich ein Gesetz, das den künftigen Erwerb von Besitz über eine bestimmte Maximalgrenze hinaus untersagt.[74] Ist daher einmal die Gesellschaft in übermäßig reiche und sehr arme Bürger gespalten, dann kann keine funktionsfähige Republik mehr errichtet werden, weil es unmöglich ist, auf legalem Wege jenes Maß an faktischer »Gleichheit« wiederherzustellen, das für sie unerläßlich ist. In diesem Fall (wie er z. B. in Frankreich vorliegt) können auch die Bestimmungen des Contrat Social keine Anwendung mehr finden, und es müßten andere politische Institutionen geschaffen werden, für die sich Rousseau allerdings nicht interessiert zu haben scheint. Nicht eine Stütze für die korrupten Großstaaten, sondern Maßnahmen zur Verlangsamung des Verfalls der noch gesunden kleinen Republiken hatte er ja mit seinen politischen Entwürfen im Auge.

Bei all diesen formalen Bestimmungen geht es Rousseau jedoch letztlich immer um ein ethisches Problem. Das ergibt sich eindeutig aus dem Text der Erstfassung des Contrat Social, den wir unserer Darstellung bisher bereits zugrunde gelegt haben. Im nächsten Abschnitt heißt es nämlich: »der größte Vorzug dieser Begriffsbestimmung liegt darin, daß sie uns klar die *Grundlagen der Gerech-*

tigkeit und des Naturrechts zeigt. Das erste Gesetz und das einzig wahrhaft fundamentale Gesetz, das unmittelbar aus dem Contrat Social hervorgeht, ist nämlich, *daß jeder* in allen Fragen (en toute chose) *das größtmögliche Gemeinwohl vorzieht«.*[75] Der Sinn der Bestimmung, daß Gesetze nur einen »allgemeinen Gegenstand« haben dürfen, liegt also darin, daß sie »gerechte« Gesetze sein sollen, die als echte Wesensausdrücke des Gemeinwillens auf das Wohl und die *Erhaltung der ganzen Gemeinschaft* abzielen. Die nähere Bestimmung der Handlungen (und Unterlassungen), die zu diesem Gemeinwohl beitragen, ist dann der Gegenstand der positiven Gesetzgebung und variiert notwendig nach Orts- und Zeitumständen. Was dem Gemeinwohl dient, ohne durch Gesetze spezifiziert zu sein, bildet »Akte des Bürgersinns und der Wohltätigkeit« (civilité, bienfaisance), »die Gewohnheit, derartige Akte zu verrichten, selbst wenn sie uns persönlich schaden, nennt man *Tugend«.*[76] Tugend wird also hier noch einmal und spezieller als diejenige Haltung definiert, die gewohnheitsmäßig im Sinne der Gesetze und das heißt des Gemeinwillens über die direkten Anordnungen derselben hinausgehend das Gemeinwohl besorgt und das dem Gemeinwohl widerstreitende Eigeninteresse freiwillig zurückstellt. Man könnte im Sinne Rousseaus die Tugend darauf zurückführen, daß der Staatsbürger sich mit dem die Gesetze wollenden Gemeinwillen identifiziert und so sehr durch die Gesetze in seinem Wesen verwandelt wird, daß er ständig auf seinen Partikularwillen, soweit er vom Gemeinwillen abweicht, verzichtet. Die Erhebung zur (staatsbürgerlichen) Tugend bedeutet dann zugleich auch die Befreiung von aller Heteronomie.

Wenn derart die Versittlichung der Bürger durch die Gesetze einmal erfolgt ist, können die Bestimmungen des Naturrechts (bzw. des Völkerrechts) auch auf das Verhalten der *Staaten* zueinander und der Staatsbürger zu Fremden angewandt werden. Erst jetzt hat es Chancen, wirklich das Verhalten der Menschen zu bestimmen, weil diese in ihrem Wesen verwandelt und nicht mehr auf ihre individuelle Kraft und List angewiesen sind. Ich muß in diesem Zusammenhang noch einmal ausführlich auf jenen bereits zitierten Abschnitt zurückkommen, in dem Rousseau seine Auffassung vom Wesen des Natur- (und Völker-)Rechts entwickelt:

»Dehnen wir diese Maxime auf die allgemeine Gesellschaft (société générale – zu ergänzen – du genre humain, IF) aus, von der der (betreffende, IF) Staat uns eine Vorstellung gibt. Beschützt durch die Gesellschaft (den Staat), deren Glieder wir sind, oder in der wir leben, werden wir – nachdem unsere natürliche Abneigung Böses zu tun (faire du mal) nicht mehr durch unsere Furcht Böses zu erleiden aufgewogen wird – zugleich durch die Natur (das natürliche Mitleid, IF), die Gewohnheit (im Staat unter Gesetzen zu leben, die uns alle schützen, IF) und die Vernunft (die jetzt erst voll entwickelt ist und im tugendhaften Menschen nicht im Dienst der Leidenschaft steht, sondern als ›droite raison‹ auf die Erkenntnis der Ordnung gerichtet ist, IF) dazu gebracht, uns den übrigen Menschen gegenüber etwa so zu verhalten, wie gegenüber unseren eigenen Mitbürgern. Aus dieser allgemeinen Einstellung gehen, wenn man sie auf einzelne Akte zurückführt, die Regeln des vernünftig begründeten (raisonné) Naturrechts hervor, das sich von dem eigentlichen Naturrecht unterscheidet, das lediglich auf ein wahres aber sehr unbestimmtes Gefühl sich gründet, welches oft durch unsere Selbstliebe erstickt wird.«[77] Wir haben also bei Rousseau zwei Arten des Naturrechtes: ein *»droit naturel proprement dit«*, das in dem Gefühl der Abneigung gegen den Anblick fremden Leides besteht und anfangs (d. h. im *Naturzustand*) – solange die natürliche Selbstliebe noch nicht zur Selbstsucht geworden ist in kleinen Gemeinschaften – die friedliche Koexistenz der Menschen und damit die Erhaltung der Gattung ermöglicht, und ein *»droit naturel raisonné«*, das erst wirksam werden kann, wenn die Menschen durch das Leben in einem Staat (und unter Gesetzen) der Sorge um ihren individuellen Schutz enthoben und zu Tugend und echter Vernünftigkeit erzogen worden sind. Im Gegensatz zu den bekannten Naturrechtslehrern vor ihm (Grotius, Pufendorf, Burlamaqui, Barbeyrac, Cumberland) lehnt also Rousseau ein reines *Vernunftrecht vor und unabhängig von der Errichtung von Einzelstaaten* ab. Vor ihrer Gründung fehlt den isoliert lebenden Naturmenschen hierzu die Vernunft, nach Beginn der Vergesellschaftung (ohne staatliche Ordnung) steht ihre Vernunft im Dienste der egoistischen Leidenschaften (amour-propre) und erst auf Grund der durch den Staat und im Staat erfolgenden Versittlichung ist die Vernunft der meisten zur »droite raison« geworden und hat die Befolgung des Gebotes der Sittlichkeit aufgehört im Konflikt mit dem der Selbsterhaltung zu stehen. Erst hiermit ist die Voraussetzung gerechten Verhaltens auch gegenüber den Menschen außerhalb des betreffenden Gemeinwesens geschaffen. Im vorstaatlichen Naturzustand galt an Stelle des »Vernunftrechtes« das Naturgesetz des

Mitleids, d. h. ein bloß natürliches Gefühl. Dieses Gefühl hatte freilich »objektiv gesehen« eine vernünftige Funktion, da es der Erhaltung der Gattung diente. Das vernünftig begründete Naturrecht, das heißt das Naturrecht, das auch subjektiv eine vernünftige Wurzel hat, gilt dagegen erst für die durchs staatliche Zusammenleben und die Herrschaft der Gesetze versittlichten und »befreiten« Menschen. Die faktische »Gerechtigkeit *folgt* erst auf das Gesetz« und bildet nicht bereits dessen Grundlage.

Die Regelung der zwischenstaatlichen Verhältnisse und des Verhältnisses der Bürger verschiedener Staaten untereinander wird damit zum eigentlichen Gegenstand der naturrechtlichen Normierung, und hierin lag ja in der Tat auch die eine der beiden Funktionen des modernen Naturrechts. Die andere Funktion aber, nämlich als kritischer Maßstab für die Beurteilung der positiven Gesetze des (kritisierten feudalen) Staates zu dienen, verschiebt sich bei Rousseau insofern, als seine politischen Grundbegriffe (Gemeinwille, Gesetz und, wie wir noch sehen werden, Regierung) *in sich selbst* jene kritische Norm enthalten und »allein dadurch, *daß* sie sind, sind *was* sie sein sollen«. Durch die positiven Gesetze eines Staates erhalten die Bestimmungen des Natur- oder Vernunftrechtes bei ihm Substanz und Geltung und nur solche Bestimmungen verdienen bei ihm den Namen »Gesetze«, die den Forderungen der Gerechtigkeit und Sittlichkeit entsprechen.

Grundlage der Gerechtigkeit ist weder die Befolgung des (von Hobbes herangezogenen) Satzes »was Du nicht willst, was man Dir tu, das füg auch keinem andren zu«, der vielen Ausnahmen unterliegt; noch das bekannte »suum cuique tribuere«, das auf das erst seinerseits zu fundierende Eigentumsrecht zurückgeht; sondern allein das *Gesetz des größtmöglichen Gemeinwohls,* welches keinerlei Ausnahme kennt. Das (positive) Gesetz kann daher nie Unrecht tun, da es (sofern es wirklich ein Gesetz ist! IF) nie etwas anderes als das Gemeinwohl wollen kann und es »gegen die Natur ist, daß man sich selber schaden will«.[78] Wenn also der Gemeinwille etwas für die Gemeinschaft (d. h. wirklich für *alle*) will, dann *kann* er nur etwas Gerechtes wollen und sein Wille *ist* ein Gesetz. In dieser auf die klassische Ethik der Griechen zurückreichenden Überzeugung, daß niemand sich willentlich schadet, liegt das Fundament für die Rousseausche These, daß die volonté générale niemals ungerecht sein kann (jedenfalls nicht in bezug auf die Glieder der in ihr vereinigten Gemeinschaft, für die sie ja auch allein »générale« ist). Was die Gemeinschaft (das im Wollen des Gemeinwillens vereinigte Volk, *das nur* durch diesen Willen und *in diesem Willen Volk* ist) will, das kann nur »gut« sein, aber dieser Wille kann unaufgeklärt, das ihm zugrunde liegende Urteil falsch sein. Davor gibt es auch bei Rousseau keinen Schutz.

Allein einen von »Gesetzen in dem angegebenen Sinne regierten Staat« nennt Rousseau »Republik«, weil nur in ihm die »res publica« etwas gilt und das öffentliche Interesse herrscht. »Jede legitime Regierung ist republikanisch« (CS II, 6), das heißt nur solche Regierungen, die sich an »Gesetze« halten und sie strikt anwenden, sind gerecht und haben Anspruch auf Gehorsam.

Wie aber kommen die Gesetze *praktisch* zustande? Bisher haben wir uns lediglich mit der rechtlich-moralischen Seite des Problems beschäftigt, aber Rousseau muß als politischer Denker auch an der praktischen Seite interessiert sein und hier erst zeigen sich die eigentlichen Schwierigkeiten. »Das den Gesetzen unterworfene *Volk muß deren Autor sein,* es kommt nur denen, die sich vereinigen, zu, die Bedingungen der Vereinigung (der Gesellschaft) zu regeln. Aber wie werden sie das tun? Wird es *einstimmig durch eine plötzliche Inspiration* geschehen? Besitzt der politische Körper *ein Organ,* um seine Willensäußerungen von sich zu geben? Wer wird ihm die notwendige Voraussicht geben, um die Willensakte zu gestalten und im voraus zu veröffentlichen? Oder wie wird er sie im Augenblick, da sie notwendig werden, verkünden? Wie soll eine blinde Menge *(multitude aveugle), die oft nicht weiß, was sie will,*[79] weil sie selten weiß, was ihr gut tut, von sich aus ein derart großes und schwieriges Unternehmen ausführen, wie es ein System der Gesetzgebung darstellt? Von sich aus *will* (zwar) das Volk *immer das Gute, aber von sich aus sieht es dasselbe nicht immer . . .* «[80] Das alles legt den Gedanken nahe, daß das Volk eines geeigneten *Führers* und Lehrers bedarf, der es über sein Wohl und die zu seiner Erreichung einzuschlagenden Wege aufklärt: »Man muß ihm (dem Volk) die Dinge zeigen, *wie sie sind* und manchmal so *wie sie ihm erscheinen müssen,* man muß ihm den richtigen Weg zeigen, den es sucht und es vor den Verführungen durch die Partikularwillen bewahren . . . «[81] *Der Gesetzgeber* ist jener erhabene Interpret des Gemeinwillens, jener Aufklärer und Lehrer des Volkes, der es erst zum Bewußtsein des Gemeinwillens führt und – im strengen Wortsinn – damit erst das Volk zum Volke macht. Wir haben es also hier mit dem Volk im Sinne der Menge der einfachen

Menschen zu tun, die erst zum politischen »peuple« gemacht werden muß; die Verwechslung der beiden Bedeutungen führt zu großen Mißverständnissen. Mit der Person dieses Gesetzgebers, der zwar den Gemeinwillen *deuten, nicht aber repräsentieren* kann, müssen wir uns noch ausführlicher im nächsten Paragraphen beschäftigen. Abschließend wollen wir eine Formel untersuchen, die noch einmal die Angewiesenheit des Volkes auf »Aufklärung« unterstreicht: »Die Einzelnen – so schreibt Rousseau am Schluß des 6. Kapitels – *sehen das Gute,* das sie zurückweisen; die Öffentlichkeit *will das Gute,* das sie nicht sieht. Alle haben Führer nötig.« Unter den Einzelnen, die das Gute sehen aber nicht wollen (weil es ihrem Privatnutzen zuwiderläuft) kann Rousseau hier nur die *wenigen* meinen, die an Macht und Reichtum ebenso wie an Verstand die Masse überragen. Es sind die gleichen, von denen der zweite Discours meinte: »diejenigen, die am fähigsten waren, die Mißbräuche vorauszusehen (die sich aus dem ungerechten Gesellschaftsvertrag ergaben, der von den Reichen vorgeschlagen wurde, IF) waren gerade die, welche hofften, von ihm zu profitieren«.[82] Rousseau hat also keineswegs dem »Volk« als der großen Masse der Bevölkerung, überragende intellektuelle Fähigkeiten zugeschrieben, sondern betont sogar die intellektuelle Überlegenheit der Reichen. Dagegen nimmt er jedoch beim »Volke«, dessen Wille nicht auf »préférences«, sondern *auf Gleichheit* und das Wohl aller abzielt, eine *moralische* Überlegenheit an. Wenn Rousseau hier von »public« (der Öffentlichkeit) spricht, so meint er damit die Masse der kleinbürgerlichen Bevölkerung, die wegen ihrer mangelnden »Aufgeklärtheit« zwar leicht getäuscht werden kann, aber doch – weil sie sich noch nicht so weit vom Stande der Unschuld und Gleichheit entfernt hat – stets das Gute für die Gemeinschaft will. Da es aber leichter und vernünftiger ist, diese Gutwilligen aufzuklären, als die Böswilligen zu zwingen (wozu es ihm außerdem an Macht gebricht), setzt die Tätigkeit des Législateur bei der Aufklärung des »gutwilligen« Volkes ein.

Ohne daß man Rousseau für diese Nachkommenschaft »verantwortlich« machen dürfte, liegt ein Vergleich des skizzierten Zusammenhangs mit der *Marx*schen Lehre nahe. Auch Marx nahm an, daß wenigstens ein Teil der Bourgeoisie sich der Schattenseiten der kapitalistischen Gesellschaftsordnung und ihrer Nachteile für die Masse der Bevölkerung bewußt ist; aber er unterstellte – wenigstens bei dieser Klasse als solcher – einen »bösen Willen«, einen (klassenmäßigen) Partikularwillen, der dem Gemeinwohl zuwiderläuft und das Privatinteresse (das Klasseninteresse der Privateigentümer) auf dessen Kosten verfolgt. Dagegen unterstellte er beim Proletariat prinzipiell den Willen zur Gerechtigkeit, d. h. zur Abschaffung der letzten Klassengesellschaft und der mit ihr notwendig verbundenen Unmenschlichkeit (»Ausbeutung des Menschen durch den Menschen«), hielt aber zugleich eine Aufklärung des Proletariats für dringend nötig: Die (oder einige) Bourgeois sehen das Gute (die klassenlose Gesellschaft) ohne es zu wollen (als Klasse), das Proletariat will das Gute, ohne es zu sehen! Die Partei als Organisation der aufklärenden Intellektuellen (Ex-Bourgeois und bereits aufgeklärte Proletarier) hat daher gegenüber dem Proletariat die gleiche erzieherische Aufgabe wie der Rousseausche Législateur gegenüber dem Volk.

Wenn man den Gemeinwillen eines Volkes ermitteln will, muß man seine Glieder befragen. Aber diese Befragung hat nicht unbedingt immer Erfolg, weil zwar das *Volk als Volk* das Gemeinwohl *will*, sich aber in seinem *Urteil* über die Übereinstimmung eines bestimmten Gesetzes mit dem Gemeinwohl *täuschen kann*. Dieses fehlende Urteil kann nur eine überragende Persönlichkeit liefern, die zugleich so tugendhaft sein muß, daß sie ihre (uneigennützige) Einsicht in den Dienst der Gerechtigkeit und des Volkes, statt in den einträglichen Dienst der Reichen und Mächtigen stellt.[83]

In einem legitimen Gemeinwesen soll das Volk Gesetzgeber sein. So lautet die Grundmaxime der politischen Theorie Rousseaus.

»Volk« ist aber nicht jede beliebige Menge, die in einem Staatsverbande lebt, sondern lediglich die Gemeinschaft der Citoyens, die das Gemeinwohl will. Die *Existenz* des Volkes ist an bestimmte sittliche Qualitäten gebunden, die wiederum nur unter bestimmten – im nächsten Kapitel näher zu beschreibenden – gesellschaftlichen Bedingungen aufrechterhalten werden können. Ja man kann die Beziehung sogar umkehren: das Volk soll die Gesetze geben – und nur eine Gemeinschaft, die in der Lage ist, *wirkliche* (legitime) Gesetze zu geben, ist ein Volk. Die Herrschaft des Volkes verwirklicht sich daher für Rousseau als Herrschaft der Gesetze und die der Gesetze ist die Herrschaft des Volkes. Deshalb erscheint auch ein ausdrücklicher *Schutz der Individuen* vor der Übermacht der Republik als sinnlos, weil deren Macht allein in der Herrschaft der Gesetze zum Ausdruck kommt, die die Bedingung für die Freiheit der Bürger-Untertanen ist.

Die Funktion der Gesetzgebung ist nicht identisch mit der *Gesetzesinitiative.* In der Rousseauschen »Republik« hat zwar das Volk über die Gesetze zu entscheiden, aber nicht diese vorzuschlagen. Auch die *Anwendung* der allgemeinen gesetzlichen Bestimmungen auf den konkreten Einzelfall kommt nicht dem Volke zu, sondern der »Regierung«, die allerdings von dem *vereinigten* Volk abhängig ist und durch es kontrolliert wird. Die Rousseausche Republik ist, was wir heute eine Demokratie ohne jede liberale Korrektur nennen würden. Sie opfert bewußt die Freiheitsspielräume der *Einzelnen* dem Interesse der *Gleichheit* als der Vorbedingung der *Freiheit aller* auf. Die Begrenztheit der realen Vermögensunterschiede in der Gesellschaft, oder das Vorherrschen der kleinbürgerlichen Médiocrité wird als »Basis« für jenen »Gemeinwillen« angesehen, der um so mehr Tugend vom Einzelnen erfordert, je weiter er sich vom Mittelmaß entfernt. Republikanische Tugend kann zwar durch Erziehung und Vorbild gefördert werden, aber keine Erziehung vermag das Wunder zu vollbringen, Menschen, die auf Grund der sozialen Verhältnisse auf Vorrechte erpicht sein müssen, in Staatsbürger zu verwandeln, die das Gemeinwohl und die Aufrechterhaltung der rechtlichen Gleichheit, des Grundprinzips des Rechtsstaates, wollen. Je weiter sich die Gesellschaft von der realen Gleichheit entfernt, desto stärkere Anstrengungen müssen gemacht werden, um dem tugendhaften Wollen des Gemeinwohls bei den Bürgern Geltung zu verschaffen. Sobald aber die Mehrheit aufgehört hat, sich für das Gemeinwohl einzusetzen und der volonté générale bei den Volksversammlungen Ausdruck zu geben, hört die Gesetzgebung auf, legitim zu sein. Es werden keine »wirklichen« Gesetze mehr erlassen, sondern ungerechte Dekrete, die dem Partikularwillen einer Interessentengruppe entsprechen, die es verstanden hat, eine Mehrheit von Stimmen auf sich zu vereinigen. Kriterien dafür, wann das der Fall ist, hat Rousseau nicht angegeben. Sicher aber würde er es zum Beispiel annehmen, wenn die Volksversammlung ihr souveränes Recht, Gesetze zu geben, einer anderen Körperschaft oder einem Einzelnen übergibt. Ein solcher Entschluß könnte niemals dem »Gemeinwillen« entspringen, weil die Volksversammlung nicht wissen kann, ob und wie lange der Wille einer bestimmten Gruppe mit dem Gemeinwillen übereinstimmt – oder gesetzt, daß sie es wüßte – ebensogut das Recht der Gesetzgebung für sich behalten könnte (sie brauchte dann ja nur die jeweiligen Gesetzes*vorschläge* dieses Gremiums zu akzeptieren). Eine solche Übertragung der Gesetzgebungsbefugnis würde folgende Überlegung zum Ausdruck bringen: wir, die Mehrheit der heutigen Volksversammlung sind überzeugt, daß der Wille des Bürgers X nicht nur heute, sondern auch inskünftig stets den Gemeinwillen zum Ausdruck bringen wird, und übertragen ihm daher das Recht der Gesetzgebung. Das hieße aber, daß die Volksversammlung zu einem Einzelnen (oder einer begrenzteren Körperschaft) größeres Vertrauen hat als zu sich selbst. Das aber hält Rousseau für unsinnig. Denn wenn auch niemand garantieren kann, daß in der Volksversammlung immer der Gemeinwille zum Ausdruck kommen wird, so ist doch die Wahrscheinlichkeit hierfür unvergleichlich viel größer als bei einer begrenzteren Körperschaft oder gar bei einem einzelnen Individuum.

Die gesetzgeberische Tätigkeit ist aber zugleich erzieherisch. Sie zwingt dazu, die Aufmerksamkeit auf die allgemeinen Grundlagen des Gemeinwesens zu richten und sich auf das Niveau des Ganzen zu erheben. Deshalb erscheint Rousseau auch die Ausübung der *»Regierungstätigkeit«* (Verwaltung und Rechtsprechung) unmittelbar durch das Volk (was er »Demokratie« nennt) als bedenklich, weil sie den Willen der Gesetzgeber durch die Beschäftigung mit Partikularitäten alteriert. Die heutigen schweizerischen Verfassungen sind im Grunde nicht allzu weit von Rousseaus Vorstellung von der Gesetzgebung durch die Gesamtheit der Vollbürger entfernt. So muß im Bund wie in den Kantonen jede Verfassungsänderung der Volksabstimmung unterbreitet werden, und in einer Reihe von Kantonen besteht sogar das obligatorische Referendum, das heißt *jedes* Gesetz, nicht bloß das Verfassungsgesetz, bedarf dort der Zustimmung der Bürger. In den übrigen Kantonen und im Bund gilt immerhin das fakultative Referendum, das heißt dort müssen auf Antrag einer bestimmten Anzahl von Schweizer Bürgern gleichfalls die Gesetze dem Volk zur Abstimmung vorgelegt werden. Ja in einem Punkt gehen die heutigen schweizerischen Verfassungen sogar noch über Rousseau hinaus, insofern sie nämlich auch eine »Volksinitiative« (Verfassungs- und Gesetzesinitiative) der Staatsbürger kennen, die Rousseau weder für erforderlich noch für wünschenswert gehalten hat.[84]

»Im Ursprung der Gesellschaften, sagt Montesquieu, werden die Institutionen von den Führern der Republiken geformt, hernach sind es die Institutionen, die die Führer formen (CS II, 7).« Vor ihrem Leben in Gemeinschaft sind die Menschen nach Rousseau zwar nicht gesellig, aber doch menschenfreundlich; nachdem eine Staatsgründung *notwendig* geworden ist, hat bei ihnen das Gefühl des Mitleids seine (die Selbstliebe mildernde und eindämmende) Kraft verloren; es stellt daher ein erhebliches Problem dar, sie in friedlich zusammenlebende Staatsbürger und willige Untertanen der Republik zu verwandeln. Diese Transformation ist jedoch die notwendige Voraussetzung der Errichtung eines republikanischen Staates, und da sie im allgemeinen nicht »von allein« vor sich geht, wird ein Erzieher und Führer benötigt. Wenn man Rousseaus Voraussetzungen übernimmt, ist diese Konsequenz unvermeidlich. Die einzig sinnvolle Alternative wäre ja in der Tat die Annahme einer naturgegebenen Neigung des Menschen zur Gesellschaft und einer natürlichen Sanktion des (göttlichen) Vernunftrechts, die beide jedoch von Rousseau ausdrücklich abgelehnt wurden. Wenn wir freilich die Konstruktion der legitimen Republik im Contrat Social – wie wir das schon oben getan haben – mit jenen durch Lebensweise und Sitten verbundenen Gemeinschaften in Zusammenhang bringen, die Rousseau im zweiten Discours nebenbei geschildert hat, dann wäre – wenigstens prinzipiell – auch ein allmähliches Hervorgehen fixierter Gesetze und einer Verfassung aus diesem primitiven Gemeinschaftszustande mit seinen Gewohnheiten und bindenden Sitten heraus denkbar und die Intervention eines – von außen hinzutretenden – Gesetzgebers in dem hier geschilderten Sinne überflüssig. Rousseau aber scheint hier wiederum nur an jene Situation zu denken, in der bereits der »amour-propre« allgemein herrschend geworden ist und der Krieg aller gegen alle eingesetzt hat, so daß eine politische Gemeinschaft nicht ohne vorherige gründliche *Umerziehung* der künftigen Bürger des zu gründenden Staates möglich ist. Mit anderen Worten: der Staat folgt hier auf die (schlechte) bürgerliche Gesellschaft, deren Transformation seine Aufgabe ist. Der Gesetzgeber Rousseaus hat in erster Linie und so gut wie ausschließlich zu erziehen! Um seine Person und seine Bedeutung ins rechte Licht zu rücken, empfiehlt es sich, als Gegenbild eines »schlechten Gesetzgebers« jenes klugen »Reichen« sich zu erinnern, der im zweiten Discours den »genialen Einfall« hatte, die feindlichen Kräfte der Armen dem Interesse der Besitzenden dienstbar zu machen. Der wahre Gesetzgeber muß den hohen Intelligenzgrad jenes Reichen mit einem seltenen Maß an Tugend verbinden. Seine »große Seele« wird denn auch von Rousseau als das *»wahre Wunder«* gepriesen.

Die Eigenschaften, die jener außerordentliche Mensch besitzen muß, gehen geradezu über alles menschliche Maß hinaus, denn im Grunde »brauchte man Götter, um den Menschen Gesetze zu geben« (CS II, 7). Aber Rousseau lebt nicht umsonst im Zeitalter der Aufklärung, und der »göttliche Ursprung« kann daher für ihn nur eine Metapher sein. Verfassungen und Gesetze werden von Menschen gemacht und der Gesetzgeber ist ein – wenn auch genialer – Mensch. Er sollte alle *Bedürfnisse* der Menschen *kennen* (»die Menschen nehmen wie sie sind«) und doch selbst nicht diesen Bedürfnissen unterworfen sein, weil er sonst notwendig seinen Privatvorteil über das Gemeinwohl stellen würde. Sein Glück sollte unabhängig von unserem sein und er sollte sich doch um unser Glück bekümmern. Die einzige eigennützige Triebfeder, die er allenfalls haben dürfte, wäre die Hoffnung auf späten Nachruhm, denn »er muß in einem Jahrhundert Arbeit leisten, um in einem anderen zu genießen«. Aber so groß auch immer die Person des Gesetzgebers sein muß, so ist doch nicht minder groß und schwierig sein Amt, das näher bestimmt werden muß, wenn man Rousseau nicht mit einem Theoretiker des Totalitarismus verwechseln will.

Das Amt des Gesetzgebers geht nicht in die Verfassung der Republik ein. Derjenige, der die Verfassung und die Grundgesetze »macht«, ist nicht selbst ein Glied oder Organ des Staates.[85] Es handelt sich »um eine besondere, höhere Funktion, die nichts mit der Herrschaft über Menschen zu tun hat«. Deshalb war es auch in der Antike Sitte, mit der Gesetzgebung einer Polis einen *Fremden* zu beauftragen,[86] und Rousseau fühlt sich aus diesem Grunde – nach gründlicher Information über die korsischen Verhältnisse – auch berufen, den Korsen eine Verfassung vorzuschlagen. Der Gesetzgeber hat weder die Autorität der Regierung (magistrat) noch die des Souveräns. Eigentlich ist er also nur der Redakteur der Gesetze und »besitzt keinerlei Recht zur Gesetzgebung« (aucun droit legislatif, CS II, 7), denn nur der Gemeinwille kann den Einzelnen verbindliche Gesetze vorschreiben, und es gibt keinerlei Garantie dafür, daß der Wille eines Einzelnen (hier des Gesetzgebers) dauernd mit dem Gemeinwillen übereinstimmt. Man muß daher »alle Gesetzesvorschläge von Einzelnen der freien Abstimmung durch das Volk unterbreiten«.

Die Aufgabe des Gesetzgebers ist also ebenso gewaltig (er muß die depravierten Naturmenschen in Staatsbürger verwandeln) wie seine Autorität minimal ist. Außerdem aber vermag das Volk die Sprache der Sittlichkeit und Weisheit, die der Gesetzgeber (und Philosoph) spricht, nicht zu verstehen, »denn jedes Individuum billigt nur solche Regierungspläne, die sich auf seinen privaten Vorteil beziehen und erkennt nur sehr mühsam die Vorteile, die es aus den fortgesetzten Entbehrungen ziehen soll, welche gute Gesetze uns abverlangen. Damit ein *entstehendes* Volk die gesunden Maximen der Politik annehmen und die Grundregeln der Staatsraison befolgen könnte, *müßte die Wirkung zur Ursache werden können* und der *soziale Geist*, der das *Werk der Verfassung* sein soll, *bei der Stiftung derselben bereits wirksam sein* und die Menschen *vor* den Gesetzen bereits sein, was sie *durch* sie erst werden sollen«.[87] So kann also der Gesetzgeber, um das Volk zu formen, weder Macht verwenden noch an die (höhere) Vernunft appellieren, er ist daher genötigt, »auf eine andere Art von Autorität zurückzugreifen, die ohne Gewaltsamkeit mitreißen und ohne (vernünftige) Überzeugung überreden kann«. Das heißt, wo Macht und Vernunft versagen, hilft allein der Appell an irrationale Gefühle mit Hilfe der *Religion*. Religiöse Gefühle werden hier zum einzig möglichen und wirksamen *Mittel* für politische Zwecke, sie werden bereits ganz modern als »Ideologien« gewollt, d. h. als Überzeugungen, deren Wert nicht in ihnen selbst, sondern lediglich in der Nützlichkeit ihrer Funktion liegt. Es kann kaum geleugnet werden, daß Rousseau hier einen höchst bedenklichen Gesichtspunkt in die Debatte wirft.

Wenn Rousseau meint, daß die angegebene Schwierigkeit die »Väter der Nationen zu allen Zeiten gezwungen habe, auf den Himmel zurückzugreifen, und die Götter mit ihrer eignen Weisheit zu begaben«, so klingt diese Formulierung schon stark an die Feuerbachsche Religionskritik an, die alle Göttervorstellungen auf eine Projektion menschlicher Eigenschaften in einen transzendenten Himmel zurückführt. Rousseau unterstellt dabei eine Stufe der Aufgeklärtheit und Ernüchterung, die er seiner Gegenwart entnommen hat und die auf seine großen Beispiele: Moses, Lykurg,

Numa, Mohammed schlecht passen will. Zweck des Rückgriffs auf die Götter ist aber nicht nur die »Überredung« der anders nicht zum Gehorsam gegenüber den Gesetzen zu veranlassenden Menschen, sondern auch die Wiedergewinnung einer Art von *Freiheit*, wie sie der Naturmensch einst genoß. Die Völker sollten den göttlich-sanktionierten Gesetzen des Gesellschaftslebens so unterworfen sein wie die »Wilden« den Naturgesetzen. Dann würden sie diese als *unerschütterliche, objektiv-notwendige Bestimmungen* akzeptieren und nicht als Beschränkungen ihrer Freiheit durch fremde Willkür empfinden. Sie würden »mit Freiheit gehorchen und gefügig das Joch der öffentlichen Wohlfahrt (félicité) tragen« (CS II, 7). Werden die Gesetze eines Staates als Willensäußerung eines ewig sich gleichbleibenden Gottes aufgefaßt, dann erhalten sie in der Tat die gleiche Unausweichlichkeit wie die Naturgesetze und werden im gleichen Geiste als Notwendigkeiten hingenommen, die unsere Freiheit nicht beeinträchtigen. Diesen Gedanken hat Rousseau auch im Emile ausgesprochen, wenn er schreibt: »Könnten die Gesetze der Nationen wie die der Natur eine Unbiegsamkeit erhalten, die keine menschliche Kraft besiegen kann, dann würde die Abhängigkeit der Menschen (von den Gesetzen und den Exekutivorganen derselben, IF) wieder die von den Dingen werden . . . «[88] Abhängigkeit von den Dingen aber wird nicht als Beeinträchtigung der Freiheit empfunden.

Aber wenn auch Rousseau dem großen Gesetzgeber gleichsam das Recht gibt, die Götter an seiner Stelle sprechen zu lassen, so versucht er doch der verhängnisvollen Gefahr, die in diesem Gedanken liegt, wieder Herr zu werden, indem er behauptet, »es komme nicht jedermann zu, die Götter reden zu lassen, noch Glauben zu finden, wenn er sich als deren Interpret ausgibt«. Nicht irgendwelche magischen Tricks (dressierte Vögel, die ihm ins Ohr sprechen usw.), sondern allein *»die große Seele des Gesetzgebers«* machten die Legitimation seiner Sendung aus. Allein derartigen *Genies* gelänge es, auf längere Zeit hinaus einem Volk seine rechtliche Form zu geben, nicht nur (wie es auch raffinierten Betrügern gelingen mag) vorübergehend »einen Haufen von Wahnsinnigen um sich zu sammeln«. Die großen Gesetzgeber dürften daher keineswegs als »Betrüger« bezeichnet werden, »der wahre Staatsmann bewundere in ihren Institutionen vielmehr jenes große und mächtige *Genie*, das *dauerhafte Institutionen stiftet«*.[89] Es ist kein Zufall, daß nach der Einführung der Religion als eines irrationalen Mittels der Überredung der noch unvernünftigen Menschen auch die legitimierende Eigenschaft des Gesetzgebers in jenem irrationalen Begriff »Genie« gesucht wird, der in der folgenden Kulturentwicklung namentlich auch in der deutschen Romantik eine so große Rolle gespielt hat.[90] Wir dürfen aber bei dieser Betrachtung nicht vergessen, daß die Person des Gesetzgebers *außerhalb* der Republik und der Rousseauschen Konstruktion einer freiheitlichen Verfassung steht, daß sie eine *Hilfskonstruktion* ist, die notwendig wurde, weil Rousseau es ablehnte, eine spontane und natürliche Entstehung der gerechten politischen Gesellschaft ins Auge zu fassen. Im übrigen ist Rousseau keineswegs ein begeisterter Freund des »Gesetzemachens«. In einem guten Staat sollten *möglichst wenige* Gesetze vorhanden sein, und diese sollten auch *über möglichst lange Zeiträume* hindurch unverändert bleiben. Ja es erscheint ihm im Zweifelsfall immer noch besser, ein drückend und unbequem gewordenes Gesetz beizubehalten, als im Volke das Gefühl für die Stabilität der Gesetze zu zerstören, indem man es ändert.

In der Erstfassung des Contrat Social enthält das Kapitel über den Gesetzgeber noch eine Reihe von Abschnitten, die die Verwechslung seiner Funktion mit der eines Diktators verhindern sollen. Zwar sei es durchaus vorgekommen, daß man einem einzelnen Manne das Recht zusprach, Gesetze ohne Zustimmung des Volkes zu erlassen, aber hierbei habe es sich um einen *Mißbrauch* gehandelt und Rousseaus Darstellung betreffe nicht die bloßen *Fakten*, sondern allein das Recht. Der Irrtum dieser Lehren besteht nach Rousseau vornehmlich darin, daß sie aus dem erzwungenen Schweigen des Volkes eine stillschweigende Billigung machen und schließlich sogar den Willen des Fürsten *über* das Gesetz stellen, von dem er doch – in Wahrheit – erst seine Autorität erhält. »Der öffentliche Wille des legitimen Fürsten (der nach Rousseaus Auffassung immer nur die Regierungsgewalt, nie die Funktionen des Gesetzgebers ausüben kann) vermag die Einzelnen nur so lange zu verpflichten, als die Nation, die sich *ohne Hindernisse versammeln und widersetzen kann,* kein Zeichen der Zurücknahme ihrer Vollmacht gibt.«[91] Auch wenn es sich erwiesen hat, daß der Wille des »Législateur« einmal mit dem Gemeinwillen des sich konstituierenden Volkes übereinstimmte, kann daraus nicht auf eine dauernde Übereinstimmung zwischen dessen Wollen und dem der Gemeinschaft (der »volonté générale«) geschlossen werden, und es wäre Wahnsinn, wenn das Volk ihm seine gesetzgeberische Macht übertragen wollte. Dem Législateur kommt es nur zu, die Verfassungsgesetze zu formulieren und dem souverän-gesetzgebenden Volke zu unterbreiten, genauso wie später – nach Errichtung der Republik – die Regierung die Gesetze vorschlägt, über welche die Volksversammlung befindet. Das *Vorschlagsrecht* liegt *bei Einzelnen,* die Volksversammlung aber hat allein das Recht durch Abstimmung über Annahme oder Ablehnung zu entscheiden.

So sehr Rousseau auch sonst die Trennung von geistlicher und weltlicher Macht, wie sie Auguste Comte später lehren sollte, verurteilt hat, im Falle des Gesetzgebers und des souveränen Volkes nahm er sie an. Jener verfügt über alle geistige, dieses über alle reale, politische Macht. Er darf argumentieren und überreden, das Volk allein entscheidet. Er haucht dem politischen Körper gleichsam den Geist ein (ein Geist, der übrigens dem Körper »angemessen« sein muß, um ihn beleben zu können), verfügt aber nicht über dessen bewegenden Willen und darf selbst nicht Nutznießer der von ihm inspirierten Gemeinschaftsordnung sein.

Seinen verfassungsmäßigen Rechten nach (bzw. infolge des Fehlens derartiger Rechte) ist Rousseaus Législateur also alles andere als ein Diktator oder Tyrann. Er gleicht eher einem »Experten«, dessen Kompetenz aber nicht technischer, sondern moralischer Natur ist. Dagegen kann man in dem Hinweis auf die Überredungskünste und Ideologien, deren sich der machtlose Gesetzgeber bedienen darf, Ansatzpunkte für totalitäre Gedankengänge sehen. Am bedenklichsten stimmt aber vielleicht die Forderung nach »Genialität«, die in bezug auf den Législateur erhoben wird. Hier mag man schon an Max Webers »charismatischen Führer« gemahnt werden. Bei all dem darf man jedoch nie vergessen, daß der Législateur als solcher »nicht in die Verfassung eingeht«, ja daß er in einem – von Rousseau freilich nie ausgeführten – Ideal- und Normalfall gar nicht einmal erforderlich wäre.

§ 12 Souverän und Magistrat (»Gewaltenteilung«)

Souverän ist der Wille, welcher die Form des Staates, ja bereits die Existenz des Corps politique als solche bestimmt. Dieser souveräne Wille kann nach Rousseau nur beim »Volke«, d. h. bei der Vereinigung der Vollbürger liegen. Das heißt aber keineswegs, daß jede erwachsene Person, die im Staatsgebiet lebt, Mitglied des Souveräns (der souveränen Volksversammlung) sein muß, sondern lediglich, daß die staatliche Gemeinschaft selbst *nur aus den so vereinigten Vollbürgern* besteht. Andere im gleichen Gebiet lebende Menschen (Frauen, Fremde und bloße Einwohner) stehen außerhalb der eigentlichen Republik. Um ihr Los war Rousseau nie besonders besorgt.[92] Ebenso wie der Kreis der Vollbürger ist der Kompetenzbereich des Souveräns als Souverän begrenzt. Seine Akte können *nur* in *Gesetzen* bestehen. Gesetze aber haben stets einen *allgemeinen* Gegenstand, betreffen also nie den konkreten Einzelfall. Wenn daher auch das »souveräne Volk« oder die Vereinigung der Staatsbürger die allgemeinen Richtlinien und die Grundregeln für das Leben der politischen Gemeinschaft (d. h. die Gesetze) festlegt, so bedarf es doch eines weiteren, besonderen Organs, um diesen Anweisungen gemäß auf die Individuen zu wirken. Dieses Organ ist die *»Regierung«*.[93]

Unter »gouvernement« versteht Rousseau also – im Gegensatz zum Sprachgebrauch der Monarchien seiner Zeit – lediglich die Exekutivgewalt des Staates; gelegentlich scheint er das allerdings zu vergessen. Wir müssen daher – wie bei einer ganzen Anzahl anderer Begriffe – auch hier zwischen einem strengen und einem laxen Sprachgebrauch unterscheiden. In den »Lettres de la Montagne« gibt Rousseau eine eindeutige und klare Begriffsbestimmung: »Das Wort ›gouvernement‹, sagt er dort, hat nicht in allen Ländern die gleiche Bedeutung, weil die Verfassung der Staaten nicht überall die gleiche ist. In Monarchien, in denen die Exekutive mit der Ausübung der Souveränität zusammenfällt, ist die Regierung nichts anderes als der Souverän selbst . . . In Republiken (dagegen) und vor allem in Demokratien, in denen der Souverän niemals unmittelbar selbst handelt, liegt der Fall anders. Dort ist die *Regierung nur die Exekutivgewalt* und *absolut von der Souveränität geschieden*. Diese Unterscheidung ist in diesen Dingen außerordentlich wichtig. Um sie ganz gegenwärtig zu haben, muß man die beiden ersten Kapitel des dritten Buches meines Contrat Social mit einiger Aufmerksamkeit lesen, wo ich die präzise Bedeutung von Ausdrücken zu fixieren suche, die man mit Fleiß unbestimmt gelassen hatte, um ihnen bei Bedarf die Bedeutung zu geben, die einem paßte. Im allgemeinen verwenden die Führer von Republiken außerordentlich gern die Sprache der Monarchien. *Unter dem Schutz von Ausdrücken, die anerkannt zu sein scheinen*, wissen sie nach und nach *die Dinge herbeizuführen, die sie bedeuten.* Das tut auch im vorliegenden Fall der Verfasser der Briefe (J. R. Tronchin, dessen ›Lettres de la Plaine‹ der Anlaß zu Rousseaus Arbeit waren, IF), indem er das Wort ›gouvernement‹, das an sich nichts Schreckliches hat, für die Ausübung der Souveränität verwendet, deren direkte Beanspruchung durch den ›Kleinen Rat‹ empörend wäre.«[94]

Das Verhältnis zwischen gesetzgebender Gewalt (Volk) und ausführender Gewalt (Regierung) wird von Rousseau durch einen Vergleich mit der menschlichen Handlung im allgemeinen erläutert. Jede Handlung, so meint er, hat *zwei Ursachen:* eine »geistige« (morale), nämlich den Willen und eine physische, nämlich die materielle Macht (puissance), die dessen Anweisungen ausführt. So hat im Idealfall (den Rousseau auch nicht als die Regel annimmt) der Gesetzgeber (das Volk) nur zu wollen und die Regierung lediglich den Willen des Gesetzgebers auszuführen. Die Regierung sinkt nach dieser Analogie auf die Stufe eines bloßen Werkzeuges und Mittels herab, aber aus anderen Ausführungen im Contrat Social geht deutlich hervor, daß sich Rousseau bewußt war, daß die Regierung ebenso auch eigene Willensakte zu vollziehen hat. Besser als dieses erste Bild erläutert daher ein zweites die Eigenart der Beziehungen von Souverän und Regierung. Es heißt nämlich, die Regierung habe die Aufgabe, eine Verbindung zwischen Souverän und Staat (souverain et état) herzustellen. Der Souverän, das sind die vereinigten Staatsbürger, der Staat die isolierten Untertanen (d. h. die gleichen Menschen in ihrer materiell-bedingten Isoliertheit und »Absolutheit« betrachtet). Diese Funktion wird sodann mit der »Verbindung von Seele und Leib« beim Menschen verglichen. Die Seele des politischen Körpers wäre hier der gesetzgebende, souveräne Wille, der Leib die Summe der vereinzelten Untertanen. Hieraus folgt die Rousseausche Definition der Regierung als »eines Zwischenorgans (corps intermédiaire) zwischen den Untertanen und dem Souverän zum Zwecke ihrer gegenseitigen Übereinstimmung und betraut mit der Ausführung der Gesetze und der Erhaltung der bürgerlichen und politischen Freiheit« (CS III, 1). »Ich nenne daher *Regierung* oder oberste Verwaltungstätigkeit (suprême *administration*), die legitime Ausübung der Exekutive und ›*Prince*‹ oder ›*Magistrat*‹ den Menschen oder die Körperschaft, die mit dieser Verwaltung betraut ist (a.a.O.).«[95] Die Regierung stellt das Zwischenglied in dem Verhältnis des Souveräns zur Summe der Untertanen (Beziehung »des Ganzen auf das Ganze«)

dar. »Sie erhält vom Souverän die Befehle (in Form von Gesetzen) und gibt sie ans Volk (d. h. an sämtliche Untertanen) weiter.« Um daher ein *»Gleichgewicht«* im Staat zu haben, muß die Macht der Regierung ebenso groß sein wie »das Produkt oder die Potenz der Bürger, die einerseits Souverän und andererseits Untertanen sind« (a.a.O.). Das heißt sie muß stark genug sein, um sämtlichen Untertanen (je *einzeln*) befehlen zu können und gleichzeitig so schwach, daß sie den zum Souverän *vereinigten* Citoyens keinen Widerstand leisten kann. Aber umgekehrt darf die Regierung auch nicht so schwach sein, daß sie ihre *eignen* Funktionen an den Souverän abtreten muß. Es handelt sich also um ein diffiziles Gleichgewichtssystem, das – angesichts der Tatsache, daß die Stärke der vereinigten Citoyens und die der isolierten Privatpersonen (Untertanen) in jedem Gemeinwesen unterschiedlich ist – jeweils eine andere, unterschiedlich starke Regierungsgewalt erfordert. Für jedes Gemeinwesen in einem bestimmten Zustand gibt es daher nur *ein* einziges richtiges Regierungssystem, das das Gleichgewicht erhält.

Sobald einer dieser drei Faktoren (Souverän-Regierung-Volk) die Funktion des anderen zu übernehmen sucht, oder die eigne nicht mehr erfüllt, ist Despotismus oder Anarchie die Folge. »Wenn der Souverän regieren will oder wenn die Regierung Gesetze geben will oder wenn die Untertanen den Gehorsam verweigern, dann folgt auf die Regel die Unordnung (désordre) und Wille und Macht wirken nicht mehr zusammen und der aufgelöste Staat verfällt in Despotismus oder Anarchie.«[96] In Despotismus nämlich, wenn die Exekutive die Funktion der Legislative an sich reißt (CS III, 10), in Anarchie, wenn die Untertanen nicht mehr den Gesetzen und den gesetzmäßigen Anordnungen der Regierung folgen.

Jeder Bürger ist mit seiner ganzen (physischen) Person Untertan, während er an der souveränen Körperschaft nur einen der Größe des Gemeinwesens entsprechenden *Anteil* hat. Je kleiner daher das Gemeinwesen, desto größer sein Anteil an der gesetzgebenden Macht; je größer der Staat, desto geringer sein Anteil und desto geringer das Maß der politischen »Freiheit« des Einzelnen. Man könnte als Grenzfall einen »Staat« annehmen, der nur aus einem Menschen besteht, der als sittliches Wesen ganz »Souverän« und zugleich als physisches ganz »Untertan« wäre. Bei ihm fiele die moralische mit der politischen Freiheit völlig zusammen und die politische Freiheit hätte ihren höchstmöglichen Grad erreicht. Aber das wäre insofern eine unerlaubte Fiktion, als dieser Staat als

»être moral« zugleich »être physique« wäre und ein *isolierter* Einzelner – nach Rousseau – weder einen »Gemeinwillen« haben noch Tugend als die Voraussetzung der sittlichen Freiheit besitzen kann.

Je weiter wir von dieser »Identität« uns entfernen, desto mehr »vermindert sich die Freiheit« (a.a.O.). Je ungünstiger aber das Verhältnis zwischen dem Partikularwillen und dem Gemeinwillen ist (der hier als der Kollektivwille verstanden wird), desto stärker muß die »unterdrückende Gewalt« werden, um entgegen den auseinanderstrebenden Partikularwillen die Einheit und Vereinigtheit (d. h. die Existenz) der Republik aufrechtzuerhalten. An dieser Stelle flicht Rousseau nicht zufällig den Begriff der »Sitten« (mœurs) ein. Die Beziehung des Partikularwillens auf den Gemeinwillen bzw. auf die Gesetze wird nämlich auch als »mœurs« bezeichnet. Das soll heißen, daß dort, wo die Partikularwillen der Individuen von der Sitte bestimmt werden, zugleich ihr Einverständnis mit den Gesetzen (die vom Gemeinwillen erlassen wurden) selbstverständlich ist. Die Herrschaft der Sitten über das Wollen der Privatpersonen lockert sich aber notwendig mit wachsender Größe und sinkender Homogenität der Bevölkerung. Die gleiche Sitte kann nicht für die Menschen in Stadt und Land, im Gebirge und im Flachland, an der Küste und im Binnenlande gelten; auch deshalb sollten die Staaten möglichst klein sein, weil nur dann die Gewähr dafür besteht, daß alle Glieder der Republik unter gleichen Sitten leben. *Bertrand de Jouvenel* hat die Bedeutung dieser Bemerkung Rousseaus richtig eingeschätzt und macht folgende Fußnote zu ihr: »Das erklärt den Weg zum Despotismus, der nach Rousseau für die soziale Entwicklung charakteristisch ist. Viele Sitten (richtiger würde ich sagen: starke Wirksamkeit der Sitten, IF) und wenig Gesetze erfordern eine geringe Unterdrükkungsgewalt. Wenig Sitten (schwach wirksame Sitten, IF) und viele Gesetze eine starke Unterdrückungsgewalt. Diese Gewalt aber kann auch zur Unterdrückung des Sozialkörpers (richtiger: der auf ihre individuelle Existenz reduzierten Staatsangehörigen, IF) führen.«[97] Rousseau erscheint daher eine kleine, von Sitten fest zusammengehaltene Gemeinschaft als ideal, weil in ihr die Regierung relativ schwach sein und im Grenzfall sogar durch alle Vollbürger ausgeübt werden kann (Demokratie).

Als erste Konsequenz aus dem oben aufgestellten »Gleichgewichtsprinzip« ergibt sich also, daß die *Regierung um so stärker* sein muß, *je zahlreicher die Bevölkerung* und *je größer das Land ist.* Da sich aus der größeren Macht der Regierung aber »Versuchungen ergeben, diese Mittel zu mißbrauchen« (a.a.O.), bedarf in diesem Falle auch der Souverän einer (relativ) größeren Macht, um die Regierung in ihren Grenzen halten zu können. Wie diese relativ größere Macht des Souveräns aussehen soll, sagt uns Rousseau freilich nicht. Vielleicht hat man sich hierunter eine stärkere gesetzliche Einschränkung des individuellen Willkürspielraums (auch und vor allem der Regierungsmitglieder)[98] oder eine größere Häufigkeit der Volksversammlungen vorzustellen. Häufigere Volksversammlungen aber würden, abgesehen von ihrer technischen Schwierigkeit in einem großen Staate, erfordern, daß die Bürger einen größeren Teil ihres Lebens auf die Regelung der politischen Angelegenheiten verwenden, und hierzu sind sie – wie Rousseau weiß – um so weniger bereit, je weiter die Entwicklung der Gesellschaft vorangeschritten ist, oder mit anderen Worten, je heftiger der Konkurrenzkampf der Privatpersonen um individuelle und materielle Vorzüge ist. In einem zahlreichen Volk und einem großen Lande könnte also nur dann eine legitime Staatsordnung aufrecht erhalten werden, wenn die Bürgerschaft sehr »tugendhaft« oder die Neigung zur ausschließlichen Beschäftigung mit dem egoistischen Privatwohl wenig entwickelt wäre. Gerade damit aber kann nach Rousseaus Überzeugung in Großstaaten kaum gerechnet werden. Wenn Rousseau betont, daß *»heute«* nur noch in Kleinstaaten der legitime Souverän an der Macht bleiben kann, dann dachte er vermutlich daran, daß das antike Rom vermöge, seiner tugendhaften und patriotischen Bürgerschaft die ersten Vergrößerungen seines Machtbereiches ohne Vernichtung der republikanischen Verfassung ertrug und ein Ausmaß an Tugend und Standhaftigkeit bewies, das heute nicht mehr erwartet werden kann. »Vertu« ist immer die Voraussetzung der legitimen Staatsordnung, weil für Rousseau nur Republiken legitim sind, denen schon Montesquieu die Tugend als ihr eigentümliches Prinzip zusprach.[99] Je größer aber die Bedrohung der republikanischen Verfassung durch die Umstände ist, desto größer muß auch die Tugend der Bürger sein, um diese Bedrohung abzuwehren. Wenn Rousseau also die Kleinstaaten für geeigneter hält, im legitimen Zustand einer republikanischen Verfassung sich zu erhalten, so geschieht das nicht nur deshalb, weil er in Kleinstaaten mehr »mœurs« und mehr Tugend voraussetzt, sondern auch darum, weil für die Erhaltung republikanischer *Groß*staaten ein nur schwer zu erfüllendes *Maß* an Tugend und politischer Tätigkeit der Bürger erforderlich wäre, das höchstens auf der Grundlage der völligen Entlastung der Vollbürger von aller Erwerbstätigkeit (wie in den sklavenhaltenden Staaten der Antike) realisiert werden könnte.[100]

Auf einfachere Weise als die Stärkung des Souveräns ist die der Regierung zu erreichen. Diese ist nämlich um so mächtiger, je weniger Energie sie *auf die Vereinigung* ihrer Glieder zu einem »Corps« verwenden muß. Diesen Gedanken führt Rousseau im 2. Kapitel des 3. Buches in großer Breite aus: In jeder regierenden Person kann man drei »Willen« unterscheiden:

1. Den (individuellen) *Partikularwillen,* der allein auf den *Privatvorteil* gerichtet ist.
2. Den *Willen der regierenden Körperschaft* (des »prince«) zur Selbsterhaltung, der *»allgemein* in bezug auf die regierenden Individuen«, aber *partikular* in bezug auf den Staat als ganzen ist, und:
3. den *Gemeinwillen,* der auf die Selbsterhaltung der staatlichen Gemeinschaft geht und sowohl in bezug auf die Gesamtheit der Staatsbürger wie in bezug auf die regierende Körperschaft »allgemein« ist.

Nun sollte in einer gut funktionierenden Republik sowohl der Partikularwille der Einzelnen als auch der Wille der regierenden Körperschaft dem Gemeinwillen untergeordnet sein, der allein die Regel für die Handlungen der Regierung als Korps wie für jedes einzelne Glied der Regierung enthält. Die *»natürliche* Ordnung« ist aber dieser moralisch-rechtlichen entgegengesetzt. Je größer und umfassender das »être moral« ist, an dessen Willen das Individuum partizipiert, desto weniger ist dieser in ihm lebendig. Am stärksten ist daher der (egoistische) Partikularwille. Die natürliche Stufenordnung ist »derjenigen, welche die Gesellschaftsordnung verlangt, geradewegs entgegengesetzt« (CS III, 2). Wenn man also die Regierung einem *einzigen* Manne überträgt, dann fällt der Partikularwille mit dem Willen der regierenden Körperschaft völlig zusammen, die damit die größtmögliche Energie erhält. Umgekehrt ist die schwächste Regierung diejenige, die aus *allen* Vollbürgern besteht, weil dort der Abstand zwischen dem natürlichen Partikularwillen eines jeden und dem Willen der regierenden Körperschaft der denkbar größte ist.

Hinzu kommen noch eine Reihe anderer Gesichtspunkte, die

dazu beitragen, die kleine regierende Körperschaft im Vergleich mit der größeren zu stärken. So wird z. B. bei gleichbleibender Macht des Staates im ganzen die der einzelnen regierenden *Personen* durch deren Vermehrung herabgesetzt. Vor allem aber werden die Staatsgeschäfte von einigen wenigen erheblich *rascher* erledigt als von vielen, die durch ihre Beratungen oft den günstigsten Zeitpunkt für notwendige Maßnahmen verpassen.

Abschließend bemerkt Rousseau noch einmal, daß er hier nur die Frage der *Stärke*, nicht die der *»rectitude«* (damit ist hier die Gerechtigkeit gemeint) untersuche. Denn je zahlreicher die Regierung sei, desto mehr nähere sich ja ihr Korpswille dem Gemeinwillen des gesamten Volkes an. So muß denn der Législateur beide Gesichtspunkte im Auge behalten: den der *Nützlichkeit* und den der *Gerechtigkeit* und das geeignete Kompromiß für den jeweiligen Zustand des Staates finden. Die Regierungsgewalt sollte so *umfassend* wie *möglich* und so *konzentriert wie unbedingt nötig* sein. *Jouvenel* verteidigt Rousseau sicher mit Recht gegen den häufig erhobenen Vorwurf, er verfahre bei diesen Betrachtungen über die relative Stärke der Regierung und deren Notwendigkeit ausschließlich mechanisch-quantitativ. »Je größer das politische Gebilde, desto geringer die natürliche Kohäsion desselben. Am größten in einem Dorfe, ist sie bereits geringer in Athen oder Florenz, noch geringer in einem ausgedehnten Königreich wie Frankreich, gleich Null in den gewaltigen Imperien Asiens. Die zusammenhaltende Kraft der Regierungsmacht muß daher eine wachsende Rolle spielen. Hierzu wiederum müssen die Reibungsverluste innerhalb der Regierung auf ein Minumum reduziert werden. Rousseau konnte eine Bestätigung seiner Regel in der Verteilung der Regierungsformen erblicken: rein-demokratisch in Schwyz, aristokratisch in Venedig, monarchisch in Frankreich und despotisch im Orient.«[101] Man muß freilich bezweifeln, daß Frankreich (1762) nach der strengen Definition des Contrat Social als »Monarchie« bezeichnet werden konnte.

Die Grenzen zwischen den Regierungsformen sind fließend. Es zeigen sich kontinuierliche Übergänge:

1. An der monarchischen Regierung kann auch eine Mehrzahl von Personen beteiligt sein, ohne daß die Regierung aristokratisch würde. Sparta hatte zwei Könige und das römische Imperium bis zu 8 Kaiser auf einmal, ohne daß der Staat auseinandergefallen wäre.

2. Die aristokratische Regierung kann fast bis zu 50 % des Volkes umfassen oder auf einen ganz kleinen Kreis beschränkt bleiben und
3. die demokratische Regierung umfaßt 50–100 % des Volkes.

Außerdem können aber auch verschiedene *Zweige* der Regierung *unterschiedlich konstituiert* sein, der eine aristokratisch, der andere monarchisch, der dritte demokratisch usw. Diese kontinuierlichen Übergänge der Regierungsformen und ihre Kombinationen sind so zahlreich, daß es möglich wird, für jeden gesellschaftlichen Zustand die geeignetste Regierungsweise herauszufinden. Rousseau wendet sich daher *gegen* die Aufstellung einer absolut *besten Regierung* und meint »jede von ihnen ist in bestimmten Fällen die beste und in anderen die schlechteste« (III, 3). Seine Vorliebe gehört freilich der Demokratie und das heißt, demjenigen *Zustand* einer Gesellschaft, der die Errichtung einer demokratischen Regierung möglich macht. Aber er weiß, daß dieser kaum noch irgendwo in Europa anzutreffen ist.

a) Die demokratische Regierungsform

Bei einer demokratischen Regierungsform fällt der »Souverän« mit dem »Prince« zusammen. Die gleiche Körperschaft gibt in ihrer Qualität als Souverän die Gesetze und in ihrer Eigenschaft als »Prince«, d. h. als regierende Körperschaft Befehle an die einzelnen Glieder der Gemeinschaft. Diese Personalunion garantiert zweifellos die größte Übereinstimmung zwischen dem Geist der Gesetzgebung und der Anwendung der Gesetze auf den Einzelfall, denn niemand vermöchte die »lois« besser zu interpretieren, als derjenige, der sie selber erlassen hat. Aber Rousseau bemerkt doch sogleich auch, daß in dieser Personalunion große Gefahren liegen, weil »Dinge, die unterschieden werden müssen, nicht genügend auseinander gehalten werden« (CS III, 4). Zwar besteht keine Gefahr, daß der Gesetzgeber nicht im Sinne der Gesetze befiehlt, dafür korrumpiert aber die ständige Beschäftigung mit Detailfragen und Einzelanordnungen seinen gesetzgebenden Willen selbst! »Es ist daher nicht gut, daß derjenige, der die Gesetze macht, diese auch ausführt, und daß die Volksversammlung ihre Aufmerksamkeit von den *allgemeinen* Gesichtspunkten ablenkt, um sie *besonderen* zuzuwenden (a.a.O.).«[102] Das Bedenken, das Rousseau gegen die demokratische Regierungsform anmeldet, ist also, daß der

Gesetzgeber durch seine Belastung mit einer prinzipiell andersartigen Funktion leicht für seine Hauptaufgabe unbrauchbar werden kann.

Im Grunde wäre die reine Demokratie eine »Regierung ohne Regierung« und »ein Volk, das seine Regierung niemals mißbrauchte, würde auch seine Unabhängigkeit (d. h. die indépendance naturelle jedes Einzelnen, wie sie im vorstaatlichen Zustand vorausgesetzt wird) nicht mißbrauchen; ein Volk, das immer gut regieren würde, brauchte *gar nicht* regiert zu werden« (a.a.O.). Das heißt, wo man eine reine Demokratie errichten könnte, bestünde fast ebenso die Möglichkeit, jede Regierung abzuschaffen. Dieser Zustand wäre die völlige Herrschaftslosigkeit (Anarchie), wie sie die Marxisten für den Endzustand der »klassenlosen Gesellschaft« annehmen. Rousseau glaubt jedoch nicht an die Realisierbarkeit einer solchen idealen Regierungsform, obgleich ihr zweifellos seine Sympathie gehört. »Streng genommen«, meint er, »hat es niemals eine wahrhafte (echte) Demokratie gegeben und wird es auch nie eine geben.«[103]

Rousseaus übrige Einwände gegen die Demokratie sind noch mehr von Zweckmäßigkeitsgesichtspunkten bestimmt. Hierbei beweist er einmal mehr seinen Realismus. Während die Gesetzgebung auf wenige Tage im Jahr beschränkt sein kann, erfordern die laufenden Regierungsgeschäfte das fast ständige Zusammentreten der regierenden Körperschaft. Wie aber sollte das gesamte Volk (sämtliche Staatsbürger) ständig versammelt bleiben? Die einzige Möglichkeit bestünde – wie schon bemerkt – (CS III, 15) darin, die Produktion ganz in die Hand von Sklaven zu legen, so daß die Bürger sich ausschließlich der Sorge ums Gemeinwesen widmen könnten. Aber hieran ist in der modernen Welt nicht mehr zu denken, und Rousseau hat ja außerdem selbst noch einmal ausdrücklich die Ungesetzlichkeit der Sklaverei »bewiesen« (CS I, 4). Will man aber dem Übelstand dadurch abhelfen, daß man einen Teil der Regierungsgeschäfte bestimmten »Kommissionen« überträgt, dann wird hierdurch unvermeidlich die »forme de l'administration« verändert. Wo nämlich die Regierung aus mehreren unterschiedlich großen Behörden besteht (etwa einer Volksversammlung und einer Anzahl kleinerer Senate), da wird früher oder später *die kleinere*, beweglichere und daher aktionsfähigere Körperschaft die Macht ganz an sich reißen. Diese Einsicht in den sozialen Strukturzusammenhang politischer Institutionen hat Rousseau später an der

Geschichte seiner Heimatstadt Genf bestätigt gefunden, nur daß dort nicht allein die gesamte Regierungsgewalt schließlich beim »Kleinen Rat« konzentriert war, sondern auch die souveräne Gewalt, die der Große Rat nur noch nominell besaß.

Wenn dann Rousseau die verschiedenen Vorbedingungen aufzählt, die erfüllt sein müssen, um eine Demokratie funktionsfähig zu machen, erkennt man wieder, wie sehr im Grunde sein Herz dieser Regierungsform gehört: Das Land müßte *sehr klein* sein, damit das Volk leicht versammelt werden kann, jeder müßte *jeden* anderen *kennen*, die *Sitten* müßten sehr *einfach* sein, der *Reichtum* möglichst *gleichmäßig verteilt* und der *Luxus ganz unbekannt.* Aus diesem Grunde habe auch Montesquieu die Tugend zum Prinzip der Demokratie gemacht. Keine andere Regierungsform aber erfordere so viel Aufmerksamkeit und Wachsamkeit der Staatsbürger, weil keine so leicht wie die Demokratie zu Veränderungen und Bürgerkriegen neige. Jeder Bürger müsse sich daher Tag für Tag in seinem Herzen das Wort wiederholen, das der tugendhafte Wojewode von Posen auf dem polnischen Reichstage sprach: »malo periculosam libertatem quam quietum servitium«. Hierauf aber bricht das Kapitel mit dem resignierten Satz ab: »Wenn es ein Volk von Göttern gebe, würde es sich demokratisch regieren. Eine so vollkommene Regierung kommt den Menschen nicht zu.«

Wenn man den Zusammenhang betrachtet, in dem dieses Wort steht, so kann man es freilich auch als eine Äußerung des Unmutes und des Spottes ansehen, und sein verdeckter Sinn würde daher etwa lauten: »Euch, meine Zeitgenossen, müssen freilich Männer, die eine Demokratie errichten und erhalten können wie Götter erscheinen, denn eine so vollkommene Regierung kommt Menschen, die so korrumpiert sind wie Ihr, nicht (mehr) zu!«[104]

Eine Republik mit demokratischer Regierung ist sozusagen die *höchste Form der Republik,* deshalb erfordert sie auch alle Voraussetzungen und Eigenschaften, die Rousseau für die Erhaltung einer legitimen republikanischen Verfassung im allgemeinen fordert, in höchster Potenz, und es ist nicht gut denkbar, daß Rousseau sie nicht als »ideal« angesehen haben sollte. Immerhin hat er ja den Korsen eine demokratische Regierung empfohlen, wenn er auch wegen der Größe ihres Territoriums schon bei ihnen keine *reine* Demokratie mehr für möglich hielt, sondern nur ein »gouvernement mixte«, in dem sich das Volk lediglich *bezirksweise* versammelt und seine Beauftragten häufig wechselt.[105]

b) Die aristokratische Regierungsform

Hier ist der Souverän vom Prince, die gesetzgebende Körperschaft von der regierenden, deutlich getrennt und eine Verwechslung der Funktionen damit ausgeschlossen, so daß die Gefahr der Korrumpierung des Souveräns durch die Befassung mit Einzelfragen und Privatangelegenheiten wegfällt.

Die ersten staatlichen Gebilde, die in der Geschichte auftauchten, hatten nach Rousseau aristokratische Regierungen. Familienoberhäupter und Älteste berieten untereinander über die Staatsangelegenheiten; Alter und Weisheit genossen den Vorzug. So sei es auch noch »heute« bei den Eingeborenen Nordamerikas, und diese würden »sehr gut regiert«. Wir erinnern uns bei dieser Gelegenheit, daß Rousseau schon im zweiten Discours eine Aristokratie auf Grund des Alters und der Weisheit im Gegensatz zur widernatürlichen Erbaristokratie für gerecht erklärte (S. 59ff. dieser Arbeit).

Allmählich entwickelt sich jedoch aus dieser gleichsam *natürlichen Aristokratie* infolge des Entstehens künstlicher Ungleichheiten (inégalité d'institution) eine *Wahl-Aristokratie*, wobei die Reichsten und Mächtigsten sich im allgemeinen durchsetzen. Schließlich geht sogar ihre Macht mit dem Besitz vom Vater auf den Sohn über, die aristokratische »Regierung wird *erblich* und man sieht Senatoren von zwanzig Jahren« (III, 5).

Die natürliche Aristokratie »kommt nur ganz einfachen Völkern zu, die dritte ist die schlechteste von allen Regierungsformen. Die zweite die beste: die *eigentliche* Aristokratie« (a.a.O.). Wenn hier Rousseau die Wahl-Aristokratie als die beste bezeichnet, nimmt er an, daß bei den Wahlen zwar die bereits in der Gesellschaft existierenden Ungleichheiten von Einfluß sind, aber doch auch mit wirklichen moralisch-politischen Qualitäten: Rechtschaffenheit (probité), Klugheit (lumières), und Erfahrung (expérience) zusammentreffen. Die Wahl-Aristokratie hat für ihn den Vorzug, daß sie zur Regierung »durch die Besten« führt. »Es ist die beste und *natürlichste(!)* Ordnung, daß die Weisesten die Menge (multitude!) regieren, *wenn man sicher ist, daß sie es in deren Interesse* und nicht im Eigeninteresse *tun* ... (a.a.O.).«[106] Wenn die »Demokratie« die größte Sicherheit für eine legitime Regierung (d. h. für die Übereinstimmung der Regierungstätigkeit mit den Gesetzen und ihrem Geiste) gewährt, so stellt die (Wahl-)*Aristokratie* die zweckmäßigste Regierungsform dar. Sie bringt im Idealfall die Besten an die Spitze der Regierung, verschafft dem Staat Ansehen im Ausland und handelt rasch und effektvoll. Aber sie neigt andererseits unvermeidlich dazu, von der geraden Linie abzuweichen, die der Gemeinwille vorschreibt.

Die Errichtung einer aristokratischen Regierung erfordert weniger »Tugend« als die einer Demokratie. Das Volk braucht nicht ganz so einfach und anspruchslos zu sein, die Gleichheit ist nicht im selben Maße erfordert und auch die Größe des Staates braucht nicht so begrenzt zu sein wie für die Errichtung einer demokratischen Regierungsform. Andererseits verlangt sie aber spezifische Tugenden: nämlich »*Mäßigung* bei den Reichen und *Zufriedenheit* bei den Armen«.[107] Denn die Unterschiede des Reichtums spielen hier eine Rolle, da die »Verwaltung der öffentlichen Angelegenheiten denjenigen anvertraut werden soll, die diesen am besten ihre ganze Zeit zu widmen vermögen«. Das heißt aber, daß bei der Wahl den Reichen der Vorzug gebührt, aber nicht – wie Aristoteles meinte – weil sie reich sind, sondern nur, weil sie *mehr Zeit* für die Verwaltung der öffentlichen Angelegenheiten aufwenden können. *Gelegentlich* solle aber eine entgegengesetzte Wahl dem Volke zeigen, »daß in den Verdiensten der Menschen mehr und wichtigere Gründe für ihre Bevorzugung liegen als im Reichtum.«[108]

Während die Aristokratie einerseits als die »beste Regierungsform« bezeichnet wird, erscheint sie Rousseau andererseits als die »schlechteste (Form der) Souveränität«.[109] Das heißt eine Minderheit wohlhabender aber zugleich weiser und rechtschaffener Männer verwaltet zwar am besten die Angelegenheiten des Staates, aber die gleiche Minderheit wird *despotisch, wenn sie* sich der souveränen Gewalt bemächtigt und *selbst Gesetze geben will.* Denn es ist – nach Rousseau – undenkbar, daß eine vereinigte Minderheit auf die Dauer mit dem Gemeinwillen übereinstimmt und gerechte Gesetze gibt. Ja diese Übereinstimmung erscheint ihm noch weit weniger wahrscheinlich, als die mit dem individuellen Willen eines Monarchen. Den Grund hierfür sieht er darin, daß ein Individuum (ein souveräner Monarch) die *Stimme seines Gewissens* hören könnte, wenn es ein Gesetz erläßt, das nur ihm und nicht der ganzen Gemeinschaft nützt, während das Mitglied einer souveränen Minderheitskörperschaft durch die Übereinstimmung seines Partikularwillens mit dem des regierenden Korps gleichsam ein »gutes Gewissen« bekommt; weil, »was Unanständiges darin liegen könnte, sich selbst anderen vorzuziehen, durch die Teilhabe an einer zahlreichen Gesellschaft verschwindet«.[110] Diese partielle »Moralität« des Gruppenwillens ist es u. a. auch, die Rousseau jede Bildung von (politischen) Teilgemeinschaften innerhalb des Staates verurteilen läßt (CS IV, 1). Derartige Vereinigungen von Bürgern sind der Republik deshalb so gefährlich, weil sie auf dem *gleichen Vereinigungsprinzip* beruhen wie diese und weil sie auf Grund ihrer geringeren Ausdehnung fester vereinigt sein können als der umfassendere Staat. Wenn auch der Gruppenegoismus nicht ganz so stark sein mag wie der individuelle, so hat er diesem gegenüber doch die moralische Rechtfertigung voraus: indem man das Wohl der Teilgemeinschaft verfolgt und dem der Republik vorzieht, setzt man sich nicht im gleichen Maße der Verurteilung durchs eigne Gewissen aus, als wenn man das Privatwohl auf Kosten der Gemeinschaft anstrebt. Tugend und amour-propre, die im Patriotismus zusammenwirken, sind auch hier miteinander kombiniert, und da Rousseau kein Prinzip besitzt, um Staatsfunktionen und Aufgaben der bürgerlichen Gesellschaft zu trennen, müssen derartige Gruppen sofort als Konkurrenten der politischen Gesamtgesellschaft, der Republik, erscheinen. Sein individualistischer Ausgangspunkt führt hier notwendig zu einer anti-liberalen Konsequenz. Indem die Republik selbst als eine Veranstaltung der Privatpersonen verstanden wird, müssen alle anderen Vereinigungen von Privatpersonen innerhalb ihrer als gleichartig erscheinen. Es ist kein Zufall, daß Rousseau bei der Behandlung der polnischen Frage von diesem Gesichtspunkt abweicht und die Adelsgenossenschaft (Confédération de Bar) ausdrücklich als ein Mittel zur Erhaltung des Staates anerkennt, wobei er sich gegen *Mablys* demokratischen Doktrinarismus wendet.[111] Der polnische Adel identifiziert sein Standesinteresse weithin mit der Existenz der Nation und hat in den Zeiten der Knechtschaft die Kontinuität der polnischen Nation durch seine Genossenschaft aufrechterhalten. Er ist, wie Hegel später vom grundbesitzenden preußischen Adel sagen wird, ein politischer Stand. In der *bürgerlichen* Gesellschaft aber gibt es nur noch Gruppierungen des Privatinteresses, und allein unter Absehung von diesem können tugendhafte Staatsbürger das wahre Gemeinwohl erkennen. Deshalb dürfen hier keine das private Gruppeninteresse intensivierenden und organisierenden Vereinigungen geduldet werden. Nur wenn die Bürger in der Stille, jeder für sich, über das Interesse der Gemeinschaft nachdenken, können sie die Stimme des Gemeinwillens in sich vernehmen, die mit der des Gewissens zusammenfällt.

Rousseaus Verurteilung der Aristokratie als »Souveränität« geht von den Verhältnissen der modernen bürgerlichen Gesellschaft und dem Vorherrschen des Privat- und Gruppenegoismus aus. Seine Betrachtungen über die Regierung Polens zeigen, daß er sich zumindest zeitweise des wesentlichen Unterschiedes zwischen der modernen bürgerlichen und einer älteren Feudalgesellschaft mit ihren Strukturgesetzen bewußt war.

c) Die monarchische Regierungsform

Wie in den beiden vorher geschilderten Fällen muß auch hier zwischen der Souveränität des Monarchen (die illegitim ist) und der monarchischen Regierungsform (die Rousseau für legitim und in gewissen Fällen sogar für wünschenswert hält) unterschieden werden. So spricht z. B. Rousseau in den Lettres de la Montagne von der zeitgenössischen illegitimen Monarchie und sagt von ihr: »In den Monarchien, in denen die *Exekutive mit der Ausübung der souveränen Gewalt verbunden* ist, ist die Regierung niemand anders als der Souverän selbst, der durch seine Minister, seine Kollegien oder (andere) von seinem Willen absolut abhängige Körperschaften handelt.«[112] Wenn Rousseau im Emile bei der Zusammenfassung der Thesen des Contrat Social von der monarchischen Regierungsform sagt, sie »sei die verbreitetste« (Œuvres II, 437), so trifft das streng genommen insofern nicht zu, als die meisten zeitgenössischen Monarchen ja die Souveränität für sich in Anspruch nahmen und daher nach Rousseaus Definition *Despoten* waren. Im Contrat Social jedenfalls sollte nur von der monarchischen Regierung im Rahmen einer legitimen *republikanischen Verfassung* (d. h. auf der Grundlage der Volkssouveränität) die Rede sein. Tatsächlich hat man jedoch den Eindruck, daß Rousseau auch hier mehr als einmal vom Thema abweicht und über die *existierenden* Monarchien, statt über die von ihm als einzig legitim dargestellte Monarchie handelt. Dafür spricht auch, daß er mehrfach als Gegensatz zur *Monarchie* das »gouvernement *républicain*« erwähnt.[113] Im Unterschied zu den beiden anderen Regierungsformen wird hier der »prince« nicht durch die Verbindung mehrerer Personen zu einem »corps« gebildet, sondern ist »unmittelbar eine physische Person«. Diese »nennt man einen Monarchen oder einen

König« (CS III, 6). Die »unité morale« der Regierung, welche sonst mit so viel Anstrengung erst hergestellt (und erhalten) werden muß, ist hier bereits durch die Natur gegeben.

Der Vorzug der Monarchie liegt in ihrer Stärke. Keine innere Reibung nimmt ihr etwas von ihrer Gewalt. Aber mit diesem Vorzug hängt auch unmittelbar ihre Gefahr zusammen. Denn es gibt keine Regierungsform, »in der der Partikularwille so leicht alle anderen beherrscht« (a.a.O.). Partikularwille und Korps-Wille der Regierung fallen ohnehin zusammen, aber auch der Gemeinwille läuft leicht Gefahr, von dem besonderen Willen des Monarchen unterdrückt zu werden. »Alles geht auf das gleiche Ziel zu, gewiß, aber dieses Ziel ist nicht das öffentliche Glück (félicité publique), und die Stärke des Staates wirkt sich ständig zum Nachteil des Staates (d. h. der Untertanen) aus.«[114] Sogleich wendet sich Rousseau hier psychologischen Erwägungen über die mutmaßlichen Motive der Monarchen zu. Diese wollen mächtig oder »absolut« sein, und wenn man ihnen auch versichert, daß sie dieses Ziel am besten erreichen können, wenn ihre Völker sie lieben, erscheint ihnen dieser Weg doch ungewiß und sie wollen lieber »*böse sein können*, ohne deshalb aufzuhören die Herren zu sein«. Es geht ihnen um ihre Herrschaft und hierfür erscheint ihnen die *Schwäche* des Volkes als günstigste Voraussetzung. »Ich gebe zu, daß es im Interesse des Fürsten läge, das Volk stark zu machen, wenn die Untertanen immer unterwürfig (soumis) wären . . . aber da dieses Interesse erst in zweiter Linie kommt und untergeordnet ist und (außerdem) die beiden Annahmen unvereinbar sind (entweder das Volk ist schwach und unterwürfig, oder aber stark und aufsässig, IF) ist es nur natürlich, daß die Fürsten der Maxime, die ihnen am unmittelbarsten nützt, den Vorzug geben.«[115]

Rousseau setzt jedoch sein Plädoyer gegen die Monarchie noch fort. Wenn er oben gesagt hatte, daß sie besonders für größere Staaten geeignet sei, so erklärt er hier: sie sei für kleine Staaten auch viel zu kostspielig. Denn da der Abstand zwischen dem Monarchen und dem Volk zu groß sei, brauche man »dazwischenliegende Stände, Fürsten . . . und Adlige um ihn auszufüllen« (a.a.O.). Rousseau hält also eine *Monarchie ohne privilegierten Adel*, in der der König unmittelbar dem Volk gegenübersteht, für unmöglich. Es handelt sich ja hier nicht um die Schilderung historischer Zustände, sondern um die Konstruktion eines Typus und die einer Rechtsordnung. Die für die Monarchie zugegebene Notwendigkeit gesellschaftlicher Zwischen-Stufen stellt vielleicht auch eine Begründung für seine Anerkennung der polnischen Adelskonföderation dar, von der ich im vorigen Abschnitt sprach. Während in einer demokratischen Republik alle derartigen Gruppierungen sowohl gefährlich als auch unnötig sind, werden sie in einer Monarchie als zulässig und nützlich erachtet. Auch hier zeigt sich wieder, daß Rousseau keineswegs starr an seinen Prinzipien festhält, sondern sie den Erfordernissen der Umstände gemäß zu modifizieren bereit ist.[116]

Ein weiterer Nachteil der Monarchie scheint für Rousseau darin zu bestehen, daß der Monarch bei der Auswahl seiner höchsten Beamten von Intrigen und der Geschicklichkeit der Hofleute bestimmt wird, statt das wahre Verdienst zu berücksichtigen. Das Volk sei in der Auswahl geeigneter Männer viel sicherer und schwerer über deren *sittliche* Qualitäten zu täuschen. Das würde allerdings nur in einem Kleinstaat gelten, in dem das Volk die zum Regieren geeigneten Männer tatsächlich kennt und insofern ist die Gegenüberstellung nicht ganz berechtigt, da die Monarchien ja ausdrücklich für *größere* Staaten vorgesehen waren.

Besonders bedenklich stimmt Rousseau aber die *fehlende Kontinuität* der Regierungsgewalt in den Wahl-Monarchien, die regelmäßig während der Wahlzeit innere Unruhen durchmachen, die zur völligen Unterbrechung der Regierungstätigkeit führen können. Auch wäre es erstaunlich, wenn der König, der die Großen des Landes vor der Wahl bestechen muß, sich nicht *nach* derselben an den einfachen Untertanen für diese Ausgaben schadlos halten würde. Aber auch die *Erbmonarchie*, die man eingeführt habe, um den Gefahren der Neuwahl zu entgehen, sei nicht besser. Hier werde zwar die Kontinuität der Regierung gesichert, aber auf Kosten ihrer Qualität und man laufe ständig Gefahr, Kinder, Schwachsinnige oder Ungeheuer an der Spitze der Regierung zu sehen. Die übliche Prinzenerziehung bedeute keineswegs eine Hilfe, sondern trage vielmehr reichlich dazu bei, den künftigen König schon früh zu korrumpieren.

Aber selbst in Erbmonarchien nimmt Rousseau keine echte Konstanz der Regierung an. Die Launen des Königs wechselten wie die Personen, die seine Entschlüsse bestimmen, und so zeige der Staat weit weniger Festigkeit in seinen Zielen als unter der Führung eines *weisen Senats.*[117]

Freilich wäre die Monarchie die beste Regierungsform, wenn ein *guter König* regiert; aber die Verteidiger der Monarchie *»unterstellten immer, daß der Fürst sei, was er sein solle«*, und man könne den eigentlichen Wert einer Regierungsform erst dann erkennen, wenn man sie unter *ungünstigsten Verhältnissen* z. B. unter einem bornierten und *bösen Herrscher* betrachte. Dieses Urteil Rousseaus überrascht insofern, als er selbst bei der Behandlung der Grundlagen der *Republik* (der Volkssouveränität) die Voraussetzung gemacht hatte, »daß der Souverän allein dadurch daß er ist, schon immer ist, was er sein soll«. Aber der scheinbare Widerspruch (auf den Jouvenel a.a.O. S. 278 hinweist) erklärt sich dadurch, daß der Souverän (als Volk) einfach aufhört zu existieren (legal zu existieren und anders »ist« er einfach nicht!), wenn er seiner Aufgabe nicht mehr gerecht wird, während der Monarch auch dann noch legal regieren kann, wenn er borniert und böse ist.

In den Betrachtungen über die Regierung Polens hat Rousseau eine *Wahlmonarchie* (wie sie der polnischen Tradition entsprach) entwickelt und eine Reihe von verfassungsrechtlichen Bestimmungen vorgeschlagen, die die hier geschilderten Nachteile beseitigen sollten. Zur Vervollständigung des Bildes will ich die wesentlichsten Punkte dieser Vorschläge anführen. Der König soll aus der Anzahl der 33 Wojewoden gewählt werden. Um aber alle Intrigen und Wahlkapitulationen zu umgehen, sollen zunächst auf dem Reichstag, der die Wahl vornimmt, aus diesen *33 Wojewoden drei durch das Los* ausgewählt werden, unter denen dann durch die *sofort anschließende Wahl* auf Grund einfacher Mehrheit einer zum König bestimmt wird. Auf diese Weise möchte Rousseau die Vorteile der Erblichkeit mit denen der Wahl kombinieren: »Denn, erstens wird es niemals ein kontinuierliches System der Unterdrükkung der Republik geben, weil die Krone nicht vom Vater auf den Sohn vererbt wird. Zweitens ist das *Los hier selbst ein Instrument einer erleuchteten und freiwilligen Wahl.* Denn unter dem ehrwürdigen Korps der Wojewoden, unter denen das Los geworfen wird, kann keine Wahl getroffen werden, die nicht bereits im voraus durch die Nation bestätigt worden wäre«,[118] da die Wojewoden erst auf Grund einer langen Laufbahn unter den Augen der Öffentlichkeit und auf Grund wiederholter Wahlen auf ihre Posten gelangt sind. Mit den Vorteilen der Erbmonarchie meint Rousseau hier lediglich das Fehlen von Unruhen und Fraktionskämpfen, die das Land an den Rand des Bürgerkrieges bringen können.

Das in den Betrachtungen über die Regierung Polens vorgeschlagene System einer Wahl-Monarchie entspricht den Gesichtspunkten, unter denen die monarchische Regierungsform im Contrat Social eigentlich hätte behandelt werden müssen. Rousseau war aber dort nicht in der Lage, von ihr zu reden, ohne durch den Gedanken an die Mißstände in den großen Monarchien seiner Zeit sich aus dem Konzept bringen zu lassen.

d) Die gemischte und die gemäßigte Regierungsform

Das Kapitel über die »gouvernements mixtes« gehört zu denjenigen des Contrat Social, die besonderer Aufmerksamkeit bedürfen, weil sie dem gängigen Rousseau-Bild am meisten widersprechen und häufig übersehen werden.

Im ersten Teil dieses Kapitels (CS III, 7) schildert Rousseau die Fakten: Eigentlich gibt es gar keine »einfache Regierungsform«, denn das »gouvernement populaire«, die Demokratie, braucht einen »chef«, während umgekehrt (so muß Rousseaus Gedankengang hier ergänzt werden) der Monarch ausführender Behörden und beratender Kollegien bedarf. Es gibt also weder die reine Herrschaft Aller (die Demokratie), noch die reine Herrschaft des Einen (die Monarchie), noch auch die reine Aristokratie, weil auch hier ein »chef« der Regierung nötig ist. Der Unterschied zwischen der Demokratie und der Monarchie als den beiden Extremformen besteht nur darin, daß bei der ersten » die kleine Zahl (der »chef« z. B.) von der großen« abhängt, während es bei der Monarchie umgekehrt ist.

Doch geht es hier nicht um diese einfachen Tatsachen, sondern um solche Regierungssysteme, in denen die *Regierungsgewalt selbst geteilt* ist. Dabei können die »konstituierenden Teile der Regierung entweder wechselseitig voneinander abhängig sein, wie bei der Regierung Englands; oder die Autorität jedes Teils kann unabhängig von der des anderen, aber unvollkommen sein wie in Polen«.[119] Die polnische Lösung lehnt Rousseau ab, weil sie die Einheit des Staates gefährde, während er die englische billigt. So scharf Rousseau auch immer die Teilung der *Souveränität* kritisiert hat, weil er das Wesen der Republik in der staatlichen Einheit und die Wurzel der Einheit im einheitlichen Willen des Souveräns erblickte, so sehr stimmt er – wenigstens in bestimmten Fällen – einer Teilung der ausführenden Gewalt zu und schließt sich in diesem Punkte seinem großen Vorgänger *Montesquieu* an. Während es freilich der liberalen Absicht Montesquieus entsprach, durch die Teilung der Gewalten die Freiheitsspielräume der Individuen zu sichern, ist Rousseaus Zweck, die Übermacht der Exekutive gegenüber dem gesetzgebenden Souverän zu verhindern. Wenn man die Regierungsgewalt teilt, würden diese Teile zwar gegenüber den Untertanen ebensoviel Autorität haben wie zuvor, aber zugleich im Verhältnis zum Souverän geschwächt werden. Unter der immer vorauszusetzenden Legitimität des Souveräns (sobald es keinen legitimen Souverän mehr gibt, fällt der Staat auseinander oder wird zur Tyrannis) kommt aber alles darauf an, die Regierung an dessen Willensausdruck, das Gesetz, zu binden. Auch wenn Montesquieu und Rousseau von verschiedenen Seiten aus argumentieren, läuft in diesem Punkt ihr Denken daher fast auf das gleiche hinaus. Denn die fest ans Gesetz gebundene Exekutive (und Jurisdiktion) kann – unter den von Rousseau angenommenen Voraussetzungen – ebensowenig den einzelnen Gliedern des Gemeinwesens schaden, wie der von Montesquieu konstruierte Staat der einander balancierenden Gewalten.

Neben den »gemischten« Regierungsformen kennt Rousseau die *»gemäßigten«*. Diese entstehen durch die Errichtung von »magistrats intermédiaires«, von Zwischeninstanzen, die zwar die Einheit der Regierung intakt lassen, aber doch dazu dienen, »einen *Balancezustand* zwischen den beiden Gewalten (der gesetzgebenden und der ausführenden) herzustellen und ihre jeweiligen Rechte aufrechtzuerhalten« (a.a.O.).[120] Entgegen der üblichen Darstellung ist es Rousseau also durchaus auch darum zu tun, die Rechte der *Regierung* zu erhalten, nicht nur die des Souveräns. Sein grundsätzliches Bedenken gegen die demokratische Republik, das in dem Satz zum Ausdruck kam »es ist nicht gut, daß der, welcher die Gesetze macht, sie auch ausführt (d. h. anwendet, IF)« (CS III, 4), läßt es ihm wünschenswert erscheinen, den *Unterschied* der beiden *Funktionen* auch *institutionell zu verankern.* Aus diesem Grunde gab Rousseau der »aristokratisch-regierten Republik« den Vorzug, wenn er auch dem Ideal der »demokratischen Republik«, das dem einfachsten und daher »gesündesten« Gesellschaftszustand entspricht, nie ganz abschwören konnte.

Während es sich als zweckmäßig und notwendig erweisen kann, die aristokratische oder monarchische Regierung durch eine Aufteilung in Einzelbehörden zu schwächen, kann es sich umgekehrt empfehlen, eine demokratische Regierung durch die »Errichtung von Behörden zu konzentrieren« (CS III, 7).[121] Dieser Hinweis ist insofern außerordentlich wichtig, weil er wenigstens eine Andeutung von dem gibt, was Rousseau unter einem »gouvernement démocratique sagement tempéré« verstanden hat, wie er es ursprünglich in seiner Heimatstadt Genf zu finden glaubte.[122]

Kapitel IV
Voraussetzungen für die Errichtung und Mittel zur Erhaltung der Republik

Die von Rousseau als einzig legitime Staatsform entwickelte Republik ist an eine Reihe von *Voraussetzungen* gebunden, deren Aufrechterhaltung zu einer der wichtigsten Aufgaben der Regierung wird und die man unbedingt berücksichtigen muß, wenn man Rousseaus politisches »Ideal« verstehen und beurteilen will. In den Kapiteln 8-10 des 2. Buches des Contrat Social entwickelt Rousseau ausführlich die Bedingungen für die Errichtung einer legitimen Republik durch den Gesetzgeber, Gedankengänge, die aus einer Reihe anderer Schriften ergänzt werden können. In den Verfassungsentwürfen für Korsika und Polen beschäftigt er sich dagegen mit den pädagogischen und wirtschaftspolitischen Maßnahmen, die zur *Aufrechterhaltung* einiger dieser Voraussetzungen dienen können; auch die Formulierung einer »religion civile«, eines republikanischen Glaubensbekenntnisses als Grundlage für die geistige Gemeinschaft der Staatsbürger gehört in diesen Zusammenhang.

§ 13 Der geeignete Zeitpunkt und die richtige Größe für die Errichtung der Republik

a) Der geeignete Zeitpunkt

Nicht jede Art der Gesetzgebung paßt für jedes Volk, und nicht jedes Volk ist in der Lage, die einzig legitime Staatsform der Republik zu empfangen.[1] Obgleich Rousseau der Überzeugung war, daß nur solche Staaten, die den im Contrat Social entworfenen Prinzipien entsprechen, »legitim« sind, hat er doch nie für möglich gehalten, allen Völkern eine republikanische (= legitime) Verfassung zu geben. Einige erschienen ihm von vornherein hierfür untauglich, andere hielt er für bereits zu weit fortgeschritten auf dem Weg des Verfalls, um noch die Anstrengungen der republikanischen Freiheit auf sich nehmen zu können.[2] Die republikanische Staatsordnung kann nur zu einem Zeitpunkt eingeführt werden, in dem das Volk zwar schon ein Bedürfnis nach Vergesellschaftung empfindet, aber noch nicht ganz die »Einfachheit der Natur« verloren hat. Rousseau nennt das die »Jugend eines Volkes« und vergleicht den geeigneten Zeitpunkt zur republikanischen Staatsbildung mit dem richtigen Augenblick für das Einsetzen der vernünftigen Belehrung nach einer nur »negativen« Phase der Erziehung. »Die meisten Völker sind wie die Menschen nur in ihrer Jugend gelehrig (docile), sie werden mit dem Alter unkorrigierbar. Wenn sie einmal bestimmte Bräuche angenommen und wenn sich Vorurteile bei ihnen festgesetzt haben, dann ist es *ein gefährliches und nutzloses Unterfangen,* sie reformieren zu wollen; das Volk erträgt dann nicht einmal mehr, daß man an seine Leiden rührt, um sie zu beseitigen, ähnlich wie jene idiotischen Kranken, die beim Anblick des Arztes erzittern.«[3] Zwar schließt Rousseau an dieser Stelle Revolutionen nicht ausdrücklich aus, aber er beschränkt deren erfolgreiche Möglichkeit auf Völker, die noch »barbares« sind, und nennt als Beispiele: Lykurgs Erneuerung Spartas, Rom nach der Vertreibung der Tarquinier,[4] Holland und die Schweiz nach der Niederlage der Tyrannen. Alle diese Völker waren noch nicht korrumpiert und *von innen* zerfallen, sondern hatten eine wilde und barbarische Freude an der Unabhängigkeit behalten, die durch ihre geographische Situation gefördert worden sein mag, wie Maurice Halbwachs hervorhebt:[5] Sparta inmitten des Peloponnes fern von dem völkerverbindenden Meere gelegen, Latium von den hochzivilisierten Staaten der Zeit weit entfernt, die Schweiz, ein halbes Jahr eingeschneit und die Holländer endlich ein armes Volk von Fischern und Seeleuten, das sein Land mühsam gegen das Meer verteidigen muß. Aber eine solche Möglichkeit revolutionärer Erneuerung und Wiedergewinnung der Freiheit besteht bei Völkern, die bereits einmal eine legitime republikanische Staatsform besessen und am zivilisatorischen Fortschritt teilgenommen haben, nicht mehr. Barbaren, die gewaltsam unterdrückt wurden, bewahren sich die Erinnerung, ja das lebendige Gefühl ihrer »indépendance«, sie gehorchen wider Willen nur solange sie müssen; einmal zivilisierte Völker dagegen, die verlernt haben, das Gesetz und die bürgerliche Freiheit zu lieben, sind für immer verloren. Ihr Aufstand könnte sich nicht mehr auf das natürliche Gefühl der Freiheit stützen, weil sie es schon lange nicht mehr kennen. Zwar will jeder einzelne Zivilisierte auf Kosten aller anderen möglichst unabhängig und mächtig sein, aber gerade durch ihre Vereinzelung und die aus ihr folgende Uneinigkeit bewirken sie die totale Abhängigkeit aller von einem allmächtigen Tyrannen oder einer tyrannischen Institution. Deshalb können – nach Rousseau – Anwärter auf die tyrannische Herrschaft gar nichts klügeres tun, als den Drang nach Reichtum und Luxus und den Wettlauf um die Erringung dieser Güter zu fördern. In derart korrumpierten Nationen kann eine Revolution nur ein momentanes Aufbegehren sein, dem früher oder später der Zusammenbruch und die Errichtung einer neuen Tyrannis folgt. Derartige Völker brauchen nicht mehr einen *»chef«*, der die Gesetze anwendet, sondern einen *»maître«*, der über ihnen steht. Denn wo die Mehrheit der Bevölkerung die Gesetze und die von ihnen verlangte Gleichheit nicht mehr liebt, kann nur noch durch Zwang eine erträgliche Ordnung geschaffen werden. Im Genfer Manuskript schreibt Rousseau über diese Völker: »Im allgemeinen verlieren die Völker, die durch eine lange Sklaverei und die mit ihr verbundenen Laster entnervt sind, zugleich die Liebe zum Vaterland und das Gefühl fürs Glück; sie trösten sich über ihre unglückliche Lage, indem sie sich einbilden, man könne nicht besser dran sein; sie leben zusammen *ohne jede echte Vereinigung* (sans aucune véritable union), wie Leute, die auf einem Terrain versammelt *aber durch Abgründe voneinander getrennt* sind.«[6] Der *Zusammenhalt* der Gemeinschaft aber *ist es, der in einer Republik die Freiheit* des Volkes gegenüber allen Anschlägen möglicher Tyrannen *garantiert.* Sowie die »véritable union« daher verloren geht, muß der Verlust der Freiheit folgen. Sobald aber seine »Ketten gefallen sind, zerfällt das Volk in Stücke« (a.a.O.). Es war schon unter dem Tyrannen keine Gemeinschaft, kein echter Staat mehr, wie ja auch die absolute Monarchie, die Hobbes im de Cive beschreibt, auf der souveränen Herrschaft eines Mannes über die nach dem Gründungsakt in lauter *unverbundene Einzelne* zerfallende Gemeinschaft beruht.[7]

Das Hauptbeispiel für eine schädliche *Verfrühung* des Versuchs der Errichtung eines politischen Gemeinwesens ist nach Rousseau *Rußland.* Peter der Große hat diesem barbarischen Volk viel zu früh eine Zivilisation gebracht, die ihm schaden mußte. Anstatt seine Landsleute zu Russen zu erziehen, wollte er Deutsche oder Engländer aus ihnen machen. »Die Russen werden niemals wahrhaft politisch gebildet werden, weil sie zu früh gebildet wurden.«[8] Claude-Carloman de Rulhière, der 5 Jahre lang als Sekretär des französischen Gesandten in St. Petersburg tätig war, bestätigt Rousseau in seinen Briefen aus Rußland, wie recht er mit dieser

These habe. Er sucht bei dieser Gelegenheit auch den Widerspruch zwischen der Montesquieuschen und Rousseauschen Lehre vom Einfluß des Klimas auf die Freiheitsgesinnung der Völker mit dem russischen Despotismus zu erklären. Zwar seien im allgemeinen die Bewohner kälterer Zonen der Freiheit günstiger gesinnt, aber doch nur, solange die klimatischen Schwierigkeiten sie vom Luxus und von der Verweichlichung fernhalten. Die Russen aber seien zwar lange ein barbarisches Volk geblieben, die Fruchtbarkeit und der Fischreichtum ihrer Gewässer habe aber schon früh Laster bei ihnen eingeführt. »Verweichlichung herrsche bei ihnen inmitten des Schmutzes und Luxus inmitten der Roheit.«[9] De Rulhière, der sich als einen Schüler Rousseaus bezeichnet, bringt in seinen Briefen übrigens sehr deutlich jene Resignation zum Ausdruck, die ich als Grundstimmung seines politischen Denkens ansehe. »Die Verweichlichung«, so konstatiert Rulhière, »dehnt sich langsam zum Pol hin aus, aber sie dehnt sich aus und ich sehe nicht, wohin dann die Freiheit flüchten wird.«[10] Und schließlich meint er – wiederum ganz im Sinne Rousseaus – »die Menschen werden durch ihre Perfektibilität verdorben, ein altes Volk kann weder frei noch gut sein«.[11]

Maurice Halbwachs unterstreicht in seinem Kommentar die Parallele zwischen der Individualerziehung und der staatsbürgerlichen Erziehung eines Volkes, die schon Rousseau durch seinen Vergleich mit dem französischen Präzeptor angedeutet hatte, der seinen Zögling zu einem frühreifen Wunderkind macht, das später um so mehr enttäuscht. Der Gedanke, daß es eine einzige geeignete Epoche für die Errichtung der Republik gibt, ist Rousseau eigentümlich und selbst Montesquieu in dieser Form unbekannt.

b) Die geeignete Ausdehnung

Nachdem Rousseau den geeigneten Zeitpunkt bestimmt hat, den der »Gesetzgeber« beachten muß, wendet er sich der Frage der geeigneten räumlichen Ausdehnung der Republik zu. Auch hier gilt es die richtige Mitte zu finden, denn: »Wie die Natur der Körpergröße des Menschen bestimmte Grenzen gesetzt hat, jenseits deren sie nur noch Riesen oder Zwerge erzeugt, so gibt es auch in bezug auf die beste Verfassung eines Staates Grenzen der Ausdehnung, die er haben sollte, um weder *zu groß* zu sein, *um gut verwaltet zu werden, noch zu klein*, um *sich selbst erhalten zu können.«*[12] Auch hier gibt es also ein Optimum, das nicht mit dem Maximum identisch ist. Rousseau verurteilt denn auch die Maxime der Staaten, welche glauben durch Eroberungen ihre Stärke vermehren zu müssen (Ms. de Genève, Vaugh. I, 485). Die untere Grenze ergibt sich aus Rousseaus *Autarkie*forderung, mit der wir uns weiter hinten zu beschäftigen haben. Nähere Erläuterungen bedarf hier die obere Grenze. Der Grund für seine Forderung nach relativ *kleinen* Staatsgebilden liegt darin, »daß das soziale Band um so lockerer wird, je weiter es sich ausdehnt« (CS II, 9). Der Großstaat kann nicht mehr jene enge Vergemeinschaftung aufweisen, wie sie für Rousseaus Republik die notwendige Voraussetzung darstellt. Gleichzeitig wird aber auch der Staat »relativ schwächer«, weil ein Teil seiner Energie (bzw. der Energie der Regierung) für die Erhaltung seines *Zusammenhaltes* ausgegeben werden muß. Auch wird die Verwaltung mit der Größe des Landes schwieriger und teurer und ein armes Land wie Korsika ist deshalb gar nicht in der Lage, sich die Regierungsformen größerer Länder (Aristokratie und Monarchie) zu leisten. Ein »armes« Land muß daher schon deshalb klein sein, weil es sonst durch eine zu kostspielige Verwaltung übermäßig belastet würde. Da nun aber eine relative Armut zu den Vorbedingungen der Errichtung einer Republik gehört, kann man schon hieraus auf die Notwendigkeit eines verhältnismäßig kleinen Territoriums aller Republiken schließen. Die Verwaltung des Großstaates ist so kostspielig, weil sie von den Dörfern und Städten über eine Unmenge Zwischenstufen, wie Distrikte, Satrapien, Vizekönigtümer usw. bis zur obersten Spitze aufsteigt, und alle diese Verwaltungskörper vom Volk bezahlt und getragen werden müssen. Die großen Entfernungen führten schließlich auch dazu, »daß das Volk seinen Führern, die es niemals sieht und seinem Vaterland, das in seinen Augen mit der Welt identisch ist, sowie den Mitbürgern, die ihm zum größten Teil fremd sind, weniger Zuneigung entgegenbringt«.[13] Schließlich können aber auch nicht die gleichen Gesetze für Menschen passen, die unter so verschiedenen Himmelsstrichen wohnen und die unterschiedliche Bräuche, Sitten und Lebensweisen haben. Die Notwendigkeit der Einheit der Gesetzgebung aber folgt aus der Einheit des Staates im Souverän und dem Wesen des Gesetzes. Talente und Tugenden bleiben zudem unbemerkt und unbelohnt, Laster ungestraft und die Regierung ist auf die Nachrichten ihrer Unterorgane angewiesen, ohne sich jemals selbst durch den Augenschein informieren zu können.

Letztlich kann eine Republik also nur in einem kleinen Staat errichtet werden, wie Rousseau in der Erstfassung des Contrat ausführt: »eine Grundregel für jede gut konstituierte und legitim regierte Gesellschaft wäre, daß man leicht alle Glieder (der Gemeinschaft) versammeln könnte, so oft es erforderlich ist, denn ich werde weiter unten zeigen, daß Versammlungen von *Abgeordneten* des Volkes *niemals* den politischen Körper (corps) vertreten *(représenter)* noch von ihm ausreichende Vollmachten empfangen können, um in seinem Namen als Souverän zu entscheiden. Daraus folgt, daß der Staat sich höchstens auf eine *einzige Stadt* beschränken müßte, und daß, wenn es mehrere gäbe, die *Hauptstadt faktisch immer die Souveränität innehaben würde,* der die anderen unterworfen sind: eine Art Staatsverfassung, in der Tyrannei und Mißbrauch unvermeidlich sind«.[14] Die Bezeichnung »une seule ville tout au plus« soll vermutlich nicht heißen, daß der ganze Staat nur aus einer einzigen Stadt bestehen sollte, sondern, daß es in dem – wesentlich agrarischen – Kleinstaat höchstens eine Stadt geben sollte, in der sich gegebenenfalls die Vollbürger des ganzen Landes versammeln. Der Hinweis auf die die Souveränität faktisch in Anspruch nehmende Hauptstadt ist offensichtlich auf Paris gemünzt und sollte sich als prophetisch erweisen.

Eine genaue Größenangabe der Republik lehnt Rousseau jedoch ab, da diese nur von Fall zu Fall auf Grund der klimatischen, Boden- und sonstigen Verhältnisse bestimmt werden könne. Der Gesetzgeber müsse hierbei nicht nur den gegenwärtigen Zustand, sondern auch das voraussichtliche Bevölkerungswachstum (die Fruchtbarkeit der Frauen) in Rechnung stellen (CS II, 10). Endlich müsse er aber auch die *äußere Lage* berücksichtigen, ob eine feindliche Invasion zu befürchten sei oder ob der Staat den Streit seiner Nachbarn benützen könne, um seine Unabhängigkeit zu sichern.

Um die innenpolitischen Vorzüge des Kleinstaates mit der außenpolitischen Sicherheit des Großstaates zu kombinieren,[15] hat Rousseau wiederholt eine *Föderation* von Kleinstaaten vorgeschlagen, der er auch ein umfangreiches Kapitel der vernichteten Entwürfe zu den »Institutions politiques« gewidmet haben soll.[16] Bevor wir auf Rousseaus Ansichten über die Staaten-Konföderation näher eingehen, will ich jedoch – gegen die Einwände Derathés – noch einmal nachweisen, daß er tatsächlich *nur* in Kleinstaaten eine politische Ordnung für möglich hielt, die legitim und d. h. republikanisch sein kann. Im dritten Dialog »Rousseau juge de Jean

Jacques« (1772-1775) hat Rousseau zum letztenmal die Prinzipien seiner Politik charakterisiert und ausdrücklich betont: »Die menschliche Natur geht nicht wieder (in ursprünglichere Zustände, IF) zurück und niemals kehrt man in die Zeiten der Unschuld und Gleichheit heim, wenn man sich einmal von ihnen entfernt hat, das ist ein weiteres Prinzip, das er (Rousseau) immer betont hat. So konnte es auch *nicht seine Absicht sein, zahlreiche Völker und große Staaten zu ihrer ursprünglichen Einfalt zurückzuführen*, sondern lediglich, wenn möglich, den *Fortschritt derer aufzuhalten*, deren *Kleinheit* und *Lage* (gemeint ist die Entfernung von den Zentren der verderbenbringenden Hochzivilisation, IF) *sie vor einer so raschen Entwicklung* zur Perfektion der Gesellschaft und zum Verfall der Gattung *bewahrt hat* . . . Er hat *für sein Vaterland und für die Kleinstaaten* gearbeitet, *die konstituiert sind wie es.* Wenn seine Lehre auch für andere von einigem Nutzen sein konnte, so dadurch, daß sie den Gegenstand ihrer Hochachtung veränderte und damit vielleicht ihre Dekadenz verlangsamte, die sie durch ihre falschen Wertschätzungen beschleunigen.«[17] Nun wendet sich Derathé zwar mit Recht gegen die These, Rousseau habe lediglich *nach dem Modell* seiner Heimatstadt Genf den Contrat Social entworfen, denn Rousseau hat 1762 die Verfassung seiner Heimatstadt kaum richtig gekannt und hat sie nach gründlichen Studien in den Lettres de la Montagne (1764) sehr viel kritischer beurteilt als in der berühmten Widmung seines zweiten Discours. Aber Rousseau sagt ja auch nicht, daß er nach dem Modell Genfs gearbeitet hat, sondern, daß er *für* Genf und ähnliche Kleinstaaten seine politischen Erwägungen anstellte, und diese Aussage wird weder durch *Spinks* Nachweis der geringen Kenntnisse Rousseaus von der Genfer Verfassung,[18] noch durch *Dérathés* Analyse der großen faktischen und rechtlichen Unterschiede zwischen dem *geltenden* Genfer Staatsrecht und dem des Contrat Social widerlegt. Gewiß, Rousseau hat sich anfangs in seiner Beurteilung des Zustandes von Genf getäuscht. Er nahm an, daß der Große Rat tatsächlich noch der »Souverän« sei und daß der Kleine Rat lediglich die aristokratische Regierung darstelle. Eine solche Ordnung hat er auch noch im Contrat Social ausdrücklich als die beste bezeichnet. Als sich dann aber herausstellte, daß der Kleine Rat tatsächlich die Souveränität für sich (wenigstens faktisch) in Anspruch nahm, was dem ursprünglichen Geist der Verfassung widersprach, hat Rousseau diesen Zustand in den »Lettres de la Montagne« zugleich auf

Grund der Prinzipien des Contrat Social und auf Grund der *alten* Genfer Verfassung bekämpft. Derathé meint aber: »Was er auch gesagt haben mag, Rousseau hat doch *niemals geglaubt, daß die Anwendung seiner Prinzipien sich auf Genf oder auch nur die Kleinstaaten begrenzen sollte.* Denn wie hätte er seine Betrachtungen *über die Regierung Polens* schreiben können, wenn er das geglaubt hätte.«[19] Gerade dieser Einwand ist freilich wenig überzeugend, denn 1. hat Rousseau klar zum Ausdruck gebracht, daß Polen bereits sehr viel schwieriger auf den Weg zu einer republikanischen Ordnung im Stile des Contrat Social zurückgebracht werden könne, als Korsika (das er im Contrat Social als für die Errichtung einer Republik geeignetes Land bezeichnet hat) und 2. schlägt er als optimale Maßnahme den Polen ausdrücklich *die Aufteilung ihres zu großen Landes in 33 föderative Kleinstaaten vor:* »Wenn Polen, wie es meinem Wunsch entspricht, eine Konföderation von 33 kleinen Staaten wäre, dann würde es die Stärke der großen Monarchien (die es auf Grund seiner äußeren Lage haben sollte, IF) mit der Freiheit der kleinen Republiken verbinden . . . «[20] Wenn er auch an der Realisierbarkeit dieses Projektes in Polen zweifelt, so hat er doch, wie man sieht, keineswegs seinem politischen Ideal den Abschied gegeben. Wenn schließlich Derathé eine Reihe von Briefstellen Rousseaus zitiert, in denen die allgemeine Bedeutung des Contrat Social betont wird, so steht das wiederum nicht im Gegensatz zu seiner Bevorzugung, ja ausschließlichen Wertschätzung kleiner Staaten. Eine politisch gesunde Welt sollte eben aus lauter Kleinstaaten bestehen, die untereinander konföderiert sind und dadurch den zerstörerischen Krieg ausschließen. Mögen Spink und Dérathé auch darin recht haben, daß sie die Bedeutung des Contrat Social nicht auf *Genf* beschränkt wissen wollen und die zahlreichen Unterschiede, ja Gegensätze betonen, die zwischen der Verfassungswirklichkeit von Genf und der politischen Theorie Rousseaus bestanden: es ist doch die Erfahrung der kleinen lebendigen Gemeinschaft gewesen, die Rousseaus politische Vorstellungswelt gebildet hat. Niemals hat er einen Großstaat als etwas anderes angesehen denn als ein Verfallsprodukt und als ein Übel.[21]

c) Die Föderation kleiner Republiken

Doch kehren wir zurück zu Rousseaus Theorie der Föderation. Da das Fragment über Föderationen, das Rousseau verfaßt hatte, verlorengegangen ist, sind wir darauf angewiesen, aus den vorhandenen Schriften seine Auffassung zu rekonstruieren. Im Contrat Social findet sich lediglich folgender Hinweis: »Wenn man alles richtig bedenkt, so sehe ich heutzutage keine Möglichkeit für den Souverän (das souveräne Volk, IF) die Ausübung seiner Rechte unter uns aufrechtzuerhalten, als wenn der Staat sehr klein ist. Aber wenn er sehr klein ist, wird er dann nicht unterworfen werden? Nein. Ich werde im folgenden zeigen, wie man die *äußere Stärke eines großen Volkes* mit der *bequemen Verwaltung* und der *guten Ordnung eines kleinen Staates verbinden* kann«;[22] und in einer Fußnote fügt er hinzu: »Das wollte ich im Anschluß an diese Arbeit tun, wenn ich im Zusammenhang mit der Außenpolitik auf die Konföderationen kommen würde. Ein völlig neuer Gegenstand, dessen Prinzipien erst noch aufgestellt werden müssen (a.a.O.).«[23] Etwas ausführlicher läßt sich Rousseau im Emile hierüber aus: »Nachdem wir so die diversen Arten von Staaten (sociétés) für sich betrachtet haben, werden wir sie vergleichen, um die verschiedenen Beziehungen zu beobachten, die zwischen den großen und kleinen, den schwachen und starken bestehen, wie sie sich gegenseitig angreifen, beleidigen, zerstören und durch diese Aktionen und Reaktionen mehr Unglückliche machen und mehr Menschen das Leben kosten, als wenn diese in ihrer ursprünglichen Unabhängigkeit verblieben wären. Wir werden dann untersuchen, ob man nicht beim Übergang zum Gesellschaftszustand (d. h. bei der Staatengründung, IF) *zu viel oder zu wenig* getan hat, ob die Menschen, die Gesetzen und Menschen untertan sind, während die Gesellschaften (Staaten) untereinander im Zustand natürlicher Unabhängigkeit bleiben, nicht so den *Leiden* (maux) *beider Zustände ausgesetzt* sind, ohne deren Vorteile zu genießen und ob es nicht besser wäre, daß es gar keine bürgerliche Gesellschaft (keinen Staat) auf der Welt gäbe als mehrere. Denn ist es nicht dieser Mischzustand (état mixte), der an beiden teilhat und weder das eine noch das andere garantierte ›per quem neutrum licet, nec tanquam in bello paratum esse, nec tanquam in pace securum‹ (Seneca de Tranq. anim. cap. 1); ist es nicht diese *teilweise und unvollkommene Assoziation,* die *Tyrannei und Krieg* hervorbringt? Und sind nicht Tyrannei und Krieg die größten Geißeln der Menschheit?

Schließlich werden wir die Heilmittel untersuchen, die man gegen diese Nachteile in Form von *Bündnissen und Konföderationen* gesucht hat, die, indem sie jedem Staat nach innen seine Herrschaft belassen, ihn nach außen gegen jeden ungerechten Angriff schützen. Wir werden untersuchen, wie man eine gute föderative Vereinigung errichten kann, was sie dauerhaft machen und wieweit sich ihr Recht erstrecken kann, ohne dem der Souveränität zu schaden . . . «[24] Aus dieser Stelle wird deutlich, daß Rousseau keineswegs der kriegslüsterne Nationalist war, als den ihn manche späteren Kritiker hingestellt haben und daß er das Problem des fortdauernden »Naturzustandes« zwischen den Staaten sah und ernstnahm. Dieser Naturzustand aber war für ihn – wenigstens weithin – faktisch der von Thomas Hobbes beschriebene, d. h. ein ständiger »Kampf aller gegen alle« oder wenigstens die ständige Drohung eines Krieges. Es erscheint ihm daher als notwendig, das Werk der Vergesellschaftung, das mit der Stiftung kleiner Republiken begonnen wurde, fortzusetzen. Nun haben wir aber soeben noch einmal betont, daß Rousseau an dem Prinzip, daß legitime Republiken nur in Kleinstaaten errichtet werden können, festhielt. Es kann daher nicht davon die Rede sein, daß diese kleinen Republiken in einem größeren Staat aufgehen, sie sollen sich vielmehr lediglich mit anderen Republiken zu Föderationen zusammenfinden. Wie soll man sich diese Föderationen vorstellen? *C. E. Vaughan* stellt sich diese Frage und versucht sie aus den bekannten Grundsätzen Rousseaus heraus zu beantworten. »Föderation« kann nach ihm dreierlei bedeuten:

1. einen bloßen Bündnispakt (treaty of alliance),
2. einen Bundesstaat (federal state) und
3. eine Art Föderation, die zwischen 1. und 2. in der Mitte liegt »wie der Achäische Bund der Griechen, die ›Konföderation‹ der Vereinigten Staaten von 1781 bis 1789 oder die Union der Schweizer Kantone, wie sie in den Tagen Rousseaus bestand«.[25] Ein bloßer Bündnispakt scheint nun zu wenig und ein Bündnisstaat, der wenigstens eine teilweise Aufgabe der Souveränität der Gliedstaaten voraussetzt, zuviel zu geben. Wie sehr aber Rousseau an der Souveränität der Kleinstaaten hing, und wie wenig er bereit war, hiervon auch nur einen Teil im Notfall zu opfern, das zeigt Vaughan am Beispiel der Lettres de la Montagne. Dort war die Alternative für die Genfer zu beantworten, ob sie sich entweder einer tyrannischen Regierung unterwerfen oder die Vermittlungsmächte (Zürich, Bern und Frankreich) erneut anrufen und dadurch wenigstens vorübergehend auf ihre staatliche Souveränität verzichten sollten. Ob-

gleich Rousseau hier den Rückgriff auf die Vermittlungsmächte als sinnvoll und logisch darstellt, meint er doch »ich sehe nur zu gut, wohin dieses Mittel führen wird und mein patriotisches Herz erbebt auch hier.«[26] So enthält er sich denn in dieser Frage der Stimme und gibt damit deutlich zu erkennen, wie hoch er die *nationale* Souveränität veranschlagt, da er sie doch dem Wert der Freiheit der Bürger gleichsetzt. Hieraus schließt Vaughan m. E. richtig, daß Rousseau noch viel weniger einer dauernden Aufgabe der Souveränität der Kleinstaaten zugunsten eines größeren Bundesstaates zugestimmt haben würde. So bleibt als einzig wahrscheinliche Lösung nur der lockere Staatenbund übrig. Auf alle Fälle aber wird aus den angeführten Stellen deutlich, »daß die Lehre von der Föderation weit davon entfernt ein bloßer Ableger zu sein, vielmehr aus der Wurzel von Rousseaus politischem Ideal selbst hervorgeht; daß der *internationale* Vertrag notwendig ist, um die Forderungen desjenigen Vertrags vollends zu erfüllen, der zur Gründung der Nationalstaaten (der kleinen Republiken, IF) geführt hat; und daß er noch notwendiger für den Schutz des kleinen und zugleich freien Staates gegen die Aggression der großen ist«.[27]

Man darf gewiß die Parallele zwischen dem die Republik konstituierenden Gesellschaftsvertrag und der Staaten-Konföderation nicht zu weit treiben, die Unterschiede sind groß genug (vor allem gibt das »natürliche Individuum« im Contrat Social alle seine natürlichen Rechte auf, um fortan nur noch als Teil des Ganzen zu existieren – oder richtiger, um eine rechtlich-moralische Existenz nur als Glied der Gemeinschaft zu gewinnen –, während die souveränen Republiken ihre »indépendance« in der Föderation gerade *nicht* aufgeben). Aber es darf doch auch nicht verkannt werden, daß Rousseau ausdrücklich die Bildung einer übernationalen Vereinigung befürwortet. Diese übernationale Konföderation vertritt bei ihm systematisch das von anderen Philosophen geforderte Universalreich (die Universalmonarchie oder die Weltrepublik). Weil ihm die Bildung einer allumfassenden Weltrepublik unmöglich erschien und weil jeder Großstaat (erst recht ein weltweites Imperium) seiner Überzeugung nach zur Unterdrückung der Freiheit und zu wachsender Ungleichheit unter den Bürgern führen muß, schlug er diese Zwischenlösung vor. Nicht die depravierten Gesellschaftsmenschen schließen sich auf Grund vernünftiger Einsicht zusammen, sondern die »moralischen Wesenheiten« (geistigen Gebilde), die Staaten. Diese aber sollten, wenn sie den Rousseauschen Idealvorstellungen nur annähernd entsprechen, zu einem friedlichen Zusammengehen leicht zu gewinnen sein. Denn zwischen ihnen gibt es keine Rivalität, weil sie wirtschaftlich autark sind und sich nicht durch Handel oder Eroberungen bereichern wollen. Wo aber keine Rivalität, da auch kein Konflikt. Sollten jedoch kriegerische Großstaaten die Unabhängigkeit dieser kleinen Republiken bedrohen, so ist es offenbar das gemeinsame Interesse der Kleinen, sich zur Abwehr dieser Angriffe zusammenzuschließen. Gerade im Hinblick auf die Möglichkeit und Leichtigkeit dieses Zusammenschlusses erweist sich also die Rousseausche Forderung der Autarkie, mit der wir uns noch weiter hinten beschäftigen werden, als wichtig. Die Situation der autarken Kleinstaaten, die gemeinsam durch den großen »Aggressor« bedroht werden, ist derjenigen analog, die ich vorn als mögliche ideale Ausgangsbasis für die Entwicklung einer Republik aus vorstaatlichen Gemeinschaftsformen heraus bezeichnet habe. Wie sich die noch nicht in wechselseitige Abhängigkeit geratenen »Wilden« zusammentun, um gemeinsam ein sie alle bedrohendes natürliches Hindernis zu überwinden, so könnten sich auch die souveränen Republiken vereinigen, um gemeinsam den sie alle bedrohenden Großstaat in Schach zu halten. In beiden Fällen wäre die gemeinsame Anstrengung aller die ermöglichende Bedingung für die freie, *unabhängige* Existenz eines jeden. Hier, im internationalen Bereich, kannte Rousseau nur *diesen* Weg zu Frieden und Eintracht, im nationalen (staatlichen) konnten wir diesen Weg nur als eine implizierte Möglichkeit erschließen, die Rousseau nicht ausdrücklich entwickelt hat.

Kant hat in seiner »Idee zu einer allgemeinen Geschichte in weltbürgerlicher Absicht« (1784) unter ausdrücklicher Erwähnung Rousseaus und des Abbé de St.-Pierre im »Siebenten Satz« die Entstehung eines »großen Völkerbundes (foedus amphictyonum)« nicht aus der Einsicht in die Bedrohtheit der Kleinstaaten, sondern aus dem *Antagonismus* der Staaten insgesamt abgeleitet. Bei ihm wird also die Bildung des Staatenbundes, der übrigens auch in seinem Wesen sich vom Rousseauschen stark unterscheidet und sogar als »Weltrepublik« bezeichnet wird, durch die gleiche »ungesellige Geselligkeit« bewirkt, die den Menschen der »société naissante« die Errichtung einer öffentlichen Gewalt angeraten erscheinen ließ. »*Die Natur*, meint er, hat also die Unvertragsamkeit der Menschen, selbst der großen Gesellschaften und Staatskörper dieser Art Geschöpfe, wieder zu einem Mittel gebraucht, um in dem unvermeidlichen Antagonismus derselben einen Zustand der Ruhe und Sicherheit auszufinden; das ist sie treibt durch die Kriege . . . , durch die Not . . . aus dem gesetzlosen Zustand der Wilden hinauszugehen und in einen *Völkerbund* zu treten; wo jeder, auch der kleinste Staat, seine Sicherheit und Rechte nicht von eigner Macht oder eigener rechtlicher Beurteilung, sondern allein von diesem großen Völkerbund (foedus amphyctyonum), von einer vereinigten Macht und von der *Entscheidung nach Gesetzen des vereinigten Willens* erwarten könnte.« Das bedeutet, daß Kant an die dem Fortschritt zum Rechtszustand der Menschheit dienenden Antagonismen glaubt und den Weg, den wir oben als »den schlechten« bezeichnet haben, weil er über die depravierten Naturmenschen und ihre ins Unermeßliche wachsenden Bedürfnisse führt, für den einzigen hält. Wie die Republik bei ihm – eher Hobbessinanisch als Rousseauisch – aus der »Not, und zwar der größten unter allen, nämlich der, welche sich die Menschen untereinander selbst zufügen . . . « (fünfter Satz) entsteht, so auch der Völkerbund. Die Parallelität ist hier vollkommen, während bei Rousseau der bezeichnete Unterschied besteht. In Kants Denken haben sich offensichtlich die Rousseauschen Motive mit dem Fortschrittsglauben des Liberalen verbunden. Die als »Natur« bezeichnete Vorsehung bedient sich des Konkurrenzkampfes der Einzelnen wie der Staaten, um ein Ziel zu erreichen, das zwar keiner so gewollt hat, das aber doch allen Frieden, Freiheit und Glück verschafft. Dieser Glauben steht in direktem Gegensatz zu Rousseaus geschichtsphilosophischen Überzeugungen.

§ 14 Die Bedeutung der Religion für die Erhaltung der politischen Gemeinschaft[28]

Zu den Bestandteilen seiner Lehre, die man Rousseau am häufigsten und heftigsten zum Vorwurf gemacht hat, gehört auch das 8. Kapitel des IV. Buches des Contrat Social, das Betrachtungen über die Bedeutung der Religionen für das Gemeinwesen und die Forderung nach einer »religion civile« enthält. Wenn wir uns ein richtiges Bild von diesem Lehrstück der Rousseauschen Politik machen wollen, müssen wir außer dem Contrat Social eine Reihe von

Stellen anderer Werke heranziehen, in denen er sich zum gleichen Problem geäußert und Mißverständnisse, die schon zu seinen Lebzeiten auftauchten, richtiggestellt hat. Außerdem wird es notwendig sein, daß wir uns vor allem über die *Funktion* klar werden, die der Religion in seinem republikanischen Staat zugedacht wird. Es gilt, die Religion hier in ihrer politischen Funktion und Bedeutung, nicht in ihrem immanenten Wahrheitsgehalt zu untersuchen.[29] Wir haben es nicht mit der metaphysischen Frage nach ihrer Wahrheit, sondern allein mit der pragmatischen Frage ihrer politischen Zweckmäßigkeit zu tun. Der Contrat Social enthält einerseits eine Antwort auf die Frage nach dem gerechten Recht (Naturrecht), andererseits Hinweise auf die zweckmäßige Gestaltung der Institutionen unter bestimmten Bedingungen, also politische Probleme im engeren Sinne. Die »religion civile« gehört allein dem zweiten, niedrigeren Bereich an. Die Forderung nach ihr beruht auf reinen Zweckmäßigkeitserörterungen und sie selbst geht nicht in die Struktur des republikanischen Staates ein, die sie lediglich zu stärken bestimmt ist.

a) »La religion de l'homme«

Wir haben bereits gesehen, daß Rousseau die Existenz einer »société générale du genre humain« leugnet. Die vorausgesetzte Existenz einer derartigen Gemeinschaft aller Menschen ist für ihn eine (wenn auch schöne) Illusion. In Wirklichkeit ist die Beziehung von Menschen, die *nicht* unter einem gemeinsamen positiven Gesetz stehen, nicht wechselseitiges Wohlwollen und wechselseitige Zuneigung, sondern der Hobbessche Kampf eines jeden mit einem jeden. Wenn Menschen auf Grund ihrer wachsenden Bedürfnisse mit immer mehr anderen in kommerziellen Kontakt kommen und von immer mehr anderen abhängig werden, dann führt das notwendig zur Entstehung des »amour-propre« und aller aus ihm entspringenden asozialen Leidenschaften, und solange es weder »vertu« noch eine legitime Macht gibt, die die Menschen zur Einhaltung der Gesetze zwingt, ist an ein friedliches Gemeinschaftsleben nicht zu denken.

Der bloß wünschenswerten, aber faktisch unrealisierbaren Menschheitsgesellschaft entspricht auf der religiösen Ebene die »religion de l'homme«. Eine Religion, die dem menschlichen Empfinden und der allgemein menschlichen Einsicht entspringt und gemäß ist und die, durch keine willkürlichen äußeren Zeremonien entstellt, nur den reinen Menschen in seiner Innerlichkeit anspricht. Diese menschliche Religion ist das ursprüngliche Christentum, das Rousseau von der religion naturelle nicht unterscheidet. Es hält uns zu weltumfassender Menschenliebe an und macht uns friedfertig und leidensbereit. Angesichts der Tatsache aber, daß im Naturzustande, in dem die Menschen verschiedener Staaten untereinander leben, niemand damit rechnen kann, daß der andere sich moralisch verhält und unsere Rechte respektiert, müßte, diese Menschheitsreligion in die politische *Praxis* übertragen, zu höchst unerwünschten Resultaten führen: zur Vernichtung der wenigen edlen und frommen Seelen und zur unumschränkten Herrschaft gewalttätiger Tyrannen, die sich die Friedfertigkeit der Christen zunutze machen. Da die Menschheitsgesellschaft als einiger Sozialkörper unter einer einigen (und erzwingbaren) positiven Rechtsordnung nicht existiert, ist auch die entsprechende Religion *politisch* unbrauchbar, weil sie diesem Faktum nicht Rechnung trägt. Wenn Rousseau dennoch die religion de l'homme nicht restlos verurteilt, so deshalb, weil er überzeugt ist, daß in *allen* Menschen ein guter Kern, ein Stück »bonté naturelle« enthalten ist, der durch diese Religion zur Entfaltung gebracht werden könnte. Vielleicht hofft Rousseau auch ganz im stillen, daß sich doch eines Tages eine Art Weltgemeinschaft in der Gestalt einer Föderation kleiner Republiken konstituieren möge?

b) La religion du Prêtre

Da es keine reale Weltgemeinschaft der Menschen gibt, kann es auch eine weltumfassende, vor keiner Staatsgrenze haltmachende *politische* religion de l'homme nicht geben. Wo man dennoch etwas Derartiges versucht hat, wie im *römischen Katholizismus,* kam es, statt zu einer weltweiten Vereinigung, zu einem gefährlichen Zwiespalt in der Seele der Bürger, die zweierlei irdischen Herren zu gehorchen hatten, von denen der eine ihre Handlungen, der andere ihre Meinungen und Gesinnungen zu beherrschen suchte, was unweigerlich zu Gewissenskonflikten führen mußte, weil aus Meinungen und Gesinnungen Handlungen hervorgehen und die vom Papst geforderten nicht immer mit den vom Staat verlangten übereinstimmten. Die Weltreligion des Katholizismus ist sozusagen der gefährliche Versuch, die religion de l'homme zu politisieren, ungeachtet der Tatsache, daß es eine Weltrepublik nicht gibt. Es ist wohl kein Zufall, daß der Begriff der Kirche als einer Institution, die neben dem Staat ihr Existenzrecht besitzt, bei Rousseau nicht anzutreffen ist, und daß er sogar eine derartige religiöse Organisation – ähnlich wie Thomas Hobbes – entschieden ablehnt. Die religion de l'homme darf nicht institutionell verfestigt und durch Zeremonien veräußerlicht werden, solange die äußere Vereinigung der Menschheit in einer Weltrepublik unmöglich ist. Sie ist zulässig, ja sogar wünschenswert, soweit sie eine rein innerliche Gefühlsreligion bleibt, aber als solche hat sie keine politische Relevanz. Das Christentum, wie Rousseau es im Glaubensbekenntnis des savoyischen Vikars gelehrt hat, ist für den Staatsbürger zwar nicht unbedingt schädlich – wie die Priesterreligion der Katholiken – aber auch nicht nützlich. Es ist eine Sache der Intimsphäre und tritt als solches weder sichtbar in Erscheinung, noch unterliegt es staatlicher Einflußnahme. Die »religion de l'homme« ist der Glaube des *guten* Menschen. Gut aber sind die Menschen nur in ihrer in sich ruhenden *Vereinzelung*. Die Religion, die alle Menschen als Menschen umfaßt, betrifft sie daher gerade nur in ihrer Einzelheit, weil sie sich in ihrem a-moralischen Gemeinschaftsleben, in ihren *Leidenschaften* den inneren Gewißheiten des Glaubens entziehen. Wer daher die religion de l'homme beim gegenwärtigen Zustand der »société générale du genre humain« zu einer sozial und politisch wirksamen Einrichtung machen will, der verfehlt nicht nur – wie wir sahen – seinen politischen Zweck, sondern verfälscht notwendig auch die Reinheit der Religion. In seiner Absicht, die politische Unzweckmäßigkeit und Unbrauchbarkeit des reinen Christentums für die Republik zu zeigen, geht aber Rousseau noch weiter. Der Christ, dessen »Reich nicht von dieser Welt« ist, nimmt an den irdischen Dingen insgesamt und daher auch an denen des Staates kein so leidenschaftliches Interesse wie etwa der römische Heide. Er kämpft zwar tapfer, aber ohne die große Leidenschaft des Patrioten, er ist zwar gehorsam, aber beugt sich auch vor der Usurpation des Tyrannen, weil er ihn als eine Geißel Gottes begreift und gegen Gottes Willen nicht aufbegehrt. Kurz, der fromme Christ ist *als solcher* weder der ideale, freiheitlich gesinnte Citoyen, noch der gute patriotische Kämpfer für die Unabhängigkeit seines Vaterlandes.

c) La religion du Citoyen

Die griechischen Poleis und die römische Republik wurden wesentlich durch das Bekenntnis der Götter der Stadt zusammengehalten. Die Gemeinschaft der Bürger wurde durch den gemeinsamen – von dem anderer Städte unterschiedenen – Glauben verstärkt. Dieser Zustand erscheint Rousseau als politisch durchaus begrüßenswert. Der religiöse Glaube gab dem politischen Körper eine Festigkeit, die durch nichts ersetzt werden kann und die Gemeinschaftsgesinnung der Bürger, ihre Liebe zum Vaterland, ihre Opferbereitschaft in Frieden und Krieg erhielt eine religiöse Sanktion. Aber diese Religion war doch schlecht, »weil sie auf Irrtum und Lüge« sich gründete und »den Kultus der Gottheit in ein eitles Zeremoniell hüllte« (CS IV, 8). Sie war aber auch unheilvoll, insoweit sie Völker *intolerant und blutrünstig machte* und sie zu ständigen Kriegen aufreizte, die die eigne Sicherheit in Gefahr brachten. In der Erstfassung fügt Rousseau hier bezeichnenderweise noch hinzu: »Es ist nicht erlaubt, die Verbindung einer besonderen Gesellschaft (société particulière) auf Kosten des übrigen Menschengeschlechts fester zu ziehen.«[30] Wenn wir uns daran erinnern, daß Rousseau im Emile offen zugegeben hatte, daß »jeder Patriot hart gegenüber Fremden ist, die nur Menschen sind . . . « (Vaugh. II, 144), dann muß diese Äußerung überraschen. Rousseau mag tatsächlich in diesem Punkt geschwankt haben, so daß er in der endgültigen Fassung den für seine politische Theorie so merkwürdigen Satz wieder wegließ und die Nachteile des Patriotismus in Kauf zu nehmen bereit war.

d) La religion civile

Wenn nun einerseits das reine Christentum – d. h. die einzig *wahre* Religion – politisch *unzweckmäßig* und andererseits die *zweckmäßige* politische Religion der Heiden (wenn wir von der genannten Einschränkung auch dieses Punktes einmal absehen) *unwahr* ist, was bleibt dann als Ausweg? An dieser Stelle bricht Rousseau seine »considérations politiques« ab und »kehrt zum Recht zurück«. Er weicht scheinbar einer klaren Entscheidung aus und entwickelt die Grundgedanken seiner »religion civile«. Der Souverän – d. h. die vereinigte Gemeinschaft der Vollbürger – kann von den »Untertanen« (d. h. von jedem einzelnen Bürger) sehr wohl Rechenschaft über ihre Meinungen verlangen, wenn und soweit diese »für die Gemeinschaft wichtig sind«. So ist es z. B. *wichtig* für den Staat, *»daß jeder eine Religion hat,* die ihn seine Pflichten lieben läßt«. Dogmen aber interessieren ihn nur, wenn sie sich auf die Moral beziehen. Wo das eigentliche Motiv für den Staat hierbei liegt, zeigt ein Satz in der Erstfassung des Contrat am deutlichsten. Gleich zu Beginn des Kapitels heißt es dort: »In jedem Staat, der von seinen Gliedern das *Opfer ihres Lebens* verlangen kann, ist derjenige, der nicht an ein künftiges Leben glaubt, entweder ein Feigling oder ein Narr« (anstatt »lâche« hatte Rousseau ursprünglich geschrieben »mauvais citoyen«).[31] Die *Hoffnung auf* ein *Leben im Jenseits* ist es also vor allem, die der Staat benötigt, wenn seine Bürger opferfreudige Verteidiger ihres Vaterlandes sein sollen, und hierzu dient ihm die Religion! Es ist offensichtlich, daß Rousseau hier in einer ganz anderen Situation sich befindet als Thomas Hobbes, der den Staatsbürgern das Recht einräumt, sich dem sicheren Tod in der Schlacht durch die Flucht zu entziehen, ihnen gleichsam ein Recht auf Feigheit einräumt. Ein »Feigling« wäre also ein Bürger, der sich im Krieg vernünftig verhält, ein Narr dagegen, wer sich ohne jede Hoffnung auf ein jenseitiges Leben für den Staat einsetzt! Man muß sich fragen, ob diese Bezeichnung berechtigt ist und ob nicht gerade hier die höchste Tugend einer Pflichterfüllung ohne jeden egoistischen Nebengedanken vorliegen würde.

Die »profession de foi purement civile«, die durch das Gesetz, das heißt durch die souveräne Gemeinschaft selbst, fixiert werden soll, enthält nach Rousseau folgende Bestimmungen:

1. »Die Existenz einer mächtigen, intelligenten, wohltätigen voraussehenden und vorsorgenden Gottheit«,
2. »Das künftige Leben«,
3. »Das Glück der Gerechten und die Bestrafung der Bösen«,
4. »Die Heiligkeit des Sozialvertrages und der Gesetze« und als einziges »negatives Dogma«:

»die Intoleranz« (CS IV, 8).

Diese Dogmen enthalten nur eine einzige Bestimmung, die nicht in der »religion de l'homme« bereits enthalten war, nämlich die 4. Ihr Sinn kann daher umschrieben werden als eine Heranziehung der *einfachsten* Bestimmungen *der Menschheitsreligion zur Festigung und Garantie der positiven Rechtsordnung eines besonderen* (republikanischen) *Staates.* Die – im Contrat Social stets als gerecht und legitim vorauszusetzende – Herrschaftsordnung einer bestimmten Republik soll durch religiöse Verpflichtungen jedes Einzelnen befestigt und geheiligt werden. Bis auf diesen einen Punkt handelt es sich bei der religion civile lediglich um eine Art *»Minimalreligion«*, die mit einer Mehrzahl von nebeneinander zu tolerierenden (christlichen) Bekenntnissen vereinbar ist und daher die einzig mögliche Lösung des Religionsproblems in einem Staat mit *mehreren* Konfessionen darstellt. Aber auch in einem Staat, dessen Bürger alle *einem* Bekenntnis angehören, dürfte Rousseau eigentlich nicht mehr fordern, da die Festlegung weitergehender Dogmen zu einer »Nationalreligion« alter Art führen und internationale Intoleranz zur Folge haben müßte. Wenn er daher gegen Ende des Kapitels von dem Gebot der Toleranz (in allen dogmatischen Fragen, die über das formulierte Minimum hinausgehen) einen Staat ausnimmt, *»der Kirche« und dessen Regierung* (prince) *zugleich oberster Priester wäre,* so erlaubt er in diesem Sonderfall doch eine Art christlicher Neuauflage der exklusiven (heidnischen) Volksreligion. Thomas Hobbes hatte übrigens ebenfalls und aus dem gleichen Grunde dem *Kirchenstaat* eine Sonderstellung eingeräumt.

Über die Bedeutung, die seine Lösung haben sollte, gibt uns Rousseau wiederum am besten in der Erstfassung des Contrat Social Auskunft. Im Anschluß an einen längeren Abschnitt, in dem die Notwendigkeit der Toleranz entwickelt wird, meint er dort: »So wird man die Vorteile der religion de l'homme und der Religion des Staatsbürgers kombinieren. Der Staat wird *seinen* Kult haben und (doch) *nicht der Feind* des Kultes irgendeines *anderen* sein. Da sich göttliche und menschliche Gesetze miteinander vereinigt immer auf die gleichen Gegenstände beziehen, werden die frömmsten Theisten auch die eifrigsten Staatsbürger sein und die Verteidigung der heiligen Gesetze wird der Ruhm des Gottes der Menschen sein.« In einer Fußnote (no 5) wird als Variante angeführt: *»Der beste Christ wird der eifrigste Staatsbürger sein.«*[32] Die religion civile stellt also einen *Kompromißversuch* dar. Rousseau hat sich nicht, wie es erst schien, um die Antwort auf das Dilemma: *wahre* Menschheitsreligion *ohne politischen* Wert – *politisch wertvolle* Religion des Staatsbürgers *ohne* innere *Wahrheit* – gedrückt; aber seine Antwort ist kaum befriedigend zu nennen. Sie enthält wohl einerseits eine Minimalfassung der Menschheitsreligion, aber sie fügt eine Bestimmung hinzu (die Heiligkeit des Sozialvertrages und der Gesetze), die nicht gerechtfertigt wird und die doch einer gründlichen Erörterung bedürfte. Wenn man aber seine Thesen im Lichte der damaligen Zeitumstände betrachtet, verlieren sie indes viel von ihrer Befremdlichkeit. Es war ja im 18. Jahrhundert noch ganz allgemein üblich, dem Staat nicht nur eine religiöse oder allgemein christliche, sondern sogar eine streng *konfessionelle* Grundlage zu geben, und gegenüber dieser Auffassung war die Rousseausche allerdings ein Fortschritt. Es ist deshalb auch kein Wunder, daß Rousseau – lange vor der Abfassung des Contrat Social – in seinem Brief vom 18. 8. 1756 an den Vorkämpfer religiöser Toleranz, Voltaire, zum erstenmal seine Idee einer religion civile entwickelt hat.[33] Die im letzten Augenblick wieder zurückgezogene Anmerkung über die Ziviltrauung der Protestanten in Frankreich beweist deutlich, daß Rousseau im Contrat Social jedenfalls *auch* die Milderung der herrschenden Bestimmungen über die Staatsreligion im Auge hatte, als er seine Minimalreligion formulierte.

Abschließend müssen wir uns noch den Abschnitt ansehen, in dem Rousseau seine religion civile einführt und der jene schreckliche Todesdrohung enthält, die man gern auf Rousseaus Sündenregister setzt. Der Souverän habe das bürgerliche Glaubensbekenntnis festzulegen und zwar »nicht genau als Dogmen, sondern als Gefühle der Geselligkeit (sociabilité), ohne die es unmöglich ist, ein guter Staatsbürger oder ein treuer Untertan zu sein«. Zwar könne der Souverän niemanden zwingen, diese Lehren zu glauben, er könne jedoch »denjenigen, der sie ablehnt, zwar nicht als einen Ungläubigen, aber als einen Ungeselligen (insociable) aus dem Staate verbannen, weil er unfähig sei, ehrlich die Gesetze und die Gerechtigkeit zu lieben und, *wenn es not tut, sein Leben* seiner Pflicht *zum Opfer zu bringen«.*[34] Diese Formulierung enthält freilich bereits eine Abweichung von Rousseaus exakter Terminologie. Wenn nämlich der Souverän (d. h. die vereinigten Staatsbürger) die »religion civile« als eine Art Gesetz festlegen kann, so kommt es doch nicht dem Souverän, sondern nur der Regierung (dem magistrat oder dem prince) zu, einen *Einzelnen* wegen Nichtaufnahme dieses Gesetzes zu bestrafen. Der Regierung wird hier also ein bedeutendes und gefährliches Recht eingeräumt, was die den von Rousseau sonst so nachdrücklich betonten Unterschied von Souverän und Regierung verwischende Formulierung verdeckt. In der Erstfassung heißt es ähnlich »das Gesetz kann niemand zwingen, sie (die Bestimmungen der religion civile) zu glauben, aber es kann jeden aus dem Staat verbannen, der sie nicht glaubt«.[35] Auch das Gesetz ist es ja nicht, das die Verbannung ausspricht! Die Erstfassung fährt ausführlicher fort: »Jeder Staatsbürger soll dieses Glaubensbekenntnis vor dem Magistrat ablegen und ausdrücklich alle Glaubensartikel (dogmes) anerkennen. Wenn jemand sie nicht anerkennt, soll er vom Staat getrennt werden (retranché) (Anm. 4: ›er darf nicht bestraft werden‹), aber friedlich all sein Hab und Gut mitnehmen. Wenn jemand (aber), nachdem er diese Lehren anerkannt hat, sich so verhält, als glaube er sie nicht, so soll er mit dem Tode bestraft werden. Er hat das größte Verbrechen begangen: er hat angesichts der Gesetze gelogen.«[36] Wie soll man sich dieses todeswürdige Verbrechen näher vorstellen? Der Satz ist in der Tat der allerweitesten Deutung fähig, denn: verhält sich nicht *jeder*, der irgendein Gesetz übertritt so, als habe er gelogen, als er die »Heiligkeit des Sozialvertrages *und der Gesetze*« anzuerkennen behauptete? Dann könnte also *jedes* Verbrechen, ja schon jede einfache Gesetzesübertretung mit dem Tode bestraft werden. Das *kann* nicht Rousseaus Meinung gewesen sein. Bleiben nur die übrigen Bestimmungen oder der *Sozialvertrag selbst*, dessen Verletzung mit dem Tode bedroht wird. Ein Bruch des Gesellschaftsvertrages aber wäre das, was wir gemeinhin »Hochverrat« nennen, den Länder, die die Todesstrafe kennen, auch gewöhnlich mit dieser bedrohen. Sollte Rousseau jedoch mehr an den Landesverrat denken, so könnte dieser sowie die »Feigheit vorm Feinde« als eine Handlung gedeutet werden, die offenbar macht, daß der betreffende Täter angesichts der Gesetze gelogen hat, als er an das *Leben nach dem Tode* zu glauben vorgab. Den Unterschied zwischen den gewöhnlichen Gesetzesübertretungen und den hier besonders hervorgehobenen könnte man vielleicht allgemein darin erblicken, daß die meisten gesetzlichen Gebote bzw. Verbote von den Bürgern schon aus rein egoistischen und materiellen Nützlichkeitserwägungen befolgt werden, daß für ihre Einhaltung also die gewöhnliche Strafandrohung durch die Staatsorgane ausreicht, während solche Gebote, die den Einsatz des eigenen Lebens fordern, oder dem Mächtigen die Unterwerfung unter die Bedingungen des Gesellschaftsvertrages abverlangen, weil sie eventuell *ungestraft* übertreten werden können, der zusätzlichen Sanktion durch die Religion bedürfen. Die Unterlassung derartiger Taten (hier etwa das Überlaufen zum Feinde, um sich so der Lebensgefahr zu entziehen oder die Lostrennung eines mächtigen Parteichefs mit seinen Gefolgsleuten von der staatlichen Gemeinschaft) wird jeder Staat mit der Höchststrafe zu erzwingen suchen.

Man könnte jene Strafandrohung aber auch auf den einzigen »negativen Artikel«, das Verbot der Unduldsamkeit beziehen. Unduldsamkeit liegt überall dort vor, wo *eine Gruppe* für sich das *Monopol der richtigen religiösen Lehre beansprucht* und alle anderen »für verdammt hält«. Das Verbot der Unduldsamkeit entspricht dabei ziemlich genau einem Verbot politischer Lehren, die von vornherein und prinzipiell eine tolerante Haltung gegenüber anderen ausschließen und die Alleinherrschaft beanspruchen, wie wir es z. B. in der Bundesrepublik kennen.[37] Wie Rousseau den Katholizismus wegen seines Anspruchs »extra ecclesiam nulla spes salutis« aus dem Staat verweist, so spricht der parlamentarisch-demokratische Staat allen Parteien das Existenzrecht ab, die für sich eine ähnliche Ausschließlichkeit, eine verwandte Monopolstellung auf dem Gebiet politischer Lehren in Anspruch nehmen. *»Man muß so denken wie ich, um gerettet zu werden: das ist das schreckliche Dogma, das die Erde verwüstet. Ihr habt nichts für den öffentlichen Frieden geleistet, wenn Ihr dieses höllische Dogma nicht aus der Republik verweist.* Wer immer es nicht abscheulich findet, kann weder Christ, noch Staatsbürger, noch Mensch sein, er ist *ein Ungeheuer, das dem Frieden* (repos) *der Menschheit zum Opfer gebracht werden muß.«*[38]

Das Kapitel über die »religion civile« hat Rousseau erst im letzten Moment vor dem Druck fertiggestellt und dem Contrat Social angefügt. Es ist in eiliger Schrift auf den Rückseiten des Ms. des Kapitels über den Gesetzgeber geschrieben, dem einzigen, in dem Rousseau ebenfalls von der Bedeutung der Religion für den Staat spricht. Dieses Kapitel endete in der Erstfassung mit einer allgemeinen Betrachtung über den Nutzen der Religion für den Staat und umgekehrt: »Jeder«, so meint Rousseau, »fühlt hinlänglich den *Nutzen*, den eine politische Vereinigung hat, um bestimmte Meinungen zu befestigen und in einem Lehrsystem (corps de doctrine) und in einer Sekte zu erhalten.« Das heißt m. a. W.: Der Nutzen, den die Religion aus einer »politischen« Vereinigung ihrer Anhänger ziehen kann, ist evident. Aber auch umgekehrt ist »die Mithilfe der Religion bei der Errichtung eines Staates« (établissement civile) nicht geringzuschätzen, denn »es ist nicht minder nützlich, der moralischen (geistigen) Verbindung eine innere Kraft zu verleihen, die bis in die Seele eindringt *und* immer *unabhängig von Wohl und Wehe, ja sogar vom Leben und von allen menschlichen Ereignissen ist«.*[39] Hieran knüpfen die ersten Worte der Erstfassung des Schlußkapitels unmittelbar an: »Sobald die Menschen in einer Gesellschaft leben, benötigen sie eine Religion, um sie darin zu erhalten. Noch nie hat ein Volk ohne Religion fortexistieren können, noch wird es je ohne Religion existieren . . . «[40]

Nach dieser Einleitung und nach dem, was wir im Kapitel über den Gesetzgeber gehört haben, erwartet man daher eigentlich, daß sich Rousseau entschieden für die »religion du citoyen« erklären wird. Für eine Lehre, die ausschließlich die Angehörigen eines Staates umfaßt, die ihnen das Bewußtsein ihrer Besonderheit und ihrer Unterschiedenheit gibt und die dem Modell der heidnischen Volksreligionen (Polis-Religionen) entspricht. Statt dessen bekommen wir aber jenen mit ein oder allenfalls zwei rein staatsrechtlichen Pflichten kombinierten Extrakt der Naturreligion oder der reinen Menschheitsreligion (wahrer Theismus = wahres, ursprüngliches Christentum) zu hören, mit dessen Formulierung Rousseau dem Dilemma: wahre, politisch wertlose Menschheitsreligion oder unwahre Religion des Staatsbürgers zu entkommen sucht. Aber es ist nicht nur die Ehrfurcht vor der »gefühlten Wahrheit« des Christentums, die Rousseau vor einer radikaleren These zurückschrecken läßt, sicher spielt auch seine eigne instinktive Furcht vor einer zu großen und allzu drückenden Regierungsmacht hierbei mit.

Wenn man den Versuch macht, in dem Rousseauschen Kompromiß einen höheren Sinn zu finden, wird man vielleicht zu einer Konstruktion seine Zuflucht nehmen, die derjenigen analog ist, die wir oben in bezug auf das Gesetz beschrieben haben. Wie dort das erzwingbare positive Gesetz die ermöglichende Bedingung für die Ausdehnung tugendhaften Verhaltens auch gegenüber Angehörigen fremder Staaten war, so könnte hier das staatlich geforderte und strafrechtlich sanktionierte Minimalprogramm der Religion die ermöglichende Bedingung der allgemeinen Verbreitung der *wahren* Religion sein, die diejenige des savoyischen Vikars ist. Wenn an das Fürwahrhalten von moralisch irrelavanten Dogmen keine sozialen Privilegien mehr gebunden sind und die Intoleranz verboten ist, dann wird diejenige Religion die meisten Erfolgschancen haben, die am reinsten und unmittelbarsten zu den Herzen spricht. Kein Zweifel übrigens, daß Rousseau dem Protestantismus vor allen anderen christlichen Bekenntnissen den Vorzug gab: »Die Erfahrung lehrt, daß von allen christlichen Sekten(!) die *protestantische als die weiseste und sanfteste* auch die *friedfertigste und sozialste* ist. Es ist die einzige, unter der die *Gesetze ihre Macht und die Führer (chefs) ihre Autorität behalten können.*«[41]

Im ganzen genommen ist die »religion civile« nicht jener fanatische und exklusive Glaube einer Nation wie die »religion du citoyen« und verglichen mit den herrschenden Auffassungen seiner Zeit stellt sie eher einen Fortschritt zu größerer Duldsamkeit dar. Dagegen hat Rousseau namentlich in den »Considérations sur le Gouvernement de Pologne« einen religiös verklärten Patriotismus und Nationalismus gepredigt, von dem er sich durchaus bewußt war, daß er zu den äußeren Zeremonien und Kultformen des Christentums (namentlich des Katholizismus) in Konkurrenz trat. Es ist weniger die im letzten Kapitel des Contrat Social beschriebene »religion civile«, als dieser blinde patriotische Glaube, der mit jenen verhängnisvollen nationalistischen Irrlehren in Zusammenhang steht, die seit dem Zeitalter der Französischen Revolution Europa und nicht nur Europa verwüstet haben.

§ 15 Die Erziehung zum Staatsbürger und Patrioten

Wie es die erste und wichtigste Aufgabe des Législateurs war, die in der Republik zu vereinigenden Menschen zu »denaturieren«, sie innerlich umzugestalten, ihr Ich in die Gemeinschaft zu verlegen, sie zu Gliedern eines politischen Körpers zu machen, so bleibt es stets eine wesentliche Aufgabe des Staates, seine Bürger zu erziehen.[42] Das Subjekt dieser Erziehungstätigkeit kann nur die Regierung (magistrat), das Vollzugsorgan der vereinigten Gemeinschaft, sein, denn allein die Regierung bezieht sich auf den Einzelnen und alle Erziehung – auch die staatsbürgerlich-patriotische – setzt beim Einzelnen an. Diese ständige Anstrengung ist aber erforderlich, weil die Leidenschaften, die aus dem amour-propre des Gesellschaftsmenschen hervorgehen, ständig gleichsam »von Natur« (und in diesem Sinne ist die Natur nicht mehr »gut«) die auf der *De*naturierung basierende Gemeinschaft aufzulösen streben. Jeder im Staat lebende Mensch hat – mehr oder weniger intensiv – noch immer das Bedürfnis, in einen Zustand der Autarkie und der Unabhängigkeit zurückzukehren, den er durch die Vergesellschaftung aufgeben mußte. Soweit sich jeder immer auch als ein physisches Individuum, ein selbständiges »absolutes« Ganzes, begreift, hat er das Bedürfnis, sich selbst dem Staatskörper gegenüber vorzuziehen (»la volonté particulière va aux préférences«) und damit die Einheit desselben zu zerstören. Die Situation wird dadurch noch kompliziert, daß die Regierung gleichfalls aus Menschen besteht, die egoistischen Leidenschaften unterworfen sind. Es kommt daher alles darauf an, die staatsbürgerlich-patriotische Gesinnung so in Gewohnheiten und Sitten zu verankern, daß auch die Mitglieder der Regierung sich ihr nicht entziehen können.

Die Voraussetzung echter Freiheit innerhalb der politischen Gemeinschaft ist die Versittlichung der Menschen. Nur wer seinen amour-propre überwinden und sich mit seinem höheren Selbst identifizieren kann, ist im Konfliktsfall in der Lage, den Gemeinwillen über seinen Privatvorteil zu stellen. Diese »vertu« beruht auf einer seelischen Kraft und kann nur bei einigen wenigen wirklich vorausgesetzt werden. Die Republik hat zwar die Tugend zum Prinzip, wie vor Rousseau schon Montesquieu unter Berufung auf die antike Tradition betonte, aber sie kann mit der Tugend nicht einfach als einem selbstverständlichen Faktum rechnen. Wären die Menschen wirklich in ihrer Mehrheit tugendhaft, dann könnte man sich eine patriotisch-staatsbürgerliche Erziehung sparen, dann wäre aber auch eine friedliche *Welt*gesellschaft und nicht nur die kleine, beschränkte Republik das erreichbare Ziel. Die Tugend bleibt zwar ein wünschenswertes ethisches Ideal, aber sie kann nicht als die *allgemeine* Triebfeder der Angehörigen der politischen Gemeinschaft vorausgesetzt werden.

Wenn man also auf »vertu« nicht ohne weiteres rechnen kann, worauf soll sich die Republik dann stützen? Die Antwort, die Rousseau hierauf gibt, ist offenbar selten in ihrer ganzen Tragweite verstanden worden: man muß die Menschen nehmen, *wie sie sind*, hatte er schon zu Beginn des Contrat Social geschrieben. Sie sind aber in ihrem vergesellschafteten Zustand vom amour-propre getriebene, leidenschaftliche und egoistische Wesen. Wie soll man aus solchen einen freiheitlichen Staat aufbauen, der die freiwillige Unterordnung eines jeden unter den Ausdruck eines gemeinschaftlichen, gerechten Willens und damit – wenigstens bei der Mehrheit – den Willen zum Gemeinwohl voraussetzt? Aber »es sind nur die Laster der Menschen, welche jene Institutionen (die Staaten) notwendig machen und es sind allein die menschlichen *Leidenschaften,* die sie erhalten. Nehmen Sie Ihren Christen alle Laster und sie brauchen keine Regierung mehr. Nehmen Sie ihnen alle menschlichen Leidenschaften und das Band des Staates (lien civil) verliert sofort seine Kraft: es gibt keinen Wettkampf, keinen Ruhm, kein leidenschaftliches Streben nach Auszeichnungen mehr. Das besondere Interesse (eines Einzelstaates gegenüber der Menschheit, IF) ist zerstört und der Staat fällt in einen Schwächezustand.«[43] Der Staat ist also darauf angewiesen, die Leidenschaften der Menschen (die im Gesellschaftszustand unvermeidlich entstehen) in seinen Dienst zu nehmen. Die ganze Weisheit des Staatsmannes wie des staatsmännisch denkenden Gesetzgebers besteht darin, die ihrem Ursprung und Wesen nach ungeselligen Leidenschaften des amour-propre so zu wenden, daß sie dem Aufbau der Gemeinschaft dienen.[44] Das geschieht in erster Linie dadurch, daß dem Wettstreit um den »ersten Platz« in der Gesellschaft an Stelle von Reichtum und persönlicher Macht, *öffentliche Ehre* und die von der *Gemeinschaft verliehene* Macht zum Ziele gesetzt wird. Der Ehrgeiz der Menschen soll nicht beseitigt werden, sondern lediglich ein anderes Ziel erhalten. Das Streben nach der Spitze soll nicht aufhören, sondern sich nur anderer, legaler Mittel bedienen. Wenn in einem Volke nicht mehr der am meisten »gilt« und am meisten »vermag«, der am reichsten ist, sondern derjenige, der als der »Tugendhafteste« und »Patriotischste« sich erweist, dann wird schließlich die Leidenschaft des amour-propre zum *Motor der Tugend selbst;* und am Ende mag bei denen, die sich an tugendhaftes Verhalten *gewöhnt* haben, die Tugend zum Selbstzweck werden und das Bedürfnis nach »Zufriedenheit mit sich selbst« an die Stelle des Strebens nach Anerkennung durch die Mitbürger treten.

Diese Gedanken hat Rousseau schon in dem Artikel »Economie Politique« (1755) ausführlich formuliert und noch den »Considérations sur le Gouvernement de Pologne« (verfaßt 1772) zugrunde gelegt: »Das Vaterland kann nicht leben ohne die Freiheit, die Freiheit nicht ohne (staatsbürgerliche) Tugend, die Tugend nicht ohne Citoyens. Ihr habt alles, wenn ihr Citoyens heranbildet, ohne diese Erziehung habt ihr nur bösartige Sklaven, angefangen bei den Führern des Staates. Die Bildung von Staatsbürgern ist aber nicht die Sache eines Tages, und um sie als Männer zu haben, muß man sie als Kinder (bereits) unterweisen. Man möge mir hier (ruhig) erwidern, daß, wer Menschen zu regieren hat, in ihrer Natur keine Vollkommenheit suchen darf, deren sie unfähig sind, daß er ihre Leidenschaften nicht zerstören wollen darf und daß die

Ausführung eines derartigen Projektes weder wünschenswert noch möglich wäre. (Im Entwurf fügte Rousseau noch hinzu: ›selbst wenn man an die Stelle der Leidenschaften die Weisheit (sagesse) setzen könnte‹.) Ich bin mit all dem um so mehr einverstanden, als ein Mensch ohne Leidenschaften sicher ein sehr schlechter Staatsbürger wäre. Aber man muß doch auch zugeben, daß es möglich ist, die Menschen zu lehren, eher den einen als den anderen Gegenstand und *lieber das wahrhaft Schöne als das Unförmige zu lieben.*[45] Wenn man sie z. B. rechtzeitig darin übt, ihr Individuum nur durch seine Beziehungen zum Staatskörper zu betrachten und ihre eigne Existenz gleichsam nur als einen Teil der seinen zu erfassen, dann könnten sie endlich dazu kommen, sich in gewisser Weise *mit dem größeren Ganzen zu identifizieren,* und sich *als Glieder des Vaterlandes* (membres de la patrie) zu *fühlen* und es mit jenem köstlichen Gefühl zu lieben, das jeder isolierte Mensch nur für sich selbst hat, und ihre Seele ständig zu diesem großen Gegenstand zu erheben und derart *jene gefährliche Disposition* (amour-propre, IF), aus der alle unsere Laster hervorgehen, *in eine hohe Tugend verwandeln.*«[46] Die Leidenschaften des Gesellschaftsmenschen müssen also nur andere »Gegenstände« erhalten, um zur Versittlichung der Staatsbürger zu führen. Rousseau macht übrigens meist keinen Unterschied zwischen der Erziehung zum Staatsbürger und der zum Patrioten. Von der Sache her (wie auch Rousseau sie versteht) könnte man jedoch die Erziehung zum Staatsbürger als die Einübung im Wollen des Gemeinwillens und der Liebe zu den Gesetzen definieren, während der Patriotismus das Moment der Ausschließlichkeit des Interesses am Schicksal des *Vaterlandes* im Verhältnis zu anderen Staaten betont. Beide, der Staatsbürger wie der Patriot, identifizieren sich mit dem Staate, aber der eine hat hierbei mehr ein sittliches Verhältnis zum Ganzen, der andere mehr das Verhältnis des Ganzen zu anderen Staaten im Auge. Die Staatsbürgertugend kommt einer völligen Überwindung des amour-propre gleich, weil sie den individuellen amour-propre ganz aufgibt und das sittlich-geistige Selbst des Individuums als ein Glied der Gemeinschaft auffaßt. Der Patriotismus ist lediglich eine Verwandlung des amour-propre, jener Haltung, die das jeweils größere Ganze als bloßes Mittel für den Zweck des eignen Selbst (das hier sich mit dem Vaterland identifiziert) begreift und dementsprechend ihm gegenüber »hart« und »feindselig« sich verhält. Der Patriotismus ist das Gefühl, das der menschlichen Schwäche des depravierten Gesellschaftsmenschen mehr entspricht, die Staatsbürgertugend eine Haltung, die ethisch anspruchsvoller und daher seltener zu erreichen ist. In Wirklichkeit werden beide jedoch meist gemeinsam auftreten, denn, wer die Gesetze (und die Verfassung) seiner Republik liebt, der wird auch das Wohl dieses Staates über das aller anderen stellen; und dem echten Patrioten kann es nicht gleichgültig sein, ob im Inneren seines Vaterlandes Gerechtigkeit und Freiheit oder Unrecht und Tyrannei herrschen.[47] Entscheidend ist, daß die Glieder des Staates an ihm lebendigen Anteil nehmen. »Wenn aber unsere natürlichen Neigungen einmal ihren Lauf genommen haben und die Gewohnheit mit dem amour-propre sich vereinigt hat, ist keine Zeit mehr, sie zu ändern, und wenn einmal das menschliche Ich sich in unseren Herzen *konzentriert* und dort jene verächtliche Aktivität entfaltet hat, die jede Tugend absorbiert und die kleinen Seelen ausmacht, ist es zu spät, uns von uns selbst zu befreien. Wo sollte auch die Liebe zum Vaterland inmitten so vieler anderer Leidenschaften gedeihen, die sie ersticken? Und was bleibt (an Liebe, IF) für die Mitbürger übrig in einem Herzen, das schon zwischen Geiz, Mätressen und Eitelkeiten sich teilt?[48].« Die Liebe zum Vaterland aber ist in Wahrheit »hundertmal lebendiger und köstlicher als die zu einer Mätresse«.[49] Es kommt nur darauf an, sie in den Seelen zu entfalten, bevor andere »Gegenstände« die ganze Kraft der dem Menschen innewohnenden Leidenschaften auf sich gezogen haben. Der philosophische und anthropologische Hintergrund dieser ganzen Lehre von der Vaterlandsliebe ist übrigens Malebranches »Traité de l'amour de Dieu« und dessen erster Brief an den Pater Lamy. Wie Malebranche dort gegen die Lehre der Quietisten betont, daß das *Motiv* der vollkommenen Liebe zu Gott durchaus die eigne Glückseligkeit, das »eigene Vergnügen« (plaisir) ist, weil der Schöpfer den Menschen einmal so gemacht hat, daß er das »Liebenswerte« lieben und sich an seinem Anblick erfreuen muß und weil es gottlos wäre, sich am Anblick des unendlich »liebenswerten« Gottes nicht zu freuen. Wie Malebranche also die Liebe zu Gott letztlich auf die Selbstliebe zurückführt, so geht auch die Liebe zum Vaterland, ja selbst die Liebe zur Tugend bei Rousseau auf eine – allerdings höhere Form – der Selbstliebe zurück. Wenn der Mensch nämlich erkennt, daß er alle seine Vollkommenheiten seinem Vaterlande verdankt, wenn er fühlt, daß er alles, was er ist, durch die Republik wurde, in der er lebt, dann wird sein Herz mit

Dankbarkeit und Liebe zum Vaterlande erfüllt, wie das Herz des Gläubigen mit Liebe und Dankbarkeit gegenüber Gott. Und wenn der Tugendhafte die Ordnung liebt, dann geschieht es gleichfalls aus »Selbstliebe«, weil sich seine Seele an dem Anblick der Schönheit der Ordnung freut und diese Freude das Motiv für seine liebende Hinwendung zur Ordnung und ihre Befolgung ist.

Der Ansatzpunkt derartiger staatsbürgerlich-patriotischer Erziehung liegt in der Wesensart des in der Gesellschaft lebenden Menschen. »Die großen Motive, die die Menschen zur Tätigkeit anreizen, lassen sich, wenn man sie genau analysiert, auf zwei zurückführen: Lust (volupté) und Eitelkeit (vanité); und wenn man von der ersten alles das abzieht, was eigentlich zur zweiten gehört, so wird man finden, daß sich letztlich beinahe alles auf die Eitelkeit reduziert.«[50] *Die Eitelkeit* ist es also, bei der die Erziehung ansetzen kann, die Eitelkeit aber ist nichts anderes als Abhängigkeit von der »opinion« (»die Eitelkeit ist die Frucht der Meinung«), woraus folgt, »daß die Gebieter über die Meinung des Volkes auch die Gebieter seiner Taten sind«.[51] Streng genommen solle man jedoch nicht von »Eitelkeit« sprechen, die nur einer der beiden Zweige sei, die aus dem »amour-propre« hervorgehen: »Die Meinung, welche *nichtigen* Gegenständen einen hohen Wert beimißt, erzeugt die Eitelkeit, aber diejenige, die sich auf Gegenstände richtet, *die in sich selbst schön und groß sind,* führt zum Stolz (orgueil).[52] Man kann also ein Volk je nach der Wahl der Gegenstände, auf die man sein Urteil richtet, stolz oder eitel machen.«[53] Der Stolz erscheint hier keineswegs als ein zweites Laster, sondern vielmehr als ein sittlich wertvolles Gefühl, das sich auf einen Gegenstand bezieht, der *in sich groß und schön ist.* Der Stolz verhält sich gleichsam so zur »Liebe zur Ordnung« (oder Tugend) wie die Eitelkeit zur Liebe zum (ausschließlichen) Sinnenglück. Solange ein Volk noch unverdorben ist, wird es daher stolz sein und erst mit dem Verderben wird sich die (isolierende) Eitelkeit in ihm entwickeln. Da sich der Stolz auf Gegenstände richtet, die wahrhaft schön und gut sind, geht er in erster Linie auf »die Unabhängigkeit und Macht« des Vaterlandes. Die Eitelkeit aber, der es um nichtige, in sich wertlose Dinge geht, »ist individuell und kann (deshalb) niemals das Instrument einer so großen Angelegenheit wie der Bildung eines politischen Körpers sein«.[54] Man muß also in den jungen Staatsbürgern den Stolz erwecken, um eben dadurch die Eitelkeit zu unterdrücken.

Es ist nicht uninteressant, auch einen Blick auf die konkreten Vorschläge für die Durchführung einer derartigen Erziehungsarbeit zu werfen, die Rousseau in seinen Schriften gibt. Diese »wichtigste Angelegenheit des Staates« (Économie Politique; Vaughan I. 257) darf nicht einem (noch dazu minder geachteten) *Lehrerstand* überlassen werden. Die Funktion eines Erziehers zum Staatsbürger und Patrioten soll allein denen übertragen werden, »die würdig alle anderen (Funktionen) erfüllt haben, sie soll die ehrenvolle und angenehme Ruhe(beschäftigung) ihres Alters und die höchste Ehrung für sie sein . . . «.[55] Eine Unterweisung, die nicht durch das große Vorbild und die Autorität der Lehrenden unterstützt wird, wäre wirkungslos, aber »wenn berühmte Soldaten, gebeugt unter der Last ihres Lorbeers, die Tapferkeit predigen und untadelige Beamte, die im Purpur und in den Gerichten ergraut sind, die Gerechtigkeit lehren, dann werden die einen wie die anderen sich würdige Nachfolger heranziehen und von Generation zu Generation die Erfahrung und das Talent der Führer (chefs) und den Mut und die Tugend der Staatsbürger sowie den Wettstreit aller, für das Vaterland zu leben und zu sterben, übermitteln«.[56] In den »Betrachtungen über die Regierung Polens« äußert sich Rousseau zwar etwas anders, aber die Grundhaltung ist doch die gleiche geblieben. »Hütet Euch vor allem aus dem Stand des Pädagogen ein Metier zu machen!«[57] ruft er den Polen zu (Vaughan II, 438). Aber der Lehrer der staatsbürgerlichen und patriotischen Tugenden ist jetzt nicht mehr der in Ehren ergraute Veteran, sondern ein jüngerer Staatsdiener, der dazu berufen ist, *später* noch weitere Stufen in der öffentlichen Hierarchie zu ersteigen. Die Polen sollen »als Lehrer nur Polen haben, nach Möglichkeit verheiratete, die durch ihre Sitten, ihre Redlichkeit und ihren bon sens sowie durch ihre Intelligenz ausgezeichnet sind und *dazu bestimmt erscheinen, später zwar nicht ehrenvollere und wichtigere* Posten – *denn das ist nicht möglich – aber weniger anstrengende und glänzendere einzunehmen,* wenn sie nach einer Reihe von Jahren diese Aufgabe gut erfüllt haben«.[58] Diese Bestimmung hält Rousseau für so wichtig, daß er sie als *»den Schlüssel zu einer großen Triebfeder des Staates«* bezeichnet.

Die Maßnahmen zur Erziehung der Staatsbürger beschränken sich nicht auf Wissensvermittlung, obgleich auch die Kenntnis der vaterländischen Geschichte und Geographie zur patriotischen Erziehung beitragen kann. Wichtiger seien eine Reihe von Einrichtungen, die zwar nach Rousseau den Zeitgenossen als »Kinderspiele« erscheinen mögen,[59] die aber äußerst wertvoll sind, weil sie »Gewohnheiten formen, die man liebt und so eine Anhänglichkeit erzeugen, die unwiderstehlich ist«.[60] Unter diese Einrichtungen rechnet Rousseau *Volksfeste, Sportveranstaltungen, öffentliche Tanzvergnügen,* bei denen die geachteten Bürger den Ehrenvorsitz führen und jene spielerische Kopie des Staates im kleinen, die in Bern unter dem Namen »Etat extérieur« bekannt war und in der jeder heranwachsende Staatsbürger einmal im Spiel jene Funktionen ausfüllen konnte, die er später im Ernst einzunehmen berufen war.[61] Die Leibesübungen spielen unter diesen Vorschlägen aus vielerlei Gründen eine zentrale Rolle. Einmal entsprechen sie dem natürlichen Bewegungsdrange der Jugend und machen ihr deshalb mehr Spaß als das ewige Stillsitzen in der Schulklasse, und eine gute Erziehung paßt sich immer der Natur an. Zum anderen aber können sie, wenn sie in Gemeinschaft (en commun) und in der Öffentlichkeit (en public) durchgeführt werden, in hervorragender Weise zur Bildung eines *Gemeinschaftsgeistes* beitragen.[62] Bei diesen Spielen soll *Konkurrenz und Wettstreit* durchaus eine Rolle spielen, aber, wenn sich Rousseau hier auch nicht näher erklärt, so darf man doch annehmen, daß dabei vor allem an einen Wettkampf von *Gruppen* gedacht ist, nicht an einen der Individuen, der wegen seiner verhängnisvollen moralischen Folgen von Rousseau im Emile so nachdrücklich abgelehnt wurde.[63] An den öffentlichen Leibesübungen sollen übrigens auch diejenigen Kinder teilnehmen, deren Eltern ihnen im übrigen Privatunterricht erteilen lassen. »Ihre Unterweisung (instruction) mag häuslich und besonders erfolgen, aber ihre Spiele müssen immer öffentlich und gemeinschaftlich stattfinden, denn es geht hier darum . . . sie rechtzeitig an die Regel, an die *Gleichheit,* an die *Brüderlichkeit* und an den Wettkampf zu gewöhnen und daran, *unter den Augen ihrer Mitbürger zu leben und* deren öffentliche Anerkennung zu erstreben.«[64]

Die Preise, die bei diesen Wettkämpfen ausgesetzt werden, sollen durch Akklamation von den Zuschauern verliehen werden, deren Interesse hierfür erweckt werden müsse.

Abgesehen von diesen besonderen Maßnahmen soll aber der *Staat selbst so beschaffen sein, daß der Ehrgeiz* jedes Bürgers *erweckt* und auf die höchsten Ziele gerichtet *wird.* Voraussetzung hierfür ist, daß grundsätzlich *jedem jeder Posten im Staat erreichbar ist,* und daß es immer noch möglich ist, eine Stufe höher zu steigen.

Diesen Gedanken hat Rousseau in den »Considérations sur le Gouvernement de Pologne« besonders eindrucksvoll und raffiniert entwickelt. Dort bleibt selbst dem höchsten Staatsbeamten, dem (auf Lebenszeit gewählten) König, noch bis ans Ende seines Lebens eine »Beförderung« übrig: die nach seinem Tode erfolgende Entscheidung eines eigens hierfür bestimmten Tribunals, die ihn zum »guten und gerechten Fürsten« erklären und seiner Familie eine Reihe von Ehrungen und Vorteilen verleihen oder auch seinen Namen aus dem Register der polnischen Könige streichen kann, wenn er schlecht regiert und namentlich, wenn er die Freiheit des Volkes angetastet hat.[65] So soll der Ehrgeiz jedes Staatsbürgers ein unbegrenztes Betätigungsfeld vor sich finden, das aber *ausschließlich* im Dienst an der Gemeinschaft besteht. »Jeder möge vor sich einen freien Weg sehen, der ihn überall hinführt (a.a.O. S. 501).« Die von Rousseau geforderte Gleichheit bedeutet also keineswegs eine völlige Nivellierung der Bürgerschaft, sondern lediglich eine Gleichheit der *Chancen*. In Korsika wie in Polen sieht Rousseau durchaus eine rechtliche Schichtung der Bevölkerung vor, und im Falle Polens will er sogar weder die Leibeigenschaft noch den Adel mit einem Male abschaffen, obwohl er wenigstens die Leibeigenschaft als ein Übel ansieht. Aber auch unter den Bürgern erster Klasse will er eine weitere Rangordnung einführen, die den Ehrgeiz (und den »Stolz«) befördert. Das Bedürfnis nach Ehre, das die Bürger des Staates (in Polen besonders die Adligen!) besitzen, ist ein »unerschöpflicher Schatz« für ein Volk (a.a.O. S. 479). So soll z. B. jedes Mitglied des Magistrats einer Rangklasse angehören, die durch Metallplaketten auch äußerlich gekennzeichnet ist. Die niedrigste Klasse trägt *Gold-* (!), die höchste *Stahl-*Plaketten, damit durch diese Umkehr der Wertschätzung der Metalle den Bürgern nachdrücklich zum Bewußtsein gebracht wird,[66] daß nicht Reichtum, sondern die Ehre dem Staat tugendhaft und erfolgreich gedient zu haben, das höchste Gut ist. Die drei Grade werden »servant d'Etat« (spes patriae), »Citoyen de choix« (civis electus) und »gardien des lois« (custos legum) genannt. Auch wenn es prinzipiell jeder Beamte bis zum »custos legum« bringen kann, werden immer nur sehr wenige diesen höchsten Rang erreichen. Die Mitglieder einer Rangklasse bilden zugleich politische Körperschaften, die bestimmte Funktionen ausüben. Die cives electi etwa haben das Tribunal zu bilden, das über die Regierungsführung des verstorbenen Königs zu entscheiden hat.

Das Hauptkennzeichen aller erzieherischen Maßnahmen und Institutionen, die Rousseau vorsieht, ist die Indienststellung der menschlichen Leidenschaften, vor allem des Ehrgeizes, für die Sache der Republik und des (republikanischen) Vaterlandes. Wenn den Bürgern nur noch *ein* Weg offensteht, um zu Ehre und Ansehen zu gelangen, nämlich der aufopferungsvolle Dienst für die Gemeinschaft und wenn dieser Weg *allen* offensteht, dann wird seiner Überzeugung nach der Staat gedeihen. Aber wenn Reichtum mehr gilt als der hohe Rang in der Verwaltung und Vergnügungen wichtiger werden als der Ruhm des tapferen Patrioten und die Tugend des Staatsbürgers, dann ist die Republik verloren.

Im Emile spricht Rousseau davon, daß »der amour-propre ein nützliches, aber gefährliches Instrument (in der Hand des Erziehers) ist, das oft die Hand, die sich seiner bedient, verletzt und selten Gutes leistet ohne gleichzeitig zu schaden«.[67] Man kann sich fragen, wieso er diese Gefahr im Falle der Verwendung des amour-propre zum Zwecke der staatsbürgerlich-patriotischen Erziehung nicht sah. Ja der Widerspruch geht scheinbar noch weiter; der gleiche »orgueil« nämlich, den Rousseau in seinen staatsphilosophischen Schriften so positiv beurteilt, wird im Emile an der angegebenen Stelle ausdrücklich verurteilt und zwar so radikal, daß sich Rousseau fragt, ob ihm nicht noch »die Illusion der Vorurteile« vorzuziehen sei. Man kann versuchen, diese Widersprüche zunächst etwas näher zu analysieren und dadurch schon zu verringern. In der Tat ist *der* orgueil, der Emile zum Vorwurf gemacht wird, ganz anderer Art als der Stolz der Patrioten auf ihr Vaterland und seine Freiheit. Emile dünkte sich nämlich besser als seine depravierten Zeitgenossen und vergaß hierbei, daß dieser Unterschied zwischen ihm und ihnen nicht sein Verdienst, sondern ganz das Werk seines Lehrers war. Der Staatsbürger und Patriot aber ist – im hier angenommenen Idealfall – stolz auf sein Vaterland und seine Freiheit, an deren Aufrechterhaltung er tatkräftig mitgewirkt hat und weiter mitwirkt. Der Stolz Emiles war unberechtigt und individuell, der des Staatsbürgers und Patrioten ist wenigstens teilweise berechtigt und überindividuell. Insofern aber der tapfere Patriot und der opferfreudige Staatsbürger auf sich selbst stolz sind, würde auch der Verfasser des Emile ihr Gefühl billigen, weil ihr Stolz (fierté) sich auf eine selbsterworbene sittliche Eigenschaft bezieht. »Der ›homme de bien‹ kann stolz auf seine Tugend sein, weil sie ihm zu eigen ist, aber worauf ist der Geistreiche stolz?«

(Emile a.a.O. S. 216.)[68] Dennoch bleibt ein gewisser Widerspruch zwischen der Ablehnung des Ehrgeizes und der »émulation« im Emile und ihrer Heranziehung als nützliches Mittel in den Considérations sur le Gouvernement de Pologne bestehen. Vielleicht kommen wir dem Verständnis von Rousseaus Auffassung am nächsten, wenn wir annehmen, daß er es für unmöglich hielt, bei einer massenhaften Erziehung von Staatsbürgern auf dieses »ressort« zu verzichten, das bei der Individualerziehung Emiles durch seinen Hofmeister als gefährlich entbehrt werden konnte.[69] Auch darf man nicht vergessen, daß die Rousseauschen Gedanken zur staatsbürgerlich-patriotischen Erziehung viel utopischer als die zur Individualerziehung waren. Während er bei der letzteren an die Erfahrungen seiner Zeit kritisch anknüpfen konnte und die Gefahren der »Ämulation«, wie sie namentlich in den Jesuitenschulen eine so große Rolle spielte, gut kannte, hatte er für die Erziehung der Staatsbürger nur die fernen Vorbilder der Antike. Nachdem wir inzwischen fast zwei Jahrhunderte Nationalismus und patriotische Erziehung in den verschiedensten Formen und Mißformen erlebt haben, fällt es uns daher leicht, Rousseau eine Blindheit anzukreiden, die seinerzeit nicht allzu verwunderlich war und die viele seiner Zeitgenossen teilten.

Wenn man sich fragt, warum Rousseau nicht zum humanen Weltbürger statt zum patriotischen Staatsbürger erziehen will, so wird seine Antwort hierauf zweifellos lauten, daß es sinnlos wäre, die Menschen für eine Gemeinschaft zu erziehen, die gar nicht existiert. Gewiß, Emile wird zum »homme« erzogen, aber zu einem isolierten, in der Welt letztlich vereinsamten Menschen, der in den verkommenen Gemeinwesen kein Vaterland, sondern nur noch ein »pays« hat, in dem er zufällig geboren wurde und dem er das Schattenbild einer rechtlich-sittlichen Ordnung verdankt, das seinem einsamen Herzen zum Leitstern wurde. Aber Rousseau hat nicht die Hoffnung, eine Weltbürgergemeinde von Emiles zu stiften. Allein die Gemeinschaft der Bürger einer kleinen Republik erscheint ihm realisierbar, wenigstens solange die Sitten nicht zu sehr verdorben und der amour-propre nicht übermächtig geworden ist und sich ganz und gar auf individuelle Ziele konzentriert hat. Der normale Weg zum Menschentum führt daher über den »citoyen« (nous ne devenons proprement hommes qu'après avoir été citoyens). Der in der kleinen Republik durch seine Leidenschaften zur Tugend emporgeführte Staatsbürger wird schließlich auch ein besserer »Mensch« sein. Wenn wir einmal die Linien der Hoffnung weiterziehen, die Rousseau hegte, dann kommen wir zu einer Formel, die derjenigen geradezu spiegelbildlich widerspricht, die Jakob Burckhardt gab:

Von der Brutalität (des isoliert lebenden Naturmenschen) über die Nationalität (des sich versittlichenden Citoyens) zur Humanität! Aber Rousseau hat diese Formel nicht geschrieben und wir vermögen sie nur durch eine – vielleicht unerlaubte – Verallgemeinerung seiner Thesen zu gewinnen. Denken wir uns nämlich eine Welt von lauter idealen Rousseauschen Republiken, die sämtlich nur auf die Verteidigung ihrer Freiheit, keineswegs aber auf Eroberungen ausgehen, dann wäre schon dadurch der Weltfrieden und die Weltgemeinschaft gesichert. Wenn wir uns außerdem daran erinnern, daß Rousseau die Konföderation selbständiger Kleinstaaten als ideales Mittel zur Kombinierung der Vorzüge des Kleinstaates mit den Vorteilen der Großstaaten ansah, können wir uns mit ein wenig Phantasie den großen Apostel des Patriotismus auch als Anhänger eines Vereinigten Europa, ja einer vereinigten Menschheit denken.

Den *Kosmopolitismus* hat er jedoch abgelehnt, weil er in ihm eine doppelte Gefahr erblickte. Eine Gefahr für die Wirksamkeit des menschlichen *Mitgefühls,* dessen Kraft durch eine so weite Ausdehnung auf Null herabsinkt und eine Gefahr für die allein im Einzelstaat realisierbare Disziplinierung der depravierten Menschen. Die Anhänger des Kosmopolitismus glaubten an die Möglichkeit einer Weltgemeinschaft unter Umgehung und durch Aufhebung der existierenden Staaten, weil sie den Menschen für ein animal sociale hielten, das auf Grund seines individuellen Gewinnstrebens automatisch eine weltweite Gemeinschaft produziert. Sie leisteten aber nach Rousseau damit gerade jener Gesellschaftsordnung und Un-Ordnung Vorschub, in der er den Hauptfeind und die Hauptgefahr der Menschheit erblickte. Das Ideal des selbstgenügsamen und zur Genügsamkeit erziehenden Staates steht in striktem und bewußtem Gegensatz zum Ideal einer ständig wachsende Bedürfnisse befriedigenden Weltgesellschaft, wie es dem heraufkommenden wirtschaftlichen Liberalismus entsprach. Wie Rousseau das *Geld als vereinigendes Band* eines Staates verabscheut, so lehnt er auch die Weltgesellschaft ab, die aus der internationalen Tauschgemeinschaft entsteht.[70] Die Staaten sollen autark sein, aber nicht, um ungestört Krieg führen zu können, wie es das Hauptmotiv für die Autarkiebestrebungen in unserem Jahrhundert war, sondern, um dank dieser Unabhängigkeit als Staaten nicht der gleichen verhängnisvollen Entwicklung zu erliegen, die für die Individuen im Gesellschaftszustand kennzeichnend war. Autarke Republiken, so muß man sich wohl den Gedanken Rousseaus erklären, können einander mit Wohlwollen begegnen, weil sie weder neidisch aufeinander sind, noch einander bedürfen und daher weder ein Motiv für Kämpfe gegeneinander, noch für Unterdrückung und »Ausbeutung« des anderen kennen. Wie mit der Arbeitsteilung der Einzelmenschen die Abhängigkeit und die Unfreiheit einsetzt, die zum »amour-propre« und seinen verhängnisvollen Auswirkungen führt, so würde eine Arbeitsteilung unter den Nationen, wie sie von verschiedenen Wirtschaftstheoretikern im 18. Jh. schon gepriesen wurde,[71] sich auf die internationalen Beziehungen verhängnisvoll auswirken. An die Stelle dynastischen Ehrgeizes würden wirtschaftliche Motive treten und wie dieser zu kriegerischen Verwicklungen führen. Der Patriot der autarken Republik aber kennt keinen Grund, der ihn veranlassen könnte, einen Nachbarstaat anzugreifen. Die Forderung nach staatlicher Autarkie ist daher bei Rousseau gerade das Gegenteil von dem, was sie bei Hitler war. Sie ist nicht die ermöglichende Voraussetzung eines Krieges, sondern vielmehr die notwendige Bedingung friedlicher Koexistenz.[72]

§ 16 Bräuche (coutumes) und Sitten (moeurs) als Grundlagen national-staatlichen Gemeinschaftslebens

> »La Loi n'agit qu'en dehors et ne règle que les actions; les mœurs seuls pénètrent intérieurement et dirigent les volontés.« (Fragments, Vaughan I. 322)

Wir haben im zweiten Discours Rousseaus davon gehört, daß auf einer bestimmten Entwicklungsstufe der Menschheit Stämme und Völkerschaften (troupes et nations) entstanden, die noch nicht unter gemeinsamen Gesetzen zusammenlebten, sondern lediglich durch ihre »mœurs«, gleiche Lebensweise und gleichen Nationalcharakter verbunden waren (vgl. S. 35 f. dieser Arbeit). Aber auch in den entwickelteren politischen Gebilden mißt Rousseau den Bräuchen (coutumes) und den Sitten (mœurs) eine große Bedeutung bei. Das Brauchtum ist gleichsam »die Moral des Volkes«, und die Sitten bestimmen nicht nur das äußere Verhalten, sondern auch den *Willen* und die Gesinnung. Sie greifen also ihrem Wesen nach viel tiefer ein als Gesetze, die nur das äußere Verhalten regeln.

Den Politiker interessiert vor allem der Zusammenhang zwischen Sitten und Gesetzen.[73] Sitten sind jene in einem Volk allgemein anerkannten und als selbstverständlich hingenommenen, tradierten Normen des Verhaltens und Wollens, die von Land zu Land variierend oft scheinbar belanglose Äußerlichkeiten betreffen, aber für den Zusammenhalt der Glieder einer Gemeinschaft unentbehrlich sind. Sie werden nie als Beschränkung der individuellen Freiheit empfunden, weil sie keinen individuellen Urheber haben, sondern das anonyme Produkt der Gemeinschaft selber sind, der Ausdruck eines noch unartikulierten, aber deshalb nicht minder realen Gemeinwillens. Gesetze, die ihrem Wesen entsprechen (d. h. die Ausdruck des Gemeinwillens sind) und ihre Aufgabe erfüllen, müssen daher mit den Sitten übereinstimmen und würden wirkungslos, wenn sie sich diesen direkt entgegensetzten, um sie zu verändern. »Wenn gelegentlich Gesetze auf die Sitten einwirken, so geschieht das nur, wenn sie *aus diesen* ihre Kraft ziehen. Sie geben diesen dann durch eine Art Rückwirkung, die echten Politikern wohlbekannt ist, jene Kraft wieder zurück.«[74] Die Gesetze können also lediglich die Sitten stabilisieren oder aus dem Geist der Sitten heraus präzise Bestimmungen treffen. Die Überlegenheit Spartas gegenüber den meisten anderen Republiken wird von Rousseau darauf zurückgeführt, daß dort die *Einheit von Sitten und Gesetzen* vollständig war, so daß, was die Gesetze befahlen, zugleich als Ausdruck der Sitte geliebt und anerkannt wurde. Auch wenn ihm diese ideale Einheit heute nicht mehr voll realisierbar zu sein scheint, bleibt sie als Vorbild für Rousseau verbindlich.

Entscheidend ist, daß ein Volk überhaupt Bräuche und Sitten hat, die sowohl seine Glieder *untereinander verbinden* als es auch *von anderen* Völkern *unterscheiden*. Rousseau tritt daher nachdrücklich sogar für Nationalkostüme ein und preist die Polen glücklich, solche zu besitzen.[75] Die Beschaffenheit dieser äußeren Bräuche und Sitten ist im übrigen weithin *gleichgültig*, entscheidend ist nur, *daß* sie vorhanden sind und respektiert werden. Aus diesem Grunde soll man sich auch davor hüten, voreilig Änderungen an ihnen vorzunehmen, denn einer der wichtigsten Gesichtspunkte für das Ansehen derselben ist ja ihr hohes, unbestimmtes Alter, die Tatsache, daß sie »von jeher gegolten haben«. »Die geringste Änderung des Brauchtums (coutumes) und wäre sie selbst in gewisser Hinsicht vorteilhaft, schadet immer den Sitten. Denn die *Bräuche sind die Moral des Volkes* und *sobald es aufhört sie zu respektieren, hat es nur noch seine Leidenschaften als Richtschnur* und wird allein von den Gesetzen zurückgehalten, die zwar manchmal die Bösen (méchants) zurückhalten, sie aber nie gut machen können.«[76] Durch die Anerkennung der Regeln von Brauch und Sitte wird der Einzelne gleichsam über seine egoistischen Leidenschaften hinausgehoben, ist nicht mehr ausschließlich von ihnen abhängig und empfängt seine »sittlich-geistige Existenz« von der Gemeinschaft und ihrem in diesen Regeln sich ausdrückenden Willen. Der von der Sitte geprägte Mensch ist daher auch willig, den Gesetzen zu gehorchen, die (wenn sie »wirkliche« Gesetze sind) aus dem gleichen Gemeinwillen hervorgehen wie diese. »Jedes Volk, das Sitten hat und daher die Gesetze achtet und über seine alten Bräuche nicht raisonnieren will, muß sich (daher) sorgfältig vor den Wissenschaften und vor allem vor den Wissenschaftlern hüten, deren ironische und dogmatische Reden ihm bald beibringen würden, seine Gewohnheiten und Gesetze (usages et lois) zu verachten.«[77] Wenn aber »die Philosophie einem Volk einmal beigebracht hat, seine Gewohnheiten zu verachten, dann findet es bald auch das Geheimnis, seine Gesetze zu umgehen«.[78] Eins der entscheidenden Argumente Rousseaus gegen die soziale Nützlichkeit der Wissenschaften war ihr »zersetzender Einfluß« auf die naive Sittlichkeit des Volkes und auf seine Anhänglichkeit gegenüber den althergebrachten Gewohnheiten. Auch wenn Rousseau zur Zeit seines ersten Discours noch nicht mit den Enzyklopädisten gebrochen hatte, richtete sich sein Angriff auf die soziale und moralische Nützlichkeit der »Künste« und Wissenschaften bereits gegen sie. Die »Künste« erschienen ihm verhängnisvoll, weil sie neue Erleichterungen der Arbeit und neue Genußmöglichkeiten der Individuen erschließen, durch beides die althergebrachten Bräuche und Sitten in Frage stellen und zu einem verderblichen Wettkampf der isolierten Konsumenten aufreizen. Die Wissenschaften waren ihm verdächtig als die Schöpfer der Voraussetzungen der modernen »Künste« (Techniken) und ebenso wegen des von den »Philosophen« gepredigten Materialismus und Atheismus, der jede Hemmung beim Streben nach materiellen Gütern und Genüssen niederlegte und damit die Volksmoral (Brauchtum und Sitten könnte man als die zwei Bestandteile der Volksmoral bezeichnen) aufhob.

Gerade in seiner hohen Wertschätzung der Volksmoral und in seiner gleichzeitigen Polemik gegen die ständig fortschreitenden »Künste« und Wissenschaften kommt deutlich Rousseaus zutiefst *konservative Haltung* zum Ausdruck. Zwar will er nicht die Menschheit zur Natur zurückführen, aber doch ihren natürlichen Verfall, der durch technische Erfindungen und revolutionäre Lehren befördert wird, aufhalten oder wenigstens verlangsamen.

Die Gültigkeit der Sitten hängt einzig von der öffentlichen Meinung (opinion) ab, dies aber ist höchst beweglich und launisch. »Der Zufall, 1000 unvermutete Ursachen und 1000 unvorhersehbare Umstände« können sie von einem Tag zum anderen verändern, was der Vernunft und der Macht des Staates, d. h. der Regierung nicht gelingt. »Alles, was menschliche Weisheit vermag, ist diesen Veränderungen zuvorzukommen und von langer Hand zu unterbinden, was sie zustandebringen kann, sobald man sie aber einmal toleriert und autorisiert, ist man selten noch Herr ihrer Auswirkungen.«[79]

Bräuche und Sitten, die die Grundlage der Einheit und des Zusammengehörigkeitsgefühls einer Republik und ihrer Bürger bilden, müssen als eine Konstante angesehen werden und bedürfen der bewußten Pflege und Erhaltung. Bei der *Errichtung* des Gemeinwesens konnten sie aber nach Rousseaus Auffassung bis zum gewissen Grade willkürlich geformt werden, und jedesmal, wenn Rousseau von der Aufgabe des Gesetzgebers oder von den großen Gesetzgebern der Antike spricht, sieht es so aus, als ob er die Gewohnheiten und Sitten des Volkes für gänzlich »machbar« hielte. Er lobt die großen Gesetzgeber Lykurg, Numa und vor allem auch Moses dafür, daß sie ihren Völkern »Sitten und Gewohnheiten gaben, die mit denen anderer Nationen unvereinbar waren«.[80] All die scheinbar lächerlichen Äußerlichkeiten der Nationalreligion, alle Zeremonien und Gepflogenheiten der Regierungsausübung erscheinen gerechtfertigt vor der Vernunft als ebenso viele *Mittel,* um die Einheit der Gemeinschaft zu festigen und die Republik gegenüber den sie umgebenden Staaten deutlich abzugrenzen. Der polnischen Regierung empfiehlt Rousseau daher auch, sich der allgemeinen Neigung zur Imitation der französischen Sitten zu widersetzen, die alten Gewohnheiten (usages) wiederherzustellen und durch neue, gleichfalls nationalpolnische zu ergänzen. »Diese Gewohnheiten haben immer den Vorteil, die Polen für ihr Vaterland zu begeistern und ihnen eine natürliche Abneigung zu geben, sich mit dem Ausland zu vermischen, mögen sie auch in sich gleichgültig und sogar in mancher Hinsicht schlecht sein, wenn sie nur nicht wesentlich schlecht sind.«[81]

Von den ersten Schriften Rousseaus an bis zu seinen spätesten läßt sich, wie wir gesehen haben, seine hohe Einschätzung der Bedeutung der »Volksmoral« (Sitte, Brauch usw.) nachweisen. Der scharfsichtige Psychologe erblickte in der Prägung der Individuen durch gemeinsame »Normen« des Verhaltens (mochten diese auch im einzelnen noch so »sinnlos« sein) eine günstige Voraussetzung für die Erhaltung der republikanischen Gemeinschaft. Der von der Volksmoral geprägte Einzelne – so etwa würde er argumentieren – wird mit einiger Wahrscheinlichkeit auch dem Gesetz (soweit es Ausdruck des Gemeinwillens, d. h. legitimes Gesetz ist) seine Zustimmung geben, weil ihn seine Befolgung keine Anstrengung kostet. Er wird aber auch als Gesetzgeber (als Glied des Souveräns) das Gesetz eher finden als Privatpersonen, die sich von der Volksmoral ganz emanzipiert haben. Die Existenz einer herrschenden Volksmoral ist daher die erwünschte Voraussetzung und ihre Konservierung das Ziel der Rousseauschen Republik.

Seine These von der beliebigen Machbarkeit der Bräuche und Sitten in jungen Gemeinwesen zeugt dagegen von dem Einfluß der herrschenden Denkweise seiner Zeit, der sich Rousseau längst nicht so radikal zu entziehen vermochte, wie es seine Absicht war.

§ 17 Aufgaben und Mittel der Sozial- und Wirtschaftspolitik

Unter den Mitteln und Maßnahmen, die der Erhaltung der Republik und des republikanischen Geistes ihrer Bürger dienen sollten, nahmen für Rousseau wirtschaftspolitische Maßnahmen nicht die geringste Stelle ein. Wenn wir uns Rousseaus wirtschaftlichem Denken zuwenden, müssen wir uns jedoch immer bewußt bleiben, daß für ihn die Wirtschaft noch kein selbständiges Kulturgebiet war, daß er keine *Eigengesetze* der Wirtschaft kannte und auch nicht gewillt war, rein wirtschaftliche Gesichtspunkte bei seinen Maßnahmen zu berücksichtigen. Typisch hierfür ist z. B., daß er nicht nur autarke Republiken schaffen wollte, sondern auch innerhalb eines Landes die agrarische Produktion nicht den unterschiedlichen Ertragsbedingungen in den verschiedenen Landesteilen anpassen, sondern nach Möglichkeit in jedem Distrikt alle lebensnotwendigen Produkte anbauen lassen wollte, denn es sei wichtiger »die Menschen richtig zu gebrauchen als das Land«. Es wird also bewußt um eines politisch-psychologischen Vorteils willen ein ökonomischer Nachteil in Kauf genommen.[82]

Oberstes Ziel aller Politik nach Rousseau ist die Stiftung und Erhaltung der Einheit und Einigkeit einer Republik. Diesem Ziele müssen alle – auch die wirtschaftspolitischen Maßnahmen – untergeordnet werden. Die vielleicht größte und für die Neuzeit typischste Gefahr für diese Einheit ist aber das Überhandnehmen des Strebens nach Reichtum, das dem exklusiven Privatinteresse ein verhängnisvolles Übergewicht verleiht. Schon aus diesem Grunde darf die Wirtschaftspolitik nicht die maximale Produktion als Ideal verfolgen, denn je mehr produziert wird, desto mehr Bedürfnisse entstehen und, da neue Bedürfnisse anfangs immer nur von wenigen befriedigt werden können, bedeutet das jeweils auch neue Ungleichheit und neuen Anreiz zu grenzenloser ökonomischer Aktivität im ausschließlichen Privatinteresse. Ich habe meine Darstellung mit der Rousseauschen Gegenwartskritik eröffnet, die wirtschafts- und sozialpolitischen Gedanken Rousseaus knüpfen unmittelbar dort an, aber auch seine Konstruktion der einzig legitimen Staatsform bedarf der Konkretisierung durch den Hinweis auf ihre soziale und ökonomische »Basis«.

a) Das Kleinbürgertum (état médiocre) als die ideale Klassenbasis der Republik

Wir haben gesehen, welche hohe Bedeutung Rousseau der Existenz und der Erhaltung der Bräuche und Sitten eines Volkes beimaß. Nur ein Volk, das sich daran gewöhnt hat, den Bestimmungen des in der Volksmoral zum Ausdruck kommenden Gemeinwillens zu gehorchen, nimmt auch die Gesetze, die diesen Bestimmungen gemäß sein müssen, willig hin. Die Sitten aber halten am längsten beim *Mittelstand*, jenem »état médiocre«, dem Rousseau selbst entstammt. »Überall wird der Reiche zuerst korrumpiert«, schreibt er in einem Brief an den Genfer Doktor Tronchin, »der Arme folgt und der Mittelstand (état médiocre) wird zuletzt erfaßt. Bei uns aber ist der Mittelstand das Uhrmachergewerbe.«[83] Aufgabe der Sozialpolitik ist daher die Erhaltung dieses Mittelstandes als der geeignetsten »Klassenbasis« der republikanischen Staatsordnung. Der kleine Mittelstand produziert für den begrenzten

Binnenmarkt und hält sich an die Tradition, im Gegensatz zu den »riches«, womit in erster Linie die großen Kaufherren und die ersten Manufakturbesitzer gemeint sein dürften, die internationale Märkte beliefern, den technischen Fortschritt ausnützen und durch beides die national begrenzten Bräuche und Sitten und die (in der Produktionsweise sich ausdrückende) Tradition zerstören. Der von Rousseau idealisierte Mittelstand ist das konservative Kleinbürgertum, ein Stand mit engen Interessen, aber von denkbar großem inneren Zusammenhalt. Der von ihm gefürchtete »Reiche« dagegen gehört einer neuen Schicht von starken, unabhängigen Einzelnen an, die untereinander und mit der übrigen Gesellschaft in erbittertem Konkurrenzkampf stehen und täglich die »heureuse médiocrité« weiter zurückdrängen und überflügeln.

Arm und reich sind »relative Begriffe«, die erst miteinander aufkommen und einander wechselseitig bedingen. Wo es keine »riches« gibt, da fehlt auch die (typisch neuzeitliche) Armut und ohne Armut wird Reichtum sinnlos. »Die großen Städte und die reichen Menschen sind es, die die Armen gemacht haben . . . «[84] Die Reichen produzieren Armut in zweifacher Weise: einmal absolut, weil sie Arbeiter dazu zwingen, Luxusgüter herzustellen, was notwendig eine Verringerung der Produktion der lebensnotwendigen Güter bewirkt, die auf Grund der mit jeder Verknappung einhergehenden Preissteigerung unbedingt auf Kosten der wirtschaftlich Schwachen geht; zum anderen relativ, weil der Anblick bislang unbekannter Luxusgenüsse den Armen dazu bringt, sich für unglücklich zu halten.[85] Der erste dieser beiden Gesichtspunkte beruhte auf dem Rousseauschen Irrtum, daß eine Intensivierung der Produktion unmöglich sei und daher jede Arbeitskraft, die dem flachen Lande entzogen und für Luxusartikel verwendet würde, zu einem Rückgang der Agrarproduktion führen müsse. Ein Irrtum, der freilich um die Mitte des 18. Jahrhunderts begreiflich war. Der zweite Gesichtspunkt aber dürfte seine Bedeutung auch heute noch nicht verloren haben. Es ist jene Relativität des »Reichtums«, die es möglich macht, daß sich heute jemand als »arm« empfindet, weil er z. B. keinen Fernsehapparat besitzt, während vor 30 Jahren noch niemand an den Besitz eines derartigen Gerätes dachte. Jede neue Ware, die auf den Markt kommt, erzeugt ein neues Bedürfnis, und jedes Bedürfnis, das nicht sogleich befriedigt werden kann, wird als Zeichen des Mangels und der Armut empfunden. Hinzu kommt noch, daß umgekehrt für den Reichen das Wissen um die

Exklusivität eines Gutes vielfach erst den »Genuß« desselben bewirkt. Ein Gedanke, den die neuere Soziologie bekanntgemacht hat, der aber Rousseau schon durchaus vertraut war.[86]

Wie der Reichtum die Armut »produziert«, so macht er sie zugleich von sich abhängig, und diese *Abhängigkeit* ist es in erster Linie, welche die Einheit und Geschlossenheit der Republik beeinträchtigt. Denn jede Abhängigkeit der Bürger voneinander entzieht dem Ganzen einen Teil der ihm zukommenden Kraft und führt zur Bildung von Gruppen *innerhalb* des Staates. Deshalb heißt es sogar im Contrat Social, der nur sehr wenige konkrete wirtschaftliche Bestimmungen enthält: »Niemand soll so reich sein, um einen Anderen kaufen zu können, und niemand so arm, um sich verkaufen zu müssen (CS II, 11).« In einem Fragment über »Luxus, Handel und Künste« (Technik) bezeichnet Rousseau den wirtschaftlichen Zustand, den der Staat herbeiführen sollte, als »abondance« und definiert diese näher wie folgt: »Der Zustand . . . in dem alle *lebensnotwendigen* Güter in einem Lande vereinigt sind und zwar in solcher Menge, daß jeder durch seine Arbeit leicht alles erwerben kann, was er für den Lebensunterhalt braucht.«[87] Jeder soll also durch seine eigne Arbeit leben können, und diese Arbeit kann Rousseau sich kaum anders denn als »selbständige« denken. Jede *Lohn*arbeit erfüllt ja streng genommen den von Rousseau als unerwünscht bezeichneten Tatbestand, daß sich ein Mensch »verkaufen muß« und ein anderer ihn »kaufen« kann. Diese Ablehnung der Lohnarbeit schließt aber für Rousseau nicht aus, daß die Republik selbst als Arbeitgeber auftritt und z. B. auf staatlichen Domänen Lohnarbeiter beschäftigt. Wenn man der Bestimmung des Contrat Social folgt, dürfte aber kein Mitglied der Republik Lohnarbeiter beschäftigen noch gar selbst Lohnarbeiter sein. Man kann sich fragen, ob Rousseau die Lohnempfänger nur von der *Vollbürgerschaft* ausschließen, aber als politisch unterprivilegierte »Einwohner« durchaus zulassen wollte, oder ob er sie ganz vom Boden der freiheitlichen Republik verbannt wissen wollte. Allerdings müßte es dann auch noch eine andere Gruppe von »Einwohnern« geben, die als Unternehmer jene Lohnarbeiter beschäftigt und selbst ebenfalls von der Vollbürgerschaft ausgeschlossen ist. Es ist ja wiederholt von Autoren darauf hingewiesen worden, daß Rousseau keinerlei Anstoß daran nahm, daß nur ein kleiner Prozentsatz der Genfer Bevölkerung als Vollbürger (citoyens und bourgeois) Anteil an der Gesetzgebung hatte und Mitglied des Souveräns (des Großen Rates) war. Vermutlich hielt er eine rasche Änderung dieses Zustandes für gefährlich, hätte aber – ähnlich wie in seinen Vorschlägen für Polen – eine *allmähliche* Aufhebung der politischen Unterprivilegierung dieser Schichten befürwortet, die er allerdings an eine vorherige Lösung aus dem Verhältnis der Unselbständigkeit (Lohnarbeit) gebunden haben würde. Rousseau war – wie sich auch hier wieder zeigt – keineswegs der abstrakte Demokrat, als den man ihn oft hingestellt hat, sondern ein politischer Denker von hohem Tatsachensinn und abgewogenem Urteil. Die Verleihung politischer Rechte hielt er daher auch solange für sinnlos und sogar gefährlich, als eine entsprechende republikanische *Gesinnung* und ein vernünftiges *Urteil* von den betreffenden Schichten nicht erwartet werden konnte. Der Gedanke, daß zu Vollbürgern eigentlich nur selbständige Gewerbetreibende und Landwirte geeignet seien, findet sich bei zahlreichen Autoren des 18. Jahrhunderts und ähnlich noch bei Kant. In seiner »Metaphysik der Sitten« schreibt er: »Nur die Fähigkeit der Stimmgebung macht die Qualifikation zum Staatsbürger aus; jene aber setzt die Selbständigkeit dessen im Volke voraus, der nicht bloß Teil des gemeinen Wesens, sondern auch Glied desselben, d. i. aus eigener Willkür in Gemeinschaft mit anderen handelnder Teil desselben sein will. Die letztere Qualität macht aber die Unterscheidung des aktiven vom passiven Staatsbürger notwendig . . . Folgende Beispiele können dazu dienen, diese Schwierigkeit zu beheben: der Geselle bei einem Kaufmann oder bei einem Handwerker; der Dienstbote (nicht der im Dienst des Staates steht); der Unmündige (naturaliter vel civiliter); alles Frauenzimmer und überhaupt jedermann, der nicht nach eignem Betrieb, sondern nach der Verfügung anderer (außer des Staates) genötigt ist, seine Existenz (Nahrung und Schutz) zu erhalten, entbehrt der bürgerlichen Persönlichkeit.«[88] Hier wird die Existenz von Lohnarbeitern und Abhängigen in der Gesellschaft ausdrücklich erwähnt, die betreffende Bevölkerungsschicht aber vom Vollbürgertum bewußt ausgeschlossen. Wenn auch die Ähnlichkeit mit Rousseaus Gedanken groß ist, so liegt doch ein nicht unbeträchtlicher Unterschied darin, daß Kants Vollbürger offenbar ohne jeden Vorbehalt Lohnarbeiter beschäftigen können und für den Markt produzieren, während Rousseau in erster Linie an kleine Handwerker gedacht hatte, die nur mit ihrer Familie zusammen arbeiten und an Landwirte, die im optimalen Fall so gut wie alles Lebensnotwendige für sich und ihre Familie selbst erzeugen. Während der Großbürger in Kants Bestimmungen also durchaus Platz hat, wird er durch die Rousseauschen ausgeschlossen, und während Kant das Kriterium der »Marktproduktion« ausdrücklich erwähnt, liegt das Ideal Rousseaus bei einer weithin autarken fast geschlossenen kleinbäuerlichen Wirtschaft. Wenn Kant dagegen die Staatsdiener (Beamte) ausdrücklich als Vollbürger anerkennt, stimmt er mit Rousseau wieder überein. Die (selbst wirtschaftliche) Abhängigkeit von der Republik erschien beiden nicht als Beeinträchtigung jener »Selbständigkeit« des Vermögens und des Denkens, die ihnen die Voraussetzung für eine sinnvolle Ausübung der Staatsbürgerpflichten war. Daß auch hiermit Gefahren für die Freiheit der Bürger verbunden sein könnten, kam weder Kant noch Rousseau in den Sinn.

Am besten ist eine Gesellschaft für eine republikanische Verfassung geeignet, in der jedermann »etwas« und niemand »zu viel« besitzt.[89] Verhängnisvoll sind vor allem zu große *Unterschiede* der Vermögen, nicht nur, weil diese Abhängigkeitsverhältnisse unter den Bürgern stiften, deren Beseitigung grade die Aufgabe der Staatsordnung war, sondern auch, weil zu großer Reichtum die Möglichkeit an die Hand gibt, sich den Gesetzen zu entziehen und zu große Armut zu völliger Gleichgültigkeit für die öffentlichen Angelegenheiten führt: »Beide Zustände . . . sind gleichermaßen verhängnisvoll für das Gemeinwohl. Aus dem einen Stand (dem der Armen, IF) gehen die Helfershelfer der Tyrannei hervor, aus dem anderen die Tyrannen: zwischen beiden wird die öffentliche Freiheit verschachert: der eine kauft sie, der andere bietet sie feil.«[90] Aber auch, wo es noch nicht so weit gekommen ist, entsteht durch die Konzentrierung des Reichtums in wenigen Händen eine Art Nebenregierung: »Überall, wo Reichtümer herrschen, fallen Macht und Autorität gewöhnlich auseinander . . . Die *scheinbare* Macht ist dann (noch) in den Händen der Magistratspersonen und die *faktische* in denen der Reichen.«[91] Die Regierung, deren Funktion es ist, die allgemeinen Bestimmungen des Gemeinwillens auf Einzelfälle anzuwenden (Verwaltung und Rechtsprechung), wird damit zunehmend ohnmächtiger, und der republikanische Staat muß untergehen »oder eine andere Form annehmen«,[92] das heißt sich in eine Tyrannis verwandeln. Dabei setzt Rousseau als selbstverständlich voraus, daß die »Reichen« ihre Macht im Partikularinteresse ihrer Person oder allenfalls ihrer

Schicht ausnützen würden, nicht aber selbstlos im Interesse des Gemeinwohls.

Ebenso unerwünscht wie allzugroßer Reichtum ist aber große Armut oder gar Besitzlosigkeit. Einmal, wie wir schon gesehen haben, weil die Armen dazu neigen, die Freiheit an die Reichen zu verkaufen, zum anderen, weil die Gemeinschaft und ihr Vollzugsorgan, die Regierung, bei ihnen keine Garantie für die Erfüllung ihrer staatsbürgerlichen Verpflichtungen hat. »Das Eigentum« ist nämlich, wie Rousseau in dem Artikel »Économie politique« betont, »der wahre Garant der Verpflichtungen des Bürgers: denn wenn die Besitztümer nicht für die Personen hafteten, dann wäre nichts so leicht, wie seine Pflichten zu umgehen und der Gesetze zu spotten«.[93] Rousseau ist daher trotz seiner Neigung, die Gleichheitsforderung auch auf das wirtschaftliche Gebiet auszudehnen und den Staat möglichst stark zu machen,[94] kein Anhänger eines Wirtschaftssystems, das das Eigentum an den Produktionsmitteln in der Hand des Staates monopolisiert. Aus diesem Grunde tadelt er z. B. auch Eurysthenes und Prokles, die »die schwachsinnige Habsucht hatten, sich aller Besitzungen der Privatpersonen (in Sparta) zu bemächtigen unter dem Vorwand, daß Lakonien ein erobertes Land sei«, was zur Folge hatte, daß »die Einwohner, welche *nichts mehr an ihr Vaterland band,* in die Nachbarländer desertierten; während die beiden Tyrannen aus ihrem Schaden lernten, daß *Souveränität* und *Eigentum unvereinbar* sind . . . «.[95] Was aber für diese Tyrannen gilt, die die Souveränität usurpiert hatten, gilt in gleicher Weise für den rechtmäßigen Souverän, der zwar in Notzeiten über das Eigentum der Bürger verfügen kann, niemals aber selbst Alleineigentümer werden darf. Das Recht der Souveränität bezieht sich nur auf dem Umweg über die Gehorsamspflicht der Personen auf deren Besitz und ist damit zugleich »real und personal«, sachlich und persönlich fundiert. Und Rousseau versäumt auch im Contrat Social nicht hinzuzufügen, daß diese Tatsache die Bürger als Eigentümer »in eine größere Abhängigkeit versetzt und aus ihren eigenen Kräften (zu denen die Güter, die sie besitzen, gehören) Garanten ihrer Treue macht«.[96] Das Verfügungsrecht des Souveräns (und seines Vollzugsbeauftragten, der Regierung) erstreckt sich auf sämtliche Besitzungen der Bürger, aber dieses Recht darf nicht mit dem des Eigentümers verwechselt werden. Kein einzelner Privatmann kann durch den Staat enteignet werden, weil das Privateigentum der Bürger (abgesehen von dem

Fall, daß vor der Staatsgründung noch *niemand* privaten Besitz hatte) die Rechtsgrundlage der staatlichen Gemeinschaft ist und der bloße Besitz durch die Stiftung der Republik sich in ein rechtlich geschütztes, gesetzmäßiges Eigentum verwandelt hat. Was ein Gesetz bestimmt, kann aber auch nur durch ein Gesetz wieder aufgehoben werden, und Gesetze müssen, wie wir gesehen haben, in ihrem Gegenstand so allgemein sein wie die Quelle, aus der sie fließen (der Gemeinwille). Es ist daher zwar denkbar, daß der Souverän beschließt, daß es überhaupt kein Privateigentum mehr geben soll (obgleich das, wie aus dem oben Gesagten hervorgeht, Rousseau töricht erscheinen würde), niemals aber kann er es zulassen, daß *einzelne* Bürger enteignet werden,[97] wodurch das Prinzip der Rechtsgleichheit zerstört und die Gerechtigkeit aufgehoben würde. Da das Gesetz immer nur einen Kreis von Handlungen im allgemeinen, niemals einzelne Aktionen oder einzelne Personen im besonderen betreffen darf, ist auch ein »rückwirkendes Gesetz« unmöglich.[98] Diese Bestimmung verhindert die Enteignung von Bürgern, deren Vermögen eine bestimmte Grenze überschritten hat, so daß auf gesetzlichem Wege der gesellschaftliche Zustand, den Rousseau als notwendige Voraussetzung einer gut funktionierenden politischen Gemeinschaft ansah – nämlich das Vorherrschen des »état médiocre« oder das Fehlen von Extremen des Reichtums und der Armut – *nicht wiederhergestellt* werden kann, wenn er einmal verlorengegangen ist. Dagegen kann die Gemeinschaft allerdings beschließen, daß *künftig* niemand mehr als einen bestimmten Besitzstand erwerben darf, denn durch ein derartiges allgemeines Gesetz ist noch keiner im besonderen betroffen, sondern jeder kann – durch einen Zufall begünstigt – prinzipiell in diese Lage kommen und gibt daher in der Volksversammlung seine Stimme auch für sich (als mögliches Objekt der Gesetzgebung) ab. Im Verfassungsentwurf für Korsika sieht Rousseau ausdrücklich vor: »Niemand kann Landbesitz außerhalb seiner Gemeinde haben. Niemand mehr als . . . Land (den Umfang dieser Maximalgröße einer Parzelle wollte Rousseau vermutlich erst auf Grund näherer Kenntnis des Landes, seiner Fruchtbarkeit usw. festlegen) besitzen. Wer diese Menge Boden einmal besitzt, kann sie zwar gegen gleich große Landstücke tauschen, aber niemals gegen größere, auch nicht wenn diese weniger fruchtbar sind. Alle Geschenke und alle Erbschaften, die ihm an Landbesitz gemacht werden sollten, sind nichtig.«[99] Die ideale soziale »Basis« der Rousseauschen Republik ist eine *Gesellschaft von Kleineigentümern,* die entweder ihren eignen Grund und Boden mit eigner Arbeit kultivieren, oder mit eignem Handwerkszeug lebensnotwendige Produkte erzeugen und gegen die Überschüsse der Landwirtschaft eintauschen. Denn »der Gesellschaftszustand ist nur dann den Menschen vorteilhaft, wenn alle etwas haben und niemand zu viel besitzt«.[100] Der Besitzlose hätte nur die Nachteile der Aufgabe seiner natürlichen Ungebundenheit zu tragen, ohne gleichzeitig die Vorteile des neuen Status zu genießen, wie das im zweiten Discours beschrieben wurde. Die »zu viel Besitzenden« würden sich der Macht der Gesetze entziehen und andere Bürger in ihre Abhängigkeit bringen, wodurch der entscheidende Vorzug des Gesellschaftszustandes: die Herrschaft des unpersönlichen Gesetzes über alle und die Unabhängigkeit von individueller Willkür aufgehoben würde.

Während im Emile vor allem der *Handwerker,* der ein *nützliches* Gewerbe hat (im Gegensatz zum Hersteller von Luxusartikeln) verherrlicht wird, legt Rousseau in seinen politischen Schriften – vor allem im Verfassungsentwurf für Korsika – mehr Wert auf das Prosperieren des *Bauernstandes.* In gesunden bäuerlichen Familien, die möglichst gleichmäßig über die ganze Insel verteilt leben sollen, sieht er den besten Wurzelboden der republikanischen Freiheit. »Der Handel erzeugt Reichtum, aber die Landwirtschaft sichert die Freiheit« erklärt er den Korsen.[101] Diese unterschiedliche Bewertung hängt damit zusammen, daß Emile zu einem »Wilden« erzogen werden soll, der in »Städten zu leben weiß«, das heißt zu einem Menschen, der inmitten der korrumpierten und zivilisierten Gesellschaft Frankreichs und ähnlich beschaffener Staaten etwas von seiner ursprünglichen »Güte« bewahren und sogar tugendhaft werden kann. Das aber ist unter anderem nur dadurch möglich, daß er ein Handwerk beherrscht, das überall benötigt wird und ihm die *Freiheit* läßt, *auszuwandern,* um sich bei Bedarf der Tyrannei des Staates, in dem er lebt, zu entziehen. In Korsika dagegen, das schon im Contrat Social als eins der wenigen Länder bezeichnet wird, das noch einer »Législation« fähig wäre, gilt es gute Staatsbürger heranzubilden und die Menschen möglichst fest an ihr Vaterland zu binden (während Emile gar kein »patrie«, sondern nur noch ein »pays« besaß). Der bäuerliche Grundbesitz stellt aber die denkbar innigste Bindung an ein Land dar. Wenn man die drei Wirtschafts- und Lebensweisen ansieht, die Rousseau nacheinander am höchsten bewertet: die Weidewirtschaft (das Hirtenleben) im zweiten Discours und im Essai über den Ursprung der Sprache, den Ackerbau (das Bauernleben) im Verfassungsentwurf für Korsika (aber auch in der Nouvelle Héloïse) und das Handwerk im Emile, dann darf man diese drei einander *scheinbar widersprechenden Wertschätzungen* nicht auf eine »Entwicklung« des Rousseauschen Denkens zurückführen, sondern muß sie gleichsam als Stufen eines, den verschiedenen historischen Entwicklungszuständen der Gesellschaft angepaßten, Ideals ansehen. Man könnte Rousseaus Gedanken vielleicht am einfachsten so formulieren:

Der glücklichste und freieste Zustand der Menschheit war erreicht, als locker gefügte Großfamilien völlig autarker und freier Hirten die Erde bevölkerten. Das Aufkommen des Ackerbaues stellte sicher einen Fortschritt zu besserer Ausnutzung der Natur für den Menschen dar, aber die neue Lebensweise brachte mit dem Grundeigentum und der Möglichkeit des Ausschlusses von Menschen von ihm die Gefahr einer ersten Ungleichheit mit sich, der Ungleichheit von arm und reich. Im Vergleich mit dem Hirtenzeitalter war also das Ackerbauzeitalter und im Vergleich mit dem Hirtenleben das Bauernleben weniger glücklich und weniger frei. In einer Republik von annähernd gleich vermögenden Bürgern vereinigt, kann das Bauerntum jedoch die Grundlage für eine freie Gemeinschaft bilden. Vergleichen wir das Bauernleben nicht, nach rückwärts blickend, mit dem Hirtenleben, sondern, vorwärtsschauend, mit dem Leben der *Städter,* dann ist es unendlich gesünder und naturnäher, echter und sittlicher. All das hängt freilich davon ab, ob der Staat, in dem der Bauer lebt, eine legitime Republik oder eine Tyrannis ist. In korrumpierten Staaten ist es vorteilhafter, wenn der einzelne Mensch nicht durch Grundbesitz gebunden ist, sondern statt dessen in einer Geschicklichkeit (seiner handwerklichen Fertigkeit) ein Vermögen besitzt, das er stets mit sich tragen kann. Das nützliche Handwerk erscheint einmal als die beste Lebensweise in einem Staatsgebilde, das keine Republik mehr ist und zum anderen als die relativ natürlichere und ursprünglichere Beschäftigung im Vergleich mit den Luxusgewerben und Manufakturen (die ja anfangs auch in erster Linie »Luxuserzeugnisse« wie Porzellan, Gobelins usw. herstellten).[102] Rousseau setzt gleichsam sein Ideal Schritt für Schritt niedriger an, in dem Maß wie sich die Gesellschaft entwickelt und weiter von ihrem Ursprung entfernt hat. Am besten wäre es gewesen, wenn sie ewig im

Zustand des Hirtenzeitalters stehengeblieben wäre, da es aber einmal zum Ackerbau gekommen ist, bleibt als nächste Möglichkeit die Errichtung einer bäuerlichen Republik mit möglichst gleichem Besitz aller (Klein)Bauern und wenn auch hierfür die Zeit zu spät ist, wenigstens die Rettung einzelner Menschen (wie die Emiles) vor der allgemeinen Korruption, denen man durch die Erlernung eines Handwerks die Möglichkeit verschafft, sich von der verderbten Gesellschaft, in der sie leben müssen, unabhängig zu machen. Rousseau stellt kein absolutes, ewig gültiges Ideal auf, sondern sucht nur für jede Zeit die optimale Möglichkeit sittlichen und menschlichen Lebens, um dem natürlichen Verfallsprozeß entgegenzuwirken. Die beste Lebensweise ist ihm immer die natürlichste, die sich gerade noch mit dem Entwicklungsgrad der Gesellschaft (Kultur) vereinbaren läßt.

In der kleinen Gemeinschaft der *Montagnons* in der Nähe von Neufchâtel, die Rousseau in seiner Jugend kennenlernte, hat ein glücklicher Zufall ein modernes Paradies entstehen lassen, das vielleicht am meisten Rousseaus sozialen Idealen entsprach. Die Montagnons sind nicht nur *Bauern,* die alle Lebensmittel, die sie benötigen, selbst erzeugen, sondern zugleich auch äußerst geschickte Handwerker, ja Künstler, die einen hohen Kulturstand erreicht haben. In ihrer Gemeinschaft ist die so verhängnisvolle *Arbeitsteilung,* die zur wechselseitigen Abhängigkeit der Menschen voneinander führte, wieder *überwunden* und jede Familie produziert alles und konsumiert alles, was sie herstellt (abgesehen von einem Überschuß an feinmechanischen Erzeugnissen, den sie exportieren kann). Die Familien der Montagnons sind daher wirtschaftlich so unabhängig voneinander wie die isoliert lebenden Naturmenschen, und ihr sozialer Zusammenhalt beruht lediglich auf der natürlichen Zuneigung, wie sie keimhaft schon im Naturmenschen angelegt war und nur durch die Entstehung des »amour-propre« pervertiert wurde. Wäre Rousseau ein utopischer Idealist gewesen, so hätte er diese Montagnons als erstrebenswertes Vorbild verallgemeinert; als der pessimistische Realist aber, der er immer auch war, blieb er sich des Ausnahmecharakters dieser kleinen Gemeinschaft bewußt und schildert sie mit ähnlich liebevoller Trauer wie im zweiten Discours und im Essai über den Ursprung der Sprachen das goldene Zeitalter der partriarchalischen Hirtenstämme. Die in deutscher Übersetzung kaum greifbare Stelle verdient im Zusammenhang zitiert zu werden:

»Ich erinnere mich, in meiner Jugend in der Nähe von Neufchâtel ein höchst anmutiges und wahrscheinlich einzigartiges Schauspiel gesehen zu haben: ein ganzer Berg, der über und über mit Wohnhäusern bedeckt ist, die jeweils inmitten der zu ihnen gehörigen Besitzungen liegen, so daß diese Gebäude – in ebenso gleichem Abstand voneinander stehend wie der Besitz der Eigentümer – den zahlreichen Bewohnern dieses Berges zugleich die Annehmlichkeiten der Gesellschaft und die Möglichkeit stiller Sammlung bieten. Diese glücklichen Bauern, die sämtlich wohlhabend und von Steuern und sonstigen Abgaben frei sind, kultivieren mit aller möglichen Sorgfalt ihren Boden, dessen Früchte ihnen gehören und verwenden die Muße, die diese Arbeit ihnen läßt, um tausend Handarbeiten anzufertigen und den Erfindungsgeist nutzbar zu machen, mit dem sie die Natur begabt hat. Im Winter vor allem . . . beschäftigen sie sich mit tausend amüsanten Arbeiten, die die Langeweile vertreiben und ihr Glück noch erhöhen. Niemals wird ein Schreiner, Schlosser, Glaser oder Dreher in dieses Land kommen, denn alle sind das selbst und niemand ist es für andere. Unter den zahlreichen angenehmen und sogar eleganten Möbeln, die ihren Hausrat bilden, findet man nicht ein Stück, das von der Hand eines Handwerksmeisters stammte. Und dabei bleibt ihnen noch Muße, um tausend verschiedene Instrumente zu erfinden und anzufertigen, von denen manche sogar bis Paris gelangen, unter anderem auch jene kleinen Holzuhren, die man dort seit einiger Zeit sieht. Sie stellen auch welche (Uhren) aus Metall her, ja sogar Taschenuhren, und, was schier unglaublich erscheint, jeder vereinigt in sich allein die verschiedenen Facharbeiten, in die die Uhrmacherei untergeteilt wird, und stellt alle Instrumente selber her. Das ist aber noch nicht alles: Sie haben auch nützliche Bücher und sind einigermaßen gebildet; sie denken vernünftig über alles nach und haben über manches sogar geistreiche Ideen. Sie stellen Siphone her, Magnetsteine, Brillen, Pumpen, Barometer und Dunkelkammern. Ihre Wände hängen voll von Instrumenten aller Art: man möchte das Ofenzimmer eines Bauern für ein physikalisches Laboratorium halten. Alle können etwas zeichnen, malen und schriftlich rechnen, die meisten blasen die Flöte und viele verstehen etwas von Musik und singen richtig. Diese Künste werden ihnen nicht von Fachlehrern beigebracht, sondern werden von ihnen gleichsam durch die Tradition erworben. Von den Musikverständigen, die ich traf, sagte mir der eine, er habe sie (die Musik) von seinem Vater gelernt, der andere von seiner Tante und ein dritter von seinem Vetter, einige glaubten auch, sie schon immer beherrscht zu haben. Eine ihrer verbreitetsten Vergnügungen besteht darin, mit Frau und Kind zusammen vierstimmige Psalmen zu singen; und man ist ganz erstaunt, aus diesen ländlichen Hütten die starken und männlichen Harmonien Goudimels zu hören, die unsere gelehrten Künstler schon solange vergessen haben.«[103] Das liest sich nicht viel anders wie die Utopie eines Sozialisten des 19. Jahrhunderts – freilich mit dem gewichtigen Unterschied, daß in Rousseaus idyllischem Bild eine Gemeinschaft von lauter individualistischen Privateigentümern vor uns entsteht, deren soziale Organisation dem Verfasser nicht mehr erinnerlich ist, während die Sozialisten das Gemeineigentum zur Basis ihrer utopischen Gesellschaftsordnung gemacht haben und den größten Wert auf die Organisationsformen legen. Der bekannteste sozialistische Gedanke, der in Rousseaus Schilderung der Montagnons anklingt, ist die Aufhebung der Arbeitsteilung, die die Menschen nicht nur voneinander abhängig macht, sondern auch jeden einzelnen an einen »ausschließlichen Umkreis von Tätigkeiten fixiert« und ihn damit menschlich verkrüppelt. In gewisser Weise müßte Rousseau seine Montagnons sogar noch über seine glücklichen Hirten stellen, weil sie »eine erstaunliche Mischung von geschmacklicher Bildung (finesse) und Einfachheit zeigen, die man beinahe für unvereinbar halten sollte«.[104] Damit aber sind sie den ungehobelten Hirten überlegen, ohne jedoch an der allgemeinen Korruption teilzuhaben, die sonst die unvermeidliche Kehrseite des zivilisatorischen Fortschritts ist. Der Berg mit seinen in gleichem Abstand voneinander stehenden Bauernhäusern kann aber auch als eine suggestive Veranschaulichung von Rousseaus »sozialem« Ideal überhaupt angesehen werden, wenn man einmal von der erstaunlichen Vielseitigkeit und Gebildetheit seiner Bewohner absieht. Wie die isoliert lebenden Naturmenschen über die Erde verstreut und voneinander unabhängig lebten, so erscheinen hier die Gesellschaftsmenschen verstreut, wenn auch nicht so weit voneinander, um sich nicht wechselseitig helfen zu können, so doch weit genug, um im Umkreis ihres Wohnsitzes alle notwendige Nahrung zu finden und im Regelfall nicht auf andere angewiesen zu sein. Damit scheint auf höherer Ebene ein Zustand wiederhergestellt zu sein, der den Ausgangspunkt der hypothetischen Entwicklung der Menschheit nach Rousseau bildete. Die Menschen können jetzt dichter beieinander wohnen, weil sie den Boden kultivieren und daher mit einer geringeren Fläche pro Kopf der Bevölkerung auskommen und vor allem weil sie sich daran gewöhnt haben (Tradition!), mit einer bestimmten Menge auszukommen und nichts zu begehren, was sie von Fremden erwerben müßten. Ausreichender »Lebensraum« für jede Bauernfamilie und Genügsamkeit erscheinen als die beiden Voraussetzungen eines derart friedlichen »Gemeinschaftslebens«. Im Regelfall ist dieses freilich nicht »von alleine« gegeben, sondern muß durch ständige Anstrengungen erhalten und wiederhergestellt werden. Auch wenn Rousseau nirgends davon spricht, könnte man doch annehmen, daß die Aufgabe des Staates bzw. der Regierung auch bei ihm darin besteht, sich selbst überflüssig zu machen. Die Montagnons brauchten jedenfalls nur einen höchst schwachen Staat, weil ihre Sitten rein und die Gefahr der Korruption auf Grund ihrer absoluten Selbstgenügsamkeit gering ist. Aber leider ist das nur ein Ausnahmefall, und gewöhnlich muß die Regierung alle Mittel aufbieten, um die Einheit der Gemeinschaft trotz der divergierenden Interessen der Einzelnen und der Gruppe aufrechtzuerhalten und die Bürger durch ihren Ehrgeiz (amour-propre) zu Leistungen fürs Gemeinwesen und zur Aufgabe ihres Privatinteresses zu bewegen, soweit es dem Gemeininteresse zuwiderläuft.

Wenn aber auch die allseitig entfalteten bäuerlich-handwerklich tätigen Montagnons einen glücklichen Zufall darstellen, so nimmt Rousseau doch ganz allgemein das bäuerliche und handwerkliche Kleinbürgertum als die nicht nur ideale, sondern auch allein brauchbare »Basis« für seine republikanische Staatsordnung an. Sie ist nicht nur die nötige Voraussetzung für die Errichtung einer legitimen Republik, sondern auch die Bedingung für deren Erhaltung und muß durch die Gesetze und Maßnahmen der Regierung konserviert werden.

b) Staatseinnahmen und Steuerpolitik

Der Staat, d. h. die vereinigten Bürger, welche die Republik ausmachen, muß über Einkünfte verfügen, um seine Magistratspersonen (Beamten) bezahlen, öffentliche Bauten durchführen und Lager für Notzeiten anlegen zu können. Es fragt sich daher, wie diese Staatseinkünfte am besten beschafft werden. Zunächst stellt sich hier für Rousseau – jedenfalls in seinem Artikel »Économie politique« von 1755 – ein rechtliches Problem. Einerseits ist nämlich das

Privateigentum die Voraussetzung des Staatsbürgertums und deshalb von der Republik mit allen Mitteln zu schützen und zu respektieren, andererseits aber muß in dieses Recht eingegriffen werden, um die zur Erhaltung des Staates notwendigen Erträgnisse zu beschaffen. Wenn man einmal von dem Idealfall absieht, daß die Bürger freiwillig und spontan den notwendigen Anteil ihres Eigentums oder ihrer Einkünfte an den Staat abliefern, führt das zu der mißlichen Alternative: entweder freiwillige Steueraufwendungen, die in der Regel nichts erbringen, oder zwangsmäßige, die illegitim sind. »In dieser grausamen Alternative – entweder den Staat untergehen zu lassen oder das geheiligte Recht des Privateigentums anzutasten, besteht die Schwierigkeit einer gerechten und weisen Wirtschaft(spolitik).«[105]

aa) Staatseinnahmen aus Domänen

Die beste Lösung dieses Dilemmas erblickt Rousseau in der Einrichtung staatlicher *Domänen,* aus deren Einkünften die Staatsausgaben gedeckt werden können (cf. Korsika; Vaugh. II, 336). Der so geschaffene staatliche Fundus (der auch in Geld bestehen kann, was Rousseau jedoch aus verschiedenen Gründen, auf die wir noch zu sprechen kommen werden, als weniger wünschenswert ansieht) soll dann zunächst durch die Volksversammlung festgelegt und anerkannt werden. Durch diesen feierlichen Akt, »der ihn unveräußerlich macht, ändert dieser Fundus gleichsam sein Wesen und die aus ihm fließenden Einnahmen werden so heilig, daß es nicht nur zum infamen Diebstahl, sondern zur Majestätsbeleidigung wird, von ihnen auch nur die geringste Summe ihrem Verwendungszweck zu entziehen«.[106] Die erhöhte Dignität, die Rousseau den Einnahmen der Staatsdomänen bzw. des Fiskus überhaupt zuschreibt, kann man mit dem erhöhten Rechtsschutz vergleichen, den das sogenannte Volkseigentum in der Sowjetunion genießt.[107] Diebstahl am Volkseigentum wird dort ebenfalls nicht als gewöhnlicher Diebstahl, sondern als eine Art politisches Verbrechen (cf. Rousseaus »Majestätsbeleidigung«), als Antastung der wirtschaftlichen Grundlage der Gemeinschaft geahndet. Der Schutz des Staatseigentums liegt auf einer prinzipiell *anderen* Ebene als der des Privateigentums, während in den liberal-demokratischen Staaten unserer Zeit das Staatseigentum im allgemeinen kaum einen höheren Schutz genießt als das private und in der Volksmoral (wenigstens dieser Länder) ein Eigentumsdelikt gegenüber dem Staat als geringfügig, ja verzeihlich angesehen wird (Steuerhinterziehung, Betrug der Bundesbahn, unwahre Angaben zum Zwecke der Erlangung von Vorteilen bei Behörden usw. werden im allgemeinen nur noch von wenigen Menschen in ihrem vollen Gewicht als Rechtsverletzung empfunden und verstanden). Man darf bei diesem Vergleich zwischen Rousseau und dem sowjetischen Eigentumsrecht freilich nicht vergessen, daß bei Rousseau das kleine Privateigentum an den Produktionsmitteln die Basis des Staates bilden sollte, während in der Sowjetunion alle nennenswerten Produktionsmittel in der Hand des Staates vereinigt sind.

bb) Natural- und Geldsteuern

Neben den Staatseinkünften aus Domänen kennt Rousseau aber auch Steuereinnahmen. Die Steuerlast soll dabei entsprechend ihrer Leistungsfähigkeit auf die Bevölkerung verteilt werden. In dem Artikel »Économie politique« sieht Rousseau dabei nicht nur eine einfache *Progressivsteuer* vor, sondern will auch noch besondere *Freibeträge für die ärmsten Schichten* berücksichtigen. »Die Besteuerung soll nicht nur im einfachen Verhältnis zum Besitz der Steuerpflichtigen erfolgen, sondern im Verhältnis ihrer Lebensumstände und des Überflusses an Reichtum, den sie besitzen: eine höchst schwierige und wichtige Rechenaufgabe.«[108] Im Rohentwurf, der seine Meinung klarer wiedergibt als der gedruckte Text, fährt Rousseau an dieser Stelle fort: »Derart sind die gerechten Erwägungen, von denen ein weiser und tugendhafter Beamter seine Seele durchdringen lassen soll, wenn er an die wichtige Aufgabe der Verteilung der Steuerlasten herangeht. Eine Aufgabe, mit der man gewöhnlich ein paar gemeine Schreiberlinge betraut, und der sich ein Plato oder Montesquieu nur unter Zittern und bei gleichzeitiger Anflehung des Himmels um Erleuchtung und Redlichkeit zu unterziehen gewagt hätte.«[109] Ein Grund für die starke Progression der Steuerlast wird darin erblickt, daß die Vorteile, die jeder aus der sozialen Vereinigung (d. h. aus dem Staatsverband) zieht, höchst ungleich sind, denn diese »schützt machtvoll den immensen Reichtum des Wohlhabenden und läßt einen Armen kaum im Genuß der dürftigen Hütte, die er mit seinen eignen Händen errichtet hat«.[110] An dieser Bemerkung und an der ausführlichen Schilderung des faktisch effektiven Rechtsschutzes, den die Reichen und des wertlosen Rechtsschutzes, den die Armen und Schwachen genießen (»Klassenjustiz«), wird deutlich, daß Rousseau *hier* den korrumpierten Staat seiner Zeit vor Augen hatte und – ähnlich wie sein großes Vorbild *Vauban* –[111] lediglich an eine Reihe von administrativen Maßnahmen zur Behebung einzelner ökonomischer Mißstände dachte.

Bemerkenswert sind die wirtschaftlichen Reflexionen, die Rousseau an die Erwägung der Grundsteuer oder Getreidesteuer anknüpft. Der erste Nachteil einer hohen *Geld*besteuerung der Bauern besteht darin, daß durch diese Maßnahme das Geld einseitig *in die Städte fließt,* ohne in gleicher Menge aufs Land zurückzukehren. »Je reicher die Stadt wird, desto ärmer bleibt das Land.«[112] Das liegt daran, daß die Steuererträgnisse aus der Hand der Regierung oder der Steuereinnehmer in die Hände der Handwerker (Rousseau denkt vor allem an die Luxusgewerbe) und der Kaufleute fließen, von wo aus es – seiner Meinung nach – nicht mehr oder jedenfalls nur zum kleinsten Teil zum Bauern zurückkehrt. Diese einseitige Geldzirkulation vergleicht Rousseau mit einem Organismus, der zwar Venen aber keine Arterien hat. Rousseau will dem vor allem dadurch abhelfen, daß Steuern von Bauern grundsätzlich nur in *Naturalien* erhoben werden. Während er in dem Artikel »Économie politique« aber auch diese Maßnahme nur mit gedämpfter Skepsis empfiehlt, ist er sich im Verfassungsentwurf für Korsika offenbar in dieser Hinsicht ganz sicher geworden. Allerdings müsse gleichzeitig durch geeignete Maßnahmen dafür gesorgt werden, daß die Steuereinnehmer ehrlich sind. Wir werden auf diese Maßnahmen, die typisch für Rousseaus Klugheit auf dem Gebiet der praktischen Politik sind, noch zurückkommen.

Der Hauptnachteil einer hohen *Geld*besteuerung der Bauern besteht darin, daß sie einen *Zwang zum Verkauf des Getreides* schafft und dadurch – selbst in Jahren schlechter Ernten – den Getreidepreis niedrig hält. Rousseau hebt dabei den entscheidenden Unterschied zwischen einer Besteuerung des Bodens und der Besteuerung anderer Waren hervor. Während nämlich ein Kaufmann – selbst wenn die Warensteuer sehr hoch ist – doch nur so viel Steuer zu entrichten braucht, als er Waren einkauft und nur soviel einkaufen wird, als er abzusetzen sicher ist, wodurch er die Steuerlast auf den Käufer abwälzt, bleibt einem nach seinem Boden oder dem Ernteertrag besteuerten Bauern einfach nichts anderes übrig, als die festgelegte Steuersumme durch Verkauf einer entsprechenden Menge Getreide aufzubringen. Der Kaufmann ist in der Lage,

Steuern auf den Warenpreis aufzuschlagen, was der Bauer, der zu bestimmten Zeiten verkaufen *muß*, nicht kann. Mit wachsender Produktion von »überflüssigen« Waren und dem damit zusammenhängenden Wachstum der Menge des zirkulierenden Geldes wird aber außerdem der Bauer relativ ärmer und das entsprechende Wachstum der Bedürfnisse der Regierung (namentlich des Hofes!) führt obendrein zur Steuererhöhung. D. h. die Lasten des Bauern werden größer, ohne daß seine Einnahmen wüchsen. Das war die Lage der französischen Bauern in der zweiten Hälfte des 18. Jahrhunderts in den Augen Rousseaus, der daher mit scharfen Worten die zeitgenössische Steuerpolitik verurteilt, weil sie das Land an den Rand des Ruins bringe, indem sie die Grundlage der Nation, den Bauernstand, zerstört.

An Stelle der ruinösen Geldsteuer auf Getreide und vor allem auf den Boden empfiehlt Rousseau daher eine Reihe von Steuern, die vor allem Luxuswaren treffen. Steuern, die insofern »freiwillig« gezahlt würden, als ja niemand gezwungen sei, derartige Waren zu kaufen. So will er z. B. hohe *Einfuhrzölle* auf Waren legen, nach denen die Einwohner begierig sind, ohne daß sie für das Land notwendig wären. Ebenso aber auch *Ausfuhrzölle* auf Artikel, an denen das Land nicht genug hat und die im Ausland dringend benötigt werden. Besteuern möchte er vor allem »die Erzeugnisse der allzu lukrativen Handwerke« und im allgemeinen »alle Luxusgegenstände« (a.a.O. S. 271). Derartige Steuern haben den Vorzug, daß sie »den Armen erleichtern und den Reichtum belasten« und *»die ständige Vergrößerung der Ungleichheit der Vermögen und die Versklavung einer Menge von Arbeitern und unnützen Dienstboten* an die Reichen sowie die Vermehrung der Müßiggänger in den Städten und die Entvölkerung des Landes *verhindern«*.[113] Dabei sei jedoch darauf zu achten, daß der Anreiz zum Schmuggel nicht zu groß wird, weil Bürger, die einmal hierzu verführt worden sind, leicht auch im übrigen unehrliche Menschen und schlechte Citoyens werden könnten. Der Satz, daß es die Aufgabe der Regierung sei, »die Privatpersonen vor der Verführung zu illegitimen Profiten zu bewahren« zeigt übrigens die charakteristische Einstellung Rousseaus: den Staat nicht auf die immer fragwürdig bleibende Hoffnung auf sittliches Verhalten seiner Bürger zu gründen, sondern möglichst so einzurichten, daß jeder auch seinen Vorteil dabei findet, wenn er sich dem Gesetz gemäß verhält. Das ändert aber nichts an der grundsätzlichen Aufgabe des Staates, seine Bürger zur Tugend zu erziehen, indem er ihren Ehrgeiz in Richtung auf staatsbürgerliche Ruhmestaten lenkt und den Patriotismus als vermittelndes Glied zwischen den Privategoismus und das sittliche Ideal einschiebt.

Im einzelnen führt er noch an: »Man möge hohe Steuern auf Livréen und Equipagen, Spiegel, Kronleuchter und wertvolle Möbel, Stoffe und Vergoldungen, Ehrenhöfe und Gärten in Stadthotels, private Schauspiele aller Art und unnütze Berufe wie Possenreißer, Sänger und Gaukler legen, oder mit einem Wort all die Luxusgegenstände besteuern, die in die Augen fallen und sich um so weniger verbergen lassen, als *ihr einziger Zweck ist, gezeigt zu werden* und als sie unnütz wären, wenn sie nicht gesehen würden«.[114] Wie schon mehrfach verwendet Rousseau hier wieder seine Einsicht in die Psyche der Zeitgenossen, um eine wirksame Maßnahme zu ersinnen. Es ist nämlich – wie er ausführt – keineswegs damit zu rechnen, daß alle Reichen angesichts hoher Luxussteuern auf diese Dinge verzichten, sondern »die Erhöhung der Ausgaben wird vielmehr ein *neuer Grund* dafür sein, sie fortzusetzen, denn die Eitelkeit, sich als wohlhabend zu erweisen, zieht aus dem hohen Preis des Gegenstandes und der Steuern nur neue Nahrung. Solange es Reiche geben wird, werden sie sich den Ärmeren gegenüber auszeichnen wollen; der Staat kann sich keine sicherere und weniger lastende Einnahme verschaffen als durch diesen Wunsch nach Auszeichnung«.[115] Aber auch, wenn die hohe Besteuerung die Produktion von Luxusgütern beeinträchtigen sollte, wäre das kein Schaden, weil damit auch der Steuerbedarf der Hofhaltungen zurückgehen würde und dem Land Arbeitskräfte zufließen (bzw. zurückfließen) könnten, wodurch eine höhere Agrarproduktion bewirkt würde. So hofft denn Rousseau auch, daß derartige steuerliche Maßnahmen nach und nach »kaum merklich alle Vermögen jenem gemäßigten Wohlstand (médiocrité) annähern würden, in dem die wahre Stärke eines Staates liegt«.[116]

In dem Verfassungsentwurf für Korsika spielt die Progressivsteuer und die Besteuerung von Luxusartikeln nicht die gleiche Rolle wie im Artikel »Économie Politique«, da angenommen wird, daß hier die Vermögen noch nicht so große Unterschiede aufweisen und die »Korruption« entsprechend weniger weit fortgeschritten ist. Neben den Domäneneinnahmen will Rousseau in Korsika vor allem einen *»Zehnten«* erheben, der dem entspricht, den die Kirche einzieht. Den gleichen Vorschlag macht er auch den Polen:

»Aller Grundbesitz ... ganz gleich wer der Eigentümer ist, soll gleichermaßen zur Zahlung herangezogen werden, d. h. proportional zur Bodengröße und zum Bodenprodukt ...« Dabei könne man die umständliche Aufstellung eines Katasters vermeiden, »indem man die Steuer nicht direkt auf den Boden, sondern indirekt auf sein Produkt legt, was auch noch gerechter wäre: d. h. indem man in der als angemessen zu erachtenden Proportion (hier kann man wohl auch an einen Progressivsatz denken, IF) einen Zehnten festlegt, der in Natura von der Ernte erhoben wird, wie der kirchliche Zehnte«.[117] Das dem Staat so zufließende Getreide sollte in Polen entweder öffentlich versteigert werden oder aber – angesichts des Getreideüberschusses dieses Landes – durch den Staat, der über ein *Außenhandelsmonopol* verfügt, via Danzig oder Riga ausgeführt werden. Durch diesen Getreideexport könnte sich der Staat leicht die notwendigen Devisen beschaffen, und zugleich behielte er die Ausfuhr ganz in der Hand, um sie in Jahren mit guten Ernten zu erhöhen oder bei Mißernten ganz zu unterlassen. *Lizzy Valk* hat das Außenhandelsmonopol für Getreide, das Rousseau den Polen vorschlägt, mit dem der Sowjetunion verglichen, eine Parallele, deren Bedeutung angesichts der von Rousseau nicht angetasteten privatwirtschaftlichen Grundlage der Gesellschaft begrenzt bleiben muß.[118] Als Begründung für die Erhebung der Ertragssteuer in Natura führt Rousseau hier an, daß dabei weniger leicht Unterschlagungen durch Steuereinnehmer erfolgen könnten. Die Steuereinziehung selbst soll möglichst nicht durch Steuer*pächter* erfolgen (à ferme), die immer ein Interesse daran haben, für die eigene Tasche mehr aus einem Gebiet herauszuholen, als für den Staat erforderlich ist, sondern durch eine staatliche Steuerverwaltung (en régie), auch wenn diese weniger eintreiben sollte. Auch dürfe die Eintreibung von Steuern kein Beruf (métier) sein, sondern lediglich eine Art »Noviziat des öffentlichen Dienstes und der erste Grad auf einer Stufenleiter, die zu den (höheren) Verwaltungsämtern führt«.[119] Diese Bestimmung hat Rousseau am Hôtel-Dieu von Lyon kennengelernt, das im Gegensatz zum Pariser Hôtel-Dieu von Beamten verwaltet wurde, die später höher zu steigen hofften und deshalb darauf bedacht waren, rechtschaffen und gewissenhaft zu verfahren. Den gleichen Vorschlag hat Rousseau übrigens auch den Polen gemacht, wobei er außer den gewissenhaften Verwaltern des Lyoner Hôtel-Dieu auch die Quästoren der römischen Armeen als Vorbilder nennt (Vaugh. II, 482).

cc) Anfänge einer Konjunkturpolitik

Im Verfassungsentwurf für Korsika macht Rousseau den Vorschlag, die Staatsverwaltung solle mit Hilfe der Festlegung der Geldäquivalente der Getreidemengen (also der Bestimmung des Getreidepreises) einen wirksamen Einfluß auf das Verhältnis der agrarischen zur Manufakturproduktion ausüben. Man kann in diesen Gedankengängen den Ansatz zu einer staatlichen *Konjunkturpolitik* erblicken. Ich zitiere die entscheidenden Abschnitte: »Da es den Privatpersonen immer freistehen wird, ihr Steuerkontingent in Geld oder in Naturalien zu bezahlen, und zwar zu den von jeder Provinzialverwaltung alljährlich festgelegten Tarifen und da die Regierung einmal die beste Proportion zwischen diesen beiden Formen der Steuerzahlung errechnet hat, so wird sie, sobald eine Änderung dieses Verhältnisses eintritt, sofort in der Lage sein, diese festzustellen, ihre Ursachen zu erforschen und Abhilfe zu schaffen. Das ist der Schlüssel unserer politischen Verwaltung (gouvernement politique), der einzige Zweig derselben, der Kunst, Berechnung und ausgiebiges Nachdenken erfordert. Deshalb wird die *Rechnungskammer* (Chambre des comptes), die überall sonst nur eine untergeordnete Behörde darstellt, *hier zum Zentrum der staatlichen Angelegenheiten* und zum bewegenden Moment aller Zweige der Verwaltung werden. Sie wird sich aus den besten Köpfen des Staates rekrutieren.«[120] Indem Rousseau hier einer Behörde die Aufgabe zuweist, die optimale Proportion zwischen Landwirtschaft und Manufaktur (und Handwerk) durch wirtschaftspolitische Maßnahmen aufrechtzuerhalten, greift er tief in die Eigengesetzlichkeit der Gesellschaft (als »System der Bedürfnisse«, wie Hegel sagen wird) ein und bringt noch einmal deutlich seine anti-liberale Wirtschaftsgesinnung zum Ausdruck. Es ist übrigens zu beachten, daß diese Maßnahmen in keinem angebbaren Verhältnis mehr zu den Gesetzen (als dem Willensausdruck der Republik) stehen, sondern dem Ermessen der regierenden Fachleute überlassen sind. Aufgabe dieses Exekutivorgans des Gemeinwillens ist es nicht, den veränderten sozialen Verhältnissen (z. B. der Verschiebung des Anteils der agrarischen an der Gesamtbevölkerung) Rechnung zu tragen, sondern derartige Veränderungen möglichst zu unterbinden.

Von der als richtig errechneten Proportion können die Steuereinnahmen nach zwei Seiten hin abweichen: Entweder gehen relativ mehr Naturalien ein, als vorgesehen war und weniger Geld – oder umgekehrt mehr Geld und relativ weniger Naturalien. Im ersten Fall ist das ein Zeichen dafür, »daß es der Landwirtschaft und der Bevölkerung gut geht, daß aber die nützlichen Gewerbe vernachlässigt werden. Es ist dann angebracht, diese ein wenig zu beleben, damit die Privatpersonen nicht allzusehr *isoliert, unabhängig* und wild *(sauvage)* werden und genügend vom Staat (Gouvernement) abhängig bleiben«.[121] Es ist außerordentlich bemerkenswert, daß hier Rousseau selbst der wirtschaftspolitischen Tendenz seines Verfassungsentwurfs entgegentritt, die eindeutig auf die Schaffung autarker Kleinbauernbetriebe abzielte. Es ist ihm offenbar durchaus klar, daß dieser »Idealzustand« die Bauernfamilien zu »sauvages« d. h. zu völlig unabhängigen Existenzen machen würde, und er betont daher die Notwendigkeit eines gewissen (wenn auch geringen) Ausmaßes industrieller (und handwerklicher) Produktion, die den *Staat als regelnde Instanz* für den Austausch der Waren zwischen den verschiedenen Gruppen der Bevölkerung notwendig macht. Nur wenn auch die Bauern einiger Manufakturprodukte bedürfen, wie die Manufakturarbeiter (und Handwerker) Agrarprodukte benötigen, ist eine feste, beide Gesellschaftsgruppen verpflichtende Rechtsordnung notwendig, deren Garant der Staat ist, dessen innenpolitische Aufgabe sonst auf Null herabsinken könnte!

Aber Rousseau besinnt sich sofort wieder auf sein Ideal und erklärt, daß diese Abweichung von der Normalproportion wenig zu fürchten und sogar »ein *sicheres Zeichen der Prosperität«* sei. Das gleiche aber gelte nicht von dem umgekehrten Fall. »Denn, wenn die Steuerpflichtigen mehr Geld als Naturalien abliefern, dann ist das ein sicheres Zeichen dafür, daß *zu viel exportiert wird, der Handel (commerce) zu leicht* geworden ist, und die *lukrativen Gewerbe* sich in der Insel *auf Kosten der Landwirtschaft ausdehnen* und infolgedessen die *Schlichtheit (simplicité) und alle Tugenden, die ihr eigen sind,* zu degenerieren beginnen.«[122] Leider bricht hier die rein ökonomische Argumentation Rousseaus ab. Die Maßnahmen zur Wiederherstellung des richtigen Verhältnisses von Ackerbau und Manufakturproduktion werden nicht beschrieben. Es heißt nur etwas lakonisch: »Die Mißbräuche, die jene Verschiebung verursacht haben, weisen auf die Mittel hin, die zu ihrer Beseitigung angewandt werden müssen.«[123] Im Verlauf der nächsten Abschnitte wird dann vor allem auf die Erziehung zum Patriotismus und zur Hochschätzung republikanischer Ehren statt bloßen Reichtums hingewiesen. Die ökonomischen Maßnahmen, an die Rousseau gedacht haben mag, können nur in der Veränderung der Festsetzung des Geldäquivalentes für Naturalien bestehen. Rousseau nimmt an, daß die Bauern ihre Steuern in Naturalien abliefern, während die Manufakturbetriebe Geld bezahlen. Wenn nun – wie im ersten Fall angenommen wurde – die Steuererträgnisse in Geld zurückgehen (relativ zurückbleiben), dann kann man dem dadurch abhelfen, daß man das Getreide (oder die sonstigen Rohstoffe, die als Kontributionen eingehen) verbilligt. Das bedeutet *nicht*, daß die Bauern mehr Steuern aufzubringen haben, aber die Erträgnisse der Manufaktur würden steigen, weil die Lebenshaltung der Arbeiter und die Rohstoffe billiger geworden wären. Der umgekehrte Erfolg müßte eintreten, wenn der Geldwert der Agrarprodukte heraufgesetzt würde. Zweck dieser Maßnahmen ist – wie gesagt – die Erhaltung des einmal als günstig angesehenen Verhältnisses oder die Wahrung des vorwiegend agrarischen Charakters der Volkswirtschaft. Wie sehr es ihm in allererster Linie auf die Stärke der Prosperität der Bauern ankommt, geht auch daraus hervor, daß Rousseau betont, man müsse dafür sorgen, daß die Arbeiter (in den Manufakturen) dem Lebensstandard der Bauern möglichst nahe bleiben. Im Konfliktsfall aber liege es »im Wesen unserer Ordnung (Institution) . . . daß der *Bauer dem Arbeiter das Gesetz vorschreibt«.*[124] Korsika soll ein Bauernland bleiben, dessen Manufakturen lediglich dazu dienen, die im Lande selbst notwendigen »nützlichen« Geräte usw. herzustellen und die Republik vom Ausland unabhängig zu machen.

dd) Persönliche Dienstleistungen statt Geldabgaben

Höher als Natural- oder Geldsteuern stellt Rousseau jedoch die unmittelbaren persönlichen Leistungen der Bürger für die Republik. Diese sind allen übrigen Formen der Staatseinnahmen vorzuziehen, weil sie wirklich jeden gleich stark in Anspruch nehmen und den Einzelnen unmittelbar an der Bewirkung des Gemeinwohls teilhaben lassen. »Sobald der öffentliche Dienst aufhört, die Hauptangelegenheit der Citoyens zu sein und sie *lieber mit ihrem Gelde als mit ihrer Person* bezahlen wollen, ist der *Staat schon seinem Ende nahe.* Heißt es in die Schlacht ziehen – so zahlen sie für Söldnertruppen und bleiben daheim. Soll man zur Volksversammlung – so ernennen sie Abgeordnete und bleiben daheim. Durch vieles Geld und große Faulheit haben sie endlich Soldaten, um das

Vaterland zu knechten und Repräsentanten, um es zu verschachern. Der Lärm des Handels und der nützlichen Künste (Manufakturen, IF), der gierige *Erwerbstrieb*, die *Bequemlichkeit* und die Liebe zum Komfort sind es, die die persönlichen Dienstleistungen in Geldleistungen verwandeln. Man gibt einen Teil seines Profits ab, um ihn in aller Ruhe vergrößern zu können. Gebt nur Geld und ihr werdet bald in Fesseln liegen. Das Wort Finanzen ist ein Sklavenwort und in einem wirklichen Gemeinwesen unbekannt.«[125] »In einem wirklich freien Lande dagegen leisten die Staatsbürger alles mit ihren eignen Armen und nichts durch Geld. Weit davon entfernt Geld zu erlegen, um sich von ihren Pflichten zu entbinden, würden sie noch bezahlen, um sie selbst erfüllen zu dürfen. Ich bin sehr weit von den (heute allgemein) üblichen Ideen entfernt und glaube, daß persönliche Dienstleistungen der Freiheit weniger widersprechen als Geldsteuern (a.a.O.).«[126] Dieser Überzeugung ist Rousseau auch in den Verfassungsentwürfen für Korsika und Polen treu geblieben, auch wenn er dort nicht mehr so radikal die Entrichtung von Steuern ablehnt. Im Verfassungsentwurf für Korsika führt er die persönlichen Dienstleistungen als dritte Einnahmequelle des Staates nach den Domänen und dem Zehnten an. »Ich finde eine dritte und die *sicherste und beste* Einnahmequelle (des Staates) in den Menschen selbst: indem ich ihre Arbeit, ihre Arme und Herzen statt ihr Geld in den Dienst des Vaterlandes stelle – sei es zu seiner Verteidigung in Milizen, sei es für seine Bauten durch Dienstleistungen bei öffentlichen Arbeiten. Möge dieses Wort Dienstleistungen (Corvée) Republikaner nicht erschrecken. Ich weiß, daß es in Frankreich verabscheut wird, aber gilt das auch für die Schweiz? Die Wege werden dort auch durch öffentliche Dienstleistungen der Staatsbürger gebaut und niemand beklagt sich darüber. Die scheinbare Bequemlichkeit der Bezahlung kann nur oberflächliche Geister verführen, und es ist eine feststehende Maxime, daß eine Dienstleistung um so weniger drückend empfunden wird, je weniger Zwischenglieder zwischen ihr und dem (zu befriedigenden, IF) Bedürfnis liegen.«[127] In den »Considérations sur le Gouvernement de Pologne« heißt es ganz ähnlich: »Ich möchte, daß vor allem die Arme der Menschen mehr als ihr Geldbeutel besteuert werden; daß Wege, Brücken, öffentliche Gebäude sowie Staats- und Regierungsdienste durch Dienstleistungen (corvées) statt durch Geld geschaffen werden. Im Grunde ist diese Steuerart die am wenigsten lästige und vor allem die, die man am wenigsten mißbrauchen kann. Denn das Geld verschwindet, sobald es die Hände des Zahlenden verläßt, aber jedermann sieht, wozu die Menschen herangezogen werden, und man kann sie nicht ohne allen Nutzen belasten. Ich weiß, daß diese Methode unanwendbar ist, wo Luxus, Handel und Manufakturen (arts) herrschen, aber nichts ist leichter in einem einfachen Volk, das gute Sitten hat und nichts geeigneter, diese zu erhalten.«[128] Rousseaus ausgesprochene Vorliebe für persönliche Dienstleistungen der Staatsbürger, die ihn sowohl Söldnerheere wie Volksvertreter und Geldsteuern ablehnen oder als Übel ansehen ließ, wirft ein bezeichnendes Licht auf seine Freiheitsvorstellung. Denn vom *liberalen* Standpunkt des Freiheitsfortschritts aus gibt es kaum ein schlimmeres Zeichen der Knechtschaft als die zwangsweise Heranziehung von Staatsbürgern für öffentliche Arbeiten. Rousseau würde zwar in der Ablehnung derartiger Dienste für die privilegierten Einzelpersonen der Feudalgesellschaft durchaus mit den liberalen Gegnern der Dienstleistungen einverstanden sein, aber er macht – wie wir oben sahen – einen prinzipiellen Unterschied zwischen den Leistungen für einen Monarchen oder einen Feudalherren in Frankreich und den Dienstleistungen eines freien (z. B. schweizerischen) Republikaners für seine Republik (also indirekt »für sich selbst«).

Georg Simmel hat in seiner »Philosophie des Geldes«[129] den Fortschritt zu immer größerer individueller Freiheit sehr eindrucksvoll im Sinne des Liberalismus dargestellt und liefert uns damit die prägnante Formulierung der *Gegenposition zu Rousseau.* Simmel stellt eine Stufenleiter der wachsenden Freiheit auf, die von der völligen Sklaverei (einem anderen gehört die ganze Person und alles was sie vermag) über die Verpflichtung zu bestimmten Dienstleistungen (ein anderer hat Anspruch darauf, daß ich das und das tue) und die Verpflichtung zur Ablieferung bestimmter Produkte (ein anderer hat z. B. Anrecht auf 1/10 meiner Ernte in Getreide) zur bloßen Geldschuld (ein anderer hat Anspruch auf einen bestimmten Geldbetrag, ganz gleich wie ich mir diesen beschafft habe) geht. Auf der ersten Stufe befinden sich auch noch »die Hörigen, solange sie schlechthin und mit ihrer gesamten Arbeitskraft dem Herrenhofe angehören, bzw. solange ihre Dienste ›ungemessen‹ sind. Der Übergang zur zweiten vollzieht sich, indem die Dienste zeitlich beschränkt werden (womit nicht gesagt sein soll, daß diese Stufe historisch immer die spätere war . . .). Vollständig wird diese zweite Stufe erreicht, wenn anstatt der bestimmten Arbeitszeit und Kraft ein bestimmtes *Arbeitsprodukt* verlangt wird«.[130] »Leistungen und Persönlichkeit tritt . . . bald soweit auseinander, daß der Verpflichtete prinzipiell das Recht haben würde, seine Persönlichkeit ganz aus der Leistung zurückzuziehen und diese rein objektiv, etwa durch die Arbeit eines anderen hergestellt zu präsentieren. Aber in Wirklichkeit schließt die ökonomische Verfassung das so gut wie aus . . . Wie sehr immerhin das Prinzip der Sachlichkeit gegenüber dem der Persönlichkeit eine *Wendung zur Freiheit* bedeutet, zeigt z. B. die im 13. Jh. sehr vorschreitende Lebensfähigkeit der Ministerialen. Durch diese nämlich wurde ihre bisher persönliche Abhängigkeit in eine bloß dingliche verwandelt und sie dadurch in allen anderen als Lehensangelegenheiten unter das Landrecht, d. h. in die Freiheit gestellt . . . Die dritte Stufe, bei der aus dem Produkt die Persönlichkeit wirklich ausgeschieden ist, und der Anspruch sich gar nicht mehr in diese hineinerstreckt, wird mit der Ablösung der Naturalabgabe durch die *Geldabgabe* erreicht. Man hat es deshalb gewissermaßen als eine *magna charta der persönlichen Freiheit* im Gebiete des Privatrechts bezeichnet, wenn das klassische römische Recht bestimmte, *jeder beliebige Vermögensanspruch dürfe* bei Verweigerung seiner Naturalerfüllung *in Geld solviert werden;* das ist also das Recht, jede persönliche Verpflichtung mit Geld abzukaufen.«[131] Simmel führt seinen Grundgedanken an Hand zahlreicher Beispiele breit aus, die wir hier übergehen können, und kommt zu dem Schluß: »Das war der Weg, auf dem die Leistungen solcher Art schließlich ganz fortfielen (d. h. Leistungen an Grundherren usw. anläßlich besonderer Angelegenheiten, von Besuchen, Hochzeiten usw., IF) und in der allgemeinen Steuerleistung der Untertanen aufgingen, der sozusagen jede spezifische Formung fehlt und die deshalb das *Korrelat der persönlichen Freiheit der Neuzeit ist.«*[132] Die Ablösung aller lastenden persönlichen Verpflichtungen durch bloße Geldleistung erscheint vom Standpunkt der persönlichen Freiheit aus als Ideal, während sie von Rousseau als sicheres Anzeichen des Verfalls einer Republik angesehen wurde. Die Heranziehung zu persönlichen Leistungen ist dem Liberalen als ein unerträglicher Eingriff in seine Privatsphäre verhaßt, während sie Rousseau als eine Möglichkeit zur Betätigung der demokratischen Bürgertugend und ein Mittel zur Vermeidung von Mißbräuchen der Steuergelder begrüßt. Nicht nur die Hochschätzung der Dienstleistungen, auch die Bevorzugung der Naturalsteuer durch Rousseau muß vom Standpunkt eines fortschrittlichen Liberalen aus als »reaktionär« erscheinen. Der Anhänger der persönlichen Freiheit und der Prediger für republikanische Tugend sprechen zwei höchst verschiedene Sprachen. Simmel will die Unabhängigkeit des Einzelnen durch die Fungibilität der Produzenten, auf deren Arbeit er angewiesen ist, zurückgewinnen oder richtiger erst eigentlich begründen. Rousseau geht es darum, die Abhängigkeit des Menschen vom Menschen durch die gleiche Unterwerfung aller unter das allgemeine Gesetz zu überwinden. Der eine verlegt die ideale Freiheit in die immer besser gesicherte Persönlichkeitssphäre, der andere in die möglichst vollkommene Einheit des Staatsbürgers mit der republikanischen Gemeinschaft.

c) Autarkie als volkswirtschaftliches Ideal

Die von Rousseau angenommenen ursprünglichen Naturmenschen waren völlig autark gewesen, sie hatten weder physisch noch psychisch anderer Menschen bedurft, und in dieser Bedürfnislosigkeit hatte Rousseau die Voraussetzung ihrer Freiheit oder genauer gesagt ihrer »indépendance« gesehen. Das Böse, die Verstellung, die Unechtheit waren in die Welt gekommen, als die Menschen voneinander allmählich immer abhängiger wurden und jeder auf Kosten jedes anderen seinen Privatvorteil erstrebte, ja jeder jeden anderen unterwerfen oder zur Anerkennung seiner Person zwingen wollte, um auf seine Kosten wieder »unabhängig« zu werden. Seit jedoch die *Arbeitsteilung* eingeführt worden war und seit der Privatbesitz zum rechtlich gesicherten Eigentum wurde, von dem andere Menschen ausgeschlossen blieben, konnte an Autarkie der *Einzelnen* nicht mehr gedacht werden. Selbst Emile, der doch zu einem »sauvage«, der in Städten wohnen kann, erzogen wird, ist nicht eigentlich autark, sondern lediglich in der Lage, durch seine handwerkliche Geschicklichkeit überall im Austausch gegen eigne Leistungen seinen Lebensunterhalt zu verdienen. Die Montagnons schließlich, die im »Lettre sur les Spectacles« geschildert wurden, stellten einen glücklichen Sonderfall dar. Aber das für den Einzelnen nicht mehr erreichbare Ideal kann doch auf höherer Ebene wieder auferstehen und zum Ziel republikanischer Wirtschaftspolitik werden.

Im Contrat Social nennt Rousseau bereits unter den Voraussetzungen für die Errichtung einer legitimen Republik (für die »législation« wie er sagt) die Autarkie: »Welches Volk ist also geeignet, Gesetze zu erhalten? . . . dasjenige, das von allen anderen unabhängig ist und von dem alle anderen unabhängig sind.«[133] In einer Fußnote verweist Rousseau auf das Beispiel des rings von Mexiko umschlossenen Staates der Thlascalaner, die lieber auf Salz verzichteten, als es von den Mexikanern zu kaufen oder auch nur sich schenken zu lassen und dadurch nicht nur unabhängig blieben, sondern sogar zum Untergang Mexikos beitrugen. Ähnlich heißt es in einem (wie Vaughan annimmt) später verfaßten Fragment: »Ich sage also, daß die glücklichste Nation diejenige ist, die am leichtesten alle anderen entbehren kann und die blühendste die, deren die anderen am meisten bedürfen.«[134] Wenn hier – im Gegensatz zum Contrat Social – die Abhängigkeit *anderer* Völker vom eignen als begrüßenswert erscheint, so muß man das nicht notwendig auf einen Gesinnungswechsel Rousseaus zurückführen, wie Vaughan es tut. Man muß sich nämlich fragen, ob Rousseau nicht *immer* der Meinung war, daß die Abhängigkeit vieler Staaten von der Produktion des eignen zu wirtschaftlicher Blüte führt. Nur daß Rousseau wirtschaftliche Prosperität in diesem Sinne gar nicht unbedingt als erstrebenswertes Ziel ansah! Wie Vaughan annimmt, handelt es sich ja bei dem Fragment (»du bonheur public«), aus dem ich zitiert habe, um Skizzen zur Antwort auf eine Reihe von Fragen, welche die »Société économique de Berne« öffentlich gestellt hatte und deren dritte lautete: »Welches Volk ist jemals am glücklichsten gewesen und welches ist der vollkommenste Plan, den ein Gesetzgeber in dieser Beziehung befolgen kann.«[135] Diese Tatsache erklärt vielleicht, daß Rousseau hier die Voraussetzungen für das allgemein verbreitete Ideal der »wirtschaftlichen Blüte« angibt, obgleich er selbst dieses Ideal nicht durchaus für erstrebenswert hielt. Auf alle Fälle schien ihm die Abhängigkeit *anderer* Staaten vom eigenen vorteilhafter zu sein, als die des eignen vom Ausland. Entscheidend bleibt immer, daß ein Land nie mehr Einwohner haben sollte, als es selbst ernähren kann: »Die Menschen bilden den Staat und die Erde ernährt die Menschen: die angemessene Beziehung ist also die, daß der Boden für die Bewohner ausreicht und daß es so viele Einwohner gibt, wie die Erde ernähren kann.«[136] Hier wird nicht nur die ausreichende Ernährungsbasis, sondern zugleich auch eine restlose Ausnützung dieser Grundlage durch eine maximale *Bevölkerungsdichte* als Optimum hingestellt. Rousseau würde vermutlich gern diesen Zustand der optimalen Stärke eines Landes konservieren, weiß aber – wenigstens im Verfassungsentwurf für Korsika – daß die Entwicklung über diesen Punkt der »Sättigung« hinausdrängt. In einem fragmentarischen Abschnitt dieser Schrift heißt es: »Dann (was sich offenbar auf den notwendig eintretenden Zustand der *Über*völkerung bezieht, IF) muß man den Überschuß der Industrie und des Handwerks dazu verwenden, um aus dem Ausland zu beziehen, was eine so zahlreich gewordene Bevölkerung für ihren Unterhalt benötigt. Dann werden auch nach und nach die mit diesen Einrichtungen (gemeint sind Manufakturen und [privater] Handel) notwendig verbundenen *Laster* entstehen, die, indem sie schrittweise die Nation in ihrem Geschmack und ihren Prinzipien korrumpieren, *schließlich die Staatsform* (›le Gouvernement‹ groß geschrieben, IF) *verderben und zerstören.* Dieses Unheil ist unvermeidlich; und weil einmal alle menschlichen Dinge untergehen müssen, ist es schön und gut, daß ein Staat nach einer langen und kraftvollen Existenz *am Bevölkerungsüberschuß zugrunde geht.«* [137] Rousseau weiß also genau, daß sein Idealzustand vergänglich ist, da aber auf ihn nur ein verhängnisvoller Sittenverfall folgen kann, geht sein Bestreben dahin, ihn wenigstens möglichst lange zu erhalten. Eine Beschränkung des Bevölkerungswachstums, um den Zustand der »Sättigung« zu verewigen, hat er jedoch nie ins Auge gefaßt, wahrscheinlich, weil eine solche Maßnahme in seinen Augen zu sehr »gegen die Natur« verstoßen würde. An einer anderen Stelle des korsischen Verfassungsentwurfs sieht es sogar so aus, als würde Rousseau den Fortschritt über den Zustand der »Bevölkerungssättigung« hinaus begrüßen und herbeiwünschen: »wenn das an Einwohnern gesättigte Land den Bevölkerungsüberschuß nicht mehr für den Ackerbau verwenden kann, dann muß man diesen Überschuß in der Industrie, im Handel und im Handwerk beschäftigen, und dieses neue (Gesellschafts) System erfordert eine andere (Art der) Verwaltung. Möge die Einrichtung, die Korsika einzuführen im Begriffe ist, *es bald in die Notwendigkeit versetzen, diese Änderung durchzuführen!* Aber, solange das Land nicht mehr Menschen hat, als es beschäftigen kann, solange auf der Insel auch nur ein Quadratzoll unbebaut bleibt, muß es bei seinem landwirtschaftlichen (Wirtschafts) System bleiben und darf es erst ändern, wenn die Insel nicht mehr ausreicht«. [138] Während dem landwirtschaftlichen Charakter der Gesellschaft eine demokratische Regierung am besten entspricht, muß in einer durch Handel und Industrie (Manufaktur) gekennzeichneten Gesellschaft eine aristokratische Regierung an deren Stelle treten. Bei der offensichtlichen Vorliebe Rousseaus für die demokratische Republik und angesichts der oben geschilderten sittlichen Folgen erscheint es verwunderlich, daß er diese Entwicklung so sehr begrüßt.

Der Gedanke der Autarkie zieht sich wie ein roter Faden durch den Verfassungsentwurf für Korsika. »Wer immer von anderen abhängt und seine Hilfsquellen nicht in sich selbst findet, kann auch nicht frei sein«,[139] heißt es schon gleich zu Anfang. Als Voraussetzung der Autarkie wird sodann die *Landwirtschaft* bezeichnet: »Das einzige Mittel, einen Staat unabhängig von anderen zu erhalten, ist die Landwirtschaft. Hättet Ihr auch alle Reichtümer der Welt, wenn Ihr nichts hättet, um Euch zu ernähren, wärt Ihr von anderen abhängig; Eure Nachbarn könnten Eurem Geld den Preis vorschreiben, der ihnen beliebt, weil sie warten könnten. Aber das Brot, dessen wir dringend bedürfen, hat für uns einen Wert, um den wir nicht streiten können; und bei jeder Art Handel schreibt immer der dem anderen das Gesetz vor, dem es weniger eilig ist.«[140]

Zum Glück ist Korsika weithin von Einfuhren unabhängig und kann sogar erheblich mehr Menschen ernähren, als zur Zeit auf der Insel wohnen (Vaugh. II, S. 328). Die Regierung soll eine »genaue Liste der Waren aufstellen, die in die Insel während einer gewissen Anzahl von Jahren eingeführt wurden«, und diese Liste wird zuverlässig darüber Auskunft geben, »welche Waren unentbehrlich sind«, »denn in der gegenwärtigen Situation kann es sich nicht darum handeln, Luxus und überflüssige Artikel einzuführen. Bei aufmerksamer Beobachtung dessen, was die Insel erzeugt und erzeugen kann, wird man feststellen, daß sich die notwendige Einfuhr auf sehr wenig reduziert . . . «.[141] Die einzigen Waren, die während der Blockade von 1735/1736 wirklich dringend entbehrt wurden, waren »Militärmunition, Leder und Baumwolle für Dochte, welche letzteren man noch durch das Mark gewisser Rohrarten ersetzt hat«.[142]

Von den so festgestellten Einfuhren können dann noch die Waren abgezogen werden, die künftig auf der Insel selbst hergestellt werden. »Je mehr man nämlich die unnützen Künste ausschalten muß . . . desto mehr soll man die fördern, die der Landwirtschaft und dem menschlichen Leben nützlich sind. Wir brauchen weder

Bildhauer noch Goldschmiede, aber Zimmerleute und Schmiede; wir brauchen Weber und gute Wollarbeiter, aber keine Sticker und Goldzieher.«[143] Anschließend bespricht dann Rousseau die Maßnahmen, die erforderlich sind, um das Ziel möglichst weitgehender Autarkie zu erreichen: Zuerst muß man sich die notwendigen Rohstoffquellen sichern (die Lebensmittelfrage ist bereits geklärt). Hier gilt es vor allem den *Wald*bestand zu erhalten und wenn möglich *Eisen* zu finden, dessen Vorkommen Rousseau annimmt. Auch die Frage der günstigsten *Industriestandorte* wird hierbei schon gestreift (S. 334). *Manufakturen* sollen keinesfalls in den fruchtbarsten Gegenden der Insel angelegt werden, weil dort größere Menschenmassen zusammenströmen würden, sondern in unfruchtbaren Landstrichen, die bisher nicht genügend besiedelt wurden. Das würde zwar die Versorgung der Manufakturarbeiter mit Nahrungsmitteln erschweren, aber diese auch verteuern und damit den »Profit der Arbeiter reduzieren, ihren Status (état) dem des Landbauers annähern und das *Gleichgewicht* zwischen beiden besser aufrechterhalten«.[144] Da dennoch die Manufaktur vorteilhafter dran sei, weil das Geld des Staates mehr zu ihr hinfließe, ihr Reichtum zu größerer Macht führe und ihre großen Menschenzusammenballungen von Ehrgeizigen leicht zu ihrem Vorteil genützt werden könnten, »sei es wichtig, daß dieser zu sehr begünstigte Teil von der übrigen Nation abhängig bleibe«. »Im Streitfall soll der Bauer dem (Manufaktur)Arbeiter das Gesetz vorschreiben.«[145] Wenn man die unentbehrlichen Manufakturen eingerichtet hat, werde sich die Notwendigkeit der Einfuhr auf ein paar »Bagatellen« beschränken, »für die man eine entsprechende Ausfuhr gestatten könne, die immer sorgfältig von der Verwaltung im Gleichgewicht gehalten wird«.[146] Da der Import auf dem *Tauschwege* finanziert wird, kann auch hierfür Geld ganz entbehrt werden. Aber das Ideal der Autarkie beschränkt sich nicht auf die Republik im ganzen, es gilt – mutatis mutandis – auch für die einzelnen Provinzen, Distrikte und Gemeinden, ja letztlich sogar (mit gewissen Einschränkungen) für die Bauernhaushalte selbst (Rousseau spricht von héritages, was man vielleicht mit »Erbhöfe« übersetzen könnte). Sinn dieser angestrebten Lokalautarkie ist die Überflüssigmachung des *Handels*, aus dem so viel Mißbräuche und Verführungen zum Laster hervorgehen und durch den soziale Ungleichheit entstehen kann. Einstweilen sind aber die Provinzen noch voneinander abhängig: die Kapprovinz produziert z. B. nur

Wein und bedarf des Getreides und des Öles, die ihr von der Provinz Balaga geliefert werden und so fort. Aber erstens »kann *mit Hilfe der Regierung* dieser *Handel auf dem Tauschwege* erfolgen« und zweitens »müssen diese Handelsbeziehungen mit der gleichen Hilfe und als eine natürliche Folge unserer Einrichtung von Tag zu Tag abnehmen und schließlich ganz geringfügig (très peu de chose) werden«.[147] Diese Einrichtung beschreibt Rousseau mit seltener Ausführlichkeit. In jeder Gemeinde solle entweder ein öffentliches Lager oder jedenfalls ein Register aufgestellt werden, in dem die Erzeugnisse und der Bedarf an Rohprodukten verzeichnet wird. Diese Listen werden von Gemeinde zu Gemeinde, von Provinz zu Provinz ausgetauscht und führen zur Festlegung von Tauschsätzen durch die Regierung. Der Erfolg ist, daß die Bauern nicht mehr Waren für den *Markt* produzieren (»les produits de la terre ne seront plus marchandise«, a.a.O.), sondern lediglich Gegenstände ihres Eigenbedarfs und solche, die zum unmittelbaren Tausch gegen etwa fehlende Produkte dienen. Da aber der Tauschweg immer umständlicher und unsicherer ist als die Eigenproduktion, rechnet Rousseau mit einer allmählichen Angleichung der Produktion einer jeden Provinz, ja sogar jeder Gemeinde und jedes Hofes an den Bedarf. »Jeder wird sich bemühen, lieber durch seinen eignen Anbau als durch Tausch die Dinge zu bekommen, die er braucht.«[148]

Das Ideal lokaler Autarkie bezieht sich jedoch *nicht* auf die handwerkliche und Manufakturproduktion, denn sonst hätten wir ja in der Tat unsere braven Neufchâteler Montagnons vor uns, deren idyllische Gemeinschaft doch auch von Rousseau nur als glücklicher Zufall angesehen wurde. Die Autarkie des korsischen Bauern hat ihre Grenzen und soll sie haben. Im Zusammenhang mit der Behandlung von Rousseaus konjunkturpolitischen Plänen habe ich schon auf jene merkwürdige Stelle im Verfassungsentwurf für Korsika hingewiesen, an der Rousseau die Abhängigkeit der Einzelnen von der Regierung mit der Blüte der Manufakturen in Zusammenhang brachte (Vaugh. II, S. 342). Wenn die Manufakturen zurückgehen, ist ihm das ein Zeichen dafür, daß die Bauern zu »unabhängig, zu wild und zu wenig auf die Regierung angewiesen sind«. Das hat man wohl so zu verstehen, daß allein für den Austausch der Erzeugnisse von Landwirtschaft und Manufaktur und Handwerk der sonst völlig autarke Bauer auf staatlichen Schutz, staatliche Vermittlung angewiesen ist (für Korsika sah Rousseau ja eine weitgehende Verstaatlichung oder richtiger »Ver-öffentlichung« des

Handels vor). Der absolut autarke Bauer könnte – theoretisch – in einer anarchischen »Ordnung« existieren, deshalb wird hier Rousseau seinem wirtschaftlichen Ideal untreu und wünscht ausdrücklich eine wenngleich begrenzte Förderung von Bedürfnissen, deren Existenz er eigentlich bedauern müßte. Bei den Schweizern, deren Verfallsgeschichte als abschreckendes Beispiel er nur 20 Seiten zuvor geschildert hatte, schien Rousseau diese Abhängigkeit noch durchaus unerwünscht: »Daher (nämlich durch die Bekanntschaft mit Luxus usw., die Schweizer als Reisläufer im Ausland machten und durch den Ehrgeiz ihrer Oberen, die in diesen neuen Bedürfnissen ein geeignetes Mittel zur Unterwerfung sahen, IF) *die Einführung des Handels, der Industrie und des Luxus*, die, indem sie die Privatpersonen durch ihren Beruf und *durch ihre Bedürfnisse an die öffentliche Autorität binden*, sie *weit abhängiger von den Regierenden machen, als sie es in ihrem ursprünglichen Zustand waren.«*[149] Auch wenn hier von Luxusprodukten die Rede ist, während in Korsika lediglich an nützliche Gewerbe gedacht war, bleibt der Unterschied in der Bewertung frappierend. Die einzige Erklärung für diese scheinbare Widersprüchlichkeit Rousseaus ist wohl die, daß er zu realistisch dachte, um das Extrem der individuellen Autarkie für wiederherstellbar zu halten und sich mit einem rein ideellen Bande der staatlichen Gemeinschaft zu begnügen. Denn theoretisch wäre ja ein höchst friedliches und harmonisches Zusammenleben der autarken Kleinbauernfamilien Korsikas denkbar, eine Gemeinschaft, die sich lediglich zu gemeinsamen Festen und in Notzeiten für die gemeinsame Verteidigung oder für den Bau gemeinnütziger Anlagen zusammenfindet und deren Glieder im übrigen ganz unabhängig voneinander und vom Staate sind (z. B. sind ja auch die Wege nicht mehr von vitaler Wichtigkeit, wenn der Binnenhandel und der Produktenaustausch überflüssig geworden ist). Die Bürger dieses Staates könnten sich – theoretisch – wie reine Geister frei und vollständig vereinigen, da ihr materieller Teil gleichsam außerhalb und unterhalb der politischen Gesellschaft in einer behüteten und selbstgenügsamen Isolation verbliebe. Das aber war nicht Rousseaus Plan für Korsika. Man kann sich sogar im Gegenteil fragen, ob er nicht daran dachte, durch das staatliche (oder jedenfalls bei den Behörden der Gemeinden, Provinzen usw. liegende) *Handelsmonopol* indirekt die Manufakturen zu verstaatlichen, so daß die Manufakturen einen Teil jener großen wirtschaftlichen Macht des Staates bildeten, von der Rousseau wiederholt in seinem Verfassungsprojekt spricht. Rousseau würde freilich zu unseren Erörterungen auch einwenden, daß es doch sehr darauf ankomme, *was für ein Staat* seine Bürger durch Manufaktur und Handel in Abhängigkeit halte, ob es ein Staat sei, dessen »Obere« sich die Souveränität angemaßt haben (wie in einigen Schweizer Republiken), oder eine wahre Republik, in der das Volk der einzige Souverän ist. Auch bei dieser Antwort liegen aktuelle Parallelen auf der Hand.

d) Rousseaus Stellung in der Geschichte der volkswirtschaftlichen Lehrmeinungen

Ich habe schon am Anfang dieses Kapitels betont, daß Rousseau die Wirtschaft nicht als einen isolierbaren, eignen Gesetzen gehorchenden Bereich der Kultur auffaßt, sondern immer vom politisch-gesellschaftlichen Ganzen aus denkt und alle wirtschaftspolitischen Maßnahmen dem obersten Ziel: der Errichtung und Erhaltung einer freiheitlichen Republik, unterordnet. Dieser Gegensatz Rousseaus zu einer rein-ökonomischen Betrachtung des Wirtschaftslebens geht letztlich auf eine andere Auffassung vom Wesen des Menschen und vom Glück des Menschen zurück, als sie die ersten Ökonomen seiner Zeit hatten. Für diese war entweder (d. h. für die Colbertisten und Merkantilisten) der möglichst hohe Exportüberschuß und der daraus resultierende Zufluß von Gold und Silber (»Devisen«) oder aber (erstmals bei den Physiokraten) die maximale Produktion das Ideal. Rousseau erscheint eine Situation als wünschenswert, »in der alle leben können und niemand zu viel hat« und glaubt im stetigen Bevölkerungswachstum (»population«) ein sicheres Zeichen für den Glückszustand des Volkes zu haben. Die Ökonomen dachten in erster Linie an den »Reichtum der Nation«, Rousseau an die Zufriedenheit der Bevölkerung, die das Unterpfand der *Stärke* eines Staates ist. Es ist ihm wichtiger, daß die Menschen »richtig angewandt« werden als der Boden oder andere wirtschaftliche Güter.

Wenn wir Rousseaus wirtschaftspolitische Vorschläge mit den Lehren der *Merkantilisten* vergleichen, so ergeben sich eine Reihe von scheinbaren und oberflächlichen Ähnlichkeiten.[150] Beide identifizieren Wirtschaftspolitik mit Finanzpolitik und wollen durch Steuerreformen ihre Ziele erreichen. Aber diese Ziele selbst sind doch grundverschieden! Die Merkantilisten legen Wert auf eine möglichst große Goldmenge im Lande, Rousseau will die Edelmetalle und überhaupt jede Art des Geldes nach Möglichkeit überflüssig machen, den Handel auf das unvermeidliche Mindestmaß reduzieren und wo es geht, auf dem Tauschwege durchführen. Zwar hat Rousseau, wie wir gesehen haben, gelegentlich auch die wirtschaftliche Abhängigkeit fremder Staaten von den Exporten des eigenen Landes als eine günstige Voraussetzung der »Blüte« desselben angesehen,[151] aber im allgemeinen zog er doch die völlige Autarkie oder richtiger den »geschlossenen Handelsstaat« vor. Während die Merkantilisten für die teuere Hofhaltung und die großen stehenden Heere hohe Geldsteuern forderten, trat Rousseau für die altmodischere Naturalsteuer ein, die den Bauern weniger belastet, kritisierte den städtischen Luxus und lehnte stehende Heere ab, an deren Stelle er Milizen setzen wollte. Wohl der einzige bedeutende »Vorläufer« Rousseaus in dieser Hinsicht ist *Vauban* gewesen, dessen »Dîme royale« (1707) Rousseau offensichtlich gekannt hat.[152] Während die Merkantilisten Manufakturen förderten, will Rousseau nur das absolut notwendige Mindestmaß an handwerklicher und manufaktureller Produktion zulassen und auf alle Fälle der Landwirtschaft den Vorrang geben. Während faktisch durch das Merkantilsystem vor allem auch die Luxusindustrie gefördert wurde und neue Industriezweige aus dem Ausland eingeführt wurden (wenngleich im Interesse einer auch von Rousseau als erstrebenswert angesehenen Unabhängigkeit von Einfuhren), steht Rousseau aus moralisch-politischen Gründen der Luxusproduktion feindlich gegenüber und sucht sie durch eine Reihe von Maßnahmen einzuschränken (Steuer auf sichtbare Prachtentfaltung, Erziehung zur Verachtung des Reichtums in Polen, Höherwertung öffentlicher Ehrungen gegenüber dem Besitz usw.).

Auch die Übereinstimmung der *Physiokraten* mit Rousseau ist mehr oberflächlich als wesentlich. Zwar erblicken beide – im Gegensatz zu den Merkantilisten – in der *Landwirtschaft* die Grundlage des Volkswohlstandes, aber Rousseau tut das, weil er die Befriedigung der natürlichen Bedürfnisse für vordringlich hält gegenüber den künstlichen, während die Physiokraten die Landwirtschaft für die einzig *produktive* Tätigkeit halten. Rousseau möchte den lebensnotwendigen Konsum der Bevölkerung sichern, die Physiokraten gehen auf ein maximales Nettoprodukt aus. Auch setzt *Quesnays* berühmtes »tableau économique« die Existenz einer reichen *Grundbesitzerklasse* voraus, die von den eigentlichen landbebauenden *Pächtern* unterschieden ist, und deren Tätigkeit im Dienst am Staate besteht (ähnlich wie später Hegel den Großgrundbesitz als die ideale Voraussetzung politischer Tätigkeit ansah, Rechtsphilosophie §§ 305-307), während Rousseau an eine Gesellschaft von selbständigen kleinen Bauern dachte. Mit Recht ist auch darauf hingewiesen worden, daß die Theorien der Physiokraten, die doch der Landwirtschaft die höchste Bedeutung beimaßen, faktisch wieder vor allem den Manufakturbetrieben nützten, da sie alle sogenannten »sterilen« Berufe wie Handwerk und Industrie von der Steuerpflicht ausnahmen. Voltaire in seiner Doppeleigenschaft als Grundbesitzer und Fabrikant (von Genfer Uhren!) hat das sehr wohl gesehen.[153] Vor allem aber steht Rousseau im Gegensatz zu der physiokratischen Überzeugung, daß man der Wirtschaft freien Lauf lassen müsse, um zu einer »natürlichen Ordnung« zu gelangen. Seine gesamte Gesellschaftskritik vom ersten Discours an stand ja vielmehr unter dem Eindruck, daß – durch äußere Umstände veranlaßt, aber durch die Menschen mitverschuldet – die Entwicklung der modernen Gesellschaft zu einem verhängnisvollen Sittenverfall, zu Verlogenheit, Unechtheit und Unzufriedenheit der Menschen geführt hat und daß diese »natürliche Entwicklung« keineswegs heilsame und erfreuliche Wege geht. Ausdrücklich heißt es in dem berühmten Kapitel II. der Erstfassung des Contrat Social: »Somit ist die süße Stimme der Natur uns kein unfehlbarer Führer mehr.«[154] Es war aber die Überzeugung der Physiokraten, daß sich, wenn der Staat nur die objektiven Naturgesetze der Wirtschaft respektieren und auf alle Eingriffe verzichten wollte, der »ordre naturel« von selbst herstellen werde. Der Glaube an die »unsichtbare Hand«, die ohne menschliches Zutun das Gemeinwohl aus dem freien Spiel der Kräfte hervorgehen läßt, klingt hier schon an; ihm aber hat Rousseau den entschiedensten Kampf angesagt. Aber auch schon in der kritischen Analyse des »désordre légal«, wie die Physiokraten den zeitgenössischen Gesellschaftszustand bezeichnen, gehen Rousseau und Quesnay, Turgot, Mirabeau d. Ä., Mercier de la Rivière, der Abbé Baudeau usw. auseinander. Der Rückgang der Landwirtschaft, den schon *Boisguillebert* in seinen Schriften (Détail de la France, 1697 und Factum de la France 1707) eindringlich geschildert hat, wird von den Physiokraten auf willkürliche Eingriffe der absolutistischen Regierung zurückgeführt, von Rousseau zwar u. a. auch auf eine falsche Steuerpolitik, aber letztlich vor allem auf die »depravierte« menschliche Natur, den allgemeinen Wettlauf nach Reichtum, Ansehen, Luxus und Wohlleben. Was die Physiokraten für die verhängnisvolle Folge eines naturwidrigen Willküraktes hielten, erscheint bei Rousseau gleichsam als *natürliches* Verfallsprodukt. Das hängt damit zusammen, daß »für die Physiokraten die Begriffe Eigennutz und Pflicht sich decken, da das Individuum beim Verfolgen seines eigenen Nutzens das Wohl aller verwirklicht, während für Rousseau Eigennutz und Pflicht antagonistisch sind, die Pflicht den Eigennutz unterdrücken muß . . . «.[155]

Die Physiokraten erscheinen hier als die Erben der Naturrechtslehrer, wie sie ja selbst ihre ökonomischen Theorien als Ausdruck des Vernunft- oder Naturrechts verstanden. Wie diese glauben sie an eine »société génerale« des Menschengeschlechts, die aus den wechselseitigen Bedürfnissen hervorgeht und zu sozialer Harmonie und zum Wohlstand aller führt. *Dupont de Nemours* erklärt geradezu: »Es gibt eine natürliche Gesellschaft, die jeder Übereinkunft zwischen den Menschen vorausgegangen ist . . . Diese selbstverständlichen Grundsätze der vollkommensten Gesellschaftsbildung drängen sich von selbst dem Menschen auf; ich meine dabei nicht nur den gebildeten und wissensdurstigen Menschen, sondern auch den einfachen wilden Menschen, so wie er aus den Händen der Natur kommt.«[156] Gerade diese société génerale aber hatte Rousseau in Abrede gestellt und auf die mörderischen Antagonismen hingewiesen, die aus einer bloß auf das egoistische Privatinteresse sich stützenden »Gesellschaft« notwendig resultieren müssen. Rousseau wußte, daß die Menschen sich nicht von der »évidence« allein leiten lassen, an deren überwältigende und zwingende Macht die Physiokraten glaubten. Das betont er auch nachdrücklich in seinem Brief an Mirabeau d. Ä. vom 26. 7. 1767: »Meine Herren, gestatten Sie mir Ihnen zu sagen, daß Sie Ihren Berechnungen zu viel Kraft zuschreiben und den Neigungen des Menschenherzens und seinen Leidenschaften zu wenig. Ihr System ist sehr gut für die Menschen Utopiens, aber es taugt nicht für die Kinder Adams.«[157] Die Physiokraten vergessen seiner Meinung nach, daß sich die menschliche Vernunft erst zusammen mit den Leidenschaften entwickelt, die ihre Alleinherrschaft verhindert und daß bloß rationale Überzeugungen nie ausreichen, um einen Menschen zum Handeln zu bestimmen. Der Wille wird ihm zufolge vielmehr von dem Gefühl bestimmt, das bei einzelnen, tugendhaften Bürgern die »Liebe zur Ordnung« (Gewissen) sein kann, bei den meisten aber bestenfalls Patriotismus, Gewohnheit und Sitte oder die Anhänglichkeit ans Althergebrachte ist. Allein diese starken Gefühle vermögen die spontan im depravierten Naturmenschen entstehenden und ein friedliches Zusammenleben verhindernden Leidenschaften zu unterdrücken und, wenn diese Unterdrückung nicht stattfindet, kann keine republikanische Ordnung aufgebaut oder erhalten werden.

Während Rousseau die Veränderung des depravierten Menschen, seine De-naturierung zur Voraussetzung einer dauerhaften republikanischen Gesellschaft macht, sind die Physiokraten stolz darauf, die Menschen nicht verändern zu müssen: *die natürliche Ordnung »verlangt in keiner Weise neue Menschen,* Menschen, die keiner Freuden, keiner Abneigung und keines Schmerzes mehr fähig wären. Glauben sie nicht, daß man die Leidenschaften vernichten müßte, um zu dieser Einrichtung zu kommen«.[158] Es ist vielmehr gerade der individuelle Eigennutz, der zum Motor des wirtschaftlichen Fortschritts gemacht werden soll. Insbesondere aber ist es das Interesse der *Grundbesitzer,* das mit dem Gemeininteresse und dem Gemeinwohl in schöner Harmonie sich befindet! »So ist die Prosperität der gesamten Menschheit an den maximalen Reinertrag (produit net), an den besten Zustand der *Grundbesitzer* gebunden.«[159] Eine solche *Identifikation des Interesses einer Gesellschaftsklasse mit dem Interesse der Gesamtheit* findet sich bei Rousseau schon deshalb nicht, weil er eine *homogene* kleinbäuerlich-kleinbürgerliche Bevölkerung als gesellschaftliche Basis seiner Republik forderte. Hierin zeigt sich der unterschiedliche, ja entgegengesetzte »Klassenstandpunkt« der beiden Theorien, der noch etwas deutlicher herausgearbeitet werden soll. Die Physiokraten, die scheinbar den Interessen der alten Feudalherren Vorschub leisteten, waren im Grunde Vorkämpfer einer bürgerlich-kapitalistischen Produktions- und Gesellschaftsordnung. Karl Marx hat diesen Doppelcharakter ihrer Theorien am deutlichsten herausgearbeitet und vor allem darauf hingewiesen, daß *Turgot* bereits die feudal-agrarische Beschränktheit Quesnays und seiner meisten Schüler hinter sich läßt.[160] »Modern« war an den Physiokraten, daß sie das bislang gemütvoll-traditionell begründete Verhältnis der Grundbesitzer zu ihren Pächtern und Bauern auf ein reines Kapitalverhältnis reduzierten. »Fortschrittlich« erscheint auch die Konzentrierung des Interesses auf den »Reinertrag«, den man auch durch Verwendung von technischen Hilfsmitteln und »Maschinen« zu steigern versuchte. Quesnay erklärt in seinen »Maximes générales du Gouvernement économique d'un Royaume agricole« (1767) u. a.: »Es sind weniger die Menschen als Kapitalien (richesses), die man aufs Land bringen soll; denn je mehr Kapital man auf den Ackerbau verwendet, desto weniger Menschen beschäftigt er, desto besser gedeiht er, desto höhere Erträge wirft er ab. Das gilt z. B. für die Großbetriebe reicher Pächter im Verhältnis zu den Kleinbetrieben armer (kapitalloser) Halbpächter, die mit Ochsen und Kühen pflügen.«[161] Wenige Paragraphen weiter unterstreicht er noch einmal die Vorzüge des Großbetriebes: »Der zum Getreidebau verwandte Boden soll soweit wie möglich in großen Pachtgütern vereinigt sein, die von wohlhabenden Landwirten (riches laboureurs) ausgebeutet werden; denn die Ausgaben für Erhaltung und Reparatur von Gebäuden verursachen beim Großbetrieb relativ weniger Kosten und der Reinertrag (produit net) ist bei ihm weit größer als bei den kleinen . . . Jede vorteilhafte Ersparnis bei Arbeiten, die mit Hilfe von Tieren, Maschinen, Flüssen usw. gemacht werden können, kommt der Bevölkerung des ganzen Staates zugute, denn damit wird der Reinertrag und der Gewinn (gain) gesteigert, der für andere Dienstleistungen und Arbeiten zur Verfügung steht.«[162] Nach der Lehre der Physiokraten hat ja die Prosperität der gesamten Wirtschaft ihren Ursprung in dem Reinertrag, der durch die Eigentümer an die »sterilen Klassen« der Handwerker, Manufakturarbeiter, Dienstboten usw. weitergegeben wird und von diesen in Lebensmittel umgesetzt, schließlich zum Pächter zurückkehrt. Rein ökonomisch denkend, erscheint ihnen daher eine Wirtschaftsweise um so vernünftiger, je größer der von ihr erzielte agrarische Reinertrag ist. Der maximal »technisierte« und rationalisierte Großbetrieb ist daher ihr Ideal. Es geht ihnen also keineswegs um einen möglichst hohen Prozentsatz in der Landwirtschaft tätiger Bevölkerung, die Abwanderung unbeschäftigter Landbevölkerung wird von Quesnay sogar begrüßt, sondern allein um die Steigerung des Reinertrages der Eigentümer, von dem ja indirekt das Wohl der gesamten, nicht in der Landwirtschaft (und den übrigen »primären« Wirtschaftszweigen, wie Fischerei, Bergbau usw.) tätigen Bevölkerung abhängt. Große Unterschiede der Vermögensverhältnisse werden dabei keineswegs als schädlich oder gefährlich angesehen, denn »die Ungleichheit liegt in den Plänen Gottes beschlossen«.[163]

Ganz im Gegensatz dazu kommt es Rousseau darauf an, möglichst viele Menschen in der Landwirtschaft zu beschäftigen, weshalb er auch »arbeitssparende Maschinen« ausdrücklich ablehnt. In einem von Vaughan mitgeteilten Fragment zum Contrat Social heißt es: »Aus dieser Maxime folgt, wenn sie wahr ist, notwendig die, daß in allem was von der menschlichen Industrie (Fleiß) abhängt, sorgfältig *jede Maschine und jede Erfindung verbannt werden sollte, welche die Arbeit verkürzen und Arbeitskräfte einsparen* und die gleiche Wirkung mit weniger Anstrengung bewirken *kann.«* [164] Vielleicht hat Rousseau geahnt, daß die Verwendung arbeitssparender Maschinen größere Kapitalien erfordern würde, als sie seinen Kleinbürgern zur Verfügung stehen konnten und daß derartige technische Fortschritte zu gesellschaftlicher Ungleichheit führen müßte, wie sie ihm als Hauptgefahr für die Erhaltung der Republik erschien.

Fassen wir die Gegensätze zusammen: Die Physiokraten glauben an eine von der Natur bewirkte harmonische Gesellschaftsordnung, deren Gesetze nur rational erkannt zu werden brauchen, um den maximalen Wohlstand und das maximale Glück aller zu bewirken. Rousseau ist überzeugt, daß die Menschen durch die Vergesellschaftung depraviert sind und einer versittlichenden und vergemeinschaftenden Einwirkung durch Sitten und Gewohnheiten oder durch den Gesetzgeber bedürfen, um eine harmonische politische Ordnung begründen zu können. Die Physiokraten fördern wie Rousseau die Landwirtschaft, aber während es ihnen darauf ankommt, den Reinertrag der Grundbesitzer (die nicht zugleich die Landbebauer sind) zu steigern, geht es Rousseau darum, möglichst vielen Bauern Brot und Unabhängigkeit zu verschaffen. Während Rousseau für den selbst arbeitenden Kleinbesitzer sich verwendet, erstreben die Physiokraten den »kapitalistischen« Großbetrieb, und während Rousseau den technischen Fortschritt geradezu unterbinden will, erblicken die Physiokraten in ihm eine Chance zur Steigerung des allgemeinen Wohlstandes durch die Vergrößerung des »produit net«. Während Rousseau eine Gesellschaft von annähernd gleich situierten Kleinbauern anstrebt, die den »Arbeitern das Gesetz vorschreiben« (unter »ouvrier« versteht R. zweifellos nicht nur die Arbeiter, sondern auch die Manufaktur*besitzer)*, gehen die Physiokraten von der Meinung aus, daß die Interessen der Großgrundbesitzer mit denen der Gesamtgesellschaft übereinstimmen, wodurch deren führende politische Stellung ebenso wie die des grundbesitzenden Königs legitimiert werden soll. Während endlich Rousseau *wie Montesquieu* die politische Gemeinschaft auf der Tugend aufbauen wollte (wenn auch Montesquieu diese nur für eine unter mehreren möglichen Staatsformen annimmt), setzen die Physiokraten allein auf das »natürliche« egoistische Streben der Individuen. *Mirabeau* kritisiert denn auch Montesquieu: weil er »die Staaten (gouvernements) auf moralische Gefühle, auf die Tugend, die Mäßigkeit, die Ehre und die Furcht aufbauen wollte. Er habe dabei völlig verkannt, daß die Grundgesetze der Gesellschaftsordnung *physische,* aus der *Natur der menschlichen Bedürfnisse genommene, Gesetze* sind«.[165] Die Physiokraten glaubten der Tugend entraten zu können, weil das nackte egoistische Interesse, wenn es nur physiokratisch aufgeklärt würde, zu einer harmonischen und friedlichen Gesellschaftsordnung (der ganzen Menschheit) hinführen müßte. Was sie erstrebten, war eine Art »wissenschaftlicher Politik«, wie sie nach ihnen *August Comte* und der dogmatische *Marxismus* gefordert hat. Bei aller Förderung wirtschaftlicher Freiheit vertraten sie daher auch auf politischem Gebiet den »despotisme légal« eines Erbmonarchen, der durch physiokratische Ratgeber von der allein richtigen natürlichen Ordnung Kenntnis haben und mit seiner absoluten Macht alle der Einführung dieser Ordnung hinderlichen Traditionen beseitigen sollte. Es ist dieser despotisme légal gewesen, den Rousseau in seinem bereits erwähnten Brief an Mirabeau ablehnen mußte, weil für ihn der Begriff der Legalität an die republikanische Staatsordnung gebunden war. In diesem Punkte konnten sich Mirabeau und Rousseau einfach nicht verstehen. Für Mirabeau ging es um die Herrschaft der vernünftigen Wirtschaftsordnung, die mit den Bedürfnissen aufgeklärter Menschen ohne weiteres übereinstimmt. Der »legale Despotismus« ist für ihn nur die Anwendung eines exakt erkannten Gesetzes: »Aus der Erkenntnis dieses allgemeinen, auf alle beliebigen Fälle anwendbaren Gesetzes geht unser legaler Despotismus hervor, der Sie erschreckt, und der Sie eigentlich nicht mehr erstaunen sollte als der Despotismus der Arithemik, die seit sie anerkannt ist, alle anzufertigenden Rechnungen bestimmt . . . « »In einem solchen Falle«, meint Mirabeau, »lohnt es einfach nicht, über den Inhaber der Macht zu streiten, der mit der Ausübung dieses legalen Despotismus betraut ist. Sobald (nämlich) die natürliche Ordnung und ihre wesentlichen Gesetze allgemein bekannt sind und überall gelehrt werden, werden allein sie die Despoten sein und die Zustimmung aller (le consentement de tous) wird über ihrer Ausführung wachen (J. J. Rousseau, ses amis et ses ennemis, correspondance publié par Streckeisen-Moutou, Paris 1865 vol. II. p 364 sq.).« Rousseaus Interesse steht zu dem Bemühen der Physiokraten in so radikalem Widerspruch, daß er nicht einmal die Richtigkeit ihrer ökonomischen Theorie bestreitet. Wenn es nur darauf ankäme, möglichst reibungslos und rasch die Wirtschaft zu entwickeln, so mag er gedacht haben, könnte ich Mirabeau zustimmen, nun erblicke ich aber die Aufgabe eines vernünftigen Politikers gerade darin, diese Entwicklung zu bremsen, weil sie die sittliche und traditionelle Basis des Gemeinschaftslebens zerstört. Aus diesem Gegensatz erklärt sich auch Rousseaus strikte Weigerung, auf die von Mirabeau und Baudeau verfaßten Schriften und die zahlreichen brieflichen Äußerungen seines Gönners und Gastgebers Mirabeau einzugehen. Hinter der vorgegebenen Unlust zu wissenschaftlicher und politischer Arbeit steckt eine tiefe Aversion gegen das Treiben dieser Förderer der modernen Wirtschaftsweise. Diese Aversion mußte um so größer sein, als ja die Physiokraten auch die freie Konkurrenz befürworteten und für intensiven internationalen Handel eintraten, beides Dinge, die, wie wir gesehen haben, Rousseau für höchst verderblich hielt.

Wenn wir die physiokratische und die Rousseausche Haltung auf eine Formel bringen wollen, so können wir sagen: die Physiokraten verwendeten die überkommene politische Form (Erbmonarchie und Feudaladel als politisch erster Stand) für die Durchsetzung revolutionärer sozialer Ziele (Kapitalisierung, Akkumulation und Technisierung, Freihandel); während Rousseau die in Frankreich revolutionär erscheinende politische Form der Republik (Volkssouveränität) zur Konservierung traditioneller, dem Untergang geweihter sozialer Verhältnisse verwenden wollte. Beide haben daher ihr Teil zum Zustandekommen der französischen Revolution beigetragen, die politisch die »Ziele« des Republikaners Rousseau, sozial diejenigen des »fortgeschrittensten« Physiokraten Turgot durchgesetzt hat. Beide freilich hatten sich die Verwirklichung ihrer Ideale anders vorgestellt und im Grunde hätten beide daher sagen können: »das haben wir nicht gewollt«. Weder Rousseau noch die Physiokraten wollten das Ancien Régime revolutionieren. Rousseau, weil er den Verfall der französischen Gesellschaft für bereits zu weit fortgeschritten hielt, um überhaupt noch einmal Abhilfe zu schaffen und weil ihn das Schicksal der korrumpierten Staaten nicht mehr interessierte. Die Physiokraten, weil sie an der natürlichen und gottgewollten Hierarchie der Stände mit dem Erbmonarchen an der Spitze festhielten und dieser Ordnung nur eine »evidentere«, rationalere Begründung geben wollten. Aber Rousseau hat durch die Schilderung der einzig legitimen Staatsordnung der Republik und der ihr zur Grundlage dienenden tugendhaften und patriotischen Gesinnung indirekt die heftigste Kritik an der Herrschaftsordnung des Ancien Régime geübt, und die Physiokraten zerstörten gerade, *weil* sie nach einer neuen und evidenteren Rechtfertigung der Adelsherrschaft und der Erbmonarchie suchten, die geistige Grundlage naturwüchsiger, traditioneller Sozialverhältnisse. Wie wenig Rousseau übrigens ernsthaft an eine politische Entwicklung oder gar Revolution in Frankreich dachte und wie sehr er im Grunde »Konservativer« war, geht aus einem Fragment über »das französische Königstum« hervor, das man eher Montesquieu zuschreiben würde als dem angeblichen Stammvater totalitärer »Demokratien«. Auf die Frage »ob die Demütigung (abaissement) der großen Seigneurs in Frankreich dem Königreich genützt habe oder nicht«, antwortete er: »Wenn Sie mit dem Wort Königreich den König meinen, dann ist die Antwort nicht zweifelhaft und die Lösung springt in die Augen. Wenn Sie aber den Körper der Nation meinen (corps de la nation), dann ist das eine andere Sache und der Gegenstand bedarf der Diskussion. Der ganze Unterschied besteht darin, daß das *Übel damals manchmal auf Widerstand stieß,* während es heute keinen mehr findet. Ihr Luxus (der Luxus der großen Seigneurs) vergrößerte damals ihre Macht und zerstört sie heute. Er hält sie in der engsten Abhängigkeit vom Hofe und von den Ministern, indem er es ihnen unmöglich macht, anders als auf Grund ständiger Gnadenerweise zu subsistieren, die die Frucht der Knechtschaft des Volkes und der Preis der ihren sind.«[166] Rousseau gibt der alten Feudalordnung, in der die großen Seigneurs ein Gegengewicht gegenüber der Krone darstellten, gegenüber der modernen, durch Richelieu geschaffenen, zentralistischen Monarchie den Vorzug, ganz im Gegensatz zu seinem Zeitgenossen Voltaire, der ja auch im übrigen sein Antipode war. Merkwürdig, daß der Republikaner Rousseau weit mehr Verständnis für die Bedeutung des Hochadels aufbringt, als die scheinbaren Anwälte des adligen Großgrundbesitzes, die zwar die soziale und wirtschaftliche Bedeutung der »propriétaires« gewaltig übertrieben, nicht aber ihre Unabhängigkeit von der Krone verlangt haben, sondern im Gegenteil für einen »despotisme légal« eintraten, der ganz im Sinne der geschichtlichen Tendenzen lag. So gesehen sind die Physiokraten verglichen mit Rousseau auch in politischer Hinsicht »moderner« gewesen.

§ 18 Deutung und Bedeutung von Rousseaus politischer Philosophie

In dem vorliegenden Versuch über Rousseaus politische Philosophie tritt die Einheit seines Werkes und dessen konservativer Charakter deutlich hervor, der letztere vielleicht stärker als es gerechtfertigt wäre, gälte es nicht, das uralte Klischee vom »revolutionären Denker« zu zerstören. Rousseau wird hier begriffen als ein traditionalistischer Moralist, der die verheerenden Folgen der entfesselten Konkurrenzgesellschaft erkennt und durch politische und pädagogische Mittel ihren »Fortschritt zu verlangsamen« versucht. Um diesen systematischen Zusammenhang deutlich herauszuarbeiten, mußte manches vernachlässigt werden, das schwer in den gegebenen Rahmen einzuordnen war. Dennoch bin ich überzeugt, daß sich die aufgezeigte Linie höchstens im Detail verwischen, nicht aber prinzipiell widerlegen läßt. Die *revolutionäre Wirkung* Rousseaus erklärt sich aus seiner radikalen Frontstellung gegen die zeitgenössische Gesellschaft und ihren Staat, eine Frontstellung, die zwar nicht umstürzlerisch gemeint war, aber von weniger vorsichtigen und ängstlichen Politikern als Aufruf zur Umwälzung verstanden werden konnte. Daß Rousseau in Frankreich und vergleichbaren Ländern keine Rückkehr zur legitimen republikanischen Freiheit mehr für möglich hielt, wurde übersehen, daß die bestehende Ordnung sich nicht auf ihre Legitimität berufen konnte, dagegen beachtet. Die Revolutionäre waren viel abstrakter als Rousseau, der in der von mir vorgeschlagenen Perspektive näher an Montesquieu heranrückt, als man bisher annahm. Robespierre glaubte, durch den Terror einer Minderheit jene »vertu« herstellen zu können, die bei Rousseau allenfalls durch die machtlose Überzeugungskraft eines Gesetzgebers erneuert werden konnte. Andere meinten, auf »vertu« überhaupt verzichten zu können, weil sie an die Übereinstimmung von Privatinteresse und Gemeinwohl glaubten, ohne zu spüren, daß sie damit in schärfsten Gegensatz zu

Rousseau traten. – Rousseau konnte aber als der Anwalt einer kleinbürgerlich-egalitären republikanischen Ordnung zwar den Enthusiasmus intellektueller Wortführer des Kleinbürgertums entzünden und so zum Gelingen der Revolution – wider Willen – beitragen, nicht aber die Struktur der künftigen staatlichen Ordnung in brauchbarer Weise bestimmen.

Rousseau war *nicht* der Theoretiker der modernen europäischen Demokratie im Zeitalter des Kapitalismus, er hat der bürgerlichen Revolution in einer Krisenzeit lediglich unfreiwillig Stichworte geliefert, indem er den kleinen, auf homogener Sozialbasis ruhenden republikanischen Tugend-Staat als einzig legitim bezeichnete, obwohl er wußte, daß er den meisten europäischen Staaten nicht zum Muster dienen konnte. Er stellte damit der revolutionären Bewegung, die vom Großbürgertum ausging, jene Kräfte zur Verfügung, die sich im Grunde viel stärker gegen die sich entwickelnde *bürgerliche Gesellschaft* und ihre Dynamik als gegen die politische Herrschaft des Ancien Régime richteten. Um Revolutionär in Frankreich sein zu können, hätte Rousseau Sozialist werden oder seine politische Theorie aufgeben müssen. Rousseaus Intention stand noch völlig im Banne des klassischen Polisideals, das er, lediglich geringfügig modifiziert, in seinen kleinbürgerlichen Republiken wiederauferstehen sah. Der erste Theoretiker der modernen Massendemokratie ist Alexis de Tocqueville gewesen.

Von seinem Werk her betrachtet war es vor allem Rousseaus Unfähigkeit, seine politischen Intentionen anders als in den konstruktivistischen Kategorien des Aufklärungszeitalters zum Ausdruck zu bringen, die revolutionär wirkte. Alles spricht dafür, daß er der Tradition, dem Brauchtum, der Sitte eine entscheidende Bedeutung für die Bildung einer geistig-sittlichen republikanischen Gemeinschaft beimaß, aber dennoch war er außerstande, die »Entstehung« der Republik anders als aus einem vertraglichen Zusammenschluß selbständiger Individuen zu erklären. Der für sein politisches Denken ganz und gar uncharakteristische Vertragsgedanke aber war es vor allem, dem sein Buch Einfluß verschaffte. Auch die Figur des Législateur bekommt aus diesem Grunde eine allzugroße Bedeutung. Es erscheint als »machbar«, was doch – auch nach Rousseaus Überzeugung – prinzipiell nicht manipulierbar sein durfte. Wenn man solchen Widersprüchen nachgeht, wird man der Tatsache bewußt, daß Rousseau ein Denker zwischen den Zeiten war, wie nur je einer. Zugleich einer, der deutlich spürte, daß der abendländischen Welt eine Krise bevorstand, und der sich vor ihr mehr fürchtete, als daß er sie herbeigesehnt hätte. Diese Zwischenstellung kommt auch in seinem Menschenbild und seiner Ethik zum Ausdruck, deren innere Verbundenheit mit der Tradition der Malebranche-Schule ich aufgezeigt habe. Denn auch hier hat sich Rousseau von zeitgenössischen Formen und Stimmungen beeinflussen lassen, namentlich von englischen und von denen seiner ehemaligen Freunde unter den Enzyklopädisten. So konnte man ihn als beredten Wortführer von Richtungen mißverstehen, der seine Intentionen zutiefst entgegengesetzt waren.

Seiner Zwischenstellung wegen können sich auch die unterschiedlichsten politischen Richtungen – scheinbar zu Recht – auf Rousseau berufen. Die nachrevolutionären *Konservativen* entwikkelten jene, dem ehemaligen Freunde der Enzyklopädisten fehlenden Kategorien, die den Wert der Überlieferung für den Zusammenhalt der Gemeinschaft bewußt machen. Auch wenn es ihnen zumeist um die Festigung der angestammten Monarchien ging, hätte man mit der gleichen Methode auch alte Republiken verteidigen können. Das Gewordene und Gewachsene, das schon Rousseau ebenso wie die nationale Eigenart mit ihren irrationalen Seiten verehrt hatte, wurde jetzt vollends zu höchstem Rang erhoben. Aber die Konservativen vermochten ihre Verwandtschaft mit Rousseau nicht zu erkennen, weil er in ihren Augen ein demokratischer Despot oder ein anarchischer Liberaler war. – Nach der anderen Seite hin überwanden die *Sozialisten* den Rousseauschen Widerspruch. Auf dem Hintergrund eines ungebrochenen Fortschrittsoptimismus ging ihr Glaube an die Machbarkeit viel weiter: die kleinbürgerliche Homogenität ist verlorengegangen, so mochten sie denken, laßt uns eine neue Homogenität durch Vergesellschaftung allen Eigentums herstellen und wir werden – auf höherer Ebene – jene Voraussetzungen wiederfinden, an deren Existenz Rousseau die Möglichkeit einer republikanischen Ordnung band, ja die Bedingungen werden dann noch viel günstiger sein, denn jeder Grund für ein Abweichen des Partikularwillens vom Gemeinwillen wird damit verschwinden. – Wenn man die konstruktivistischen Elemente bei Rousseau eliminiert, kommt man zum rein konservativen Denken, wenn man sie steigert, zum sozialistischen. Als »Gegner« aber erscheint in jedem Falle die genuin liberale Theorie. Rousseau war gewiß nicht totalitär, aber mindestens ebensowenig liberal. Die Unabhängigkeit des isoliertlebenden Naturmenschen ist kein Ideal und auch keine Norm, an der spätere Zustände gemessen werden. Die so sehr gepriesene patriarchalische Großfamilie der Hirten des »Goldenen Zeitalters« war gewiß kaum »liberal«, und die bäuerliche oder kleinbürgerliche Tugend-Republik entspricht noch viel weniger dem Geschmack eines Liberalen.

So wenig wie der alte Liberalismus der ersten Hälfte des 19. Jahrhunderts kann der Rousseausche Demokratismus für unsere Gegenwart normbildend sein. Wird dem Contrat Social damit alle Bedeutung für unsere Zeit genommen? Ich glaube nicht. In seiner Konzentriertheit und in der Beschränkung auf ein überschaubares Modell kann er uns Zusammenhänge sehen und Kategorien gebrauchen lehren, die zwar nicht unmittelbar auf die Massendemokratie übertragbar sind, aber doch Grundprobleme der Demokratie sichtbar machen. Wenn wir Rousseaus politische Philosophie in ihrer ganzen Komplexität ins Auge fassen, wird uns aber auch verständlich, warum manche demokratischen Vorstellungen auf die moderne Gesellschaft und ihren Staat nicht angewandt werden können. Auch hierin liegt ein Wert der Beschäftigung mit den Schriften des großen Genfers.

Kapitel V

§ 19 Rousseau und die Französische Revolution

Das Problem des Verhältnisses der französischen Revolutionäre zu Rousseau kann im Kontext einer Rousseau-Monographie nur skizziert, nicht zu Ende diskutiert werden. In den folgenden Abschnitten geht es mir lediglich darum, das Klischee von Rousseau als »dem Urheber«, »Anstifter«, »Stammvater« der Französischen Revolution in Frage zu stellen. Dabei ist es notwendig, sich die deutlich unterschiedenen *Phasen* der revolutionären Entwicklung ins Gedächtnis zu rufen, wie sie die neuere französische Geschichtsschreibung herausgestellt hat: die aristokratische Revolution von 1787-1788, die liberale von 1789-1791 und die demokratische mit der revolutionären Diktatur der Jakobiner an ihrem Ende von 1793-1794. Die Arbeiten von *David Mornet* und *Joan MacDonald*, deren Ergebnisse ich in den Abschnitten 1 bis 5 vorwiegend benütze, haben es so gut wie ausschließlich mit der zweiten Phase der Revolution zu tun, während der vielfach sogar Konservative sich als die besseren Rousseaukenner erwiesen haben. Im 6. Abschnitt suche ich einen Eindruck vom Ausmaß und der Bedeutung des vorrevolutionären und revolutionären Rousseau-Kults zu geben, wobei ich mich auf die Studie von *G. McNeil* stütze. Im 7. und 8. Abschnitt gehe ich mit größerer Ausführlichkeit auf die Montagne bzw. die Jakobiner (Robespierre, Saint-Just) und schließlich auf die Sansculotten (insbesondere der Jahre 1793/94) ein, weil in ihren sozialen Idealen und demokratischen Forderungen und Institutionen am meisten »Rousseauisches« zutage tritt. Immer wieder aber muß man betonen – und hiermit stimmen sogar Autoren wie Albert Soboul überein, die Rousseaus Einfluß stark unterstreichen –, daß die französischen Revolutionäre in erster Linie *praktische* Aufgaben und Probleme zu lösen hatten und sich theoretischer Argumente meist nur zur Selbstverständigung oder auch zur nachträglichen Rechtfertigung ihres Vorgehens bedienten. Das »Arsenal«, das ihnen zur Verfügung stand, bestand aber sicher nicht nur aus Rousseaus politischer Philosophie. Neben ihm dürften Mably, Didérot und viele andre eine Rolle gespielt haben. Was Rousseau auszeichnete, war seine faszinierende Persönlichkeit, sein (imaginäres und wirkliches) Unglück, seine Verfolgtheit und seine »Regenerationsfähigkeit«, die als Symbol für die von ihm selbst als unmöglich angesehene Erneuerung Frankreichs aufgefaßt wurde.

1. Rousseaus politische Schriften und die vorrevolutionäre Publizistik

Durch die gründlichen Untersuchungen von David Mornet[1] wissen wir bereits seit längerem, daß der Contrat Social in der Zeit zwischen 1762 und 1790 nur wenig verkauft und gelesen wurde. »Si l'on compare avec le nombre des éditions et les commentaires de la Henriade . . . de Candide, de l'Histoire des Deux Indes de Raynal, etc. on peut dire que le Contrat Social a passé à peu près inaperçu«, schrieb Mornet schon vor mehr als 30 Jahren, und in einem Artikel von 1912 bemerkte er: »De ce livre redoutable c'est à peine si l'on parle avant 1789 . . . Il faut dépouiller cinq cent catalogues de Bibliothèques du XVIIIe siècle, où l'on trouve cent quatre vingt-cinq exemplaires de la Nouvelle Héloïse, pour rencontrer un exemplaire de ce livre.«[2]

Auch die *Zahl der Auflagen* war – angesichts der Berühmtheit des Verfassers und der Auflagenzahl seiner übrigen Bücher – gering. Eine offizielle zweite Auflage kam erst 10 Jahre nach der ersten, 1772, heraus, eine dritte 1790, die vierte und fünfte im gleichen Jahr, 1791 insgesamt 4 weitere. Das heißt in der Zeit vor der Französischen Revolution war dieses wichtigste politische Werk von Rousseau (das übrigens in Frankreich nicht offen verkauft werden durfte – und das sein Verleger in England, Deutschland und im übrigen Europa absetzen mußte) nur wenig verbreitet. J. L. Talmon hat freilich mit einigem Recht das Argument der geringen Verbreitung als unzulänglich zurückgewiesen: »Statistics have been adduced to show that the works of the philosophers were neither widely distributed nor widely read in the years before the Revolution . . . On becoming acquainted with the Revolutionary literature one is almost tempted to answer that statistics are no science . . .«[3] Aber der Fehler Talmons wie so vieler Historiker vor ihm bestand darin, die »allgemein in der Luft liegenden Ideen« und den *besonderen* Beitrag Rousseaus zur Herausbildung politischer Theorien und Ideen ungenügend voneinander gesondert zu haben. Mit anderen Worten, ohne eine direkte Analyse der Quellen, das heißt der politischen Schriften Rousseaus, und ihres Vergleichs mit anderer zeitgenössischer Literatur, kann die Frage nach dem »Einfluß Rousseaus« auf die Revolutionäre nicht zulänglich beantwortet werden. Joan McDonald zeigt, daß die oft gezogenen Verbindungslinien zwischen Rousseau und den Thesen verschiedener Revolutionäre genauer Analyse nicht standhalten und letztlich lediglich aus einer unzulänglichen und oberflächlichen Vertrautheit sowohl mit den Schriften Rousseaus als auch mit der konkreten Situation und Bewußtseinslage der politisch Handelnden resultiert. So brauchte z. B. Sieyès keineswegs den Contrat Social und dessen Verurteilung partieller Assoziationen innerhalb der Republik zu lesen, um zu einer Verurteilung aristokratischer Privilegien zu gelangen.[4]

Die Stärke des von Joan McDonald geführten Nachweises liegt im Detail und in ihrer qualitativen Analyse der Druckschriften, Bücher und Reden. Aus der Durchsicht der Äußerungen von Franzosen über den Contrat Social in der Zeit von 1762 bis 1789 ergibt sich, daß diese Arbeit fast generell als »extrem schwierig«, »abstrakt« und geradezu »unverständlich« galt.

Die geringe Verbreitung und Lektüre des Contrat Social wird aber auch nicht durch die Existenz einer politischen Elite kompensiert, die sich den Inhalt dieser Schrift angeeignet hätte. Weder bei La Revellière-Lépeaux, J. B. Louvet, B. Barère noch beim Abbé Grégoire, die sämtlich als Anhänger Rousseaus bekannt waren, finden sich Hinweise oder Zitate aus dem Contrat Social. Den meisten ist offenbar der Émile oder die Nouvelle Héloïse bekannt. Auch der Abbé Sieyès, von dem J. L. Talmon behauptet, er habe die Rousseauschen Theorien verwirklichen wollen, hat in keiner seiner veröffentlichten Arbeiten den Contrat Social zitiert. Lediglich Graf F. L. d'Escherny diskutiert in seiner 1791 publizierten »Korrespondenz eines Einwohners von Paris« Rousseaus politische Konzeptionen – allerdings, um nachzuweisen, daß sie *keinen* Einfluß auf die Revolution ausgeübt haben.[5] Zusammenfassend kommt daher Joan McDonald zu dem Resultat, »daß die Durchsicht der Erinnerungsliteratur die Evidenz der bibliographischen Untersuchungen bestätigt und zum Schluß führt, daß der Contrat Social keine wichtige Rolle bei der Bildung der Auffassungen der Gestalter der Ereignisse von 1789 gespielt hat«.[6]

2. Rousseaus politische Theorie und die revolutionäre Publizistik bis 1791

Nicht viel anders fällt das Ergebnis der Analyse der Bücher, Pamphlete, Zeitungen und Reden in der Assemblée Nationale und in den Clubs aus. Zweifellos wurde das Interesse an Rousseau, das bereits zu dessen Lebzeiten zur Entwicklung eines wahren Rousseau-Kults geführt hatte, durch die Revolution noch weiter verstärkt. Aber man darf »die Verehrung für seine Person und das Interesse an seinen Werken nicht mit Kenntnis seiner politischen Theorien verwechseln«.[7] In den zahlreichen Éloges de Jean-Jacques, die zwischen 1788 und 1791 erschienen, wird sehr viel mehr von der Nouvelle Héloïse (dem am meisten gelesenen Buch des Genfers) und vom Émile als vom Contrat Social und den anderen politischen Schriften Rousseaus gesprochen. Lediglich die Lobrede von L. V. Thiery (1791) widmet dem Contrat Social mehrere Seiten, allerdings unter sorgfältiger Aussparung derjenigen Rousseauschen Thesen, »die der volkstümlichen Vorstellung von Rousseau als einem Propheten der Revolution widersprachen«.[8] Statt dessen wurden seine Auffassungen stillschweigend dahingehend »korrigiert«, daß sie für große Staaten eine Repräsentation der souveränen Staatsbürgerschaft zulassen.

Nicht viel fruchtbarer fällt eine Durchsicht der Pamphletliteratur dieser Jahre aus. Joan McDonald hat lediglich in *einem* Pamphlet spezifische Bezugnahmen auf Rousseaus politische Theorien gefunden, und das stammte von einem konservativen Verfasser, der unter Berufung auf Rousseau das Recht der Delegierten streng begrenzen und sie lediglich als »intermédiaires« zwischen König und Volk gelten lassen wollte.

Zwar wurde Rousseaus Name mit den Idealen der Revolution »Freiheit – Gleichheit – Brüderlichkeit« wiederholt in Verbindung gebracht und auch die Idee der »Régeneration« unter Berufung auf ihn lanciert, aber es fehlt so gut wie vollständig jede spezifische Bezugnahme auf einzelne Theoreme oder Thesen des politischen Denkers. Joan McDonald untersucht eine Anzahl von politischen Forderungen, von denen behauptet worden ist, sie seien unter Rousseaus Einfluß erhoben worden: direkte Demokratie, Republikanismus, Föderalismus usw. und kommt auch hier zum Ergebnis, daß in *keinem* Fall ein solcher Einfluß nachgewiesen oder als wahrscheinlich unterstellt werden kann. A. Mathiez hatte in seinem Werk »La Révolution Française«[9] die These aufgestellt, daß das Ideal der Pariser radikalen Klubs – die direkte Demokratie – »Rousseau abgeborgt worden sei«. Die Durchsicht der Reden und Pamphlete der Klubisten ergab jedoch, »daß die Einstellung der einzelnen Jakobiner gegenüber den Machtbefugnissen der Volksvertreter nicht auf ideologischen Erwägungen, sondern ausschließlich auf ihrer Beurteilung der Art und Weise, wie diese Tätigkeit ausgeübt wurde, beruhte«.[10] Robespierre trat zunächst für die Souveränität der Abgeordneten ein und erst nach den Neuwahlen 1791, als er den Eindruck hatte, daß die Assemblée Nationale außerstande sei, mit den Feinden der Revolution fertig zu werden, begann er deren souveräne Vollmachten in Frage zu stellen. Während der Debatten über die Rechte der Abgeordneten und des souveränen Volkes wurde aber von keiner Seite die Autorität Rousseaus ins Feld geführt. François Robert, der dem Zentralkomitee der Föderation der vereinigten revolutionären Klubs vorstand, trat z. B. entschieden für eine stärkere Beteiligung des Volkes an der Gesetzgebung und Beschneidung der Rechte der Deputierten ein, aber er war nicht nur kein Rousseauist, sondern sogar ein expliziter Gegner Rousseaus, dem er die *prinzipielle* Ablehnung repräsentativer Verfassungen vorwarf.[11]

Ein anderer bedeutender Historiker der Französischen Revolution, F. A. Aulard, bringt Rousseau und eine Rede Condorcets in Verbindung mit dem Sieg des Republikanismus. Auch hier kann Joan McDonald keinen Nachweis für »konsistente Berufung auf Rousseau« in diesem Zusammenhang finden. Sein Name wurde in der Debatte bereits vor Condorcets Rede vom Juli 1791 zugunsten der Republik ins Feld geführt, aber ebenso später von P. F. Réal (mit mehr Berechtigung) *gegen* die Einführung der »Republik« (im Gegensatz zur Monarchie) in Frankreich. In der Zeitung »Bouche de Fer«, die das Sprachrohr des »Cercle Social« war, wurde der Name Rousseaus nach dem Juni 1791 kaum noch erwähnt und der letzte Hinweis fällt, im Zusammenhang mit einer Kritik der Rousseauschen Definition von »république«, am 25. Juni 1791.

Nicht viel besser steht's mit dem angeblichen Einfluß der Rousseauschen Thesen zum Föderalismus. Der Journalist L. S. Mercier und der Abbé Fauchet sahen zwar im Föderalismus ein Mittel, »durch das französischer Einfluß und die Ausbreitung der Revolution in Europa sichergestellt werden konnte«,[12] aber beide setzten sich gleichzeitig in scharfen (wenn auch vielleicht unbewußten)

Gegensatz zu Rousseau, indem sie die Errichtung allgemein gerechter Gesetze und Institutionen ohne Rücksicht auf die besonderen historischen und geographischen Verhältnisse der verschiedenen Gebiete für möglich hielten. Billaud-Varenne schlug 1791 die Errichtung einer föderativen Republik in Frankreich vor, scheint aber nicht gewußt zu haben, daß er damit eine Rousseausche These wiederholte. Der einzige Politiker, der sich unter direkter Berufung auf Rousseau für den Föderalismus eingesetzt hat, scheint Terasson gewesen zu sein, der 1792 jedoch mit seinem Vorschlag im Jakobinerklub nur Ungeduld und Verachtung hervorrief.

In den meisten Fällen, in denen sich Redner und Journalisten der Revolutionsjahre auf Rousseau berufen, ist diese Berufung höchst vage und allgemein, oft ist sie auch mit der gleichzeitigen Erwähnung anderer Namen wie Montesquieu, Voltaire, Raynal und Mably oder auch Benjamin Franklin, Bacon, John Locke und Algernon Sidney verbunden. Die Kombination dieser Verfasser von Schriften mit oft recht unterschiedlichen, ja gegensätzlichen Konzeptionen macht wiederum deutlich, daß Rousseau nur insoweit »rezipiert« wurde, als er in diesen »allgemeinen Zeitgeist« hineinpaßte und das heißt, wie ich in meiner Arbeit zu zeigen versuchte, gerade *nicht* mit seinen zentralen politischen Theorien und Thesen.

3. Darstellungen der politischen Theorie Rousseaus in den Jahren von 1788 bis 1791

Die kenntnisreichsten Darstellungen der politischen Theorien Rousseaus stammen aus der Feder mehr oder minder konservativer – später auch gegenrevolutionärer – Autoren. Der Marquis E. L. H. de Launay d'Antraigues, dessen »Mémoire sur les Etats Généraux« neben der berühmten Schrift des Abbé Sieyès zu den verbreitetsten vorrevolutionären Flugschriften gehörte, war ein bekannter Bewunderer Rousseaus, den er noch persönlich gekannt hat. In seiner Schrift behandelt er in einem ersten – ganz von Rousseau (der nicht genannt wird) inspirierten – Teil die allgemeinen Prinzipien der Politik, um dann in einem zweiten zu zeigen, wie die alte Verfassung Frankreichs einst ganz diesen Prinzipien entsprochen habe und nur »wiederhergestellt« werden müsse, um die Franzosen zu einem freien Volk zu machen. Als die wichtigsten allgemeinen Prinzipien der Politik führt d'Antraigues die unveräußerliche Souveränität des Volkes und die aus ihr folgende Beschränkung der Unabhängigkeit der gewählten (an Wähleraufträge gebundenen) Abgeordneten, die Notwendigkeit der Funktionsteilung zwischen Exekutive und Legislative und endlich die Forderung an, daß der Verfassungsgeber (bzw. Entwerfer) unter der Verfassung keine politische Macht ausüben soll. In einem zweiten, historischen Teil sucht seine Schrift nachzuweisen, daß die Volkssouveränität in der französischen Geschichte stets anerkannt worden und lediglich durch spätere Mißbräuche verdeckt worden sei. Aus der Betonung der Souveränität des Gesamtvolkes ergibt sich für d'Antraigues vor allem die Limitierung der Abgeordneten auf ein imperatives Mandat und damit praktisch die Abstimmung nach »Ständen«, womit er notwendig in Konflikt mit dem revolutionären Flügel seines eigenen Standes und des Tiers Etat geraten mußte. Nach dem Sieg der Revolution konnte jene eigenartige Kombination von Volkssouveränität und ständischer Repräsentation mit gebundenem Mandat weder die Konservativen, die prinzipiell die Volkssouveränität ablehnten, noch die Revolutionäre, die das gebundene Mandat und die Abstimmung nach Ständen aus praktischen Gründen zurückwiesen, interessieren. Der Marquis d'Antraigues verlor die Gunst des Tiers Etat. In der Verteidigung seiner Thesen hat er sich übrigens nie auf Rousseau, sondern allein auf die traditionelle Verfassung Frankreichs berufen.

Die Schrift des Marquis d'Antraigues macht – gerade weil sie nicht ausdrücklich eine Darstellung der Rousseauschen Politik anstrebt – besonders gut deutlich, in welcher Weise die Interpretation Rousseaus durch zeitgenössische Umstände und den politischen Willen der verschiedenen Fraktionen bestimmt wurde. Es war – selbst in diesem Fall, wo ein wirklicher Kenner Rousseaus schrieb – nicht Rousseau, der die Revolution beeinflußte, sondern die revolutionäre Situation und der politische Wille des Verfassers und seiner Fraktion, die die Rousseau-Interpretation beeinflußten.

Im gleichen Zeitraum erschienen drei Werke, die sich ausdrücklich mit Rousseaus politischen Theorien beschäftigen und von denen zwei ausgesprochen konservative Verfasser haben. Der Jesuit G. F. Berthier hatte zwar seine detaillierte Rousseau-Kritik schon 1762 geschrieben, ein Unbekannter (vermutlich der Abbé Bourdier Delpuito) hatte jedoch erst 1789 auf Wunsch des Verlegers das Buch herausgebracht.[13] Ebenfalls 1789 veröffentlichte A. N. Isnard ein Pamphlet mit dem Titel »Le principe qui a produit les Révolutions de France, de Genève et d'Amérique dans le dix-huitième siècle«, das vor allem einen scharfen Angriff auf Rousseaus Theorie der »volonté générale« enthielt. Die Veröffentlichung dieser beiden politischen Kampfschriften gegen Rousseau könnte als ein Beweis für die gängige These vom Einfluß Rousseaus auf die Revolution angesehen werden. Joan McDonald nimmt jedoch mit Recht an, daß die beiden Bücher bzw. ihre Verleger und Verfasser von der gleichen perspektivischen Täuschung aus gingen, die auch spätere Historiker irregeführt hat: sie schlossen von dem großen populären Interesse an Rousseau, von der Begeisterung für seine Person auf die tatsächliche Bedeutung seiner politischen Theorien für die revolutionären Ereignisse. Nähere Analyse vor allem der Schrift Isnards, die ja allein in der revolutionären Situation selbst entstanden ist, macht darüber hinaus deutlich, daß hier nicht Rousseaus Ideen angegriffen werden, sondern die der Revolutionäre, von denen der Verfasser zu Unrecht annimmt, sie seien mit denen Rousseaus identisch. So wird das »gefährliche Prinzip, das die Revolutionen im Vaterland Rousseaus, in Amerika und in Frankreich, erzeugt hat . . . demzufolge das Gesetz der Akt oder der Ausdruck der volonté générale ist«, von Isnard dahingehend interpretiert, daß damit der jeweilige *Mehrheitswille* gemeint sei. Isnard übersieht also – bewußt oder unbewußt – den für Rousseau entscheidend wichtigen Unterschied zwischen volonté générale und volonté de tous (oder gar volonté de la majorité). Der Ausdruck »volonté générale« ist bekanntlich auch in die französische Verfassung eingegangen und auch diese Tatsache wurde von Historikern als »Beweis« für den Einfluß Rousseauscher Gedanken gewertet. In Wirklichkeit war der Terminus keineswegs auf Rousseau beschränkt – der Abbé Mably, Diderot und ältere Autoren[14] haben ihn gleichfalls verwendet – und 1789 war er ins allgemeine Vokabular unter gleichzeitiger Einbuße seiner spezifisch Rousseauschen Bedeutung eingegangen.

Darstellungen der politischen Theorie Rousseaus von revolutionären Autoren wie Paul Philippe Gudin de Brenellerie, Louis Sebastien Mercier und C. Fauchet[15] machen deutlich, daß auch bei ihnen die Berufung auf Rousseau nur sekundär und mit expliziter Kritik an einzelnen Thesen des Genfers, häufig auch mit erstaunlicher Unkenntnis von dessen Theorien verbunden war (z. B. bei Mercier). Fauchet warf z. B. Rousseau vor, in seinen Theorien geographischen und ökonomischen Detailfragen zu große (!) Aufmerksamkeit gewidmet und erklärt zu haben, daß nicht in jedem Land eine gute Verfassung eingeführt werden kann. Fauchet glaubte im direkten Gegensatz zu Rousseau an den Fortschritt durch Aufklärung und an die universelle Gültigkeit und Anwendbarkeit der revolutionären Prinzipien. Die Menschen waren für ihn »von Natur aus« und im Grunde immer »gut«, der Gemeinwille (volonté générale) identisch mit dem Mehrheitswillen. Die differenzierten Thesen Rousseaus über die Pervertierung der natürlichen Selbstliebe (amour de soi) in die asoziale »Selbstsucht« (amour-propre) und die Unmöglichkeit der Umkehr dieser Entwicklung war offenbar *allen* Revolutionären unbekannt. Zusammenfassend bemerkt Joan McDonald zu den Arbeiten der drei genannten Verfasser: »Alle drei gingen von Prämissen aus, die sich von denen Rousseaus unterschieden und gelangten zu Resultaten, die seinen *entgegengesetzt* waren. Bestenfalls könnte man sagen, daß sie allgemeine Prinzipien aus dem Kontext der Rousseauschen Philosophie genommen und in ihre eigene Philosophie einbezogen haben, wo sie ganz andere Bedeutung annahmen.«[16]

Lediglich *ein* revolutionärer Autor scheint vollständig mit Rousseau übereingestimmt zu haben. Es handelt sich um einen anonymen Mitarbeiter der Zeitung Prudhommes »Révolutions de Paris«. In einer Artikelserie, die gegen die Herausbildung neuer Aristokratien in der Nationalversammlung und in lokalen Volksvertretungen gerichtet war (insbesondere gegen die Commune von Paris), wird wiederholt und in konsistenter Weise die Autorität Rousseaus ins Feld geführt. Zwar sei in einem Land von der Größe Frankreichs ein Repräsentativsystem unentbehrlich, es solle jedoch nur als ein unvermeidliches Mittel angesehen und durch eine intensive Beteiligung der Bevölkerung an den öffentlichen Angelegenheiten kontrolliert und in Schranken gehalten werden. Zu diesem Zwecke werden »Primärversammlungen« (Urwählerversammlungen) vorgeschlagen und vor allem die Erziehung der Staatsbürger gefordert. Diese Erziehung zur Bürgertugend entspricht ganz den Vorschlägen Rousseaus für Polen, sie erscheint als die Voraussetzung einer gesunden republikanischen Verfassung: »Sans les mœurs chacun se préfère à la patrie, les passions particulières conspirent contre la volonté générale et il ne peut exister d'esprit public.«[17] Da die volonté générale nicht repräsentiert werden kann, sollten alle Gesetzesvorschläge zur Ratifizierung den souveränen Wählern unterbreitet werden. Das sei freilich mit einigen Schwierigkeiten verbunden, aber, »wo es um die Freiheit gehe, müßten Schwierigkeiten in Kauf genommen werden«. Der anonyme Autor rief kein nennenswertes Echo hervor.

Joan McDonald stellt zu Recht fest, daß die Argumentation dieses anonymen Journalisten für die Revolutionszeit deshalb einzigartig ist, weil sie sich nicht nur auf Rousseaus Namen beruft, sondern sogar seiner – richtig interpretierten – Theorie genau folgt. Es erscheint ihr daher auch angesichts der generellen Unkenntnis und Abweichung von Rousseaus Theorien nicht weiter verwunderlich, daß in der gleichen Zeitung folgender Kommentar zum Einfluß Rousseaus auf die Revolution erschien: »Jean Jacques Rousseau, der vollkommenste und vor allem der desinteressierteste der politischen Schriftsteller gilt als der Vater unserer Verfassung. Wenn aber unsere Verfassung als Kind J. J. Rousseaus angesehen werden kann, dann muß man zumindest zugeben, daß unsere Volksvertreter sie schrecklich verstümmelt haben und ich zweifle, ob Rousseau – wenn er auf die Welt zurückkäme – die Vaterschaft anerkennen würde.«[18]

4. Kritiken des Contrat Social durch revolutionäre Autoren

Mit Ausnahme der Schrift von Isnard stammen die Kritiken an Rousseaus politischer Theorie während der Jahre 1789 bis 1791 durchweg von revolutionären Autoren. Gerade der Abbé Sieyès, den Talmon als einen Hauptexponenten des Rousseauismus in der Revolution herausgestellt hat, wich in entscheidenden Punkten von Rousseau ab: so in der Lehre vom Gemeinwillen, den er mit dem Mehrheitswillen identifiziert und in der Rechtfertigung des Repräsentativsystems, das Rousseau ablehnte. In den gedruckten Schriften von Sieyès finden sich keine Hinweise auf Rousseau und in einer »Notiz über das Leben Sieyès«, die der Abbé selbst gebilligt hat, werden Condillac, Locke und Mably als seine Lieblingsautoren genannt. Nur auf einem indirekt überlieferten Notizzettel hat Sieyès eine Meinung über Rousseau geäußert: »Rousseau. Ils prennent les commencements de la société pour les principes de l'art social . . . L'art en toutes choses est venu fort tard. Il suppose de grands *progrès* depuis leur premier âge.«[19] Und von Rousseaus

Leistung im ganzen bemerkt er: »un philosophe aussi parfait de sentiment que faible de vue«. Es ist bezeichnend, daß alle Autoren, die eine genauere Rousseau-Kenntnis besitzen, sich an dessen geschichtsphilosophischem Pessimismus stoßen, während andere ihn einfach ignorieren und Rousseausche Formulierungen mit einer damit unvereinbaren optimistischen Regenerationsbegeisterung kombinieren.

Doch kehren wir zur Kritik revolutionärer Publizisten an Rousseau zurück. Es ist nicht weiter erstaunlich, daß die Anglophilen und Gemäßigten unter den Revolutionären – wie der *anonyme Autor* des Pamphlets »De l'autorité de Montesquieu dans la Révolution présente« und Madame de Staël in ihren »Lettres sur les ouvrages et le caractère de J. J. Rousseau«, Gudin und ein weiterer Anonymus im Mercure de France – Rousseau wegen seiner Ablehnung des Repräsentativsystems kritisierten. Aber auch Demokraten und Republikaner – wie Fauchet, Brissot, François Robert – die für eine strengere Überwachung der Abgeordneten durchs souveräne Volk eintraten – waren nicht mit ihm einverstanden. Robert geht sogar so weit, Rousseau als einen Feind der Freiheit hinzustellen, weil er geleugnet hat, daß direkte Demokratie und Republikanismus auf Großstaaten anwendbar sind. Die Gemäßigten wie die radikalen Demokraten stellten Rousseaus Idealisierung des demokratischen Kleinstaates in Frage und vertraten die Auffassung, daß Rousseaus Ideal zwar »rein und edel, aber praktisch nutzlos« sei. J. Servan formuliert gegen Rousseau die folgende Maxime des revolutionären Opportunismus: »En un mot on partira de ce grand principe, que tout ce qui est vraiment nécessaire est bon, et dans une grande et ancienne nation, l'on se gardera bien de mettre en question, si pour suivre rigoureusement la volonté générale, il est nécessaire de n'avoir que de petits gouvernements«.[20] Soweit Rousseaus Theorie zu den Bedürfnissen der praktischen revolutionären Politik in Widerspruch stand, wurde sie als »spéculation – non pas comme une leçon« hingestellt und ignoriert.

Andere Verfasser waren der Ansicht, daß durch die Erfolge der Revolution Rousseaus Thesen praktisch widerlegt und veraltet seien. J. P. Brissot bemerkte 1791 »Rousseau n'aurait pas à ainsi calomnier le système représentatif s'il avait vu à côté, comme en Amérique, un frein aux entreprises des représentants dans les conventions périodiques. Le système représentatif ne devient tyrannique que là où ce frein n'existe pas. Mais les conventions n'étaient pas bien connus au moment où Rousseau écrivait«.[21] Der Abbé Fauchet und der Jakobiner Robert wollten die von der Nationalversammlung angenommenen Gesetze Urwählerversammlungen im ganzen Lande zur Ratifizierung vorlegen und damit das repräsentative System reformieren. Rousseau hatte in ihren Augen einen schweren Irrtum begangen, weil er ein solches kombiniertes System nicht für möglich gehalten hatte. Auch Fauchet entschuldigt dabei Rousseau durch die historischen Umstände, unter denen seine politischen Schriften entstanden.

Nach Hinweisen auf weitere Kritiken an Rousseau, die immer wieder seine Ablehnung des Repräsentativsystems betreffen, bemerkt Joan McDonald abschließend: »Es ist offensichtlich, daß die *schärfsten Kritiken* an der politischen Theorie Rousseaus aus dem Lager der *Revolutionäre* kommen. Die gegen den Contrat Social ins Feld geführten Argumente sind dabei vor allem praktisch und empirisch. Es wurde gesagt, daß Rousseaus Theorien zu abstrakt sind, daß sie durch die Entwicklung politischer Techniken und der aufgeklärten öffentlichen Meinung überholt und daß sie auf alle Fälle fürs zeitgenössische Frankreich unanwendbar seien. Während die Revolutionäre bereit waren, Rousseaus *Namen,* soweit es sich machen ließ, zu benützen und allgemein seine Autorität in Anspruch zu nehmen, schrieben sie seinen Theorien keinerlei direkten und praktischen Wert für die Entwicklung neuer politischer Institutionen zu. Der Einfluß von ›Lehren‹, ›abstrakter Vernunft‹ und ›Ideologien‹ aufs Bewußtsein der Revolutionäre ist vermutlich (oft) übertrieben und ihre Berücksichtigung praktischer Erwägungen unterschätzt worden«.[22]

5. Rousseausche Argumente bei konterrevolutionären Autoren

> »Si Rousseau vivait on se garderait bien de profaner ses maximes . . . parce qu'ils n'ont rien fait qui ne soit absolument contraire à tout ce qu'il a dit sur la matière des gouvernements« (Anon., Le dernier cri de la vérité sur la Révolution française, 1791). »Les idées de J. J. Rousseau sont presque en tout diamétralement opposées aux dogmes de notre nouvelle foi politique« (Anon., L'Assemblée Nationale, in Année Litérarie 1789 vol. VIII).

»Loin d'être l'auteur de la Révolution de 1789 Rousseau en eut été l'adversaire et le fléau.«
C. F. Comte de *Lenormant*, J. J. Rousseau Aristocrate, 1790.

Die meisten Gegner der Französischen Revolution kannten Rousseau's Schriften, waren zumindest in gleicher Weise von der vorrevolutionären Rousseaubegeisterung erfaßt worden, und sahen sich – in der Auseinandersetzung mit den revolutionären Politikern – veranlaßt, Rousseau gegen seine angeblichen Jünger auszuspielen. Gewiß ist auch ihr Interesse an Rousseau nicht vorurteilslos und wissenschaftlich, sind ihre Kenntnisse weit davon entfernt, eine objektive Gesamtwürdigung des politischen Theoretikers zu ermöglichen, dennoch wird aus der Untersuchung ihrer Schriften und Reden deutlich, daß sie bessere und gründlichere Kenner Rousseaus waren als die Revolutionäre. Während die revolutionären Politiker handelnd die Macht ergriffen, waren die Gegenrevolutionäre genötigt zu theoretisieren, während jene neue Institutionen schufen und eine neue Verfassung einführten, mußten sich die Konterrevolutionäre um eine theoretische Rechtfertigung der Tradition bemühen. Rousseaus politische Schriften konnten ihnen dabei wertvolle Dienste leisten. Die Berufung auf Rousseau bot sich aber auch deshalb als besonders nützlich an, weil sein Andenken von der revolutionären Partei in so hohem Maße geehrt wurde. Joan McDonald hat 36 gegenrevolutionäre Pamphlete untersucht, von denen 5 speziell der Untersuchung der Praxis der Revolutionäre im Lichte der Rousseauschen politischen Theorie gewidmet sind, während eins darüber hinaus zu zeigen sucht, daß die Revolutionäre nicht nur Rousseaus Lehren, sondern auch denjenigen andrer Denker zuwidergehandelt haben. Die übrigen gehen in unterschiedlichem Ausmaß im Zusammenhang ihrer Revolutionskritik auf Rousseaus politische Philosophie ein. In mannigfachen Varianten wird immer wieder betont, daß die Revolutionäre »den tiefen Rousseau falsch interpretiert haben«.[23] Der Comte de Lenormant beweist in seiner Streitschrift »Rousseau Aristocrate« (1790) gründliche Kenntnis nicht nur des Contrat Social (den er 29mal zitiert), sondern auch der Considérations sur le Gouvernement de Pologne, der Lettres de la Montagne, der beiden Discours und der Kommentare zum Abbé de St. Pierre; auch die Schrift des Grafen

A. F. C. de Ferrand (Adresse d'un citoyen très actif, 1789) und die Correspondence d'un habitant de Paris des Grafen d' Escherny enthalten zahlreiche Belegstellen aus den politischen Schriften Rousseaus. Ihnen allen fiel es leicht, Rousseau als einen Verteidiger der Tradition und der überkommenen Bräuche darzustellen, der die Gefahr jedes radikalen Wandels erkannt und blutige Revolutionen ausdrücklich (in den Lettres de la Montagne) abgelehnt hat. Sie konnten auf die von vielen radikalen Revolutionären übersehene Verwandtschaft des Rousseauschen politischen Denkens mit Montesquieu hinweisen sowie auf seine kritische Distanzierung sogar von so wenig weitgehenden Reformen, wie sie der Abbé de St. Pierre in seiner Polysynodie vorgeschlagen hatte.

Vor allem wurden Argumente Rousseaus für zwei Zwecke der gegenrevolutionären Literatur verwandt: für die Kritik an der Assemblée Nationale und für die Rechtfertigung der französischen Monarchie. Wie wir schon am Beispiel des gemäßigten Reformers Marquis d'Antraigues gesehen haben, konnten sich Kritiker der Nationalversammlung auf Rousseaus Prinzip der unveräußerlichen, nicht repräsentierbaren Volkssouveränität berufen. Weiterhin mußten im Lichte der Rousseauschen Auffassungen die Deputierten als »Mandataires«, als Beauftragte, nicht als bevollmächtigte Repräsentanten des Volkes angesehen werden. Und schließlich konnte man ihnen vorwerfen, daß sie durch Überschreitung der in den Cahiers de Doléances zum Ausdruck gebrachten Wünsche ihren eignen partikularen dem vom Volk ausgedrückten Willen substituiert hatten.

Lenormant und andre waren daher der Meinung, daß seit 1789 die *Aristokraten* in der Nationalversammlung die eigentlichen Anwälte Rousseauscher politischer Theorie gewesen seien, weil allein sie die These von der Unmöglichkeit einer Repräsentation der Souveränität vertraten. C. A. de Calonne und der Abbé J. S. Maury betonten, daß die Deputierten in dem Augenblick, als sie sich von ihren Instruktionen freimachten, den Rechtsgrund der Assemblée zerstörten, und die Lehre von der »souveraineté du peuple« in Wahrheit nur der Bemäntelung ihrer eignen Minderheitsherrschaft diente.

Aber nicht nur die Usurpierung der Souveränität durch die Nationalversammlung, auch die Details der Gesetzgebung wurden mit Rousseauschen Argumenten kritisiert. Diese Gesetzgebung sei von abstrakten und allgemeinen Prinzipien ausgegangen, statt nach dem weisen Rat Rousseaus (und Montesquieus) die historischen und geographischen Umstände Frankreichs und seiner Provinzen zu berücksichtigen. Und während Rousseau ausdrücklich betont, daß der Entwerfer der Verfassung keine Rechte unter ihr genießen sollte, waren die Mitglieder der Assemblée Nationale in der Tat in dieser Lage. In Rousseaus Kapitel über den Gesetzgeber hieß es »on trouve à la fois dans l'ouvrage de la législation deux choses qui semblent incompatibles: une entreprise au dessus de la force humaine, et pour l'exécuter, une autorité qui n'est rien«. Im Gegensatz dazu hat – nach den Worten des Grafen Ferrand – die Nationalversammlung »après avoir formé une entreprise peut-être au-dessus de ses forces . . . pour l'exécuter, a pris toute l'autorité qui était dans le royaume«.[24]

Während Rousseau die allgemeine Tätigkeit der Gesetzgebung und die ums Besondere bemühte Regierungstätigkeit scharf unterschied und beide unbedingt in getrennte institutionelle Hände legen wollte, kümmerte sich die Assemblée Nationale – nach Graf Ferrand – nur allzuoft um partikulare Gegenstände und riß damit auch die Exekutivgewalt an sich.

Im Unterschied zu den meisten revolutionären Autoren, die die volonté générale mit dem Mehrheitswillen identifizierten, gilt sie den Konservativen als Ursprung der Herrschaft einer transzendenten Vernunft, die unabhängig von Mehrheitsverhältnissen immer die gleiche bleibt. Einige konnten daher auch die Monarchie als Personifikation dieser vernünftigen Regel des Zusammenlebens rechtfertigen, die der volonté générale entspringt. Der von Rousseau so oft betonte enge Zusammenhang von Sitte, Gewohnheit und Gesetz wird selbstverständlich von den Konservativen gegen revolutionäre Neuerungen ausgespielt.

Es war nicht schwer, Rousseau als Verbündeten bei der Verteidigung der Monarchie und der Rechte des Monarchen zu benutzen. Nicht nur hatte er ja betont, daß in großen Staaten eine monarchische Spitze der Exekutive nötig sei, in den Considérations sur le Gouvernement de Pologne hatte er darüber hinaus sogar eine genaue Übersicht der Befugnisse und Funktionen des (Wahl-)Königs geliefert. Zu diesen zählte der Vorsitz im Reichstag, die Ernennung der Beamten und Richter und die Führung der Armee. Auch die Nivellierung der Gesellschaft und die Abschaffung der Rangunterschiede wurde als Rousseaus Intentionen widersprechend hingestellt, wobei sogar die guten persönlichen Beziehungen Rousseaus zu einzelnen Angehörigen des Hochadels als Argument ins Feld geführt wurden. Der Abbé Maury wies schließlich darauf hin, daß – im Unterschied etwa zu John Locke – bei Rousseau kein Vertrag zwischen Volk und König unterstellt wird, woraus er folgert, daß das Volk diesem auch keine Vorschriften machen dürfe. Auch wenn in dieser Hinsicht die Gegenrevolutionäre zweifellos Rousseaus Intention verfälscht haben, konnten sie doch andrerseits dessen Hinweis auf die rechtliche Bedeutung des »stillschweigenden Einverständnisses« zur Legitimierung der französischen Monarchie nützen. Joan McDonald macht mit Recht darauf aufmerksam, daß die Gegenrevolutionäre bei ihrer Argumentation einseitig verfahren, indem sie einerseits die reale Verfassung der Revolution an Rousseaus allgemeinen und abstrakten Prinzipien kritisch messen, andrerseits die (idealisierten) Verhältnisse der französischen Monarchie mit Rousseaus traditionalistisch-praktischen Argumenten (z. B. aus den Considérations) verteidigen. Dennoch kommt sie zu dem Ergebnis, daß die Deutungen der politischen Theorie Rousseaus durch Konservative und Gegenrevolutionäre zugleich detaillierter und exakter waren als die der Revolutionäre und daß sie jedenfalls weit davon entfernt waren, an die später so oft wiederholte unreflektierte Behauptung zu glauben »C'est la faute à Rousseau«.

6. Der Rousseau-Kult[25] als Grund der späteren »Zurechnung« revolutionärer Taten und Institutionen

Die nüchterne und detaillierte Analyse der Äußerungen wie der (hier nur gestreiften) politischen Handlungen der Revolutionäre der Jahre 1789 bis 1791 (und darüber hinaus) macht deutlich, daß die verbreitete klischeehafte Zurechnung der Französischen Revolution als »Folge« der Rousseauschen Theorie nicht gehalten werden kann. Einmal spricht schon die allgemeine Erkenntnis dagegen, daß Theorien, statt realer Interessen und praktischer Bedürfnisse, das Handeln politischer Führer bestimmen, zum andren hat sich nach gründlicher Untersuchung die politische Theorie Rousseaus als tendenziell konservativ erwiesen und diese Erkenntnis war offenbar den konservativen Zeitgenossen der Französischen Revolution keineswegs entgangen. Aus der Distanz Englands oder Deutschlands gesehen mochte das Selbstmißverständnis und die Selbstdarstellung der Revolutionäre über die Zusammenhänge hinwegtäuschen, französische Gegenrevolutionäre sahen deutlicher. Rousseaus Person, sein »unglückliches Leben«, kombiniert mit der Faszination, die von seinen Romanfiguren ausging, war schon lange vor der Revolution zum Anlaß leidenschaftlicher Verehrung und eines wahren »Kults« geworden. Im Laufe der Revolution wurde der Kult des »einsamen Denkers«, des »unschuldig Leidenden« mit dem Kult der revolutionären Erneuerung verbunden. Parallelen zwischen dem unschuldigen Volk und dem unschuldigen Denker wurden gezogen, der vorrevolutionäre Umbruch erschien als eine Art »Auferstehung« des verstorbenen Dichters und Denkers. Statuen wurden errichtet, Feste zu Ehren Rousseaus veranstaltet, Lobeshymnen auf ihn gedichtet. Eine Anzahl von Theaterstücken schilderten Rousseaus Leben. Ein Stück, das Rousseaus letzte Tage in Ermenonville schilderte, war besonders populär, rief aber wegen des Auftritts des Marquis de Girardin an Rousseaus Sterbelager Proteste hervor. 1794 wurde Rousseaus Sarg von Ermenonville ins Pantheon gebracht, nachdem bereits 1791 zwei Petitionen an die Nationalversammlung diese Ehrung gefordert hatten. All diese Ehrungen sind – wie Joan McDonald bemerkt – »von Historikern als Beweis für den Einfluß seiner politischen Theorie gedeutet worden«.[26] Wir haben gesehen, daß eine solche Deutung exakter Prüfung nicht standhält. Was in zahlreichen Reden immer wieder als »unsterbliches Verdienst« Rousseaus gepriesen, ja als »Grundlage der neuen Verfassung« gefeiert wurde, waren im Grunde Allgemeinplätze, die keineswegs allein aus Rousseaus Schriften entnommen werden konnten. Liberté, Égalité und Souveraineté du Peuple waren Ideen, die von zahlreichen andren Autoren ebenso und noch mehr propagiert worden waren wie von Rousseau. Wenn aber dennoch unter allen Namen, die in diesem Zusammenhang bei feierlichen Anlässen genannt wurden, der Rousseaus am häufigsten fiel, so lag das vor allem daran, daß die Person Rousseaus und seine beiden großen Romane allen gebildeten Zeitgenossen am innigsten vertraut waren. Der revolutionäre Kult Rousseaus ist direkt aus dem ganz und gar unpolitischen, vorrevolutionären Rousseau-Kult hervorgegangen. Es war der Autor der Nouvelle Héloïse und des Émile, *nicht* der des Contrat Social und der andren politischen Schriften, der dem »Herzen der Nation« nahestand, mit dem sich Tausende französischer Adliger, Bürger und Kleinbürger identifiziert hatten. McNeil hat in seiner Studie über den revolutionären Rousseau-Kult behauptet, daß die

Übernahme des Rousseau-Kults durch die Revolutionäre dessen Loslösung von seinem Ursprung zur Folge hatte: »Hier gab es praktisch keine der intensiven emotionalen und persönlichen Bindungen an den ›guten Jean Jacques‹ wie im literarischen Rousseau-Kult . . . und als Ausdruck zunächst der einen, dann einer andren Fraktion konnte der politische Rousseau-Kult niemals unabhängige Existenz oder einen eignen Daseinsgrund gewinnen«.[27] Joan McDonald widerspricht McNeil in diesem Punkt und glaubt, daß in der »Idee der *moralischen Erneuerung der Menschheit«* ein Verbindungsglied zwischen dem vorrevolutionären und dem revolutionären Rousseau-Kult zu erblicken ist. Mit Recht war Rousseaus Name mit dem Gedanken der individuellen moralischen Erneuerung verbunden worden, in einer revolutionären Situation wurde dieser Gedanke gleichsam unvermerkt aufs soziale und politische Gebiet übertragen. Man empfand die Revolution zumindest auch als einen großen Akt moralischer Erneuerung, von dem man glaubte annehmen zu können, daß Rousseau ihn begeistert begrüßt haben würde. Und da man sich in der Zielsetzung mit ihm einig fühlte, glaubte man es auch in der Wahl der politischen Mittel zu sein. Anders ausgedrückt: Rousseaus Rolle ist vor allem die eines Rhetors der moralischen Erneuerung. Aubert de Vitry legte in einem fingierten Gespräch Rousseau die folgenden Worte in den Mund, die am besten die Rolle veranschaulichen, die Rousseau im Bewußtsein der Revolutionäre gespielt hat: » . . . ce sont mes écrits; qui ayant d'abord opéré une révolution dans la vie privée, finiront par en opérer également une dans la vie publique«.[28] Statt die politischen Schriften Rousseaus zu studieren und sich von ihrem Geist oder gar ihren Vorschlägen inspirieren zu lassen, sahen die Revolutionäre viel mehr in der Gestalt Rousseaus ihre eignen Tugenden inkarniert, identifizierten sich mit seinem »traurigen Schicksal«, machten ihn zu ihrem »heiligen« Vorgänger. Rousseau erschien ihnen als eine Art Märtyrer der revolutionären Sache noch vor der Revolution. Das bürgerliche und kleinbürgerliche Publikum fühlte sich also gerade von derjenigen Seite an Rousseau angezogen, die ihn mit dem moralisierenden englischen bürgerlichen Roman verbindet und seine sentimentale Selbstbespiegelung zur faszinierenden Lektüre der als einsame Individuen sich empfindenden bürgerlichen Personen macht.

Rousseau hat in seinen Romanen beredter als irgendein andrer französischer Zeitgenosse den »neuen Menschen« gezeichnet, der sich als einsam begreift, nach einer verlorenen (ihm fremd gewordenen) Natur sich zurücksehnt, über die eigne Moralität reflektiert und sein Gewissen als Leitstern entdeckt. Es ist die literarische Repräsentation des moralisierenden Aspekts des Bourgeois, die Franzosen des späten 18. Jahrhunderts an Rousseaus Romangestalten und an ihm selbst fasziniert. Weil sie sich in ihm wiederfanden, suchten sie auch die Bestätigung ihrer politischen Ziele in ihm und konnten sie – bei rascher und vom Vorurteil geprägter Lektüre – auch finden. In Richtung auf eine solche Analyse der Persönlichkeitsstruktur des »neuen Menschen« hätte Joan McDonald ihre Studie noch etwas verlängern können. Aber auch ohne diese Ergänzung bleibt ihre Arbeit ein wichtiges Kapitel in der mühevollen und dringend notwendigen Entmythologisierung des neuzeitlichen Geschichtsbildes. Nur durch solche detaillierten Untersuchungen können verhängnisvolle Simplifikationen im Stile J. L. Talmons, die Rousseau, Robespierre, Hegel und Hitler in eine undurchdringliche Nacht tauchen, in der bekanntlich alle Kühe grau sind, verhindert und endgültig widerlegt werden.

7. Der Jakobinismus und Rousseau

Viele Autoren, die global von einem Zusammenhang von Rousseau und der französischen Revolution reden, meinen im Grunde seinen Einfluß auf den Jakobinismus oder vor allem auf Robespierre und Saint-Just. Gegen solche Pauschalurteile, auch wenn sie auf die Jakobiner eingeschränkt sind, hat Albert Soboul zu Recht erklärt: »Um die exakten Beziehungen zwischen Rousseauismus und Jakobinismus ermessen zu können, muß man sie in die konkrete Realität Frankreichs in der zweiten Hälfte des 18. Jahrhunderts zurückversetzen, in der beide entstanden sind und sich entwickelt haben.«[29] Zunächst muß man zweifellos verschiedene Entwicklungsstadien des Jakobinismus unterscheiden. In einer ersten Phase – schreibt *Gaston-Martin* –[30] dominierten adlige Parlamentarier im Klub (Duport, Barnave und Lameth z. B.), in einer zweiten republikanische Journalisten, Orleanisten, Brissot, Laclos und schließlich der frühe Robespierre, erst 1793 beginnt die radikale Phase der Dumas, Saint-Just, Couthon, durch die auch Robespierre selbst radikalisiert wird und an deren Ende der Thermidor steht. Als wichtigstes Unterscheidungskriterium der drei

Phasen und vor allem der dritten von den beiden ersten, erscheint die Forderung nach *Gleichheit*. Für Barnave oder Brissot konnte »égalité« nie mehr und anderes bedeuten als Gleichheit vorm Gesetz, jeder Schritt darüber hinaus wurde als eine Gefährdung des Eigentumsrechtes verurteilt. Erst in der letzten, radikalen Phase gehen die Jakobiner zur Forderung nach größerer realer Gleichheit über. Albert Souboul betont mit Recht gegen Gaston Martin, daß die verbale Übereinstimmung der Jakobiner von 1789-1792 und der radikalen zwischen Juni 1793 und Juli 1794 in der Anerkennung der Devise »liberté, égalité, fraternité« nur eine rein formale war, »die verschiedenen revolutionären Generationen haben dieser Devise nicht den gleichen sozialen und politischen Inhalt gegeben«.[31] Vor allem aber dürfe man nie vergessen, daß Rousseaus Contrat Social eine reine Theorie war, während die Jakobiner in dem Jahr ihrer Vorherrschaft eine große Anzahl konkreter und praktischer Probleme zu lösen hatten, deren Einfluß auf ihr Denken weit ausschlaggebender war als die Verehrung der Rousseauschen Philosophie, die am 11. 10. 1794 – nach dem Thermidor – durch die von den Jakobinern vorbereitete Überführung ins Pantheon noch einmal eindrucksvoll zum Ausdruck gebracht wurde.

Der Kontrast zwischen der Aufgabe des philosophischen Theoretikers und des politischen Praktikers kommt am deutlichsten zum Ausdruck in Robespierres Rede vom 5 Nivôse des Jahres II (25. 12. 1793) über die revolutionäre Regierung. Hier steht im Vordergrund die Aufgabe der siegreichen Fortsetzung der Revolution, die als ein Kampf der »guten« gegen die »schlechten« Bürger verstanden wird – nicht als ein Kampf der sozialen Klassen, auch wenn in der Tat gewisse schichtspezifische Charakteristika eine Rolle spielen:

»Die Revolution ist der Krieg der Freiheit gegen ihre Feinde; die Verfassung ist das Regime der siegreichen und friedfertigen Freiheit.

Die revolutionäre Regierung hat außerordentliche Aktivität nötig, weil sie im Kriege ist. Sie ist weniger gleichförmigen und strengen Regeln unterworfen, weil die Umstände, unter denen sie sich befindet, stürmisch und veränderlich sind und vor allem, weil sie ständig und rasch neue Kräfte entfalten muß, um neuen, drängenden Gefahren entgegenzutreten.

Die konstitutionelle Regierung kümmert sich vor allem um die bürgerliche Freiheit, die revolutionäre um die öffentliche Freiheit.

Unter der konstitutionellen Regierung genügt es beinahe, die Individuen gegen den Mißbrauch der öffentlichen Gewalt zu schützen; unterm revolutionären Regime muß sich die öffentliche Gewalt selbst gegen alle Faktionen schützen, die sie angreifen.

Die revolutionäre Regierung schuldet allen *guten* Bürgern den ganzen nationalen Schutz, den Feinden des Volkes schuldet sie nur den Tod.«[32] Und es folgt die Forderung nach strenger revolutionärer Rechtsprechung und Verurteilung unterm leitenden Gesichtspunkt des »salut publique« oder des »salut du peuple«.

Da Rousseau eine Revolution eher als Unheil ansah und auf keinen Fall beabsichtigte, Anleitungen zu ihrer Durchführung zu geben, konnte sich bei all seinen praktischen Maßnahmen und Forderungen Robespierre kaum auf Rousseau berufen. Er glaubte ihm freilich treu zu sein, wenn er das Ideal des künftigen republikanischen Gemeinwesens entwarf oder wenn er von den Idealen sprach, um deretwillen die revolutionäre Regierung letztlich tätig war.

Robespierres Bericht vom 18 Pluviôse (5. 2. 1794) »über die moralischen und politischen Prinzipien, die die Konvention leiten sollen« bringt in seinem ersten Teil eine Skizze der künftigen demokratischen Republik, die einige Züge, zumindest ihre Inspiration, aus Rousseau schöpft, im zweiten Teil aber die Rechtfertigung des Terreur als des notwendigen Machtmittels einer revolutionären Regierung. An diese Rede mögen viele von denen gedacht haben, die Robespierres »Blutherrschaft« oder auch die »Diktatur« als solche als notwendige Konsequenz Rousseauschen Denkens hingestellt haben. Aus diesem Grunde scheint es mir sinnvoll, sie etwas näher zu untersuchen.

»Was ist das Ziel, auf das wir hinsteuern? Der friedliche Genuß von *Freiheit und Gleichheit;* die Herrschaft jener *ewigen Gerechtigkeit,* deren Gesetze nicht auf Marmor oder Stein, sondern in die Herzen aller Menschen eingegraben sind, selbst in das des Sklaven, der sie vergißt oder das des Tyrannen, der sie leugnet.«[33] Damit würde Rousseau wohl übereingestimmt haben. Die Gesetze der Gerechtigkeit sind freilich in vielen Herzen stumm geworden, weil ihre Stimme von lauteren Schreien der Leidenschaften übertönt wird. Auch daran hat Robespierre gedacht und fordert eine entsprechende moralische Erziehung: »Wir wollen eine Ordnung der Dinge, bei der alle niedrigen und grausamen Leidenschaften gefesselt, alle wohltätigen und generösen durch die Gesetze geweckt werden; wo der Ehrgeiz das Bedürfnis ist, den Ruhm zu verdienen und dem Vaterland zu dienen; wo die Auszeichnungen nur aus der Gleichheit hervorgehen; wo der Bürger der Regierung und die Regierung dem Volk unterworfen ist, das Volk aber der Gerechtigkeit; wo das Vaterland das Wohlergehen eines jeden sicherstellt und wo jedes Individuum stolz das Wohlergehen und den Ruhm des Vaterlands genießt.«[34] Hier scheint Robespierre geradezu Rousseaus »Considérations sur le Gouvernement de Pologne« zu erinnern, in denen er wiederholt davon sprach, man müsse dem Ehrgeiz (namentlich des Adels) eine andre Richtung als auf persönliche Besitzakkumulation geben. Auch die Darstellung des Verhältnisses von Bürger (sujet bei Rousseau)-Regierung (magistrat) und souveränem Volk (peuple) entspricht der Rousseauschen, nur die Unterwerfung des Volkes unter die Gerechtigkeit bringt Robespierre selbst hinzu. Während Robespierre hier einen normativen Begriff noch über das souveräne Volk stellt, war bei Rousseau die Normativität im Begriff des souveränen Volkes selbst enthalten. Das Volk als politische Realität existiert bei ihm gleichsam nur dann, wenn es sich zur Verabschiedung (wirklicher) Gesetze vereinigt hat, die notwendig gerecht sind (weil sie alle in gleicher Weise betreffen und niemanden bevorzugen oder benachteiligen).

Noch einmal, wenn Robespierre die moralische Veränderung beschreibt, die im republikanischen Staat vor sich gehen soll, klingen Rousseausche Töne an:

»Wir wollen in unserem Land die Moral an die Stelle des Egoismus, die Redlichkeit an die Stelle der Ehre, die Prinzipien an die Stelle der Bräuche, Pflichten an die Stelle von Schicklichkeiten, die Herrschaft der Vernunft an die Stelle der Tyrannei der Mode, die Verachtung des Lasters an die Stelle der Verachtung des Unglücks, des Stolzes und der Unverfrorenheit, die Seelengröße an die Stelle der Eitelkeit, die Liebe zum Ruhm an die Stelle der Liebe zum Geld, die guten Leute an die Stelle der guten Gesellschaft, das Verdienst an die Stelle der Intrige, das Genie an die Stelle des Schöngeists, die Wahrheit an die Stelle des schönen Scheins, den Reiz des Glücks an die Stelle der Langweile der Wollust, die Größe des Menschen an die Stelle der Kleinlichkeit der Großen, ein großherziges, glückliches und mächtiges Volk an die Stelle eines liebenswürdigen, frivolen und elenden Volks, mit andren Worten alle Tugenden und Wunder der Republik an die Stelle aller Laster und Lächerlichkeiten der Monarchie stellen.«[35] Wenn freilich auch alle

Wertungen von Rousseau stammen könnten, bis auf eine, auf die ich gleich noch zurückkommen muß, so ist doch die Stimmung eine ganz andere als bei dem Genfer. Während Rousseau resignierend über den Verfall reflektiert, spricht Robespierre optimistisch und aktivistisch von der Regeneration. Ganz »un-rousseauisch« ist aber der Gegensatz Prinzipien – Bräuche. Rousseau war kein »homme à principes«, er schätzte, wie wir gesehen haben, die allmählich gewachsenen Eigenarten und Bräuche eines Volkes als wesentliche Merkmale seiner nationalen Identität und als Grundlagen für seine Gesetzgebung sehr hoch ein, ja er riet sogar davon ab, selbst unvernünftige Bräuche leichthin abzuschaffen. Robespierre glaubt an Fortschritt und Vernunftherrschaft und an die *Herstellbarkeit* einer egalitären Tugendrepublik (ohne Abschaffung des Privateigentums). Rousseau war – bei aller Weltfremdheit – hier realistischer. Er sah die dynamischen Kräfte in der jungen, antagonistischen Gesellschaft sehr viel deutlicher als Robespierre. Aber wie er konnte er nicht über den Horizont einer Republik von egalitären Kleinbürgern hinausblicken.

An einer Stelle seiner Rede scheint sich Robespierre den Rousseauschen Einwand zu machen: »mais quand le peuple luimême est corrompu, la liberté est déjà perdue«,[36] aber er fügt sofort – wie zur eignen Beruhigung – hinzu: »Heureusement la vertu est naturelle au peuple, en dépit des préjugés aristocratiques«. Hier hat man den Eindruck, als substituiere Robespierre einen *sozialen* Volksbegriff für Rousseaus politischen. Unter dem Eindruck der revolutionären Aktivität und des Engagements der »kleinen Leute«, der Sansculotten mag ihm der Gedanke gekommen sein, *diesem* »Volk« die politische Tugend zuzuschreiben, die Rousseau bei Reichen wie Armen in Frankreich schon nicht mehr zu finden vermochte. Vor allem ist ihm aber die *Tatsache der Revolution* selbst der *Beweis* dafür, daß die Franzosen nicht zu jenen Völkern zählen, von denen Rousseau erklärt hatte, daß sie nach Verlust ihrer Freiheit zur Errichtung einer legitimen Republik unfähig geworden seien. Sparta, Rom, Athen haben ihre Freiheit definitiv verloren, meint Robespierre – Frankreich nicht: » . . . wenn durch wunderbare Kraftanstrengungen des Muts und der Vernunft ein Volk die Ketten des Despotismus sprengt, um aus ihnen Trophäen der Freiheit zu machen; wenn es durch die Kraft seines moralischen Temperaments gleichsam aus den Armen des Todes entkommt, um die Kraft der Jugend zurückzugewinnen, wenn es . . . weder durch uneinnehmbare Festungen noch durch die zahllosen Armeen der gegen es gerüsteten Tyrannen aufzuhalten ist, selbst aber vor dem Bild des Gesetzes halt macht; dann kann es nur Schuld seiner Regierung sein, wenn es nicht rasch auf die Höhe seiner Bestimmung sich erhebt«.[37] Die Tatsache der revolutionären Erhebung ist also die Basis des Robespierreschen Optimismus und der Grund seiner Abweichung von Rousseau.

Um die oben beschriebene moralische Veränderung zustande zu bringen, deren Grundlagen offenbar die Revolution selbst schon gelegt hat, braucht Frankreich ein »gouvernement démocratique ou républicain«; diese beiden Ausdrücke hält Robespierre – im Gegensatz zu Rousseau – für »synomyes, malgré les abus du langage vulgaire«. Robespierres Definition der Demokratie stimmt wieder mit Rousseaus Republik ganz überein:

»Die Demokratie ist ein Zustand, in dem das souveräne Volk, das von Gesetzen geleitet wird, die sein eignes Werk sind, selbst alles tut, was es gut tun kann und durch Abgeordnete das, was es selbst zu tun außerstande ist«.[38] Auch Rousseau würde die Regierungstätigkeit nur aus praktischen Erwägungen heraus einer kleineren Anzahl von Personen übertragen. Nur wenn wirklich alle Bürger zugleich oder doch alternierend Regierungstätigkeiten ausüben würden, könnte man aber nach Rousseau von Demokratie sprechen. Für Robespierre ist im Gegenteil sogar bei der Verabschiedung von Gesetzen nicht mehr die unmittelbare Mitwirkung aller Bürger erforderlich. Delegierte sind unvermeidlich in einem großen Staat, die Frage ihrer Kontrolle durch das Volk, einer Kontrolle, die an die Stelle der direkten Gesetzgebung durch das Volk treten soll, steht im Mittelpunkt des Streits zwischen Jakobinern und Sansculotten, über den wir unten berichten.

Moralische Basis der Demokratie ist für Robespierre – wie für Rousseau und schon für Montesquieu – die ›vertu‹. Von ihr unterscheidet Robespierre nicht deutlich den Patriotismus, sondern setzt beide wohl als identisch an: »Die Liebe zum Vaterland aber umfaßt notwendig die Liebe zur Gleichheit«. Das gilt bei Rousseau eher für die Tugend, von der er sagt, sie bestehe in der Gewohnheit, Akte des Bürgersinns und der Wohltätigkeit zu vollbringen und das größtmögliche Gemeinwohl vorzuziehen.[39]

Während Rousseau der Frage nach den vom vollen Bürgerrecht Ausgeschlossenen, z. B. im Falle seiner Vaterstadt Genf, relativ wenig Gewicht beimaß, betont Robespierre voller Stolz, daß die

Franzosen »das erste Volk der Welt sind, das die wahrhafte Demokratie errichtet hat, indem es alle Männer in gleicher Weise mit den vollen Bürgerrechten ausstattete . . . «[40]

Wie Rousseau erblickt auch Robespierre eine der ersten Aufgaben der republikanischen Gesetzgebung und Regierung in der Aufrechterhaltung von Tugend und Gleichheit: »Da die Seele der Republik Tugend und Gleichheit ist, und da es Euer Ziel ist, die Republik zu fundieren und zu konsolidieren, folgt daraus, daß Eure erste politische Verhaltensregel sein muß, alle Eure Maßnahmen auf die Aufrechterhaltung der Gleichheit und die Entwicklung der Tugend zu orientieren; denn die erste Sorge des Gesetzgebers muß es sein, das Prinzip der Regierung zu stärken.«[41]

Mit »Gleichheit« meint aber Robespierre so wenig wie Rousseau vollständige Besitzgleichheit oder gar Gemeineigentum. In seiner Rede über eine neue Erklärung der Menschen- und Bürgerrechte vom 24. 4. 1793 beruhigt er ausdrücklich jene »schmutzigen Seelen, die nichts als das Gold schätzen«, indem er Agrargesetze (Gesetze, zur Enteignung des Grundbesitzes) als Hirngespinste (chimères) bezeichnet und die »égalité des biens« generell als fantastisch abtut. Er gibt aber gleichwohl zu, »que l'extrème disproportion des fortunes est la source de bien des maux et de bien des crimes«.[42] Zum Schutz der Armen fügt er aber dem Grundrechtskatalog einen Artikel an, durch den jedem Bürger das Recht auf Arbeit oder Unterhalt zugesichert wird: »Artikel 11. Die Gesellschaft ist verpflichtet, für den Unterhalt ihrer Mitglieder zu sorgen, sei es, indem sie ihnen Arbeit verschafft, sei es, indem sie ihnen die Unterhaltsmittel zur Verfügung stellt, falls sie arbeitsunfähig sind«.[43] Und Artikel 28 sichert demjenigen, der diese »soziale Garantie« nicht erhalten hat, das Recht auf Widerstand zu: »Wenn einem Citoyen die soziale Garantie fehlt, dann tritt er in sein natürliches Recht wieder ein, selbst alle seine Rechte zu verteidigen«.[44]

Das soziale Ideal der Jakobiner war ganz offensichtlich wie dasjenige Rousseaus ein möglichst gleichmäßig gestreutes kleines Eigentum. Soboul schreibt zusammenfassend: »Das soziale Ideal Rousseaus wie das der Jakobiner entsprach dem ländlichen, dem handwerklichen und dem kleinhändlerischen Frankreich der zweiten Hälfte des 18. Jahrhunderts: einer Gesellschaft von kleinen, unabhängigen Produzenten, von denen jeder sein Feld, seinen Laden, seine Werkstatt besaß und imstande war, seine Familie zu versorgen, ohne auf Lohnarbeit angewiesen zu sein«.[45] Ein soziales

Ideal, das 1794 noch mehr als 1762 angesichts der Dynamik der frühkapitalistischen Wirtschaft längst unrealisierbar geworden war.

In diesem Punkt ist die Übereinstimmung vollständig, vermutlich vor allem deshalb, weil beide – Jakobiner wie Rousseau – der gleichen, dem Untergang geweihten Schicht kleiner, selbständiger Handwerker, Händler (und Bauern) entstammten. Zur Illustration noch ein paar Zitate: Billaud-Varenne schreibt in seinen Eléments de républicanisme: »Nicht nur muß das politische System jedem den friedlichen Genuß seines Besitzes sicherstellen, sondern das System muß auch so kombiniert sein, daß soweit wie möglich, wenn nicht eine absolut gleiche, so doch eine möglichst proportionierte Verteilung der Güter unter den Citoyens stattfindet. Wenn die Ansammlung großer Vermögensmassen in den Händen einer kleinen Zahl von Individuen nach und nach alle sozialen Nöte mit sich führt, so bringt (umgekehrt) der Wohlstand (aisance) der großen Zahl, der die Frucht der Arbeit, des Fleißes und der kommerziellen Spekulationen ist (sic! IF), einer Nation den denkbar höchsten Grad von Wohlergehen und verleiht ihrer Regierung wirkliche Größe.«[46] Die »spéculations commerciales« hätte Rousseau zweifellos nicht unter die honetten Formen kleinbürgerlichen Erwerbslebens eingeordnet, hier dürfte der Jakobiner die reale Klassenbasis seiner Anhängerschaft in Paris spiegeln, die zu einem erheblichen Teil aus kleinen und mittleren Geschäftsleuten bestand. Und Saint-Just erklärt in den »Institutions«, Ziel der Republik müsse es sein, »allen Franzosen die Mittel zu verschaffen, um die wichtigsten Lebensnotwendigkeiten zu erhalten, ohne von etwas anderem abzuhängen als von den Gesetzen und *ohne wechselseitige Abhängigkeit (!!)* im Gesellschaftszustand«. »Der Mensch muß unabhängig leben . . , es soll weder Reiche noch Arme geben.«[47]

Die tatsächlich vorhandene soziale Ungleichheit zwang die Regierung des Comité de Salut Public zu einer ganzen Anzahl von Gesetzen und Maßnahmen, die dazu bestimmt waren, das Los der armen Pariser Bevölkerung zu erleichtern und ihre Abhängigkeit von der besitzenden zu verringern. Schon Rousseau hatte ja betont, daß die Abhängigkeit der Armen von den Reichen (wir würden sagen der Lohnarbeiter von den Unternehmern) deren Abhängigkeit von den Gesetzen schwächt und dem Gemeinwesen ebensoviel Kraft entzieht: Während sich die Reichen dem Gesetz entziehen können, sind die Armen außerstande, es zu erfüllen. Die einen »kaufen«, die anderen »verkaufen« ihre Freiheit. »Niemand soll (aber) so reich sein, um einen anderen kaufen zu können, und niemand so arm, um sich verkaufen zu müssen« (CS II, 11).

Die Gefahr solcher Abhängigkeit von Bürgern untereinander wurde in den Jahren 1793/94 dadurch erhöht, daß die Vermögenden oft zugleich Feinde der revolutionären Verfassung waren. In seinem Bericht vom 8. Ventôse des Jahres II (26. 2. 1794), den er im Namen des »Comité de Salut Public et de Sureté Générale« erstattet, erklärt Saint-Just daher unter anderem: »Überfluß befindet sich in den Händen einer großen Anzahl von Feinden der Revolution; seine Bedürfnisse liefern das arbeitende Volk der Abhängigkeit von seinen Feinden aus. Könnt Ihr Euch denken, daß ein Reich weiter existieren kann, wenn die gesellschaftlichen Beziehungen zu entgegengesetzten Resultaten kommen wie die Regierungsform (die Verfassung, IF)? Diejenigen, die die Revolution nur zur Hälfte machen, schaufeln sich nur ihr eignes Grab. Die Revolution führt uns dazu, das Prinzip anzuerkennen, daß – wer sich als Feind seines Vaterlandes erwiesen hat, nicht Eigentümer sein kann.«[48] In diesem Falle ist das – ehrliche – politische Motiv zugleich ein Anlaß, einen Beitrag zur größeren sozialen Gleichheit zu leisten, wenn auch Saint-Just insofern inkonsequent bleibt, als er die Abhängigkeit der Lohnarbeiter von demokratischen Arbeitgebern hier als unbedenklich zu akzeptieren scheint.

Eine ganze Anzahl von Gesetzen und Dekreten, die von den Jakobinern verabschiedet wurden, hatten die *Verringerung der ökonomischen Ungleichheit* und die Hilfe für die Armen zum Ziel: das Gesetz über die gleiche Erbteilung (das zur größeren Besitzstreuung führen sollte), das Gesetz über den Verkauf der Nationalgüter in kleinen Parzellen, die Dekrete vom Ventôse, die den »patriotes indigents« die Güter der Verdächtigen zusprachen, das Gesetz über die »bienfaisance nationale« vom Floréal des Jahres II usw. Nur einige Sektionen der Pariser Sansculotten gingen in ihrer Forderung nach Gleichheit noch weiter und wollten eine bestimmte Besitzgröße als »maximum« festlegen.

Wenn in der Einstellung zur Gleichheit weitgehende Identität der Auffassungen zwischen Rousseau und den Jakobinern bestand, so wird ihr Gegensatz deutlich, wenn wir uns näher die *Organisationsprinzipien* des Staates ansehen. Dabei will ich von der Diktatur des Comité de Salut Public einmal ganz absehen, die zwar durch Berufung auf die »Tugend« gerechtfertigt wird, von der aber kein Jakobiner behaupten würde, sie stimme mit Rousseaus Contrat Social überein. Das Haupthindernis für eine Übertragung der Rousseauschen Gedanken auf die politische Realität Frankreichs war seine strikte Ablehnung des Repräsentationssystems. Das war ja auch von Gegnern der Republik den Revolutionären immer wieder vorgeworfen worden. In einem großen Flächenstaat hielt Rousseau, wie wir gehört haben, eine legitime Republik einfach für unmöglich: »Tout bien examiné, je ne vois pas qu'il soit possible au souverain de conserver parmi nous l'exercice de ses droits, si la cité n'est très petite« (CS III, 15). Der Marquis d'Antraigues hatte daraus gefolgert, daß Frankreich eine Föderation von Kleinstaaten werden müsse. Für die radikalen Revolutionäre kam aber diese Lösung schon deshalb nicht in Frage, weil zahlreiche Provinzen von Konservativen und Konterrevolutionären beherrscht wurden und die dynamischen Kräfte der Revolution in Paris konzentriert waren. Sollte das Land revolutioniert werden, dann mußte die Republik »einheitlich und unteilbar« (une et indivisible) sein. Um diesem Dilemma zu entkommen, entwickelten die Jakobiner die Theorie der »mandataires« du peuple und der »censure« oder des »scrutin épuratoire des élus«, durch die trotz Delegierung der Gesetzgebungsbefugnis die direkte Herrschaft des Souverain sichergestellt werden sollte. Die Sektion »Place Vendôme« in Paris erklärte am 27. 8. 1792 unter dem Vorsitz Robespierres, daß »en principe tous les mandataires du peuple doivent être nommés immédiatement par le peuple, c'est à dire par les assemblées primaires«.[49] Damit wurde die bis dahin geltende zweistufige indirekte Wahl abgelehnt. Die »Zensur« durch die gleichen Primärversammlungen und die später wiederholt geforderte *Zurückberufbarkeit* der Deputierten sollte sicherstellen, daß sich die Gewählten auch weiterhin entsprechend den Wünschen ihrer Wähler verhielten. In seiner Rede über die Verfassung vom 10. Mai 1793 führte Robespierre unter anderem aus: »Ein Volk, dessen Mandatare niemandem Rechenschaft schulden für ihre Verwaltungsarbeit, hat keine Verfassung: ein Volk, dessen Mandatare nur wieder anderen gleichfalls unverletzlichen Mandataren Rechenschaft geben, hat keine Verfassung, denn es hängt nur von jenen ab, es ungestraft zu verraten und es durch andere verraten zu lassen. Wenn das der Sinn ist, den man der repräsentativen Regierung zulegt, dann – ich gestehe es – übernehme ich alle Verdammungsurteile Jean Jacques Rousseaus«.[50]

Um eine wirkliche Kontrolle der Wähler über ihre Deputierten zu gewährleisten, will Robespierre in die Verfassung eine Bestimmung einfügen, die Mitglieder der gesetzgebenden Körperschaft, Minister usw. nach Ablauf ihrer Tätigkeit dem »jugement solennel« ihrer Auftraggeber (d. h. Wähler) unterwirft. »Das Volk spricht sich nur darüber aus, ob sie sein Vertrauen behalten oder verloren haben. Das Urteil, durch das erklärt wird, daß sie sein Vertrauen verloren haben, bringt die Unfähigkeit mit sich, künftig irgendeine öffentliche Funktion zu übernehmen. Das Volk verhängt keine höhere Strafe.«[51] Darüber hinaus schlägt Robespierre vor, daß die größtmögliche Öffentlichkeit der Beratungen durch Errichtung eines 12 000 Zuschauer fassenden Parlamentsgebäudes sichergestellt werden soll. »Sorgt dafür, daß das Volk den öffentlichen Versammlungen beiwohnen kann, denn es allein ist die Stütze der Freiheit und Gerechtigkeit: die Aristokraten und die Intriganten sind deren Geißel.«[52] Die eigentlich effektive Kontrolle der »Mandataires« soll aber – wegen der Größe des Landes – in den »sections« stattfinden, die die Souveränität ausüben und von jeder äußeren Beeinflussung frei sein sollen.[53] Es ist natürlich kein Zufall, daß nach dem Thermidor die Theorie aufgestellt wird, die Souveränität komme nur der Gesamtheit der französischen Bürger zu und ihre Aufteilung in Sektionen sei ein Widerspruch. Aber vor Lambert hatten schon genuine Jakobiner die Souveränität der Sektionen abgelehnt, nachdem einmal mit Hilfe der Sansculottes die Vorherrschaft der Linken im Konvent sichergestellt worden war. Als daher Hérault de Séchelles am 24. 6. 1793 einen Verfassungsartikel »Von der Zensur des Volkes über seine Deputierten und von seiner Garantie gegen die Unterdrückung durch die gesetzgebende Körperschaft« vorlegte, in dem es – ganz ähnlich wie kurz zuvor bei Robespierre – hieß, »ein Deputierter ist nur wiederwählbar, nachdem seine Kandidatur durch seine Auftraggeber (Wähler) gebilligt worden ist«, widersprachen Thuriot und Couthon unter Berufung auf das Rousseausche Prinzip der »Unteilbarkeit der Souveränität«. Als die Revolutionsregierung vollends etabliert war (am 4. 12. 1793), verschwand auch die Berufung auf die Volkssouveränität aus den Reden der Jakobiner, Zensur und Kontrolle wurden fortan durch das Comité de Salut Public, nicht durch die Sektionen ausgeübt. Es gibt keine »Primärversammlungen« mehr, sondern nur noch »assemblées générales«, die keine souveränen Befugnisse haben.

Zusammenfassend kann man daher sagen, daß die Jakobiner Rousseaus Idee der direkten Ausübung der Souveränität durch das gesetzgebende Volk jeweils so ausgelegt und »benützt« haben, wie es ihren praktischen Augenblicksinteressen entsprach. Solange sie im Konvent von einer moderantistischen oder rechten Gruppierung bedroht wurden, war ihnen die Unterstützung durch radikaldemokratische Tendenzen in den »Sektionen« der Pariser Bevölkerung willkommen und waren sie bereit, deren Anspruch auf Ausübung der Volkssouveränität zu akzeptieren und theoretisch zu rechtfertigen, als sie aber selbst durch Ausschluß der Gironde zur Mehrheitsfraktion geworden waren und als schließlich alle Macht in dem von ihnen beherrschten Comité de Salut Public konzentriert war, lehnten sie derartige radikaldemokratische Thesen entschieden ab.

Albert Soboul fand aber noch eine weitere Übereinstimmung zwischen Robespierre und Rousseau:[54] beide propagieren als letztes Mittel zur Herstellung eines einheitlichen politischen Willens in einer – wie sie wohl wissen – sozial längst nicht mehr homogenen Bevölkerung die *Religion*. Rousseau entwirft die Glaubenssätze einer »religion civile«, die den moralischen Idealismus und den Gehorsam der Bürger und der Regierung gegenüber den Gesetzen garantieren sollen. Robespierre propagiert den »Culte de l'Être suprême« und bekämpft den »unmoralischen Materialismus« der Feinde der Republik. In seinem Bericht vom 18. Floréal des Jahres II (7. 8. 1794) über die Beziehungen zwischen den religiösen und moralischen Ideen und den Prinzipien der Republik führt er alle Machenschaften der inneren und äußeren Feinde Frankreichs auf deren Immoralismus und Materialismus zurück. Er malt ausführlich das Bild des korrupten englischen Parlaments und der Schändlichkeit ehemaliger Revolutionäre wie Danton und Condorcet. »Die Unmoral ist die Basis des Despotismus, die Tugend das Wesen der Republik.«[55] Die politischen Absichten der verschiedenen Parteien werden ebenso vereinfacht wie die Zurechnung von Moral und Unmoral: »Brissot und die Girondins wollten die Reichen gegen das Volk bewaffnen; die Fraktion Héberts schmeichelte dem Volk und unterstützte die Aristokratie, um das Volk durch sich selbst zu unterdrücken.«[56] Absicht englischer Emissaire und Provokateure sei es, »die öffentliche Moral zu korrumpieren«, um sich so bessere Vorwände zur Intervention zu verschaffen. Durch Verderb der Sitten und Zerstörung religiöser Gefühle solle die Voraussetzung für eine neue Versklavung der Franzosen geschaffen werden. In dieser Situation erscheint Robespierre die Neubelebung der Religion oder richtiger einer Volksreligion dringend notwendig. Wie Rousseaus »religion civile« handelt es sich um eine Religion, die ihrer *sozialen Nützlichkeit* wegen propagiert wird, auch wenn Robespierre persönlich an sie glaubt und den Materialismus zugleich aus innerer Überzeugung heraus ablehnt: »Ne consultez que le bien de la patrie et les intérêts de l'humanité«, ruft er den Delegierten zu und beschreibt dann die sozialen Vorzüge der Religion: »Jede Institution und jede Lehre, die tröstet und die Seelen erhebt, soll aufgenommen werden; verwerft aber alle, die herabwürdigen und korrumpieren . . . nähert durch den Reiz der Freundschaft und das Band der Tugend die Menschen einander, die man zu entzweien versuchte.« Die Religion soll ganz offensichtlich die Armen trösten und den Klassenkampf in den Reihen der Republikaner selbst überwinden, sie soll aus der heterogenen Anhängerschaft der Jakobiner, aus Bourgeois und kleinen Leuten ein homogenes Volk machen. Den Anhängern des Atheismus und Materialismus aber hält er vor, daß ihre Ideen schädliche Wirkungen haben: »Wird der Gedanke an die eigne Nichtigkeit ihm (dem Citoyen) reinere und höhere Gefühle einflößen als der Gedanke seiner Unsterblichkeit? Wird er ihm mehr Achtung vor seinesgleichen und für sich selbst, mehr Hingabe an sein Vaterland, mehr Wagemut im Kampf gegen die Tyrannei, mehr Todesverachtung und Verachtung der Wollust einflößen?«[57] Es ist ganz klar, wie die Antwort auf diese rhetorischen Fragen ausfallen wird: in jeder Hinsicht wirkt die religiöse Überzeugung sozial, patriotisch, tugendförderlich und der materialistische Atheismus asozial, anti-patriotisch und unmoralisch. Was aber so nützlich ist, wie könnte das unwahr sein? »In den Augen des Gesetzgebers ist alles, was allgemein nützlich und gut in seiner Anwendung ist, die Wahrheit. Die Idee des Höchsten Wesens und der Unsterblichkeit der Seele ist ein ständiger Mahnruf zur Gerechtigkeit; sie ist also sozial und republikanisch.«[58]

Diese Formel geht in der Vereinfachung sehr viel weiter als Rousseau, bleibt aber doch ganz auf seiner Linie. Auch Rousseau war der Meinung, daß nur ein Mensch, der an Gott und die Unsterblichkeit seiner Seele glaubt, ein guter und zuverlässiger Citoyen sein könne. Robespierre macht es aber noch deutlicher, daß die einzige Funktion dieser Religion sein soll, den depravierten Menschen der zeitgenössischen Gesellschaft künstlich eine Art »Instinkt« zum Guten, zum Gemeinwohl, zum Patriotismus einzupflanzen: »Das Meisterwerk der Gesellschaftsordnung wäre es, in ihr für moralische Dinge einen Instinkt zu schaffen, der ohne die späte Hilfe des Raisonnements jeden dazu bringt, das Gute zu tun und das Böse zu lassen; denn die partikulare Vernunft jedes Menschen ist – verirrt durch dessen Leidenschaften – nur zu oft ein Sophist, der deren Sache vertritt, und die Autorität von Menschen kann immer durch die menschliche Selbstsucht angegriffen werden. Was aber an die Stelle dieses wertvollen Instinktes tritt, ihn ersetzen kann und die Unzulänglichkeit menschlicher Autorität komplementiert, das ist das *religiöse Gefühl,* das der Seele die Vorstellung einer Sanktion einprägt, die den Moralvorschriften von einer höheren als der menschlichen Macht verliehen wird. Ich kenne denn auch keinen Gesetzgeber, der auf die Idee verfallen wäre, den Atheismus zu nationalisieren.«[59] Robespierre will damit keineswegs leugnen, daß einzelne Philosophen zugleich Atheisten und gute Citoyens sein könnten, als Volksüberzeugung aber hält er den Atheismus für gefährlich, weil er die Sanktion der Moral aufhebt und damit die depravierten Individuen ihren egoistischen Leidenschaften überläßt. Seine Schilderung der von den Leidenschaften mißbrauchten Vernunft entspricht durchaus der instrumentalen Vernunft, die auch Rousseau kennt (und die Hume so zutreffend charakterisiert hatte).[60] Wie nah Robespierre in dieser Rede Rousseau kommt, das geht nicht nur aus seinem ausdrücklichen lobenden Hinweis auf den großen Genfer hervor,[61] sondern zeigt sich auch in der Apostrophierung von Lykurg und Solon und deren Verwendung von Orakeln zum Zwecke der Volkserziehung. Ein Vorgehen, das auch Rousseau schon ausdrücklich entschuldigt hatte (CS II, 7), wenn es durch die »große Seele« des Gesetzgebers legitimiert wird. Besonders bemerkenswert sind aber Robespierres Ausführungen über die Schädlichkeit einer gewaltsamen Veränderung tradierter religiöser Anschauungen im Volke: »on ne doit jamais attaquer un culte établi qu'avec prudence et avec une certaine délicatesse, de peur qu'un changement subit et violent ne paraisse une atteinte portée à la morale, et une dispense de probité même«.[62] Sicher ist es auch kein Zufall, wenn in der gleichen Rede am Rande so etwas wie ein antikapitalistischer Ton anklingt. Robespierre spricht von den Materialisten und Enzyklopädisten des achtzehnten Jahrhunderts und bringt sie wie Rousseau mit dem

Geist des neuen Wirtschaftssystems in Verbindung: »Diese Sekte verbreitete mit großem Eifer die materialistischen Meinungen, die unter den Großen und den Schöngeistern die Überhand gewannen. Man dankt ihr zum größten Teil jene Art praktischer Philosophie, die, indem sie den Egoismus in ein System brachte, die menschliche Gesellschaft als einen Kampf sehen lehrte, der mit viel List geführt wird und in dem der Erfolg alleinige Regel für Gerechtigkeit und Unrecht ist, während Rechtschaffenheit zu einer Geschmacks- oder Anstandsfrage wird, die Welt aber zum Erbteil geschickter Betrüger . . . Man hat festgestellt, daß viele von ihnen intime Kontakte mit dem Hause Orléans unterhielten und, daß in ihren Augen die englische Verfassung ein Meisterwerk der Politik und das Maximum sozialen Glückes repräsentiert.«[63]

Bekanntlich wurde die englische Verfassung nicht nur von Montesquieu, sondern auch von Voltaire aufs höchste geschätzt, die beide keine Materialisten waren, aber Robespierre hat sicher recht, wenn er einen Zusammenhang zwischen dem Eintreten für die frühkapitalistische Konkurrenzgesellschaft und ihren »Geist« auf der einen Seite und der Begeisterung für die politischen Verhältnisse Englands sieht. Rousseau war der einzige vorrevolutionäre Autor, der die englische Verfassung mit ähnlichen Argumenten kritisiert und verspottet hat.

Schließlich verurteilt Robespierre in seiner Rede auch die »Priesterreligion« und will den »Culte de l'etre suprême« zu einer wahren Volksreligion mit entsprechenden *Volksfesten* machen, wie sie Rousseau – im Gegensatz zum der Citoyen-Erziehung schädlichen Theater – gefordert hat. »Ayez des fêtes générales et plus solennelles pour toute la République; ayez des fêtes particulières et pour chaque lieu, qui soient des jours de repos, et qui remplacent ce que les circonstances ont détruit.«[64] Bekanntlich hat auch der junge Hegel in seinen sogenannten theologischen Jugendschriften – wie Georg Lukàcs annimmt unterm Einfluß der Französischen Revolution – Volksfeste als republikanischen Ersatz für die isolierenden Formen der christlichen Kulte propagiert.[65]

Albert Soboul faßt seine Untersuchungen über den Zusammenhang von Jakobinismus und Rousseau wie folgt zusammen: »Zwischen Rousseauismus und Jakobinismus gibt es zugleich Identität und Überschreitung (dépassement). Das Werk Rousseaus ist für die Jakobiner eine Art *ideologisches Arsenal* für ihre kritische Arbeit nicht nur gegenüber der Gesellschaft des Ancien Régime, sondern auch gegenüber dem durch die Verfassung von 1791 eingeführten System. Auf einer bestimmten Stufe der revolutionären Entwicklung erwies sich aber der Rousseauismus als unfähig, die theoretische Rechtfertigung der revolutionären Regierung zu liefern und beim Aufbau einer neuen Gesellschaft zu helfen, weil er keinen Bezug zur Realität hatte. Sein abstrakter und utopischer Charakter kommt zum Vorschein. Die Jakobiner können sich zwar noch immer auf ihn berufen, aber die Gedanken Rousseaus werden doch nicht minder umgebogen und überschritten.«[66] Das gilt vor allem für die Rechtfertigung der Diktatur des Comité de Salut public. Aber auch abgesehen von diesen Umbiegungen und Überschreitungen scheint mir Robespierre (wie die andren Jakobiner) vor allem darin von Rousseau abzuweichen, daß er (wenn auch nicht immer) der modernen technologischen und sozialen Entwicklung optimistischer gegenübersteht, daß er mit andren Worten an den »Fortschritt« glaubt. Das wird sogar in seiner Rede vom 18. Floréal des Jahres II (7. 5. 1794) deutlich, der wir im übrigen so zahlreiche Anklänge an Rousseausche Gedanken entnehmen konnten. Gleich zu Anfang dieser Rede bemerkt er: »Die Welt hat sich verändert und sie muß sich noch einmal verändern. Was gibt es Gemeinsames zwischen dem was ist und dem was war? Zivilisierte Nationen sind wilden gefolgt, die in Wüsten umherirrten; fruchtbare Ernten sind an die Stelle der Urwälder getreten, die die Erde bedeckten« (diese Beschreibung klingt fast wörtlich an Ausführungen aus dem zweiten Diskurs von Rousseau an und enthält doch die entgegengesetzte Wertung). »Eine Welt ist jenseits der Grenzen der Welt aufgetaucht; die Bewohner der Erde haben das Meer zu ihrem gewaltigen Herrschaftsgebiet hinzugefügt; der Mensch hat den Blitz erobert und den des Himmels gezähmt. Vergleicht nur die unvollkommene Sprache der Hieroglyphen mit dem Wunder der Druckkunst; stellt die Reise der Argonauten neben die von La Pérouse; meßt den Abstand zwischen den astronomischen Beobachtungen der Magier Asiens und den Entdeckungen Newtons oder zwischen der von der Hand Dibutades entworfenen Skizze und den Bildern Davids.«[67]

Rousseau war keineswegs davon überzeugt, daß die Erfindung neuer Arbeitsinstrumente und Maschinen für die Menschheit einen Vorteil bedeute, er war skeptisch gegenüber der Erfindung des Buchdrucks und er trat für eine Verringerung der zwischenstaatlichen Kontakte und Reisen ein. Die Begeisterung, die aus Robespierres Sätzen klingt, wäre ihm unverständlich gewesen. Und noch unbegreiflicher wäre ihm die Schlußfolgerung Robespierres erschienen: »Die Hälfte der Revolutionierung der Welt ist bereits geleistet, die andere Hälfte muß noch vollendet werden.« Auf die Revolutionierung der Technik sollte die der Moral und Politik folgen. Rousseau hätte umgekehrt argumentiert, um republikanische Verhältnisse und die »heureuse médiocrité« der Bevölkerung aufrechtzuerhalten, müsse man alle weiteren Erfindungen, die Arbeit sparen, bewußt unterbinden.[68]

8. Die Sansculotten und Rousseau

In der älteren Literatur über die Französische Revolution werden Jakobiner und Sansculotten oft nicht unterschieden. Erst die Arbeiten von Albert Soboul haben den Unterschied deutlicher herausgearbeitet, der zwischen den sozialen und politischen Auffassungen der in den Pariser Sektionen organisierten Sansculotten und den Deputierten der jakobinischen Montagne bestand. Nach ihrer sozialen Herkunft stimmten die beiden Gruppen teilweise überein, aber bei den Jakobinern war doch das bürgerliche Element weit stärker ausgeprägt als bei den Sansculotten. In ihren sozialen Idealen gehen die Sansculotten insofern über die Jakobiner hinaus, als sie weitgehende Nivellierung der Besitzverhältnisse auch der Handels- und Handwerksbetriebe fordern, während die Jakobiner selbst in ihrer radikalsten Phase nur bis zur gleichmäßigen Aufteilung des *ländlichen* Großbesitzes gehen wollten. Die politischen Auffassungen der Sansculotten sind eindeutiger radikaldemokratisch als die der Jakobiner. Robespierre hatte – wie wir schon erwähnt haben – bis zum September 1793 die Pariser Volksgesellschaften gefördert, und schließlich war es den Jakobinern mit ihrer Hilfe gelungen, den Konvent von Girondins und andren Gemäßigten zu »säubern«. Nach Errichtung der revolutionären Regierung und der Diktatur des Comité de Salut Public wurden aber die Sektionsgesellschaften für Robespierre zu einem unwillkommenen Störfaktor und deshalb ihrer politischen Rechte mehr und mehr beraubt. Der Sieg der großbürgerlichen Restauration im Thermidor ist letztlich auch darauf zurückzuführen, daß es den Jakobinern nicht gelang, sich die Unterstützung der populären Kräfte in den Pariser Sektionen zu erhalten, während es die Thermidoriens vermochten, die öffentliche Meinung der Pariser Massen zu verwirren und den Anschein einer befreienden Aktion gegen den »Diktator« Robespierre zu erwecken. Die Jakobiner scheiterten an der Heterogenität ihrer sozialen Basis und ihrer Unfähigkeit, den Massen von Paris ohne einschneidende Maßnahmen gegen das Privateigentum Hilfe zu bringen, Maßnahmen, die sie auf Grund ihrer bourgeoisen Auffassungen und Bündnisse nicht ergreifen konnten. Das Dilemma der Jakobiner wäre zweifellos auch dasjenige Rousseaus gewesen, der sogar vor den Maßnahmen, die tatsächlich ergriffen wurden, gewarnt haben würde. Wenn man dennoch in mancher Hinsicht sagen kann, daß die Sansculotten in ihren sozialen Idealen und politischen Ideen Rousseau von allen führenden revolutionären Gruppen am nächsten kamen, dann liegt das vermutlich daran, daß ihr sozialer Standort (bei aller Gemischtheit der Anhängerschaft des Sansculottismus) demjenigen Rousseaus nahekam und daß sie – im Unterschied zu den Jakobinern – nicht zur Bildung einer aktiven Regierung gelangten, sondern im ganzen bei der Errichtung von Institutionen, die öffentlichen Meinungsdruck ausüben konnten, stehenblieben.

a) Wer sind die Sansculotten?

In einem von Walter Markov und Albert Soboul edierten Dokument aus dem Jahre 1793 gibt ein Sansculotte selbst Antwort »à l'impertinente question: mais qu'est-ce qu'un Sans-Culotte?« Die Beschreibung, die er dann gibt, faßt in bunter Folge Tätigkeitsmerkmale, Gewohnheiten und politische Überzeugungen wie moralische Eigenschaften zusammen. Es ist das ein wenig geschmeichelte Selbstporträt des engagierten radikalen Republikaners, der sich immer als die entscheidende Gegenkraft gegen die »Aristokraten« empfindet. »Ein Sansculotte . . . Das ist einer, der immer zu Fuß geht, der keine Millionen besitzt, wie Ihr sie alle gern hättet, keine Schlösser, keine Lakaien zu seiner Bedienung, und der mit seiner Frau und seinen Kindern, wenn er welche hat, ganz schlicht im vierten oder fünften Stock wohnt.

Er ist nützlich, denn er versteht ein Feld zu pflügen, zu schmieden, zu sägen, zu feilen, ein Dach zu decken, Schuhe zu machen und bis zum letzten Tropfen sein Blut für das Wohl der Republik zu vergießen.

Und da er arbeitet, kann man sicher sein, weder im Café de Chartres auf ihn zu stoßen, noch in den Spielhöllen, wo man konspiriert, noch im Vaudeville, . . . noch in jenen literarischen Kabinetten, . . . Am Abend tritt er vor seine Sektion, . . . um mit all seiner Kraft die aufrichtigen Anträge zu unterstützen und jene zunichte zu machen, die von der erbärmlichen Clique der regierenden Politikaster stammen.«[69] Das Bild ist zweifellos nicht nur geschönt, sondern auch stark stilisiert. In Wirklichkeit wohnten keineswegs alle Sansculotten in ärmlichen Mietwohnungen im vierten oder fünften Stock. Unter dem vagen Terminus »peuple« oder »menu peuple« werden z. B. von dem Buchhändler Hardy zugleich »les classes non-possédantes« und »la petite bourgeoisie parisienne« zusammengefaßt, unter der oft Eigentümer waren: kleine Geschäftsleute, Handwerksmeister oder Gesellen, aber auch arme Tagelöhner. Zwischen Kleinbürgertum und Proletariat gab es eine große Anzahl von Zwischenstufen, und die Übergänge waren gleitend. Rousseau schrieb von sich selbst, er stamme aus einer Familie »que ses mœurs distinguaient du peuple«. Das gleiche gilt für den Tischler Duplay, den Wirt von Robespierre, von dessen Tochter berichtet wurde, daß ihr Vater niemals »serviteurs«, das heißt seine Arbeiter, bei Tisch zugelassen habe, um den bourgeoisen Anstand zu wahren. Jaurès erinnert, daß Duplay 10 000 Pfund Rente bereits aus seinen Vermietungen bezog. Die Terminologie der Zeit erlaubt es nicht, aus der Berufsbezeichnung, die meist allein angegeben wird, den sozialen Rang eines Mannes zu erkennen. Duplay erscheint in Listen *ebenso* als Tischler wie ein Geselle. Ein aktiver Sansculotte wie der »éventailliste« Mauvage war in der Tat ein kleiner Unternehmer, der 60 Arbeiter beschäftigte. In vielen Fällen wissen wir nichts über die genauen Arbeits- und Lebensverhältnisse von Sansculotten. Sie können einfache Handwerksgesellen gewesen sein, es ist aber auch möglich, daß ihnen ein mittlerer Betrieb gehörte. Gesellen, kleine Handwerksmeister und Unternehmer, alle figurieren sie unter der gleichen Berufsbezeichnung.[70] Dennoch kann man wohl sagen, daß die aktiven Sansculotten in ihrer Mehrheit aus kleinen Handwerksmeistern und Händlern bestanden und unter den Lohnabhängigen zahlreiche Anhänger besaßen.

b) Wie sind die Sansculotten organisiert?

Ihre Tätigkeit fand vor allem in den sogenannten *Volksgesellschaften* von Paris statt, die sie jedoch nicht allein beherrschten. Seit 1791 spielten diese Gesellschaften eine ausschlaggebende Rolle im

Kampf gegen die Monarchie und später gegen die Gironde. Seit 1790 gab es 48 Sektionen in Paris und seit 1792 dürfte die Mehrheit von Sansculotten beherrscht worden sein. Wenn die Gefahr bestand, daß in *einer* Sektionsvollversammlung Sansculotten unterlagen, holte man Gesinnungsfreunde aus benachbarten Sektionsversammlungen herbei und »fraternisierte«. Auf diese Weise gelang es, Royalisten oder Moderierte zu überstimmen. Albert Soboul hat in einem Essay gezeigt, wie die Einstellung der Jakobiner – insbesondere Robespierres – zu den Volksgesellschaften sich entsprechend den Bedürfnissen der Fraktion veränderte. Als im September 1791 die Konstituante den Volksgesellschaften jede politische Tätigkeit untersagte, bekämpfte Robespierre dieses Dekret und verteidigte auch die »Affiliation« und die Korrespondenz unter den einzelnen Gesellschaften. Er betonte dabei die erzieherische Funktion dieser Institution und die Auswahl politischer Führer, die durch sie erleichtert werde. Die Volksgesellschaften trugen ganz wesentlich zum Sieg der Montagne und zur Errichtung einer revolutionären Regierung und der Diktatur des Wohlfahrtsausschusses bei. Am 29. 7. 1793 verabschiedete der Konvent ein Dekret, durch das alle gegen die Volksgesellschaften gerichteten Handlungen ausdrücklich unter Strafe gestellt wurden. Er gab ihnen also unmittelbaren staatlichen Schutz. Am 22. 8. wurde angesichts des Vorgehens des Stadtrates von Nancy im Konvent erklärt: »Unter den Anschlägen, die gegen die Revolution begangen worden sind, ist zweifellos der größte die Verfolgung der Volksgesellschaften. Diese *Säulen der Verfassung* erschüttern heißt die Grundlagen der Freiheit unterminieren«.[71]

Nach endgültiger Etablierung der Revolutionsregierung änderten sich aber die Fronten. Am 9. 9. 1793 dekretierte der Konvent die Auflösung der permanenten Generalversammlung der Sektionen von Paris. Um dieses Gesetz zu umgehen, gründeten die Sansculotten von Paris sofort sogenannte »sociétés sectionnaires«, deren Zahl rasch wuchs. Während der nächsten Monate entbrannte der Kampf zwischen dem Wohlfahrtsausschuß unter Robespierres Führung und den Pariser Sektionsgesellschaften. Robespierre versuchte, dem *Jakobiner-Klub* ein absolutes *Monopol* auf Meinungsbildung und politische Vereinigung zu verschaffen. Nur solche Gesellschaften sollten anerkannt werden, die *mit ihm affiliert* waren und nur solche wurden affiliert, die der Jakobinerklub als politisch zuverlässig anerkannt hatte. Die Sektionsgesellschaften wurden oft zu Unrecht als Zufluchtsstätten von Gegenrevolutionären denunziert, ihre *Säuberung* – jetzt *von oben* – gefordert. »Als leidenschaftlicher Verfechter der Einheit und der Zentralisation erstrebte die Regierung die Beseitigung der Sociétés sectionnaires, um unter der Muttergesellschaft der Jakobiner ein von oben nach unten gestuftes und kontrolliertes Netz von Sociétés populaires bestehen zu lassen.«[72]

Mit Hilfe von Mehrheiten in den Sektionen der Pariser Selbstverwaltung hatten die Sansculotten lange Zeit die Commune von Paris maßgeblich beeinflußt. Héberts »Père Duchesne« hatte einen starken publizistischen Einfluß ausgeübt. Mit der Verhaftung Héberts und seiner unmittelbaren Anhänger wurden die Sansculotten bereits geschwächt. Die Einschränkung ihrer politischen Rechte ließ die Sektionsversammlungen einschlafen, viele Volksgesellschaften mußten sich auflösen. Eine zentralistische Revolutionsregierung, die in den Schranken bürgerlicher Vorstellungen befangen bleibt, war mit der sansculottischen Demokratie und ihren räteähnlichen Bestimmungen (Zensur der Mandatare durch die Urwählerversammlung in den Sektionen, Abberufbarkeit, Ausschluß von Wiederwahl, Kritik und Abberufbarkeit von Beamten usw.) auf die Dauer unverträglich.

c) Die sozialen Ideale der Pariser Sansculotten

Wenn die Jakobiner bereits ein größeres Maß von sozialer Gleichheit angestrebt hatten, so ist der Insistenz auf reale Gleichheit unter den Pariser Sansculotten noch weitaus stärker und entschiedener. Erst unter dem Eindruck der Ernährungskrise des Jahres 1793 kamen allerdings radikale Gleichheitsforderungen deutlich zum Vorschein. In der Section *»Gardes Françaises«* wird am 7. 2. 1793 erklärt, die *Armen dürften nicht der Gnade der Reichen ausgeliefert sein, »weil sonst die Menschen aufhören würden gleich an Rechten zu sein«.*[73] Am 9. 3. ruft ein Citoyen in der Sektionsversammlung *»Marais«* aus: »Es ist Zeit, daß das Brot des Lohnempfängers, dieser bescheidene Tribut für eine fleißige und anstrengende Arbeit ihm sichergestellt werde. Es ist Zeit, daß die Spekulationen mit der menschlichen Existenz von einer republikanischen Regierung verurteilt werden.«[74] *Jacques Roux* drückt in seiner Petition vom 25. 6. 1793 die gemeinsame Überzeugung der Sansculotten aus, wenn er sagt: »Die Freiheit ist nur ein leerer Schatten, wenn eine

Klasse Menschen eine andere ungestraft aushungern kann. Die Freiheit ist nur ein leerer Schatten, wenn der Reiche auf Grund seines Monopols das Recht über Leben und Tod von seinesgleichen ausübt«.[75] Und Felix Lepeletier erklärt am 20. 8. im Konvent: »Es genügt nicht, daß die Französische Republik auf die Gleichheit gegründet ist; darüber hinaus ist nötig, daß die Gesetze und die Sitten ihrer Bürger durch eine glückliche Übereinstimmung dahin tendieren, die Ungleichheit der Genüsse verschwinden zu lassen; jedem Franzosen muß eine glückliche Existenz gesichert werden«.[76]

Dieses Gleichheitsideal wurde wiederholt in praktische Forderungen umgesetzt. So verlangten die Pariser Sektionen die Abschaffung der bezahlten Sonderverpflegung von Reichen in den Gefängnissen und schließlich die Garantie eines *Minimaleinkommens,* das jedem die Existenz gewährleistet. Am 31. 5. 1793 fordert die assemblée générale et permanente der Sektion »Sans-Culottes« die Fixierung der Lebensmittelpreise durch den Konvent: »Wir verlangen von Euch, den Preis der wichtigsten Lebensmittel festzusetzen und dem der Arbeit eines jeden anzupassen, so, daß sie für jeden erschwinglich sind. Wir erwarten von Euch, daß ihr diesem wohltätigen Gesetz in der ganzen Republik Geltung verschafft«.[77]

In einer Adresse an den Konvent vom 2. 9. 1793 verlangt die gleiche Sektion nicht nur den Ausschluß aller ehemaligen Adligen, Priester, Parlamentsräte und Finanzleute aus allen Verwaltungen, richterlichen Funktionen und Offiziersstellen, sondern geht in der wirtschaftlichen Gleichheitsforderung erheblich weiter als im Mai. Auf die Forderung einer Limitierung von Höchstpreisen für Grundnahrungsmittel und Rohstoffe und die Herabsetzung von Pachten und Mieten folgt:

»8. Es soll ein Maximum für Vermögen festgesetzt werden.

9. Ein einzelner soll nur *ein* Maximum besitzen dürfen.

10. Keiner soll mehr Ländereien pachten dürfen, als für eine festgesetzte Anzahl von Pflügen gebraucht wird.

11. Ein Bürger soll nicht mehr als *eine Werkstatt* oder *einen Laden* besitzen dürfen . . . «[78]

Das heißt hier wird nicht nur der Grundbesitz (wie bei einigen Jakobinern), sondern *aller* Besitz limitiert, auch der von beweglichen Gütern und Betriebsmitteln. Das soziale Ideal ist eindeutig der kleine, selbständige Händler, Handwerker und Bauer. Weiter als bis zur Forderung nach einer möglichst gleichmäßigen Besitzverteilung unter den Selbständigen gehen allerdings auch die Sansculotten nicht.

Noch radikaler im Ton ist nur die Instruktion vom 16. 11. 1793 (26 Brumaire de l'an II) an die »autorités constituées des Départements de Rhône et de Loire«, ausgegeben von der »commission temporaire«. Sie beginnt noch einmal mit einer »Definition« des »peuple«: »Es versteht sich von selbst, daß unter dem Volk nicht die durch ihre Reichtümer privilegierte Klasse zu verstehen ist, die alle Annehmlichkeiten des Lebens und alle Güter der Gesellschaft für sich in Anspruch genommen hat. Das Volk – das ist die Gesamtheit der französischen Bürger; das Volk ist vor allem die gewaltige Klasse der Armen, die Klasse, die dem Vaterland Männer gibt, Verteidiger unserer Grenzen, die die Gesellschaft mit Arbeit erhält . . . «[79] Von Gleichheit könne in Frankreich so lange nicht geredet werden, wie »des intervalles immenses de bonheur« die Menschen voneinander trennten.

Noch in dieser »Definition« wird das sansculottische Dilemma deutlich, wenn sie einerseits *jeden* Franzosen als Angehörigen des peuple gelten läßt, zugleich aber den *»pauvre«* als *Volk im eminenten Wortsinn* begreift. Die in den folgenden Paragraphen empfohlenen Maßnahmen sollen offenbar dazu dienen, nicht nur den dringenden Finanzbedarf der Republik zu decken und Gegner der Revolution unschädlich zu machen, sondern auch ein möglichst homogenes »peuple« zu schaffen. Den Reichen soll eine »revolutionäre Steuer« auferlegt werden, bei deren Eintreibung weder Rücksicht noch Schonung walten dürfe: »Handelt daher großzügig, nehmt alles, was ein Bürger an Unnötigem hat; denn der Überfluß ist eine offene und willkürliche Verletzung der Rechte des Volkes. Jeder, der über seinen Bedarf hat, kann davon nicht Gebrauch, sondern nur Mißbrauch machen; also wird ihm nur das gelassen, was ihm unbedingt notwendig ist, alles andere gehört der Republik und ihren armen Mitgliedern«.[80] Diese konfiskatorische Steuer soll nicht nur Geld (Rentenpapiere), sondern auch Gebrauchsgegenstände, Kleidung, Gold und Silber betreffen. Das eingezogene Geld soll zur Bestechung von Überläufern vom Feinde dienen. Ein Republikaner soll nur Eisen kennen: »Der Republikaner soll nichts als das Eisen kennen; mit ihm, wertvoller, weil nützlicher, macht er die Felder fruchtbar und greift er seine Feinde an; Pflugschar und Schwert sind seine Lieblingswerkzeuge. Sparta begann der Sklaverei zu verfallen, als Athen seine Augen durch das Schauspiel seiner Edelmetalle geblendet hatte«.[81] Diese Abwertung des Goldes und die Hochschätzung von Eisen bzw. Stahl fanden wir auch bei Rousseau, der u. a. den Polen vorschlägt, den niedrigsten Magistratsrang mit Goldplaketten, den höchsten aber mit Stahlschildern zu kennzeichnen.[82]

Trotz dieser starken Worte dachten die Sansculotten jedoch niemals daran, das Privateigentum als solches in Frage zu stellen. Noch die Zwangsbesteuerung der Reichen wurde politisch (nicht sozial-egalitär) begründet: für die Patrioten unter den Reichen werde die Zahlung dieser Steuer ein freudiges Bedürfnis sein, nur für die Feinde der Republik (die politisch zu bekämpfen sind) bestehe ein Zwang. Noch am 16. 1. 1794 erklärt die Société Poissonière in einer Eingabe: *»les petites fortunes acquises par des travaux utiles à la société ne sauraient être trop fortement respectées et préservées de toute atteinte«.*[83] Am 16. November 1793 heißt es in einer Instruction Temporaire der Sektion »Commune Affranchie«: »si une égalité parfaite de bonheur était malheureusement impossible entre les hommes, il était du moins possible de *rapprocher* davantage *les intervalles*«.[84] Am 22. 11. 1793 nimmt die société populaire der *Sektion Lepeletier* ein Projekt an, das darauf abzielt, »die Vermögen so weit es geht gleich zu machen«, weil die großen Vermögen in Republiken gefährlich seien. Man müsse daher »den partikularen Reichtum vernichten, den allgemeinen Wohlstand sicherstellen und die schimpfliche Armut verbannen. Durch Verbindung von Reich und Reich werden die Vermögen aufeinandergehäuft. Schlagen wir also vor, daß ein Dekret bestimmt, daß nur die Menschen, nicht die Vermögen sich zusammenschließen können«.[85] Dieses Dekret könnte man als frühe Vorform einer Anti-Kartell- oder Anti-Fusions-Gesetzgebung deuten.

Über das Ideal einer egalitären Gesellschaft von selbständigen Kleinbürgern, die ihre individuellen Überschüsse über einen Markt austauschen, gehen selbst Marat, Hébert oder der Abbé Dolivier nicht hinaus, in dessen Essai sur la Justice Primitive von 1793 eine kleinbäuerliche Idylle beschrieben wird, die genau so gut von Rousseau stammen könnte, ja die von ferne sogar an sein Bild der Montagnons erinnert: »Was brauchte ich also? Gewiß etwas ganz anderes (als 600 000 Pfund Rente): ich brauchte ein kleines Besitztum, das ich selbst bebauen könnte und dessen Produkt ausreichen würde für meine Bedürfnisse; ein einfaches, aber sauberes und gemütliches Haus, zu dem ein Garten gehören müßte, der mir Obst und Gemüse gibt; einen gut gefüllten Geflügelhof, der mir Eier liefern würde und ab und zu einen Geflügelbraten; mehrere Ställe, in denen ich 2 bis 3 Kühe halten könnte, die mir Milch und Butter geben; eine kleine Schafherde, um Wolle und Lämmer zu erhalten und nicht zu vergessen ein Schwein für mein Pökelfaß. Inmitten von alle dem eine würdige und tugendhafte Frau, die geschickt mit den häuslichen Einnahmen umgehen und den *Überschuß auf den benachbarten Markt bringen würde*, um von dort mitzubringen, was im Haushalt fehlt, und die mir Kinder gebären würde, die ich lieben könnte. Außerdem möchte ich gern noch ein Gewerbe oder ein Handwerk kennen, das zu meinem Wohlstand beitragen und die Freizeit ausfüllen könnte, die mir meine ländlichen Arbeiten (oder das schlechte Wetter) lassen und das alle Langeweile von mir fernhalten würde.«[86]

Der Abbé Dolivier hat zweifellos seinen Rousseau gelesen. Er kontrastiert bewußt die Zufriedenheit des kleinen, selbständigen Bauern-Handwerkers mit der stets ungestillten Begierde der Reichen, die »das Glück des Herzens verloren haben, um nach dem ihrer Einbildung zu jagen, das sie nie erreichen können, weil es stets vor ihnen flieht«. Die meisten Sansculotten mochten Rousseau nicht selbst gelesen haben, seine Ideen aber waren ihnen vermutlich durch republikanische Schriften und Reden vertraut. Vor allem sein Lob der »heureuse médiocrité« und der republikanischen Gleichheit, das so sehr ihren eignen Auffassungen und Einsichten entsprach, dürfte sie angesprochen haben. Aktiv und militant in ihren Forderungen waren die Sansculotten aber letztlich wie Rousseau Anhänger eines dem Untergang geweihten sozialen Ideals. Ihre egalitäre Kleinbürger-Republik hätte auch Rousseau gefallen, aber vielleicht wußte er schon besser als sie, daß eine Kleinbürger-Republik in Frankreich nicht mehr zum Leben erweckt werden konnte. Die Forderungen der Sansculotten nach Schließung der Börse und einem Verbot der Aktiengesellschaften, die unter dem Druck der Ereignisse vom Konvent (wenn auch widerwillig) akzeptiert wurden, unterstreichen noch einmal ihre Fortschrittsfeindlichkeit auf wirtschaftlichem Gebiet.

d) Politische Konzeptionen der Pariser Sansculotten

Wie das soziale Ideal der Sansculotten dem Rousseauschen auf ein Haar glich, so kommen auch ihre politischen Vorstellungen der

Rousseauschen Demokratie denkbar nahe. Die »souveraineté populaire« ist ihnen wie Rousseau »imprescriptible, inaliénable, indélégable«.[87] Und am 5. 6. 1793 widersetzt sich z. B. Auvray, der Bataillonskommandant der Section Mont-Blanc der Anwendung eines Gesetzes, weil es »vom Volk nicht sanktioniert worden sei«.[88] Aus der Volkssouveränität leiten die Sansculotten das Recht der Sektionsversammlungen auf permanente Tagung, auf Kontrolle (Zensur) der Deputierten, auf deren Rückberufung und auf Kritik der Gesetze ab. Zwar traten sie – wie die Jakobiner – für die eine und unteilbare Republik ein, aber es war ihnen doch klar, daß die Volkssouveränität nur dann praktiziert werden konnte, wenn die Pariser Sektionen und ähnliche Institutionen im ganzen Lande sie ausüben. Darüber hinaus anerkannten sie »la nécessité de laisser à chaque département le soin de faire des lois locales tant que dureront les dangers de la patrie«.[89]

Da aber in der Praxis die Wahl von Abgeordneten nicht zu umgehen war, kam es darauf an, diese durch die lokalen Wählerversammlungen, als welche sich die Pariser Sektionen verstanden, zu kontrollieren. Schon die Terminologie schien hier wichtig zu sein. Rousseau hatte im Contrat Social geschrieben »Les députés du peuple ne sont donc ni ne peuvent être ses représentants; ils ne sont que ses *commissaires*« (CS III, 15). Die Sansculotten sprechen von *»mandataires«*. Leclerc schreibt am 21. 8. 1793 im ›Ami du peuple‹: »Rappelle-toi surtout qu'un peuple représenté n'est pas libre et ne prodigue pas cet épithète de représentant . . . *la volonté ne peut se représenter* . . . les magistrats quelconques ne sont que tes mandataires«.[90] Hier werden offenbar die Delegierten des Konvents zu den »magistrats« gerechnet und die führenden Parlaments-Politiker in gleicher Weise wie die Beamten der Volkskontrolle unterworfen.

Die sich als souverän betrachtenden Sektionsversammlungen beanspruchten daher das Recht, die Delegierten ihres Stimmbezirks mit Aufträgen zu versehen, sie zur Rechenschaft zu fordern und gegebenenfalls vorzeitig zurückzuberufen. Am 1. 9. 1793 erklärt die Sektion *»Poissonière«*: »considérant que le peuple souverain a le droit de prescrire à ses mandataires la marche qu'ils doivent prendre pour agir suivant ses volontés« müßten die Deputierten von den »assemblées primaires« der Sektionen diskutiert und gebilligt oder abgelehnt werden.[91] Am 25. 8. 1792 legt die assemblée générale der Sektion Marché-des-Innocents fest, »daß die Deputierten entsprechend dem Willen ihrer Departements rückberufbar sein sollen«.[92] Die Generalversammlung der Sektion Bonne-Nouvelle ermahnt am gleichen Tag die anderen Pariser Sektionen »ihre Delegierten an das unverjährbare Recht zu erinnern, ihnen ihre Vollmacht zu entziehen und sie an den Gegenstand ihrer Beauftragung zu erinnern«.[93] Als im Sommer 1793 unter dem Druck der Pariser Sansculotten die Girondisten im Konvent ihre Mandate verloren, wurde das von den Sprechern der Sektionen als Beweis für die Notwendigkeit und Nützlichkeit des Rückberufungsrechtes angesehen, auch wenn es sich hier zumeist um Delegierte ganz anderer Wahlkreise handelte, für die den Parisern dieses Recht gar nicht zugestanden hätte. Daß mit der Errichtung der revolutionären Regierung und der Diktatur des Comité de Salut public das Rückberufungsrecht wie die Beanspruchung der Volkssouveränität durch die Sektionsversammlungen fiel, haben wir schon gehört.

Soboul führt unter den möglicherweise von Rousseau inspirierten sansculottischen politischen Ideen zu Unrecht auch das »droit à l'insurrection« an,[94] das er eine »application extrème de la souveraineté populaire« nennt. Solche Gedanken lagen aber Rousseau ganz fern. Nur junge Völker wie Sparta zur Zeit Lykurgs, Rom nach der Vertreibung der Tarquinier oder auch Holland und die Schweiz nach dem Sieg über die Tyrannen vermochten sich seiner Auffassung zufolge revolutionär zu erneuern, für die entwickelten Großstaaten seiner Zeit (am meisten wohl für Frankreich und England) schloß er eine demokratische Revolution ganz entschieden aus. Aber dieser Mißachtung der Rousseauschen Vorsicht und dieser Überwindung seiner resignativen Haltung waren wir auch schon bei Robespierre begegnet, sie eignet allen Praktikern der Politik jener Zeit.

Zweifellos hat Soboul recht, wenn er von den Sansculotten sagt, für sie war der Souverain keine metaphysische Figur, sondern eine greifbare Realität: die der Sektionsversammlungen von Paris; für die Gironde und bis zu einem gewissen Grade auch für die Jakobiner handelte es sich aber um einen metaphysischen Begriff, der hinter den allein realen Institutionen – dem Konvent, der Revolutionsregierung, dem Wohlfahrtsausschuß stand und sie – irgendwie – legitimierte.

Wie bei den sozialen Idealen dürfte auch bei den politischen Vorstellungen der Sansculotten die Übereinstimmung mit Rousseau mehr aus den objektiven Bedingungen und Erfahrungen als aus einer gründlichen Lektüre des Genfer Philosophen hervorgegangen sein. Viele Sansculotten konnten nicht lesen. Ihre politischen Begriffe flogen ihnen auf Umwegen über Volksreden, Vorleser, Revolutionslieder, Debatten in den Sektionsversammlungen zu. Soboul berichtet über Kolporteure, die in den letzten Jahrzehnten des 18. Jahrhunderts im Lande umherzogen und billige Bücher und Broschüren oft auch politischen Inhalts anboten. Von den konservativen Pfarrern mit Mißtrauen verfolgt und von »unruhigen Geistern« begierig aufgenommen. Für das »Volk« gibt es eine Menge »leichter Kost«, in die gleichwohl auch Rousseausche Gedanken eingegangen ist. So erscheint im Jahre III (1794/95) ein »Almanach des plus belles pensées de Rousseau«, dem der Leser eine Skizze seines Lebens und Umschreibungen von zentralen Begriffen der Rousseauschen Philosophie – wie Contrat Social, Kritik des Luxus, Naturzustand usw. – entnehmen konnte. Vielleicht waren noch wichtiger patriotisch-republikanische Lieder wie die »Hymne an die Freiheit und Gleichheit«, die der Citoyen Desmarets, Soldat im Bataillion der Charente geschrieben und komponiert hat:

»La liberté n'est donc que dans la loi;
La loi, de tous la volonté suprême,
C'est mon ouvrage, elle est faite par moi,
Soumis aux lois, j'obéis à moi même.«

Das entspricht exakt der politischen Philosophie Rousseaus, wenn man die zweite Zeile so deutet, daß nicht gemeint ist, das Gesetz sei Ausdruck der »volonté de tous«, sondern sollte der (wahre, innere) Wille eines jeden (guten citoyen) sein. Und in einer anderen Strophe heißt es:

»L'Egalité préfère aux vices opulents
L'humble vertu que couvre la chaumière.«[95]

Auch diese Zeilen entsprechen nicht nur ihrem Sinn, sondern auch in ihrer Stimmung und Sprache ganz dem Rousseauschen Gesellschaftsideal.

Fassen wir wiederum mit Albert Soboul zusammen: »Zwischen 1793 und 1794 zu einer Zeit, da man die Pariser Volksmassen auf dem Vordergrund der politischen Szene beobachten kann, scheinen sie in ihrem Verhalten, in ihren sozialen Hoffnungen und ihren politischen Tendenzen von einem vagen Rousseauismus erfüllt zu sein . . . Ob man nun ihre sozialen Sehnsüchte oder ihre politischen Tendenzen ansieht, die Resonanz oder auch die Schülerschaft Rousseauscher Gedanken bei den Pariser Sansculotten springt in die Augen«. Und Soboul gibt auch den überzeugenden Grund für diese weitgehende Übereinstimmung an, wenn er schreibt: »Ohne Zweifel könne man besser von Übereinstimmung mit den Rousseauschen Ideen als von Beeinflussung sprechen . . . eine Übereinstimmung, die sich ausreichend durch die Identität des sozialen Milieus erkläre. Aber die direkte oder indirekte Kenntnis von Rousseau habe zweifellos das Bewußtwerden dieser Ideen erleichtert und ihre Formulierungen präzisiert«.[96]

Anmerkungen

Vorwort

1 Werner Bahner, *War J. J. Rousseau ein konservativer Denker?*, in: *Beiträge zur französischen Aufklärung und zur spanischen Literatur*, Festschrift für W. Krauss, Berlin 1971, S. 27-43. Insbesondere S. 33-39.
2 Walter Markov (ed.), *Maximilien Robespierre*, Berlin 1961, Walter Markov, *Die Grenzen des Jakobinerstaates*, in: *Grundpositionen der französischen Aufklärung*, ed. W. Krauss und H. Mayer, Berlin 1955. Walter Markov, Albert Soboul (ed.), *Die Sansculotten von Paris. Dokumente zur Geschichte der Volksbewegung 1793-94*, Berlin 1957. A. Soboul, *An den Ursprüngen der Volksdemokratie. Politische Aspekte der Sansculottendemokratie im Jahre II*, in: *Beiträge zum neuen Geschichtsbild*, zum 60. Geburtstag von A. Meusel, ed. Fr. Klein und J. Streisand, Berlin 1956.
3 Maurice Halbwachs, *J. J. Rousseau, du Contrat Social, avec introduction, des notes et un commentaire*, Paris 1943 p. 201 f.

Einleitung

1 Vgl. die zahlreichen Arbeiten und Rezensionen in den *Annales de la Société J. J. Rousseau*. Genf 1905 ff.
2 Vgl. hierzu: Jules Vuy, *Origines des idées politiques de Rousseau*, Paris/Genf 1889; Gaspard Vallette, J. J. Rousseau genevois, Paris/Genf 1911; J. St. Spink, *J. J. Rosseau et Genève . . .*, Paris 1934. (Diese Arbeit bestreitet mit Nachdruck, daß Genf das Vorbild für Rousseaus republikanisches Staatsideal war; den gleichen Standpunkt vertritt: R. Derathé, *Rousseau et la science politique de son temps*, Paris 1950, in dem Abschnitt »Le contrat social et la constitution de Genève« S. 9–22.).
Pierre Villey, *L'influence de Montaigne sur les idées pédagogiques de Locke et de Rousseau*, Paris 1911; Madeleine Frances, *Les reminiscences spinozistes dans le Contrat Social de Rousseau*, in *Rev. philosophique* 1951, S. 61–84; G. Beaulavon, *La philosophie de Rousseau et l'esprit cartésien*, in *Etudes sur Descartes, Rev. de Métaphysique et de Morale*, Paris 1937; Emile Bréhier, *Les lectures malébranchistes de J. J. Rousseau* in *Rev. int. de philosophie*, oct. 1938; Ernest Seillière, *J. J. Rousseau* (betont den Einfluß Fénelons und der Frömmigkeit im Stile Madame de Guyons), Paris 1921; Georges Davy, *Th. Hobbes and J. J. Rousseau*, the Zaharoff Lecture for 1953; Oxford 1953 (vgl. hierzu auch Derathé); Domenico Rodari, *G. G. Burlamacchi et J. J. Rousseau, Una fonte tras-*

curata del Contratto sociale, in *Rivista filos.*, vergl. XI., fasc. 5, nov.-déc. 1908, pp. 645–666, dazu Referat von Giorgio del Vecchio in *Annales de la Société J. J. Rousseau,* tom. VI 1910, pp. 353–355; Egon Reiche, *Rousseau und das Naturrecht,* Berlin 1935.

3 Das gilt vor allem für J. L. Talmon, *The rise of totalitarian democracy,* Boston 1952. In Deutschland u. a. auch für A. Rüstow, *Ortsbestimmung der Gegenwart,* Bd. 3, »Herrschaft oder Freiheit« 1957, p. 250–265, und H. Weinstock *Demokratie und Elite* in *Die Sammlung,* August 1950 und in der Einleitung seiner Ausgabe des *Gesellschaftsvertrags* bei Reclam (Stuttgart 1958).

4 Vgl. vor allem die Stellen in dem Rechtfertigungsbrief an den Bischof von Paris Christophe de Beaumont (*Oeuvres* III, p. 59, p. 75) und in den Dialogen *Rousseau juge de Jean Jacques (Oeuvres* IX, p. 285 sq.).

5 Bertrand de Jouvenel, *Essai sur la politique de Rousseau,* in J. J. Rousseau, *Du Contrat Social,* ed. du Cheval Ailé, Genf 1947. Ähnlich ist auch die Einschätzung Rousseaus bei C. Schmitt, vgl. *Die geistesgeschichtliche Lage des heutigen Parlamentarismus,* 1926^2; *Volksentscheid und Volksbegehren . . . Beiträge zum ausl. öffentl. Recht und Völkerrecht,* Inst. f. ausl. öffentl. Recht u. Völkerrecht H. 2, Berlin und Leipzig 1927 p. 51–53 (»Demokratie und Finanz«). Beide Arbeiten Schmitts auch abgedruckt in *Positionen und Begriffe,* Hamburg 1940 p. 62/63 und p. 85/87.

6 Robert Derathé, *Le Rationalisme de J. J. Rousseau,* Paris 1948.

7 Martin Rang, *Rousseaus Lehre vom Menschen,* Göttingen 1959.

8 l. c. »Soweit man den Emile überhaupt von Rousseaus *politischer* Theorie aus betrachten darf – und das verlangt ja allein der letzte Abschnitt über Emiles politische Bildung –, hat man ihn in durchaus konservativem Sinne zu verstehen: die natürliche Erziehung als Mittel zur Verlangsamung des gesellschaftlichen Verfalls, nicht aber als revolutionären Neubeginn« (p. 92).

9 Vgl. hierzu d'Antraigues, *Quelle est la situation actuelle de l'Assemblée Nationale?,* Lausanne 1790; aus dieser Schrift teilt Vaughan (II p. 135) einen Abschnitt mit, der auf ein nicht mehr vorhandenes Ms. Rousseaus über die Konföderation kleiner Staaten hinweist.

10 Vgl. hierzu Kap. IV.

11 Vgl. insbesondere: *The Ecologists, a Blueprint for Survival,* Harmondsworth 1972, und M. Bookchin, *Environmentalists versus Ecologists,* in: *Undercurrents* 4, 1973.

12 Frank Peter Lach, *Natur und Herrschaft. Sozialphilosophische Implikationen der ökologischen Kritik des industriekapitalistischen Fortschritts* (Frankfurter sozialwissenschaftliche Dissertation, in Arbeit).

1 *Oeuvres* VIII, p. 276.

2 Leo Strauß hat als einer der wenigen Autoren, die über Rousseaus politische Theorien geschrieben haben, die politische Bedeutung des ›ersten Discours‹ erkannt und herausgearbeitet. Vgl. *Naturrecht und Geschichte,* Stuttgart 1956, p 266-275.

3 *Oeuvres* V, p 105.

4 Diese zum Selbstzweck gewordene Übung der Tugend ist das Ziel der sittlichen Erziehung im *Emile.* »Ihre erste Belohnung« liegt dann in der Zufriedenheit mit sich selbst und »in der Billigung der anständigen Leute (nicht sämtlicher Mitmenschen! I. F.) ihre zweite« (*Oeuvres* X, p 195). In Rousseaus Plänen für Korsikas und Polens politische Neuordnung trat die patriotische und staatsbürgerliche Erziehung in der Gemeinschaft an die Stelle der individuellen Erziehung zur Tugend. Teils erscheint der Patriotismus dabei als ein realistischer Ersatz für die der Allgemeinheit doch immer unerreichbare Tugend, teils nimmt er selbst Aspekte der Tugend an.

5 So noch Kurt Weigand in seiner interessanten Einleitung zur zweisprachigen Ausgabe der beiden Discours, Hamburg 1955.

6 *Oeuvres* V, p 105.

7 Die klassische Formulierung des Lebensprinzips dieser Gesellschaft hat Adam Smith gefunden: »It is not from the benevolence of the butcher, the brewer, or the baker, that we expect our dinner, but from their regard to their own interest. We address ourselves, not to their humanity, but to their self-love, and never talk to them of our own necessities, but of their advantages. Nobody but a beggar choses to depend chiefly upon the benevolence of his fellow-citizens . . . « (*An Inquiry into the Nature and Causes of the Wealth of Nations,* book I, chapt. 2.).

8 *Oeuvres* V, p 106.

9 Mandeville, *Die Bienenfabel,* hrsg. v. O. Bobertag, München 1914, p.23.

10 *Oeuvres* V, p 126 note.

11 Wie Montesquieu unterscheidet auch Rousseau zwischen »Wilden« (sauvages), die von Jagd und Fischfang leben und deren Lebensweise er sich völlig isoliert vorstellt, und »Barbaren« (barbares), die Hirten sind und sich zu patriarchalischen Großfamilien zusammengeschlossen haben. Zu Montesquieu vgl. diese Arbeit.

12 *Oeuvres* V, p 107 note.

13 »Comment est-il possible de s'enrichir sans contribuer à appauvrir autrui, et que diroit-on d'un homme charitable qui commenceroit par dépouiller tous ses voisins pour avoir ensuite le plaisir de leur faire aumône!« *Discours sur les richesses,* publié par Félix Bovet, Paris 1853 p 13. Der gleiche Gedanke, daß Reichtum nur auf Kosten anderer erworben werden kann, kehrt noch an mehreren Stellen des Discours wieder.

14 »Penses-tu que trente ans d'endurcissement te laisseront au bout de ce

temps le pouvoir d'ouvrir ton cœur à la pitié et ta bourse aux malheureux?« (p 12). »Ignorez-vous que malgré vous vos idées et vos maximes changeront avec votre situation, et que malgré vous, quand vous ne serez plus ce que vous êtes, vous ne penserez plus comme vous pensez aujourd'hui« (p 13).

15 »La manière de penser des hommes dépend beaucoup des gens avec qui ils ont à vivre et des tentations qu'ils ont à vaincre . . . « (l. c. p 15).

16 Vgl. hierzu die klassische Stelle bei Adam Smith: »He (the merchant) generally, indeed, neither intends to promote the public interest, nor knows how much he is promoting it. By preferring the support of domestic to that of foreign industry, he intends only his own security; and by directing that industry in such a manner as its produce may be of the greatest value, he intends only his own gain; and he is in this, as in many other cases, led by an invisible hand to promote an end which was no part of his intention. Nor is it always the worse for the society that it was no part of it. By pursuing his own interest, he frequently promotes that of the society more effectually than when he really intends to promote it. I have never known much good done by those who affected to trade for the public good« (1. c. book IV chapt. 2).

17 Vgl. *Emile,* 3. Buch: »Du reste, jamais de comparaisons avec d'autres enfants, point de rivaux, point de concurrence, même à la course, aussitôt qu'il commence à raisonner; j'aime cent fois mieux qu'il n'apprenne point ce qu'il n'apprend que par jalousie ou par vanité« (*Oeuvres* II, p 155).

18 Den bisherigen Kommentatoren des zweiten Discours scheint entgangen zu sein, daß Rousseau in seiner Vorrede Burlamaquis *Principes du droit Naturel* (Genf 1747) *wörtlich* zitiert: »L'idée du Droit, & plus encore celle du Droit Naturel, sont manifestement des idées relatives à la nature de l'homme. C'est donc de cette nature même de l'homme, de sa constitution & de son état, qu'il faut déduire les principes de cette Science« (Burlamaqui, l. c. partie première, Ch. I, § 2).

19 *Discours sur l'inégalité, Vaugh.* I, p. 137 sq.

20 *Vaugh.* I, p 142.

21 *Vaugh.* I, p 223.

22 Vgl. hierzu Leo Strauß, *Naturrecht und Geschichte,* p 278 sq. Anm. 32.

23 *Vaugh.* I, p 149. Descartes: »Ce qui ne semblera nullement étrange à ceux qui, sachant combien de divers *automates, ou machines mouvantes,* l'industrie des hommes peut faire, sans y employer que fort peu de pièces, à comparaison de la grande multitude des os, des muscles, des nerfs, des artères, des veines, et de toutes les autres parties qui sont dans le corps de chaque animal, considéront ce *corps comme une machine* qui, ayant été faite des mains di Dieu, est incomparablement mieux ordonné, et a en soi des mouvements plus admirables, qu'aucune de celles qui peuvent être inventées par les hommes« (*Discours de la Méthode,* 5. partie, ed. Gilson, Paris 1946 p 114).

24 *Vaugh.* I, p 149.

25 Vgl.: »L'homme n'est pas un être simple; il est composé de deux substances . . . « (*Lettre à M. de Beaumont, Oeuvres* III, p 64). Vgl. auch Robert Derathé, *Le rationalisme de J. J. Rousseau,* Paris 1948 p 100 sq und neuerdings Martin Rang, *Rousseaus Lehre vom Menschen,* Göttingen 1959, insbesondere Teil zwei, p 171 sq.

26 *Vaugh.* I, p 138.

27 *Vaugh.* I, p 151.

28 *Vaugh.* I, p 163.

29 *Vaugh.* I, p 150.

30 *Vaugh.* I, p 166.

31 *Emile,* livre II, *Oeuvres* II, p 52.

32 Vgl. hierzu Jean Morel, *Recherches sur les soucres du Discours sur l'inégalité,* in ›Annales de la Société J. J. Rousseau‹, Genf t. V. 1909 p 119-198, besonders pp 179 bis 198. Außer Buffon wird dort vor allem der Pater Dutertre genannt, während François Coréal und La Condamine als Quellen weniger sicher nachzuweisen seien. Vgl. auch Gilbert Chinard, *L'Amérique et le rêve exotique dans la littérature française au XVII et au XVIII siècle,* Paris 1913.

33 »Il y a cette différence entre les peuples *sauvages* et les peuples *barbares,* que les premiers sont de petites nations dispersés, qui, par quelques raisons particulières, ne peuvent pas se réunir; au lieu que les barbares sont ordinairement de petites nations qui peuvent se réunir. Les premiers sont ordinairement des peuples chasseurs; les seconds des peuples pasteurs« (*Esprit des Lois,* liv. XVIII, § 11).

34 *Vaugh.* I, p 219, note q.

35 Hegel, *Sämtl. Werke,* ed. Glockner, vol. XI, p 413.

36 *Oeuvres* I, p 389 sq.

37 *Oeuvres* I, p 388.

38 Vgl. A. Toynbee, *A study of history,* London 1951[5], vol. I, p 271-299.

39 *Vaugh.* I, p 175.

40 *Oeuvres* I, p 387 sq.

41 *Vaugh.* I, p 142.

42 *Vaugh.* I, p 175.

43 Der Sinn dieses Satzes wird noch deutlicher, wenn man bedenkt, daß die Selbstliebe der Erhaltung des Individuums, das Mitleid dem Schutz der Gattung dient. Da nun aber mit dem Fortschritt der Zivilisation zugleich die Kraft des Mitleids nachläßt und die Selbstliebe zur alles zerstörenden Selbstsucht sich wandelt, muß es zu einer Gefährdung der Gattung kommen. Die intellektuellen Fortschritte der »raison« entwickelnden Individuen sind mit ihrem moralischen »Fall« verbunden und werden zur Ursache für den »Verfall der Gattung«. Diese ist nur dann im Gesellschaftszustand gesichert, wenn an die Stelle der depravierten Naturmenschen denaturierte Staatsbürger (Citoyens) getreten sind.

44 *Oeuvres* I, p 385.
45 *Oeuvres* I, p 384.
46 *Vaugh.* I, p 175.
47 *Vaugh.* I, p 175 sq.
48 *Oeuvres* I, p 388.
49 *Oeuvres* I, p 388.
50 l. c.
51 *Vaugh.* I, p 176.
52 *Vaugh.* I, p 177.
53 Vgl. John Locke: »Though the earth and all inferior creatures be common to all men, yet every man has a ›property‹ in his own ›person‹. This nobody has any right to but himself. The ›labor‹ of his body and the ›work‹ of his hands, we may say, are properly his. Whatsoever, then, he removes out of the state that Nature hath provided and left it in, he hath mixed his labor with it, and joined to it something that is his own, and thereby makes it his property. It being by him removed from the common state Nature placed it in, it hath by his labor something annexed to it that excludes the common right of other men. For this ›labor‹ being the unquestionable property of the laborer, no man but he can have a right to what that is once joined to, at least where there is enough, and as good left in common for others« (*Second Treatise on Civil Government,* chapt. V. of property, § 27.).
54 *Vaugh.* I, p 177.
55 Weigand gibt in seiner Übersetzung 1. c. »signes représentatifs de richesse« mit »Zurschaustellung des Reichtums« wieder. Der Zusammenhang macht jedoch eindeutig die Wortbedeutung »Geld« verständlich, vor dessen Einführung der Reichtum nur in Naturalbesitz bestehen konnte. Diese »signes représentatifs« ermöglichen übrigens nach Rousseau gerade erst das *Verbergen* der Reichtümer, die bislang stets äußerlich sichtbar blieben. Vgl. Weigand 1. c. p 223 Anm. 5.
56 »Avant qu'on eût inventé les signes représentatifs des richesses, elles ne pouvaient guère consister qu'en terres et en bestiaux, les seuls biens réels que les hommes puissent posséder . . . « (*Vaugh.* I, p 179).
57 *Vaugh.* I, p 180.
58 Vgl. Kapitel II dieser Arbeit. Eine Unterscheidung des Wortsinnes von »amour propre« und »amour de soi« fand ich erst im Dictionnaire der Académie Française von 1802. Dort heißt es: »On appelle *amour-propre* l'amour qu'on a pour soi-même; et il se prend ordinairement au mauvaise part pour une trop grande opinion de soi-même. C'est un homme rempli d'amour-propre. On appelle *amour de soi,* l'attachement de chacun à son existence, à son bien-être. *Ce sentiment légitime et nécessaire* à tous les hommes, ne devient vicieux que par l'excès; et alors c'est *l'amour-propre ou l'égoisme«.* Das Wort ›égoisme‹ ist – nach G. Cayrou – ein erst 1762 von der Akademie anerkannter Neologismus, der nach und nach »amour-propre« verdrängt zu haben scheint,

so daß 1835 das Akademie-Wörterbuch die Unterscheidung von amour de soi und amour-propre wieder fallen läßt.

59 *Vaugh.* I, p 179.

60 Zit. nach *Naturrecht und allgemeines Staatsrecht in den Anfangsgründen,* ed. Toennies, Berlin 1926 p 77.

61 *Vaugh.* I, p 179.

62 *Vaugh.* I, p 447. Vgl. auch » . . . si l'on voit enfin qu'au lieu de tendre tous au bien général ils ne se rapprochent entre eux que parce que tous s'en éloignent . . . « (l. c. p 448).

63 Vgl.: »Dans ce nouvel état . . . les hommes, jouissant d'un fort grand loisir, l'employèrent à se procurer plusieurs sortes de commodités inconnues à leurs pères; et ce fut là le premier joug qu'ils s'imposèrent, sans y songer, et la première source de maux qu'ils préparèrent à leur descendants. Car, outre qu'ils continuèrent ainsi à s'amollir le corps et l'esprit, ce commodités ayant par l'habitude perdu presque tout leur agrément, et étant en même temps dégénérées en de vrais besoins, la privation en devint beaucoup plus cruelle que la possession n'en était douce; et l'on était malheureux de les perdre, sans être heureux de les posséder . . . « *(Vaugh.* I, p 173).

64 Diesen Unterschied scheint selbst Leo Strauß übersehen zu haben. Zwar bemerkt er (l. c. p 297) mit Recht: »die tatsächliche Gesellschaft beruht auf einem Betrug, den die Reichen an den Armen verübt haben: politische Macht beruht auf ›wirtschaftlicher‹ Macht«. Aber er verallgemeinert dieses Verhältnis ungebührlich, wenn er hinzufügt: »Keine Verbesserung kann jemals diesen ursprünglichen Fehler der bürgerlichen Gesellschaft wettmachen. Daß das Gesetz die Besitzenden gegenüber den Habenichtsen begünstigt, ist unvermeidlich«. Gewiß, aber keineswegs notwendig erscheint dem Rousseau des Contrat Social, daß es derartige (krasse) Unterschiede des Besitzes unter den Bürgern gibt. Ein gewisses Maß an faktischer Gleichheit wird von ihm vielmehr ausdrücklich als Vorbedingung für die Errichtung einer legitimen (republikanischen) Staatsordnung angenommen. Der »Législateur« ist in diesem Falle keineswegs ein Exponent der reichen Minorität, sondern ein tugendhafter – nach Möglichkeit einem fremden Staate entstammender – Mann, der zu formulieren versucht, was dem Gemeinwillen der homogenen Bevölkerung entspricht. Vgl. Kap. III. § 15.

65 *C. S.* I, 9. Karl Marx hat in seinem Exzerpt des *Contrat Social* auf diesen Satz mit besonderem Nachdruck hingewiesen. Er führt ihn mit den Worten: »Rousseau macht zu dem letzten Satz folgende merkwürdige Noten« ein (Mitteilung von W. Blumenberg vom »Internationaal Instituut voor Sociale Geschiedenis« Amsterdam, das den Nachlaß von Marx verwaltet).

66 *C. S.* II, 11.

67 Vgl. *C. S.* II, 7: »C'était la coutume de la plupart des villes grecques de confier à des étrangers l'établissement des leurs. Les Républiques mo-

dernes de l'Italie imitèrent souvent cet usage; celle de Genève en fit autant et s'en trouva bien«. In einer Fußnote weist R. auf Calvins politische Bedeutung hin.

68 *Vaugh.* I, p 181.

69 Samuel Pufendorf, »*Le droit de la nature et des gens, ou système général des principes les plus importants de la morale, de la jurisprudence, et de la politique, traduit du latin . . par Jean Barbeyrac,* Amsterdam Pierre de Coup 1712 2 vol. Ich zitiere im folgenden nach dieser Ausgabe, gebe aber jeweils auch Buch, Kapitel und Paragraph an, so daß die betreffenden Stellen in jeder anderen lateinischen oder französischen Ausgabe leicht gefunden werden können.

70 *Vaugh.* I, p 188.

71 l. c. 188 sq.

72 *Vaugh.* I, p 188. »Verum si concedamus illum qui summam habet potestatem, pacta cum civitate et inire et violare posse, is autem cum violaverit violasse negaverit, quis litem hanc determinabit? Nisi autem determinetur, reditur ad anarchiam, nec civitas amplius est. Si determinatur a civitate ab ipsos determinatur, qui personam civitatis gerit, id est, a potestatem summam jam habente . . « (*Opera* lat. vol. III, p 133). Um die ganze Unhaltbarkeit eines solchen Vertrages offenbar zu machen, wendet ihn Hobbes dann auf die Demokratie an und fragt: »quis enim adeo hebes est, ut populum, exempli causa, Romanum, qui imperium Romae summum habuit quondam, summam illam potestatem tenuisse per pactum cum Romanis, nisi bene regnasset, deponi potuisse dicat?« (l. c. p 134). Wollte man aber dieser Absurdität dadurch entgehen, daß man einen Vertrag nur im Falle der Monarchie für notwendig halte, so beweise man eine persönliche Voreingenommenheit für die Demokratie. Hobbes richtet also gegen die Demokraten einen Ideologie-Verdacht!

73 *Vaugh.* 1, p 189.

74 Vgl. hierzu Kap. III § 15.

75 *Vaugh.* I, p 189.

76 *Vaugh.* I, p 190.

77 l. c.

78 *Vaugh.* I, p 195. Hans Barth hat in seinem Vortrag »über die Idee der Selbstentfremdung des Menschen bei Rousseau« (*Ztschr. f. Philos. Fschg.* XIII. Jg. p 16 bis 35) ausgehend von Äußerungen wie der zitierten, die Rousseausche Anthropologie insgesamt als eine Vorform der Hegel-Marxschen Lehre von der Entfremdung des Menschen in der modernen Welt dargestellt.

79 Friedrich Engels hat in seiner Polemik gegen Eugen Dühring diese Entwicklung von der ursprünglichen Gleichheit der isoliert lebenden Naturmenschen zur wiederhergestellten Gleichheit der Untertanen eines Tyrannen im Sinne der marxistischen Fortschritts-Dialektik gedeutet. Dadurch wird Rousseau in einen Revolutionär verwandelt, der den

Umschlag aus der tiefsten Unterdrückung zur vollständigen Freiheit erwartet. Wenn Engels auch in diesem Punkt einer verbreiteten Täuschung über Rousseau unterlag, so kann doch im übrigen seine Zusammenfassung des zweiten Discours als eine anschauliche Herausarbeitung des tatsächlich in ihm enthaltenen dialektischen Gedankens angesehen werden: »Sogar die Rousseausche Gleichheitslehre . . kommt nicht zustande, ohne daß die Hegelsche Negation der Negation – und noch dazu zwanzig Jahre vor Hegels Geburt – Hebammendienste leisten muß. Und weit entfernt, sich dessen zu schämen, trägt sie in ihrer ersten Darstellung den Stempel ihrer dialektischen Abstammung fast prunkend zur Schau. Im Zustand der Natur und der Wildheit waren die Menschen gleich; und da Rousseau schon die Sprache als eine Fälschung des Naturzustandes ansieht, so hat er vollkommen recht, die Gleichheit der Tiere *einer* Art, soweit diese reicht, auch auf diese . . . Tiermenschen anzuwenden. Aber diese Tiermenschen hatten vor den übrigen Tieren eine Eigenschaft voraus: die Perfektibilität, die Fähigkeit, sich zu entwickeln; und diese wurde die Ursache der Ungleichheit. Rousseau sieht also in der Entstehung der Ungleichheit einen Fortschritt. Aber dieser Fortschritt war antagonistisch, er war zugleich ein Rückschritt . . . Jeder neue Fortschritt der Zivilisation ist zugleich ein neuer Fortschritt der Ungleichheit. Alle Einrichtungen, die sich die mit der Zivilisation entstandene Gesellschaft gibt, schlagen in das Gegenteil ihres ursprünglichen Zwecks um. »Es ist unbestreitbar, und Grundgesetz des ganzen Staatsrechts, daß die Völker sich Fürsten gegeben haben, um ihre Freiheit zu schützen, nicht aber sie zu vernichten«. Und dennoch werden diese Fürsten mit Notwendigkeit Unterdrücker der Völker und steigern diese Unterdrückung bis auf den Punkt, wo die Ungleichheit, auf die äußerste Spitze getrieben, wieder in ihr Gegenteil umschlägt, Ursache der Gleichheit wird: vor dem Despoten sind alle gleich, nämlich gleich Null . . . Und so schlägt die Ungleichheit wieder um in Gleichheit, aber nicht die alte, naturwüchsige Gleichheit der sprachlosen Urmenschen, sondern in die höhere des Gesellschaftsvertrags. Die Unterdrücker werden unterdrückt. Es ist Negation der Negation« (*Herrn Eugen Dührings Umwälzung der Wissenschaft*, Berlin 1953, p 170 sq). Die letzten Sätze zeigen, daß Engels den zweiten Discours unmittelbar in den Contrat Social übergehen läßt, während dieser in Wahrheit eine ganz andere soziale und kulturelle Situation voraussetzt, wie ich in Kap. IV. dieser Arbeit ausführlich zu belegen suche.

80 *Vaugh.* I, p 194. Dieser Gedanke findet sich bereits in Diderots Artikel »Autorité« in der *Grande Encyclopédie:* »La puissance qui s'acquiert par la violence est une usurpation, et ne dure qu'autant que la force de celui qui commande l'emporte sur celui qui obéit . . . «

81 *C. S.* I,3.

82 Karl Barth fragt mit Recht: »Wo steht das berühmte ›revenons à la nature‹? Ich habe es in keiner der Schriften Rousseaus gefunden« *(Die*

protestantische Theologie im 19. Jh. Zollikon-Zürich 1952 p 160). In einem Brief an Voltaire sagt Rousseau u. a. » . . . vous voyez que je n'aspire pas à nous rétablir dans notre bêtise, quoique je regrette beaucoup, pour ma part, le pau que j'en ai perdu« *(Oeuvres* X, p 102). Voltaire war einer der ersten, die Rousseau im Sinne des ihm fälschlich nachgesagten Wortes mißverstanden haben.

83 *Vaugh.* I, p 190.

84 *Vaugh.* I, p 190.

85 *Vaugh.* I, p 139.

86 »Efforçons nous de tirer du mal même le remède qui doit le guérir: par de nouvelles associations réparons le vice interne de l'association générale . . « (*Vaugh.* I, p 323).

87 *Vaugh.* I, p 196.

88 Vgl. hierzu *C. S.* III,5: »Les premières sociétés se gouvernèrent aristocratiquement. Les chefs de famille déliberaient entre eux des affaires publiques. Les jeunes gens cédaient sans peine à l'autorité de l'expérience . . . «

89 *Vaugh.* I, p 192.

90 Jean Morel führt den Schlußsatz des zweiten Discours auf eine Stelle bei Montaigne zurück: »Ils dirent, écrit Montaigne, qu'ils trouvaient en premier lieu fort étrange que tant de grands hommes portants barbes, forts et armés . . se soumissent à obéir à un enfant, et qu'on ne choisissait plutôt quelqu'un d'entre eux pour commander. Secondement (ils ont une façon de langage telle qu'ils nomment les hommes moitiés les uns des autres) qu'ils avaient aperçu qu'il y avait parmi nous des hommes pleins et gorgés de toute sorte de commodités, et que leurs moitiés étaient mendiants à leur porte décharnés de faim et de pauvreté, et trouvaient étrange comment ces moitiés si nécessiteuses pouvaient souffrir une telle injustice qu'ils ne prissent les autres à la gorge ou ne missent le feu à leurs maisons . . « (*Essais,* liv. I, XXV). Freilich legt Montaigne diese Gedanken einem Kannibalen in den Mund. Vgl. Annales v. V, p 188.

91 *Vaugh.* I, p 196. Mit diesem Satz endet der zweite Discours und auf ihn bezieht sich das von Morel erwähnte Montaigne-Zitat.

Rousseaus Menschenbild und seine Ethik

1 Vgl. Leo Strauß: »Rousseau gedenkt seiner Lehre die festeste Grundlage zu geben, er will sie nicht von der dualistischen Metaphysik abhängig werden lassen, welche ›unlösbaren Einwänden‹, ›mächtigen Einwänden‹ oder ›unüberwindlichen Schwierigkeiten‹ ausgesetzt ist. Die Beweisführung der Zweiten Abhandlung ist als für Materialisten in gleicher Weise wie für andere annehmbar gedacht. Sie soll in dem Konflikt zwischen Materialismus und Antimaterialismus neutral sein . . «

(*Naturrecht und Geschichte,* Stuttgart 1956 p 277).

2 *Deuxième Discours, Vaugh.* I, p 217.

3 *Oeuvres* II, p 183.

4 Im Gegensatz dazu haben die englischen Moralphilosophen von Shaftesbury bis hin zu Adam Smith durchweg einen gemäßigten Egoismus als gut und nützlich akzeptiert. Einen Egoismus, der sich durchaus primär auf materielle Güter bezieht. Vom Interesse am Erwerb von Reichtum sagt z. B. Shaftesbury: »Now as to that Passion which is esteemd' peculiary interesting; as having for its aim the Possession of Wealth, and what we call a Settlement or Fortune in the World: if the Regard towards this kind be *moderate, and in a reasonable degree;* if it occasions no passionate Pursuit, nor raises any ardent Desire or Appetite, there is nothing in this Case which is not compatible with Virtue, and even suitable and *beneficial to Society.* The public as well as private System is advanced by the Industry, which this Affection excites . . « *(An Inquiry concerning Virtue,* book II, par. II, sect. 2. vol II, p 155). Während Malebranche und Rousseau einen prinzipiellen Unterschied zwischen einer erlaubten sinnlichen Selbstliebe (bei Rousseau im »Naturzustand«) sowie der höheren sittlichen Selbstliebe einerseits und der moralisch verwerflichen Selbstsucht andrerseits machen, sehen die Engländer das moralische Problem nur in einer gewissen Mäßigung der selbstsüchtigen Leidenschaften, die in entsprechend kleinen Dosen sogar als der Gesellschaft nützlich angesehen werden. Der Gegensatz zu Rousseau kann nicht schärfer gedacht werden, auch wenn Rousseau ihn selbst nicht immer gesehen haben sollte.

5 »Or, qu'entend Abbadie par *l'amour de nous-même,* si ce n'est ce *désir innocent et naturel* d'être solidement heureux, c'est à dire heureux et parfait? Qu'est-ce que s'aimer soi-même, dit-il, si ce n'est vouloir être heureux? Et qu'est-ce que vouloir être heureux, si ce n'est s'aimer soi-même? . . Comme donc il n'y saurait avoir du trop dans le désir qu'un homme a d'être heureux, et qu'on a toujours fait un crime à l'homme *de rechercher une fausse félicité, et non pas d'aimer avec trop d'ardeur* le véritable bonheur, il s'ensuit que *nous manquons pour nous aimer mal, et non pas pour nous aimer avec excès« (Oeuvres Complètes de Malebranche,* ed Genoude – Lourdoueix, t. II p 260).

6 »Dieu tire de l'amour de nous-mêmes tous les motifs dont il se sert pour nous porter à l'étude de la sanctification; car à quoi serviraient ses promesses et ses menaces . . ?« (1. c. p 262).

7 »Tous ceux qui ne veulent point démentir *le sentiment intérieur de leur conscience* conviendront que cet amour de bienveillance qu'ils se portent est invincible; que s'ils aiment la justice et la vérité, c'est que cela leur plaît, et que le mensonge et l'injustice leur font horreur. C'est qu'*ils aiment la perfection de leur être,* qu'ils haissent leur corruption *par cet amour de bienveillance* dont Dieu est l'auteur, et qu'il n'a mis en nous que pour nous porter à l'aimer . . « (1. c.).

8 »L'esprit de ce monde . . , c'est un excès *d'amour-propre* qui bien loin de penser aux autres, *s'imagine qu'il n'y a que lui« (Sermon sur l'impénitence finale).*

9 » . . disposition maligne et envieuse qui réside dans le fond du cœur des hommes . . « »L'esprit des hommes n'est pas seulement naturellement amoureux de lui-même, mais il est aussi naturellement jaloux, envieux et malin à l'égard des autres: il ne souffre qu'avec peine qu'ils aient quelque avantage, parce qu'il désire tous pour lui . . « (*Logique de Port Royal,* ed. Barré, Paris 1859, p 273).

10 »L'homme en cet état non seulement s'aimait sans péché, mais ne pouvait pas ne point s'aimer sans péché. Depuis, le péché étant arrivé, l'homme a perdu le premier de ces amours; et l'amour de soi-même étant resté seul dans cette grande âme capable d'un amour infini, cet amour-propre s'est étendu et débordé dans le vide que l'amour de Dieu a quitté; et *ainsi il s'est aimé seul, et toutes choses pour soi,* c'est à dire infiniment. *Voilà l'origine de l'amour-propre. Il était naturel* à Adam, *et juste en son innocence;* mais *il est devenu criminel et immodéré, ensuite de son péché.« (Lettre à M. et Madame Périer sur la mort de Pascal le Père du 17. 10. 1651).*

11 Malebranche, l. c. vol. II, p 262.

12 » . . . il n'est pas juste de mettre sa dernière fin dans soi-même et de ne se pas faire aimer pas rapport à Dieu; puis qu'en effet n'ayant de nous mêmes aucune bonté ni aucune subsistance, n'ayant aucun pouvoir de nous rendre heureux et parfaits, nous ne devons nous aimer que par rapport à Dieu, qui seul peut être notre souverain bien et nous rendre parfaits«) l. c. vol. I, p 135).

13 » . . . mais sans la grâce, c'est toujours imparfaitement et par amour-propre que nous l'aimons, je veux dire par un amour-propre injuste et déréglé. Car, quoique nous l'aimions peut-être comme ayant la puissance de nous rendre heureux, nous ne l'aimons pas comme souveraine justice, nous ne l'aimons pas comme tel qu'il est. Nous l'aimons comme un Dieu humainement débonnaire et accomodant, et nous ne voulons point nous accomoder à sa loi, à l'ordre immuable de ses divines perfections.« (l. c.)

14 »Par l'amour de la grandeur nous affections la puissance, l'élévation, l'indépendance, et que notre être subsiste par lui-même. Nous désirons en quelque manière d'avoir l'être nécessaire, nous voulons . . être comme des dieux. Car il n'y a que Dieu qui ait proprement l'être et qui existe nécessairement, puisque tout ce qui est dépendant n'existe que par la volonté de celui dont il dépend. Les hommes donc, souhaitant la nécessité de leur être, souhaitent aussi la puissance et l'indépendance qui les mettent à couvert de la puissance des autres . . « (l. c.).

15 *»L'amour-propre, ennemi* irréconciliable *de la vertu ou de l'amour* dominant *de l'ordre immuable,* peut s'accomoder avec l'amour de l'union, qui répond et qui rend honneur à la puissance capable d'agir en nous; car

il suffit pour cela que cet amour-propre soit éclairé . . « (l. c., p 409).

16 Rousseau zitiert ihn in den *Lettres écrites de la Montagne* (1764), *Oeuvres* III, p 182.

17 » . . la distinction que quelques écrivains on mise avec sagesse entre l'amour-propre et l'amour de nous-mêmes. Ceux-ci conviennent bien que l'amour de nous-mêmes entre dans toutes nos passions; mais ils distinguent cet amour de l'autre. Avec l'amour de nous-mêmes, disent-ils, on peut chercher hors de soi le bonheur; on peut s'aimer hors de soi davantage que dans son existence propre; on n'est point à soi-même son unique objet. L'amour-propre, au contraire, subordonne tout à ses commodités et à son bien-être il est à lui-même son seul objet et sa seule fin . . au lieu que les passions, qui viennent de l'amour de nous-mêmes, nous donnent aux choses, *l'amour-propre veut que les choses se donnent à nous, et se fait le centre de tout (Oeuvres Morales*, Paris 1884, vol I, p 47).

18 »S'il y a un amour de nous mêmes naturellement officieux et compatissant, et un autre amour-propre sans humanité, sans équité sans bornes, sans raison, faut-il les confondre?«

19 *Vaugh.* I, p 217.

20 *Oeuvres* II, p 183 sq.

21 *Oeuvres* IX, p 107 sq.

22 *Oeuvres* II, p 183.

23 *Oeuvres* II, p 263.

24 *Vaugh.* I, p 64.

25 *Vaugh.* I, p 64.

26 Vgl. auch im *Emile,* wo hinsichtlich der undifferenzierten Anziehung der Geschlechter im »Naturzustand« und der entwickelten Liebe im Gesellschaftszustand noch ganz die gleichen Ansichten wie im zweiten Discours vertreten werden (*Oeuvres* II, p 184).

27 »il me semble que le véritable amour est le plus chaste de tous les liens. C'est lui, c'est son feu divin qui sait épurer nons penchants naturels, en les concentrant dans un seul objet; c'est lui qui nous dérobe aux tentations, et qui fait qu'excepté cet objet unique un sexe n'est plus rien pour l'autre« (*Œuvres* IV, p 93).

28 *Vaugh.* I, p 160.

29 *Vaugh.* I, p 162.

30 *Oeuvres* I, p 384 sq.

31 *Oeuvres* I, p 385.

32 *Vaugh.* I, p 453.

33 *Vaugh.* I, p 251.

34 *Vaugh.* I p 251.

35 Vgl. dieser Arbeit.

36 »L'homme n'est pas un être simple; il est composé de deux substances. Cela prouvé, l'amour de soi n'est plus une passion simple, mais elle a deux principes, savoir l'être intelligent et l'être sensitif, dont le bienêtre

n'est pas le même. L'appétit des sens tend à celui du corps, et *l'amour de l'ordre* à celui de l'âme. Ce dernier amour, développé et rendu actif, porte le nom de conscience . . . « (*Oeuvres* III, p 64).

37 *Oeuvres* III, p 64 sq.

38 »Reason is and ought only to be slave of the passions and can never pretend to any other office than to serve and obey them . . . « (*Treatise of Human Nature,* vol. II, sect. XI.).

39 Vgl. hierzu vor allem P. M. Masson, *La Religion de J. J. Rousseau,* Paris 1916 3 vol. und Emile Bréhier, *Les Lectures malebranchistes de J. J. Rousseau,* in *Rev. int. de philosophie,* oct. 1938.

40 »C'est la raison qui engendre l'amour-propre, et c'est la réflexion qui le fortifie . . . « (*Vaugh.* I, p 162).

41 *Vaugh.* I, p 450.

42 »La conscience n'est proprement que la raison elle-même, considérée comme instrument de la règle que nous devons suivre, ou de la loi naturelle; et jugeant de la moralité de nos propres actions et de l'obligation où nous sommes à cet égard, en les comparant avec cette règle, conformément aux idées que nous en avons« (Burlamaqui, *Principes du droit naturel,* Genf 1747, p 255).

43 »Une vue purement spéculative ne saurait dans le cœur humain l'emporter sur les passions« (*Lettre à Carondelet,* 4. 3. 1764; Corr. Gén. X, p 340 no. 2028.).

44 *Oeuvres* IV, p 344.

45 *Oeuvres* IV, p 221.

46 »Rousseau wollte im Grunde nicht, daß der Mensch wiederum in den Naturzustand zurückgehen, sondern von der Stufe, auf der er jetzt steht, dahin zurück*sehen* sollte . . . « (*Anthropologie in pragmatischer Hinsicht,* 2. Teil, E. der Charakter der Gattung, C.).

47 Derathé, *Le Rationalisme de Rousseau,* Paris 1948, p 101.

48 *Oeuvres* II, p 263.

49 *Oeuvres* II, p 252.

50 *Oeuvres* II, p 262.

51 »On voit par là comment la conscience et la raison se complètent, la seconde n'a que des lumières et la première n'est qu'un élan aveugle tant qu'elle n'est pas éclairé par la raison« (Derathé, l. c. p 111).

52 Vgl. z. B. »Denn obzwar alle Dinge . . . in jeder Sekunde aus der funktionellen Einheit des Zusammenspiels von *Drang und Geist* (hervorgehen), so sind doch erst im Menschen und seinem Selbst diese beiden – uns erkennbaren – Attribute des Ens per se lebendig aufeinander bezogen. Der Mensch ist ihr Treffpunkt« (*Die Stellung des Menschen im Kosmos,* München 1947 p 84).

53 Zur Bedeutung der Physikotheologie und der teleologischen Naturbetrachtung für das 17. und 18. Jh. vgl. neuerdings: Wolfgang Philipp, *Das Werden der Aufklärung in theologiegeschichtlicher Sicht,* Göttingen 1957.

54 Bernard Nieuwentyt, *L'existence de Dieu démontrée par les merveilles de la nature, en trois parties, où l'on traite de la structure du corps de l'homme, des éléments des astres et de leurs divers effets,* Paris 1725. Nieuwentyt wird von Rousseau im *Emile (Oeuvres* II, p 247), in dem *Projet pour l'éducation de M. de Sainte-Marie* (*Oeuvres* III, p 44) und in dem Gedicht »Les Charmettes« erwähnt: »Là, Pline et Nieuwentit, m'aidant de leur savoir, m'apprennant à penser, ouvrir les yeux, et voir« (*Oeuvres* VI, p 6).

55 Vgl. Voltaires »Poème sur le désastre de Lisbonne ou examen de cet aciome: tout est bien« (1755) und Rousseaus Erwiderung in seinem Brief vom 18. 8. 1756. Dort schreibt er: »Je ne vois pas qu'on puisse chercher la source du mal moral ailleurs que dans l'homme libre, perfectionné, partant corrompu; et quant aux maux physiques . . . je crois avoir montré qu'excepté la mort, qui n'est presque un mal par les préparatifs dont on la fait précéder, la plupart de nos maux physiques sont encore notre ouvrage. Sans quitter votre sujet de Lisbonne, convenez, par exemple, que la nature avait point rassemblé là vingt mille maisons de six à sept étages, et que si habitants de cette grande ville eussent été dispersés plus également et plus légèrement logés, le dégât eût été beaucoup moindre et peut-être nul« (*Oeuvres* X, p 124).

56 *Oeuvres* II, p 246.

57 *Oeuvres* II, 264. Vgl. hiermit auch Malebranche: »Sans doute la nature est présentement corrompue; le corps agit avec trop de force sur l'esprit. Au lieu de lui représenter ses besoins avec respect, il le tyrannise et l'arrache à Dieu, à qui il doit être inséparablement uni; . . . L'esprit est devenu comme matériel et comme terrestre après le péché. La rapport de l'union étroite qu'il avait avec Dieu s'est perdue, je veux dire que Dieu s'est retiré de lui, autant qu'il le pouvait sans le perdre et sans l'anéantir . . . « (*Oeuvres,* l. c. t. I, p 165). Rousseau hat diese theologische Denkweise radikal verweltlicht: wie der Theologe zwischen der sittlich unschädlichen »union de l'âme et du corps« vor dem Fall und der unheilvollen »dépendance« nach ihm unterscheidet, so ist bei Rousseau die materielle Selbstliebe der isoliert lebenden Naturmenschen unschädlich und »in der Ordnung«, während der grenzenlose Egoismus (Selbstsucht) der im Gesellschaftszustand Lebenden das schlechthin Böse darstellt.

58 *Oeuvres* XII, p 147.

59 Auf das Moment der Stärke und des Kampfes mit sich selbst hat Rousseau bei der Charakterisierung der Vertu immer wieder hingewiesen. Vgl. z. B. »*Il n'y a point* de bonheur sans courage, ni *de vertu sans combat.* Le mot de vertu vient de force; la force est la base de toute vertu. La vertu n'appartient qu'à un être faible par sa nature, et fort par sa volonté . . . Tant que la vertu ne coûte rien à pratiquer on a peu besoin de la connaître. Ce besoin vient quand les passions s'éveillent« (*Oeuvres* II, p 416).

60 Den antiken Begriff der *politischen* Tugend dürfte Rousseau außer der Lektüre Platos, Xenophons, Plutarchs usw. vor allem *Montesquieu* verdanken, der die vertu ganz ähnlich wie er als »amour des lois et de la patrie« definiert, und ebenfalls in Übereinstimmung mit Rousseau fortfährt: »cet amour demandant une préférence continuelle de l'intérêt public au sien propre, donne toutes les vertus particulières; elles ne sont que cette préférence ... « (*Esprit des Lois,* liv. IV, ch. V).

61 *Vaugh.* I, p 163.

62 André Ravier, *L'éducation de l'homme nouveau,* Issoudoun, 1941, 2 vol.

63 *Oeuvres* II, p 299.

64 Vgl. Kap. II a., letzte Abschnitte.

65 *Oeuvres* II, p 420 sq.

66 *CS* I, 7 (Vaugh. II, 36).

67 Vgl. *Naturrecht und Geschichte,* p 267 sq., p 184 sq. etc.

68 *Oeuvres* II, p 445 sq.

69 *Vaugh.* I, p 248. Ähnlich heißt es auch in den *Considérations sur le Gouvernement de Pologne* (1772): »Dirigez dans cet esprit l'éducation, les usages, les coûtumes, les mœurs des Polonais; vous développerez en eux ce levain (des patriotischen Eifers, IF) qui n'est pas encore éventé par des maximes corrompues, pas des institutions usées, par une philosophie égoiste .. La nation datera sa seconde naissance de la crise terrible dont elle sort .. elle chérira, elle respectera les lois qui flatteront son nobel orgueil, qui la rendront, qui la maintiendront heureuse et libre; arrachant de son sein *les passions* qui les éludent, *elle y nourrira celles qui les font aimer* .. « (*Vaugh.* II, p 441).

70 *Vaugh.* II, p 161 (Lettre à Mirabeau).

71 Vgl. Rousseau juge de Jean Jacques: »Je sais que des foules d'hommes vertueux ont jadis existé sur la terre; je sais que Fénelon, Catinat, d'autres moins connus, ont honoré les siècles modernes, et parmi nous j'ai vu Georges Keith suivre encore leurs sublimes vestiges. A cela près je n'ai vu dans les apparantes vertus des hommes que forfanterie, hypocrisie et vanité« (*Oeuvres* IX, p 238).

72 *Vaugh.* II, p 37.

Die Rousseausche Republik

1 In seiner politischen Kampfschrift *Quelle est la situation actuelle de l'Assemblée Nationale?* (Lausanne 1790) schrieb der Comte d'Antraiques: »J. J. Rousseau avait eu la volonté d'établir, dans un ouvrage qu'il destinait à éclaircir quelques chapitres du Contrat Social, par quels moyens de petits Etats libres pouvaient exister à côté des grands Puissances, en formant des confédérations. Il n'a pas terminé l'ouvrage; mais il en avait tracé le plan, posé les bases, et placé, à côté des seize

chapitres de cet écrit, quelques unes de ses idées, qu'il comptait développer dans le corps de l'ouvrage. Ce manuscrit de 32 pages entièrement de sa main, me fut remis par lui-même; et il m'autorisa à en faire, dans le courant de ma vie, l'usage que je croirais utile . . « (zit. nach *Vaugh.* II, p 135). Vgl. auch J. L. Windenberger, *La République confédérative des petits Etats, essai sur le système de politique étrangère de J. J. Rousseau,* Paris, 1900.

2 *CS* I.

3 *CS* I, 2 Première Version.

4 Statt der von mir skizzierten Entwicklung von der Abwehrgemeinschaft der Naturmenschen zum auf Gesetze gegründeten Staatswesen, die der Intention Rousseaus durchaus gerecht geworden wäre, konstruiert er im Contrat Social die politische Gemeinschaft als das Produkt selbständiger Einzelner, die bewußt ein Vertragsverhältnis eingehen. Auch wenn diese Konstruktion nur als erkenntnistheoretisches Hilfsmittel gedacht war, offenbart sie doch deutlich Rousseaus Abhängigkeit von dem individualistischen Denken seiner Zeit. Hierzu hat schon Karl Marx bemerkt: »Der einzelne und vereinzelte Jäger und Fischer . . gehört zu den phantasielosen Einbildungen der 18. Jahrhundert-Robinsonaden, die keineswegs, wie Kulturkritiker sich einbilden, bloß einen Rückschlag gegen Überfeinerung und Rückkehr zu einem mißverstandenen Naturleben ausdrücken. Sowenig wie Rousseaus Contrat Social, der *die von Natur independenten Subjekte durch Vertrag* in Verhältnis und Verbindung bringt, auf solchem Naturalismus beruht. Dieser Schein und nur der ästhetische Schein der kleinen und großen Robinsonaden. Es ist vielmehr die *Vorwegnahme der »bürgerlichen Gesellschaft«,* die seit dem 16. Jh. sich vorbereitete und im 18. Riesenschritte zu ihrer Reife machte. In dieser Gesellschaft der freien Konkurrenz erscheint der einzelne losgelöst von den Naturbanden usw., die ihn in früheren Geschichtsepochen zum Zubehör eines bestimmten, begrenzten menschlichen Konglomerats machen« (*Grundrisse der Kritik der politischen Ökonomie,* Berlin 1953 p 5). So sehr Rousseau also auch als bewußter *Gegner* sich den Entwicklungstendenzen der bürgerlichen Gesellschaft entgegenstellt und so hoch er auch die Bedeutung von Sitte, Brauchtum und Tradition der Gemeinschaften stellt, so stark ist er doch *gleichzeitig* von den herrschenden Denkformen und sozialanthropologischen Kategorien seiner Zeit abhängig. Es ist eine der Thesen dieses Buches, daß Rousseaus Wirkung von den zeitbedingten und unoriginellen Zügen seiner Lehre ausging, während seine tiefere fortschrittsfeindliche Intention zumeist verlorenging.

5 *Vaugh.* II, p 28. *CS* I, 4.

6 *Vaugh.* II, p 28 sq *CS* I, 4.

7 Diese Unterscheidung mach auch Thomas Hobbes. Vgl. *Leviathan* part[1] chap. XVI: »The *multitude* naturally is not one, but *many* . . . «

und *De Cive* cap. XII, art. 8: »Populus . . . unum quid (est), unam habens voluntatem et cui actio una attribui possit«. Sorbière fügt in der – vermutlich von Rousseau benutzten – französischen Übersetzung von sich aus, aber mit Zustimmung von Hobbes, folgende Fußnote hinzu: »D'où l'on peut voir la différence que je mets entre cette multitude que je nomme le *peuple,* qui se gouverne régulièrement par l'autorité de magistrats, qui compose une *personne civile,* qui nous *représente tout le corps du public,* la ville ou l'Etat et à qui je ne donne qu'une volonté; et cette *autre multitude,* qui ne regarde point d'ordre, qui est comme une *hydre à cent têtes,* et qui ne doit prétendre dans la république qu'à la gloire de l'obéissance«. Noch früher findet sich die Unterscheidung der beiden Arten menschlicher Vereinigung bei Franciscus Suarez (1548–1617) in seinem »Tractatus de Legibus et Deo Legislatore«. Nach Hinweis auf die Notwendigkeit einer »duplex consideratio hominum multitudinis« nimmt er folgende Unterscheidung vor: »primo (ist die Menge zu betrachten) ut est *aggregatum* quoddam *sine ullo ordine, vel unione physica, vel morali,* quomodo non efficiunt unum quid nec physice nec moraliter: et ideo non sunt proprie unum corpus politicum, ac proinde non indigent uno capite aut principe . . « »Alio ergo modo consideranda est hominum multitudo, quatenus speciali voluntate seu *communi consensu in unum corpus politicum congregantur* uno societatis vinculo, et ut mutuo se juvent in ordine ad unum finem politicum, quammodo efficiunt unum *corpus mysticum,* quod moraliter dici potest *per se unum:* illudque consequenter indiget uno capite. In tali ergo communitate, ut sic, est haec potestas ex natura rei, ita ut non sit in hominum potestate ita congregari et impedire hanc potestatem« (*Opera Omnia,* Paris 1856–61 vol V. p 181). Die Argumentation soll hier zugleich beweisen, daß dem politischen Körper die summa potestas (Souveränität) zukommt, auch wenn kein menschliches Individuum sie je für sich beanspruchen konnte. Erst nach der Konstituierung dieses corpus mysticum gibt es diese potestas, denn »prius esse debet subjectum potestatis quam potestas ipsa« (l. c.). Im Gegensatz zu Rousseau nimmt Suarez aber an, daß diese potestas weiterhin ein für alle Mal einem Monarchen oder einer kleinen Gruppe übertragen werden kann. Sooft aber eine legitime potestas civilis bei einem Manne oder Fürsten angetroffen werde, stamme sie »vel proxime, vel remote, a populo et communitate . . nec posse aliter haberi, ut justa sit« (l. c. p 186).

8 *CS* I, 6.

9 »Communem autem potentiam constituendi . . unica via haec est, ut potentiam et vim suam omnem in hominem vel coetum unum unusquisque transferat, unde voluntates omnium in unicam reducantur« (*Leviathan* cap. XVII).

10 »L'aliénation totale de chaque associé avec tous ses droits à toute la communauté« (*CS* I, 6).

11 *CS* I, 6.
12 *CS* I, 6.
13 *Emile* V, *Oeuvres* II, p 432.
14 Betrand de Jouvenel gebraucht das Bild der Taufe. Mit Suarez könnte man auch an das »corpus mysticum Christi« denken (vgl. oben Anm. 7).
15 *CS* I, 6.
16 *CS* I, 7.
17 Den gleichen Gedanken hat Fichte in seinen *Vorlesungen über die Grundzüge des gegenwärtigen Zeitalters* (1804/5) wie folgt formuliert: »Will man den, der in der Tat und Wahrheit dem Staate seinen Zweck aufgibt, den Souverän nennen, – so gehört, in dieser zuletzt genannten Verfassung, jeder Bürger auf dieselbe Weise und in demselben Grade, zum Souverän; und will man nun in dieser Rücksicht auch den einzelnen Souverän nennen, so läßt sich der eben gesagte Satz auch so ausdrücken: jeder ist, in Absicht seines notwendigen Zwecks, als Glied der Gattung, ganz *Souverän,* und in Absicht seines individuellen Kraftgebrauchs ganz *Untertan;* und *alle sind* eben darum *beides* auf die gleiche Weise« (Ausg. der Philos. Bibl. Hamburg 1956 p 159 sq).
18 *Oeuvres* II, p 433.
19 *Vaugh.* II, p 200.
20 *CS* II, 7.
21 *Vaugh.* I, p 478.
22 »Il faut, en un mot, qu'il ôte à l'homme ses forces propres pour lui en donner qui lui soient étrangères, et dont il ne puisse faire usage sans le secours d'autrui. Plus ses forces naturelles sont mortes et anéanties, plus les acquises sont grandes et durables, plus aussi l'institution est solide et parfaite« (*CS* II, 7). Karl Marx knüpft in seiner Schrift *Zur Judenfrage* (1844) an diese Rousseausche Ausführung folgende kritische Bemerkung: »Alle Emanzipation ist Zurückführung der menschlichen Welt, der Verhältnisse, auf den Menschen selbst. Die politische Emanzipation (für die Rousseau als typischer Vertreter zitiert wird, IF) ist die Reduktion des Menschen, einerseits auf das Mitglied der bürgerlichen Gesellschaft, auf das *egoistische unabhängige Individuum, andererseits* auf den *Staatsbürger,* auf die *moralische Person*«. Für Marx ist aber der sinnlich-konkrete Mensch identisch mit dem Mitglied der bürgerlichen Gesellschaft, während ihm der Staatsbürger als eine bloß ideelle Konstruktion erscheint. Freilich wäre der »wahre« Mensch ein Wesen, das in der Gemeinschaft aufgeht, wie der Citoyen, aber in der Wirklichkeit des demokratischen Staates ist der wahre Mensch (als Staatsbürger) unwirklich und der wirkliche Mensch (als Bourgeois) unwahr. »Erst wenn der wirkliche individuelle Mensch den abstrakten Staatsbürger in sich zurücknimmt und als individueller Mensch in seinem empirischen Leben, in seiner individuellen Arbeit, in seinen individuellen Verhältnissen, Gattungswesen geworden ist,

erst wenn der Mensch seine »forces propres« als gesellschaftliche Kräfte erkannt und organisiert hat und daher die gesellschaftliche Kraft nicht mehr in der Gestalt der politischen Kraft von sich trennt, erst dann ist die *menschliche* Emanzipation vollbracht« (K. Marx/F. Engels, *Die heilige Familie u. andere philos. Frühschriften*, Berlin 1953, p 57). – Marx irrt freilich insofern, als er Rousseau unterstellt, er habe den Citoyen als eine abstrakte Konstruktion aufgefaßt und den eigentlichen Menschen im Bourgeois erblickt. Im Gegenteil war ja das Bemühen Rousseaus darauf gerichtet, konkrete Citoyens zu erziehen, die den »Anfechtungen« des bourgeoisen Partikularwillens möglichst enthoben sind. Er sah die Aufgabe des Citoyen-Staates in der Unterdrückung der Dynamik der bürgerlichen Gesellschaft, die liberale Freiheit für individuelle Betätigung der Bourgeois oder gar die freie Konkurrenz erschienen ihm eher als schädlich.

23 » . . les forces dont il a le sentiment« (*Vaugh.* I, p 478 note 6).

24 »Celui qui dans l'ordre civil veut conserver la primauté des sentiments de la nature, ne sait ce qu'il veut. Toujours en contradicition avec lui-même, toujours flottant entre ses penchants et ses devoirs, il ne sera jamais ni homme ni citoyen; il ne sera bon ni pour lui ni pour les autres. Ce sera un de ces hommes de nos jours: un Français, un Anglais, un Bourgeois; ce ne sera rien« (*Œuvres* II, p 7).

25 »Les bonnes institutions sociales sont celles qui savent le mieux dénaturer l'homme, lui ôter son *existence absolue* pour lui en donner une *relative*, et transporter le moi dans l'unité commune; en sorte que chaque particulier ne se croie plus un, mais partie de l'unité, et ne soit plus sensible que dans le tout . . « (*Œuvres* II, p 6).

26 La Rochefoucauld z. B. meint: »Il n'y a point d'homme qui ne se croie en chacune de ses qualités, au dessus de l'homme qu'il estime le plus« (*Nouveau manuel philos. et moral par M. le Duc de la Rochefoucauld analyse par M. Manzon*, Amsterdam 1794 p 337).

27 Der kosmopolitische Aufklärer Manzon (l. c.) wendet sich gegen diese Beispiele: »Voilà la Citoyenne, dit le grand, immortel Citoyen d'une très petite république. Il a raison: Mais qu'est-ce que *l'amour de la patrie, sinon un sentiment illusoire et factice, né de l'orgueil?* et quels sont des droits pour oser marcher avant ceux de la nature, de la raison et l'humanité? Toutes ces belles actions, ajoute le même auteur, n'ont pas grand rapport à ce que nous connaissons. Cela est encore vrai, mais pourrait-il me montrer, comment ces prétendus belles actions ont quelque rapport avec la vertu? et me serait-il bien difficile de lui prouver, qu'elles tiennent moins de cette dernière, que de l'extravagance, du fanatisme et de la folie? . . . Je désapprouve ces affections exclusives pour les hommes d'un certain pays . . . « (l. c. p 169 sq).

28 *Vaugh.* II, p. 244. Und es ist ja tatsächlich zerstört, denn nur »en corps«, in legtimer Weise vereinigt, bilden die beiden politischen Stände (Citoyens und Bourgeois) von Genf den Souverän der Stadt.

Einzeln oder in ungesetzlichen Versammlungen stellen sie nur zum Gehorsam verpflichtete Untertanen dar. Das von der Regierung ausgesprochene Verbot war natürlich nach Rousseaus Auffassung ungerecht, denn niemand darf dem Souverän Vorschriften machen und eine Regierung kann sich nur dann auf die stillschweigende Zustimmung des Volkes berufen, wenn dieses »jederzeit die Freiheit hat sich zu versammeln« und seinen Widerspruch anzumelden.

29 *CS* I, 6.

30 Vgl. den zweiten Discours: »Les hommes . . . ayant pris une assiette plus fixe, se rapprochent lentement, se réunissent en diverses troupes, et forment enfin dans chaque contrée une *nation particulière, unie de moeurs et de caractères,* non par des règlements et des lois, mais *par le même genre de vie et d'aliments,* et par l'influence commune du climat . . .« (*Vaugh.* I, p 173).

31 In einem nachgelassenen Fragment unterscheidet Rousseau zwischen verschiedenen *Arten von Bedürfnissen:* »Nos besoins sont de plusieurs sortes, les premiers sont ceux qui tiennent à la subsistance, et *d'où dépend notre conservation.* Ils sont tels, que tout homme périrait, s'il cessait d'y pouvoir satisfaire: ceux-ci s'appellent *besoins physiques,* parce qu'ils nous sont donnés par la nature et que rien ne peut nous en délivrer. Il n'y a que deux de cette espèce: savoir la nourriture et le sommeil. D'autres besoins tendent moins à notre conservation qu'à notre bien-être, et ne sont proprement que des appétits, mais quelquefois si violents, qu'ils tourmentent plus que les vrais besoins; cependant il n'est jamais d'une absolue nécessité d'y pourvoir, et chacun sait que trop que vivre n'est pas vivre dans le bien-être. Les besoins de cette seconde classe ont pour objet le *luxe de sensualité,* de molesse, l'union des sexes et tout ce qui flatte nos sens. Un *troisième ordre* de besoins, qui, nés après les autres, ne laissent pas de primer enfin sur tous, sont *ceux qui viennent de l'opinion.* Tels sont les honneurs, la réputation, le rang, la noblesse, et tout ce qui n'a d'existence que dans l'estime des hommes, mais qui mène par cette estime aux biens réels qu'on n'obtiendrait point sans elle« (*Vaugh.* I, p 352).

32 *Première Version du CS, Vaugh,* I, p 455.

33 Dusaulx, *De mes rapports avec Rousseau,* 1798 p 102.

34 Soweit ich sehe, hat nur Albert Schinz (*La pensée de J. J. Rousseau,* Paris 1929) eine ähnliche Hypothese aufgestellt.

35 Auch in ihrer Wertung ordnen diese Theoretiker die Gesellschaft dem Staate über, was eine Formel von Thomas Paine am frappierendsten zum Ausdruck bringt, die Carl Schmitt zitiert: »Die Gesellschaft ist das Resultat unserer vernünftig geregelten Bedürfnisse, der Staat ist das Resultat unserer Laster« (C. Schmitt, *Der Begriff des Politischen,* Hamburg 1933, p 42). Rousseau würde den Satz umgekehrt haben.

36 B. de Jouvenel, *Du Contrat social de J. J. Rousseau, précédé d'un essai sur la politique de Rousseau,* Genève 1947. Vgl. besonders pp 105-112

»la triple racine de la Volonté Générale«.

37 Vgl. z. B.: » . . . par ce mot de *Volonté* ou de capacité qu'a l'âme d'aimer différents biens, je prétends désigner l'impression ou le *mouvement naturel qui nous porte vers le bien indéterminé en général* et par celui de *Liberté*, je n'entends autre chose que la force qu'a l'esprit de détourner cette impression vers les objets qui nous plaisent, et faire ainsi que nos inclinations naturelles soient terminées à quelque objet particulier, lesquelles étaient auparavant vagues et indéterminées vers le bien général ou universal; c'est à dire vers Dieu qui est le seul bien général, parce qu'il est le seul qui renferme en soi tous les biens« (*De la Recherche de la Vérité, Oeuvres,* vol I, p 3). Da Wille und Liebe des Menschen jedoch wesensmäßig auf Gott bezogen sind, ist jede Partikularisierung des Willens, sofern sie dem partiellen Ziel absoluten Wert zuspricht, eine entsprechende Sünde.

38 Zit. nach Jouvenel l. c. p 111.

39 l. c.

40 Vgl. hierzu Vaughans Vorwort zu Diderots Artikel »droit naturel« abgedruckt in den *Political Writings of J. J. Rousseau*, vol. I, p 422 sq.

41 *Vaugh.* I, p 242.

42 Vgl. hierzu Rousseaus Unterscheidung der »drei Willen« in jedem Mitglied der Regierung: dem Partikularwillen des Individuums, dem Gemeinwillen der regierenden Körperschaft und dem Gemeinwillen des Staates (*CS* III, 2).

43 Je stärker der Wille sein müßte, desto schwächer ist er also faktisch, hierin liegt für Rousseau die größte Schwierigkeit der Kunst der Politk. Vgl. *Vaugh.* I, p 243.

44 l. c.

45 *Oeuvres* I, p 273.

46 Vgl. die umfangreichen chemischen Studien Rousseaus, abgedruckt in den *Annales de la Société J. J. Rousseau*, vol. XII (1920/21) p 1–178.

47 *Vaugh.* I, p 449 sq.

48 Vgl. den Titel des zweiten Kapitels der Erstfassung des Contrat Social: »qu'il n'y a point naturellement de société générale entre les hommes« (*Vaugh.* I, p 447).

49 *Vaugh.* I, p 449.

50 *Vaugh.* I, p 451 sq.

51 *Vaugh.* I, p 452.

52 *Vaugh.* I, p 453.

53 Der Weg zur Universalrepublik wird von Rousseau *nicht* ins Auge gefaßt. Der Antagonismus der Staaten, den Kant zum Motor des humanitären Fortschritts stempelt, soll durch die friedliche Koexistenz autarker Republiken abgelöst werden, deren Bewohner humane Gesinnungen entwickeln, ohne Weltbürger zu werden.

54 *Vaugh.* I, p 453.

55 *Oeuvres* II, p 6.

56 l. c.
57 *Première Version du Contrat Social, Vaugh.* I, p 494.
58 *Vaugh.* I, p 460.
59 l. c.
60 *Vaugh.* I, p 462.
61 *CS* II, 1.
62 *CS* II, 3.
63 *CS* IV, 1.
64 l. c.
65 *CS* II, 4. Ein republikanischer Rechtsstaat im Sinne Rousseaus kann nur so lange existieren, wie in der Volksversammlung tatsächlich der (sittliche) Gemeinwille obsiegt, was die Form der Verfassung keineswegs schon garantieren kann. Die volonté de tous braucht zwar nicht ständig die volonté générale zu sein, aber diese muß doch wenigstens die volonté de la majorité sein. Eine den Gemeinwillen *gegen die Mehrheit* durchsetzende Elite anerkennt Rousseau keineswegs.
66 Oder: er bejaht den Gemeinwillen und seinen Ausdruck, das Gesetz, soweit das Verhalten der anderen durch ihn normiert wird, aber lehnt ihn als verpflichtende Norm für sein eignes Tun ab (vgl. die Erstfassung des *Contrat Social* Kap. II).
67 Die Bedeutung des Gesetzes für die Herstellung der Freiheit im Gesellschaftszustand hat Rousseau schon in dem Artikel *Economie Politique* (1755) betont: »Par quel art inconcevable a-t-on pu trouver le moyen d'assujetir les hommes pour les rendre libres? d'employer aû service de l'Etat les biens, les bras et la vie même de tous ses membres, sans les contraindre et sans les consulter? d'enchaîner leur volonté de leur propre aveu? de faire valoir leur consentement contre leur refus, et de les forcer à se punir eux-mêmes quand ils font ce qu'ils n'ont pas voulu? Comment se peut-il faire qu'il obéissent et que personne ne commande, qu'ils servent et n'aient point de maître; d'autant plus libres en effet, que, sous une apparante sujétion, nul ne perd de sa liberté que ce qui peut nuire à celle d'un autre? *Ces prodiges sont l'ouvrage de la Loi.* C'est à la Loi seule que les hommes doivent la justice et la liberté« (*Vaugh.* I, p 245).
68 Vaugh. I, p 491 note 6. Fichte hat auch für diesen Rousseauschen und Kantschen Gedanken eine klare Formulierung gefunden: »Es muß jedem Angelegenheit sein, dem anderen seine Anerkennung des Rechtsgesetzes zu erklären, sich von seiner Seite die seinige von ihm zusichern und, *da keiner dem anderen vertrauen kann,* sie sich *von ihm garantieren zu lassen,* welches lediglich durch die Vereinigung mit einem gemeinen Wesen möglich ist, in welchem *jeder* durch *Zwang verhindert* wird, das Recht zu verletzen. Wer diesen Vorschlag nicht annimmt, erklärt dadurch, daß er dem Rechtsgesetz sich nicht unterwerfe und wird völlig rechtlos . . . Es gibt sonach . . . gar kein eigentliches Naturrecht, kein rechtliches Verhältnis der Menschen, au-

ßer unter einem positiven Gesetze und einer Obrigkeit; und der Stand im Staate ist der einzige wahre Naturzustand des Menschen« (*Werke*, ed. J. H. Fichte, vol. VIII, p 430 sq).

69 *Première Version du Contrat Social, Vaugh.* I, p 492.

70 l. c.

71 l. c., p 493.

72 l. c.

73 l. c., note 5.

74 *Projet de Constitution pour la Corse:* »Nul ne pourra posséder plus de . . . de terres« (*Vaugh.* II, p 349).

75 *Première Version du Contrat Social, Vaugh.* I, p 493.

76 l. c., p 494.

77 l. c.

78 l. c.

79 Vgl. Seite 323, 7. Bei Hegel heißt es von der Volksmenge: »das Volk, insofern mit diesem Worte ein besonderer Teil der Mitglieder eines Staates bezeichnet ist, *drückt den Teil aus, der nicht weiß, was er will*« (*Rechtsphilosophie* § 301).

80 *CS* II, 6.

81 l. c.

82 *Discours*

83 Vgl. Emile: »La deuxième difficulté vient . . . surtout de la *partialité des auteurs,* qui, parlant toujours de la vérité dont ils ne se soucient guère, ne songent qu'à leur intérêt dont ils ne parlent point. Or, le peuple ne donne ni chaires, ni pensions ni places d'académies: qu'on juge comment ses droits doivent être établis par ces gens-là!« *(Oeuvres* II, p 430). Zu diesen parteiischen Autoren rechnete Rousseau namentlich Hobbes und Grotius, vermutlich aber auch Pufendorf. Im *Discours sur les richesses* wird von den Gelehrten im allgemeinen behauptet, sie seien »vils adulateurs de l'opulence, plus vils détracteurs de la pauvreté, et . . . savent prudemment accommoder la philosophie au goût de ceux qui la paient« *(Discours sur les richesses,* publié par F. Bovet, Paris 1853, p 21 sq).

84 Vgl. Fritz Fleiner, *Schweizerische und deutsche Staatsauffassung, Recht und Staat,* Heft 67, Tübingen 1929.

85 Hannah Arendt hat in ihrem Vortrag auf der Münchener Kulturkritiker-Tagung (1958) als eine Eigentümlichkeit der griechischen Antike hervorgehoben, daß der Gesetzgeber nicht Teil der verfassungsmäßigen Ordnung selbst gewesen sei, weil man das *Machen* der Gesetze nicht als Aufgabe des Gemeinwesens angesehen habe. Auch in diesem Punkt schließt sich Rousseau also an eine alte Tradition an.

86 *CS* II, 7.

87 l. c.

88 *Emile* II, *Oeuvres* II, p 52.

89 *CS* II, 7.

90 Vgl. die Beschreibung des künstlerischen Genies in Rousseaus *Dictionnaire de Musique (Oeuvres* VII, p 125), auf die Karl Barth in seiner *Protestantischen Theologie im 19. Jh.* (Zollikon-Zürich 1952) aufmerksam macht. Den Geniebegriff hat Rousseau vermutlich von dem Abbé Du Bos übernommen, den er mehrfach (*Oeuvres* I, 193, VII, 183 und *Correspondence Générale* II, 84) erwähnt. In dessen *Réflexions critiques sur la poésie et sur la peinture* von 1732 findet sich folgende Definition: »l'aptitude qu'un homme a reçue de la nature, pour faire bien et facilement certaines choses, que les autres ne sauraient faire que très mal même en prenant beaucoup de peine« (vol. II, p 4).

91 *Première Version du Contrat Social, Vaugh.* I, p 481.

92 So hat sich Rousseau z. B. nie daran gestoßen, daß in Genf nur die beiden obersten Bevölkerungsklassen (Citoyens und Bourgeois) als Vollbürger Mitglieder des Großen Rates sein konnten, während die restlichen neun Zehntel der erwachsenen Bevölkerung nur Untertanenpflichten hatten.

93 Vgl. die Definition in den Fragmenten zum Artikel *Economie Politique:* »l'on voit que *l'autorité publique, à la quelle je donne le nom de Gouvernement ne s'étend que sur les particuliers.* Ces éclaircissements sont nécessaires pour distinguer l'économie politique, que j'appelle Gouvernement, de l'autorité suprême, que j'appelle souveraineté: distinction qui constiste en ce que l'une a le droit législatif et oblige, en certains cas, le Corps même de la nation; tandis que l'autre n'a *que la puissance exécutrice* et ne peut obliger que les particuliers . . . « (*Vaugh.* I, p 279).

94 *Lettres de la Montagne,* partie I, lettre 5, *Vaugh.* II, 176 sq.

95 *CS* III, 1.

96 l. c.

97 de Jouvenel l. c., p 255.

98 D. h. eine stärkere Wirksamkeit der Gesetze auf die Untertanen.

99 Vgl. »Il ne faut pas beaucoup de probité pour qu'un gouvernement monarchique ou un gouvernement despotique se maintienne ou se soutienne. La force des lois dans l'un, le bras du prince toujours levé dans l'autre règlent ou contiennent tout. Mais, *dans un état populaire,* il faut un ressort de plus qui est la *vertu.* Car il est clair que dans une monarchie, où celui qui fait exécuter los lois se juge au-dessus des lois, on a besoin de moins de vertu que dans un gouvernement populaire, où celui qui fait exécuter les lois sent qu'il y est soumis lui-même, et qu'il en portera le poids. Il est clair encore que le monarque qui, par mauvais conseil ou par négligence, cesse de faire exécuter les lois, peut aisément réparer le mal: il n'a qu'à changer de Conseil, ou se corriger de cette négligence même. Mais lorsque, dans un gouvernement populaire, les lois ont cessé d'être exécutées, comme cela ne peut venir que de la corruption de la république, l'état est déjà perdu« (*Esprit des Lois,* livre III, ch. III. Edition de la Pléiade vol. II, p 251 sq.).

100 Vgl. *CS* III, 15. wo Rousseau für Griechenland die Notwendigkeit der Sklaverei als Voraussetzung der Freiheit der Vollbürger anerkennt: »Il y a telles positions malheureuses où l'on ne peut conserver sa liberté qu'aux dépens de celle d'autrui, et où le citoyen ne peut être parfaitement libre que l'esclave ne soit extrêmement esclave«.

101 de Jouvenel, l. c., p. 262.

102 *CS* III, 4.

103 *CS* II, 4.

104 *CS* II, 4.

105 Vgl. »*Le système rustique* tient, comme j'ai dit, à *l'état démocratique;* ainsi la forme que nous avons à choisir est donnée. Il est vrai qu'il y a dans son application quelques modifications à faire, à cause de la grandeur de l'île; car un Gouvernement purement démocratique convient à une petite ville plutôt qu'à une nation. On ne saurait assembler tout le peuple d'un pays, comme celui d'une cité; et quand l'autorité suprême est confiée à des députés, le Gouvernement change (de forme) et devient aristocratique. Celui qui convient à la Corse est un *Gouvernement mixte,* où le peuple ne s'assemble que par parties, et où les dépositaires de son pouvoir sont souvent changés. C'est ce qu'a très bien vu l'auteur du mémoire fait en 1764 à Vascovado: mémoire excellent et qu'on peut consulter avec confiance, sur tout ce qui n'est pas expliqué dans celui-ci« (*Vaugh.* II, p 313).

106 *CS* III, 5.

107 l. c. Diese beiden Tugenden sollen wenigstens den bestehenden Status konservieren, aber diese Mäßigung der Reichen und die Zufriedenheit der Armen setzen bei beiden das Vorherrschen der »Liebe zur Ordnung« (d. i. der Tugend) voraus, die nur mit größter Anstrengung unter den geschilderten sozialen Verhältnissen geweckt und erhalten werden kann.

108 *CS* III, 5.

109 *Lettres de la Montagne*, lettre VI, *Vaugh.* II, p 202. auch: » . . . les intérêts des sociétés partielles ne sont pas moins séparé de ceux de l'Etat, ni moins pernicieux à la république que ceux des particuliers; et ils ont même cet inconvénient de plus, qu'on se fait gloire de soutenir, à quelque prix que ce soit, les droits ou les prétentions du corps dont on est membre, et que ce qu'il y a de malhonnête à se préférer aux autres, s'évanouissant à la faveur d'une société nombreuse dont on fait partie, à force d'être bon sénateur on devient enfin mauvais citoyen. C'est ce qui rend l'aristocratie la pire des souverainetés . . . « (*Jugement sur la polysynodie de l'abbé de Saint-Pierre, Oeuvres* V, p 353).

110 *Oeuvres* V, p 353, vgl. vorige Anm.

111 Vgl.: »Il est certain que la confédération de Bar a sauvé la partie expirante. Il faut graver cette grande époque en caractères sacrés dans tous les cœurs polonais . . . « (*Considérations sur le Gouvernement de Pologne, Vaugh.* II, p 432). Und – mit deutlicher Anspielung auf Mably –

»Oserais-je parler ici des Confédérations, et n'être pas de l'avis des savants? Ils ne voient que le mal qu'elles font; il faudrait voir aussi celui qu'elles empêchent. Sans contredit, la Confédération est un état violent dans la République; mais il est des maux extrêmes qui rendent, les remèdes violents nécessaires, et dont il faut tâcher de guérir à tout prix. La Confédération est en Pologne ce qu'était la Dictature chez les Romains . . . « »Non *les Confédérations sont* le bouclier, l'asile, *le sanctuaire de cette constitution.* Tant qu'elles subsisteront, il me paraît impossible qu'elle se détruise. Il faut les laisser, mais il faut les régler . . . « (l. c., p 470). Rousseau duldet also hier doch eine Art aristokratischer Halbsouveränität.

112 *Oeuvres* III, p 176.

113 Vgl. z. B. »Un défaut essentiel et inévitable, qui mettra toujours le Gouvernement *monarchique* au-dessous du *républicain* . . . « (*CS* III, 6) und »s'il y a plus de ruse dans une cour, il y a plus de sagesse dans un Sénat, et . . . les Républiques vont à leurs fins par des vues plus constantes et mieux servies . . . « (l. c.).

114 *CS* III, 6.

115 l. c.

116 Hierauf hat auch Vaughan (II, p 376 sq.) hingewiesen. Allerdings führt er Rousseaus realistische Anpassungsfähigkeit auf einen *Gesinnungswandel* zurück, der unter dem Einfluß erneuter Montesquieu-Lektüre entstanden sei. Eine These, die ich mir nicht zu eigen machen konnte.

117 Vgl. z. B. »Il faudrait, pour ainsi dire, qu'un royaume s'étendît ou se resserât à chaque règne, selon la portée du prince; au lieu que, les talents d'un Sénat ayant des mesures plus fixes, l'Etat peut avoir des bornes constantes, et l'administration n'aller pas moins bien« (*CS* III, 6).

118 *Considérations sur le Gouvernement de Pologne, Vaugh.* II, p 506.

119 *CS* III, 7. Rousseau hat übrigens das englische System der Machtbalancen – trotz seiner prinzipiellen Kritik am Repräsentativsystem – durchaus als vorbildlich angesehen. In den Lettres de la Montagne schreibt er: »Celui seul (d. h. das Beispiel) de l'Angleterre, qui est sous nos yeux, et qu'il (Tronchin, auf dessen Lettres de la Plaine Rousseau antwortet) cite avec raison comme un *modèle de la juste balance des pouvoirs respectifs,* mérite un moment d'examen . . . « (*Vaugh.* II, p 266). Anschließend weist R. nach, daß das Vetorecht des englischen Königs ihm weder die Macht gibt, Gesetze aufzuheben, noch sie ungestraft zu übertreten: »Le Roi d'Angleterre, revêtu par les lois d'une si grande puissance pour les protéger, n'en a point pour les enfreindre. Personne, en pareil cas, ne lui voudrait obéir, chacun craindrait pour sa tête . . . *Tout Anglais, à l'abri des lois, peut braver la puissance royale;* le dernier du peuple peut exiger et obtenir la réparation la plus authentique, s'il est le moins du monde offensé . . . « (l. c., p 267). Mit dieser Äußerung muß man einerseits die Kritik an dem Reprä-

sentativsystem in *Contrat Social* (III, 15) und andrerseits das Lob des englischen Patriotismus in der *Nouvelle Héloïse* (z. B. *Oeuvres* IV. 147) vergleichen.

120 *CS* III, 7.

121 l. c.

122 Vgl. die Widmung des zweiten Discours: »Il s'ensuit que j'aurais voulu naître sous un Gouvernement démocratique sagement tempéré . . . « (*Vaugh.* I, p 126).

Voraussetzungen für die Errichtung und Mittel zur Erhaltung der Republik

1 Vgl. *Contrat Social,* livre III, besonders Kap. 3-8. Dort heißt es u. a.: »Ainsi, dans la démocratie le peuple est le moins chargé; dans l'aristocratie, il l'est davantage; dans la monarchie, il porte le plus grand poids. La monarchie ne convient donc qu'aux nations opulents; l'aristocratie, aux États médiocres en richesse ainsi qu'en grandeur; la démocratie, aux États petits et pauvres« (*CS* III, 8). Die hier ins Auge gefaßten Unterschiede des Reichtums und der Größe muß man sich jedoch insgesamt als unter einer Grenze bleibend vorstellen, *jenseits* deren es überhaupt keine republikanische Staatsordnung – verfüge diese auch über eine monarchische Regierung – mehr geben kann. Für derartige Staaten bleibt der Despotismus das unabwendbare Los. Rousseau hat sich an ihrem Schicksal desinteressiert. Vgl. *Oeuvres* IX, p 287 und lettre à Mirabeau v. 26. 7. 1767, – *Oeuvres* XII, p 25.

2 Vgl.: »Il y a peu de nations avilies sous la tyrannie qui fassent le moindre cas de la liberté; et celles même qui en voudraient ne sont plus en état de la supporter« (*Première version du Contrat Social, Vaugh.* I, p 484). Vgl. auch über die Unanwendbarkeit der Polysynodie des Abbé de St. Pierre in Frankreich, *Vaugh.* I, p 415 sq.

3 *CS* II, 8.

4 Der gleiche Gedanke und das gleiche Beispiel findet sich auch in Machiavellis *Discorsi:* »Ma non si vede il più forte esempio che quello di Roma, la quale, cacciati i Tarquini, potette subito prendere e mantenere quella libertà; ma morto Caesare, morto C. Caligola, morto Nerone, spenta tutta la stirpe caesarea, non potette mai, non solamente mantenere, ma pure dare principio alla libertà« (1. Buch 17. Kapitel). Wenn der Sittenverfall einmal weit genug fortgeschritten sei, habe jede Auflehnung gegen den Tyrannen keinen Sinn mehr und selbst der Glücksfall eines guten und gerechten Diktators vermöge das Volk nicht mehr zur Freiheit zurückzuführen. Die Sittenverderbnis aber führt Machiavelli wie Rousseau auf die Ungleichheit zurück: » . . . tale corruzione e poca attitudine alla vita libera, nasce da una inegualitá che è in quelle città« (l. c.).

5 J. J. Rousseau, *du Contrat Social,* avec introduction, notes et commentaires par M. Halbwachs, Paris 1943, p 202. Vgl. auch die Beschreibung der geographischen Verhältnisse der Schweiz und Korsikas in dem *Projet de Constitution pour la Corse* (1765) *Vaugh.* II, p 320.

6 *Première version du Contrat Social, Vaugh.* I, p 484.

7 Vgl. *De Cive:* »Ut aristocratia, ita quoque monarchia a potestate populi derivatur, scilicet jus suum, hoc est, summum imperium in unum hominem transferentis . . . ita ut quicquid potuerat populus antequam eligeretur, id omne postea jure possit facere electus. Quod cum factum est, *populus non amplius persona una, sed dissoluta multitudo,* quippe quae una erat virtute tantum summi imperii, quod jam a se in hunc transtulerunt«, (cap. VI, § 11; *Opera* lat. II, p 242).

8 *CS* II, 8.

9 Bf. vom 12. 7. 1764; abgedruckt in: *J. J. Rousseau ses amis et ses ennemis,* publiée par Streckeisen-Moultou, Paris 1865, t. I., p 311.

10 l. c., p 313.

11 l. c., p 314.

12 *CS* II, 9. Diese Auffassung geht auf die klassische politische Philosophie Platos und Aristoteles' zurück und wird auch von mehreren Zeitgenossen Rousseaus vertreten. Bei Rousseau erhält sie allerdings diesen Zeitgenossen gegenüber eine erhöhte Bedeutung, weil er keine andere *legitime* Staatsform als die der Republik anerkennt. Zwar unterscheidet Rousseau zwischen demokratischer, aristokratischer und monarchischer Republik und hält die letztere Kombination auch für fähig, größeren Staaten zu dienen, aber insofern es sich auch in diesem Falle noch um eine Republik handeln soll, deren Gesetze durch direkte Volksabstimmung entstehen, muß er auch ihr relativ enge Schranken setzen. Ein Königreich von der Größe Frankreichs erschien ihm als völlig indiskutabel. Die klassischen Stellen lauten bei Plato (*Nomoi,* 737 c/d): »An Grund und Boden nun ist erforderlich, wieviel ausreicht, eine bestimmte Anzahl bei mäßiger Lebensweise zu ernähren, mehr dazu aber nicht, an Bewohnern aber, wie viele vermögend sind, gegen die sie selbst angreifenden Anwohnenden sich zu verteidigen . . . « Bei Aristoteles (*Politik,* IV, 4): »Es gibt aber auch für die Staaten, wie für die Tiere, Pflanzen und Werkzeuge ein Maß in bezug auf ihre Größe, jedes davon wird, weder wenn es zu klein, noch wenn es zu groß ist, seine volle Kraft haben . . . Hat der Staat zu wenig Einwohner, so ist er *sich selbst nicht genug* (der Staat muß aber sich selbst genug sein); hat er aber sehr viele, so genügt er sich wohl in den notwendigen Dingen gleich einer Völkerschaft, ist aber kein Staat, da eine Verfassung dann nicht leicht einzurichten ist . . . Deshalb muß der Staat vor allem mindestens mit einer solchen Volksmenge beginnen, die zu einem glücklichen gemeinsamen Leben genügt . . . « Montesquieu begründet die Notwendigkeit mäßiger Ausdehnung der

Republik schon ganz ähnlich wie Rousseau: »Il est de la nature d'une république qu'elle n'ait qu'un petit territoire; sans cela elle ne peut guère subsister. Dans une grande république il y *a de grandes fortunes,* et par conséquent peu de modération dans les esprits . . . Dans une grande république, le bien commun est sacrifié à mille considérations, il est subordonné à des exceptions . . . Dans une petite, le bien public est mieux senti, mieux connu, plus près de chaque citoyen, les abus y sont moins étendus . . . « (*Esprit des Lois* VIII, 16). Auch der Abbé de Mably hat in seinen »Entretiens de Phocion sur le rapport de la morale avec la politique« (1763) den gleichen Standpunkt eingenommen: »Les grandes puissances . . . sont destinées à succomber sous leur propre poids . . . Il est d'autant plus difficile de réprimer dans un grand empire les passions qui portent à la révolte, ou qui avilissent l'âme, que les magistrats y sont exposés de leur côté à des tentations trop fortes ou trop fréquentes pour la faiblesse humaine . . . Tous les ressorts du gouvernement doivent se détendre dans un grand état; toutes les lois y sont nécessairement méprisés ou négligées. Tandis que tout peut être nerf, force et action dans une petite république« (*Oeuvres complètes,* Lyon 1792 vol. X. p 148 sq.).

13 l. c.

14 *Première version du Contrat Social* II, 3 »du peuple à instituer«, *Vaugh,* I, p 487.

15 *CS* III, 15.

16 Vgl. 322, 1 dieser Arbeit.

17 *Oeuvres* IX, p 287.

18 Vgl. J. St. Spink, *J. J. Rousseau et Genève,* 1934.

19 Derathé, *Rousseau et la science politique de son temps,* Paris 1950, p 11.

20 *Vaugh.* II, p 483.

21 Rousseau hat seine verschiedenen Werke für Angehörige unterschiedlicher Staaten und Menschen unterschiedlicher Gesellschaftszustände bestimmt. So waren etwa die beiden Romane, die *Nouvelle Héloïse* und der *Emile,* ausdrücklich für *Frankreich* (und solche Länder) gedacht (die einen ähnlichen Grad des Verfalls der Sitten und der Gleichheit erreicht haben). In einem Brief an Madame de C. in Genf schreibt Rousseau daher: »Ce n'est point de mon aveu que ce livre (la Nouvelle Héloïse, IF) a pénétré jusqu'à Genève, je n'y ai pas envoyé un seul exemplaire; et, quoique je ne pense pas trop bien de nos mœurs actuelles, je ne les crois pas encore assez mauvaises pour qu'elles gagnassent de remonter à l'amour« (*Oeuvres* X, p 252). Und wenig später meint er in einem Brief an d'Alembert: »Vous savez que *la vérité,* quoiqu'elle soit une, *change de forme selon les temps et les lieux,* et qu'*on peut dire à Paris ce* qu'en des jours plus heureux on n'eût pas dû dire à Génève« (l. c., 252 sq.). In einem Schreiben an den Verleger Duchesne, der den Emile herausbrachte, sagt er umgekehrt vom *Contrat Social* »ce livre n'*étant point fait pour la France* . . . « (Corr. Gén. VII, p 233). Mit

Rücksichtnahme auf den Entwicklungs- (d. h. Verfalls)grad der Gesellschaft erklärt Rousseau auch die zunächst widerspruchsvoll erscheinende Tatsache, daß er im *Lettre à d'Alembert sur les spectacles* die Errichtung eines Theaters in Genf als großes Unheil bezeichnet und gleichzeitig selbst ein Stück für die Pariser Bühne schreibt. Um auf so korrumpierte Menschen wie die Pariser wirken zu können, muß man sich der gefälligen Formen bedienen, die sie allein noch schätzen, aber gegenüber tugendhaften Staatsbürgern würde diese *Form* notwendig depravierend wirken, ihnen gegenüber ziemt sich »eine andere Sprache«. In Genf kann man die *Volksfeste* neu beleben, an denen jeder Bürger aktiven Anteil nimmt, so seine Verbundenheit mit dem Gemeinwesen zeigend, in Paris, wo das ohnehin nicht mehr möglich ist, kann man sich des existierenden Mittels der Bühne bedienen. – Rousseau hätte aus diesem Grunde wahrscheinlich auch die Versuche der Stiftung neuer Volksfeste während der Französischen Revolution abgelehnt.

22 Vgl. die Stelle aus den Dialogen *Rousseau juge de Jean Jacques, Oeuvres* IX, p 287 (zitiert weiter oben S. 175 f.)

23 *CS* III, 15 note d.

24 *Oeuvres* II, p 438.

25 *Vaugh.* I, 98, Introduction. Vgl. auch die Stelle im *Extrait du Projet de Paix perpétuelle de M. l'Abbé de Saint-Pierre:* »S'il y a quelque moyen de lever ces dangereuses contradictions, ce ne peut être que par une *forme de Gouvernement confédérative* . . . Ce Gouvernement paraît d'ailleurs *préférable à tout autre,* en ce qu'il comprend à la fois les avantages des grands et des petits États, qu'il est redoutable au dehors par sa puissance, que les lois y sont en vigueur, et qu'il est le seul propre à contenir également les sujets, les chefs, et les étrangers. Quoique cette forme paraisse nouvelle à certains égards, et qu'elle n'ait en effet été *bien entendue que par les modernes,* les anciens ne l'ont pas ignoré. Les Grecs eurent leurs amphictyons, les Etrusques leurs lucumonies, les Latins leurs féries, les Gaules leurs cités; et les derniers soupirs de la Grèce devinrent encore illustre dans la Ligue achéenne. Mais nulles de ces confédérations n'approchèrent, pour la sagesse, de celle du *Corps germanique,* de la *Ligue helvétique,* et des *États Généraux* . . . « (*Vaugh.* I, p 365). Auffallend ist an diesem Zitat, daß Rousseau einmal eine gewisse Überlegenheit der »modernes« gegenüber der sonst als durchweg vorbildlich angesehenen Antike einräumt, sogleich aber bemüht ist, auch für die Konföderation klassische Muster zu finden. Auch hier folgt er übrigens Montesquieu: » . . . une manière de constitution qui a tous les avantages intérieurs du gouvernement républicain, et la force extérieure du monarchique. Je parle de la république fédérative . . . Ce furent ces associations qui firent fleurir longtemps le corps de la Grèce. Par elles les Romains attaquèrent l'univers, et par elles seules l'univers se défendit contre eux; . . . C'est par là que la

Hollande, l'Allemagne, les Ligues suisses, sont regardées en Europe comme des républiques éternelles« (*Esprit des Lois* Livre IX chap. I, *Oeuvres*, ed. de la Pléiade II, p 369 sq.).

26 Vaugh. II, p 291.

27 *Vaugh.* I, p 100 Introduction.

28 Karl Dietrich Erdmann hat in seiner Schrift *Das Verhältnis von Staat und Religion nach der Sozialphilosophie Rousseaus (der Begriff der »religion civile«)*, Berlin 1935, (*Hist. Studien* H. 271), von dem Kapitel über die staatsbürgerliche Religion aus die gesamte Sozialphilosophie Rousseaus zu deuten versucht.
Er sieht diese bestimmt von den gegensätzlichen Idealen des (natürlichen) Menschen und des antiken Staatsbürgertums und glaubt in dem »religion civile«-Kapitel einen Syntheseversuch dieser beiden Tendenzen erblicken zu können. So scharfsinnig die Argumente und so bestechend die Gedankenführung Erdmanns auch ist, so wenig vermag ich ihr prinzipiell zu folgen. Meines Erachtens sind die von Erdmann als gegensätzlich aufgefaßten Ideale bei Rousseau eindeutig auf unterschiedliche Entwicklungsstufen der Gesellschaft bezogen: Wo der Verfall der Sitten und die Ungleichheit noch wenig Fortschritte gemacht haben, kann eine legitime Republik errichtet werden und gilt das Ideal des denaturierten Citoyen. Wo es hierfür zu spät ist, kann man versuchen, *einzelne* (wie Emile) vor dem verderblichen Einfluß der sozialen Umwelt zu bewahren und zu echtem Menschentum hinzuführen. – Der von Erdmann in den Mittelpunkt gestellte Gegensatz von politischer Zweckmäßigkeit und religiöser Wahrheit akzentuiert m. E. zu stark eine Nuance der Darstellung. Insofern *heute* die heidnischen Volksreligionen als unwahr allgemein erkannt werden können, fällt ja auch ihre nützliche Funktion dahin und schon vom reinen Zweckmäßigkeitsstandpunkt kann nicht an ihre Restauration gedacht werden. Überdies war Rousseau ja – bei aller Hochschätzung des Patriotismus – keineswegs ein Freund kriegerischer Aggressivität und internationaler Intoleranz, die mit den exklusiven Staatsreligionen verbunden zu sein pflegen.

29 Vgl. Lettre à M. de Beaumont: »Je vois . . . deux manières d'examiner et comparer les religions diverses: l'une selon le vrai et le faux . . . l'autre selon leurs effets temporels et moraux sur la terre, selon le bien ou le mal qu'elles peuvent faire à *la société et au genre humain . . .* « *Oeuvres* III, p 88). Dem Nutzen, den die Religion des Citoyen für die eigne Gesellschaft hat, steht der Schaden für das »genre humain« gegenüber, den Rousseau auch in seinen politischen Reflexionen keineswegs unberücksichtigt läßt, wie es zunächst scheinen könnte. Das Ideal der kleinen, patriotischen Republik ist ja gerade auch um des internationalen Friedens willen konzipiert worden!

30 *Première Version du Contrat Social*, IV, 8, *Vaugh.* I, p 501.

31 l. c. *Vaugh.* I, p 500.

32 l. c. *Vaugh.* I, p 508.

33 »Il y a . . . une profession de foi que les lois peuvent imposer; mais, hors les principes de la *morale* et du *droit naturel* elle doit être purement négative, parce qu'il peut exister des religions qui attaquent les fondements de la société, et qu'il faut commencer par exterminer ces religions pour assurer la paix de l'État. De ces dogmes à proscrire, *l'intolérance* est sans difficulté le plus odieux . . . Je voudrais donc qu'on eût dans chaque État un *code moral,* ou une espèce de *profession de foi civile* qui contînt positivement les maximes sociales que chacun serait tenu d'admettre, et négativement les maximes intolérantes qu'on serait tenu de rejeter, non comme impies, mais comme séditieuses. Ainsi *toute religion qui pourrait s'accorder avec le code* serait *admise:* toute religion qui ne s'y accorderait pas serait proscrite, et chacun serait libre de n'en avoir point d'autre que le code même . . . Voilà, monsieur, un sujet pour vous . . . « (*Oeuvres* IX, p 132). In diesem Brief wird vielleicht noch deutlicher als im 8. Kapitel des IV. Buches des *Contrat Social,* daß es sich um ein Minimalprogramm handelt, das die moralisch und sozial relevanten Bestandteile des Christentums aller Konfessionen enthält und für konfessionelle Unterschiede Raum läßt, auch wenn der Katholizismus als »intolerant« davon ausgenommen wird.

34 *CS* IV, 8.

35 *Première Version du Contrat Social, Vaugh.* I, p 505.

36 l. c. I, p 506. Fast identisch: *CS* IV, 8.

37 Vgl. Grundgesetz v. 23. 5. 1949 Art. 3, 4, 9, 21.

38 *Première Version du Contrat Social, Vaugh.* I, p 507.

39 l. c. I, 482 sq.

40 l. c. I, p 499.

41 l. c. I, p 510 (Fragmente).

42 Vgl. z. B. *Économie politique:* » . . . l'éducation publique, sous des règles préscrites par le Gouvernement, et sous des magistrats établis par le souverain, est . . . une des maximes fondamentales du Gouvernement populaire ou légitime« (*Vaugh.* I, p 256 sq.).

43 Lettre à Usteri, *Vaugh.* I, p 167.

44 Während bei Rousseau der Législateur oder die Regierung das leidenschaftliche Streben nach Auszeichnung benützt, um die Staatsbürger zu patriotischem und tugendhaftem Verhalten zu erziehen und damit friedliches Gemeinschaftsleben möglich zu machen, geht die liberale Theorie davon aus, daß das (aufgeklärte) egoistische Streben der Individuen *als solches* schon der Gemeinschaft und dem Gemeinwohl dienlich ist. Bei Rousseau bedarf es gleichsam einer besonderen »List« des Législateur oder der Regierung, um die ungeselligen Leidenschaften so zu lenken, daß friedliches Zusammenleben möglich wird, die Liberalen unterstellen eine »objektive List«, die als »invisible hand« die egoistischen Partikularinteressen zum größtmöglichen Wohl der Gesamtheit hinführt. Rousseau würde vielleicht nicht einmal leugnen,

daß auf diesem Wege eine Maximierung des materiellen Wohlstandes erzielt werden kann, aber von seinem moralischen Standpunkt aus verurteilt er ihn, weil er die Existenz aller an das unsittliche Gewinnstreben eines jeden bindet und auf die Veredelung dieses Strebens verzichtet. Als Politiker aber befürchtet er die die Gemeinschaft zersetzende Wirkung der aus dem Gewinnstreben resultierenden sozialen Gegensätze.

45 Das wahrhaft Schöne aber ist – nach Malebranche, dem Rousseau auch hier verpflichtet zu sein scheint – die »Ordnung«, in der der einzelne sich dem Ganzen unterordnet. »Je conçois bien«, schreibt Malebranche in den *Méditations chrétiennes,* »que la *beauté de l'ordre* est plus aimable que toutes les beautés sensibles« (*Oeuvres* l. c. II, p 123).

46 *Économie politique, Vaugh.* I, p 255 sq.

47 Vgl. » . . . Tout vrai républicain suça avec la lait de sa mère *l'amour de sa patrie: c'est à dire, des lois et de la liberté*« (*Considérations sur le Gouvernement de Pologne, Vaugh.* II, 437). Ähnlich bei Montesquieu: »*La vertu politique* est un renoncement à soi-même . . . On peut définir cette vertu. *l'amour des lois et de la patrie*« (*Esprit des Lois,* IV, 5).

48 *Vaugh.* I, p 256.

49 *Vaugh.* I, p 251.

50 *Vaugh.* II, p 344.

51 l. c.

52 Vgl. auch » . . . vous verrez d'où vient à notre amour-propre la forme que nous lui croyons naturelle; et comment l'amour de soi, cessant d'être un sentiment absolu, devient *orgueil* dans les grandes âmes, vanité dans les petites, et dans toutes se nourrit sans cesse aux dépens du prochain« (*Emile, Oeuvres* II, p 185).

53 *Vaugh.* II, p 344 sq.

54 *Vaugh.* II, 345.

55 *Vaugh.* I, p 257.

56 l. c.

57 Hermann Röhrs hat in seinem Buch über Rousseau (Heidelberg 1957) diese Ausführungen offensichtlich mißverstanden, denn er berichtet: »Gardez-vous surtout de faire un métier de l'état de pédagogue«, schreibt er (Rousseau) über die erzieherische Aufgabe *des Staates*« (S. 113). »Etat« heißt natürlich in diesem Zusammenhang Stand. Gardez-vous aber »Hütet Euch!«

58 *Vaugh.* II, p 438.

59 *Vaugh.* II, 427.

60 l. c.

61 »A Berne, il y un exercice bien singulier pour les jeunes patriciens qui sortent du collège. C'est ce qu'on appelle l'Etat extérieur. C'est une copie en petit de tout ce qui compose le Gouvernement de la République: un sénat, des avoyers, des officiers, des huissiers, des orateurs,

des causes, des jugements, des solennités. L'Etat extérieur a même un petit Gouvernement et quelques rentes; et cette institution, autorisée et protégée par le souverain, est la pépinière des hommes d'Etat qui dirigeront un jour les affaires publiques dans les mêmes emplois qu'ils n'excercent d'abord que par jeu« (*Vaugh.* II, p 440).

62 Vgl. die angelsächsische Internatserziehung und die Bedeutung, die namentlich dem Mannschaftssport dort zugemessen wird!

63 Vgl. *Emile:* »Du reste, jamais de comparaisons avec d'autres enfants, point de rivaux, point de concurrents, même à la course, aussitôt qu'il commence à raisonner . . . « (*Oeuvres* II, p 155).

64 *Vaugh.* II, p 439 sq.

65 Vgl. *Vaugh.* II, 507-509, wo Rousseau auch sein Vorbild, die ägyptische Sitte, Könige nach ihrem Tode zu richten, anführt.

66 Vgl. hierzu die Abwertung der Edelmetalle in Thomas Morus' *Utopia:* »Während sie (die Utopier) nämlich zum Essen und Trinken nur Gefäße aus Ton und Glas benutzen, die zwar sehr hübsch aussehen, aber trotzdem billig sind, fertigen sie aus Gold und Silber nicht bloß für die Gemeinschaftshallen, sondern auch für die Privathäuser allenthalben Nachtgeschirre und sonstige zu ganz gewöhnlichem Gebrauch bestimmte Gefäße an. Außerdem stellen sie aus denselben Metallen Ketten und starke Fußfesseln zur Bestrafung der Sklaven her . . . So sorgen die Utopier mit allen Mitteln dafür, daß Gold und Silber bei ihnen in Verruf kommt . . . « (Th. Morus, *Utopia*, dt. v. C. Woyte, Leipzig o. J. (Reclam) p 100).

67 *Oeuvres* II, p 215.

68 l. c. p 216.

69 Immerhin kann man jedoch die »Verwendung« des leidenschaftlichen Strebens nach Anerkennung durch den Législateur und die Regierung mit der »Benützung« der »geistigen« Liebe (moral de l'amour) durch Emiles Hofmeister vergleichen. Auch dort sucht der Erziehende den Weg zum Ziel zu versittlichen: Emile soll sich durch eigne Tugend der Achtung durch die geliebte Sophie würdig machen –, zugleich aber soll der Gegenstand der Liebe selbst versittlicht und vertieft werden. An die Stelle des körperlichen Besitzes soll das bewundernde Anschauen der sittlichen Vorzüge der Geliebten treten. Die Gegenliebe Sophies nimmt hier die Funktion der »wahren Ehre« ein, von der Cicero spricht. Der Versittlichung des Gegenstandes der Liebe entspricht die Verselbständigung des Strebens nach Tugend gegenüber dem Wunsch nach allgemeiner Anerkennung im Gemeinwesen. Vgl. hierzu auch S. 61 f.

70 Die Bedeutung des Geldes und des Güteraustausches für die Vergesellschaftung war Rousseau durchaus bekannt: »La société des arts consiste en échanges d'industrie, celle du commerce en échanges de choses, celle des banques en échanges de signes et d'argent«. *»La monnaie est le vrai lien de la société«* (*Emile, Oeuvres* II p 160, 161). Für

den Zusammenhalt eines politischen Gemeinwesens hat er jedoch das Geld nicht nur als unzulänglich, sondern geradezu als schädlich angesehen und im Verfassungsentwurf für Korsika sucht er seinen Gebrauch weitgehend einzuschränken.

71 Vgl. z. B. Jean François Melons *Essai politique sur le commerce* (1734) chapitre X »de l'exportation et de l'importation« und XI »de la liberté du commerce«. Auch Quesnay vertritt in seinen Enzyklopädie-Artikeln »Fermiers« (1756) und »Grains« (1757) den internationalen Freihandel, allerdings auf der Basis agrarischer Autarkie, denn die Nation, welche die notwendigsten Waren zu verkaufen habe, sei den übrigen gegenüber im Vorteil (Art. Grains XIV).

72 Ähnlich sieht J. G. Fichte in seiner Schrift *Der geschlossene Handelsstaat* (1800) die Bedeutung der Autarkie: »Ferner bedarf dieser (autarke IF) Staat *nicht mehr stehender Truppen als zur Erhaltung der inneren Ruhe und Ordnung nötig* sind; indem er *keinen Eroberungskrieg* führen will, da er auf allen Anteil an den politischen Verhältnissen anderer Staaten Verzicht geleistet hat, einen Angriff kaum zu fürchten hat. Für den letztern äußerst unwahrscheinlichen Fall *übe er alle seine waffenfähigen Bürger in den Waffen*« (*Werke*, ed. I H. Fichte, Vol. III, p 508). »Wie es nicht leicht irgendeiner vernunftwidrigen Denkart an einem vernünftig scheinenden Vorwande fehlt, so auch dieser. So hat man dem ausgebreiteten *Welthandelssysteme* uns die Vorteile der Bekanntschaft der Nationen untereinander durch Reisen, und Handelschaft, und die vielseitige Bildung, die dadurch entsteht, viel angepriesen. Wohl: *wenn wir nur erst Völker und Nationen wären;* und irgendwo eine feste Nationalbildung vorhanden wäre, die durch den Umgang der Völker miteinander in eine allseitige, rein menschliche übergehen, und zusammenschmelzen könnte. Aber so, wie mir scheint, sind wir *über dem Bestreben, alles zu sein,* und allenthalben zu Hause, *nichts recht und ganz geworden,* und befinden uns nirgends zu Hause« (l. c., p 512). Vgl. zum letzten Satz auch *Emile, Oeuvres* II, p 7.

73 Auch in diesem Punkt stimmt Rousseau mit Montesquien überein, der im *Esprit des Lois* Livre XIX chap. XXI-XXVII dem wechselseitigen Verhältnis von lois und mœurs widmet.

74 *Lettre à M. de Beaumont, Oeuvres* I, p 222.

75 Vgl. *Considérations sur le Gouvernement de Pologne:* »Ces usages, fussent-ils indifférents, fussent-ils mauvais même à certains égards, pourvu qu'ils ne le soient pas essentiellement, auront toujours l'avantage d'affectionner les Polonais à leurs pays, et de leur donner une répugnance naturelle à se mêler avec l'étranger. Je regarde comme un bonheur qu'ils aient un habillement particulier. Conservez avec soin cet avantage . . . « (*Vaugh.* II, p 434).

76 *Oeuvres* V, p 108.

77 l. c.

78 l. c.

79 *Lettre à d'Alembert sur les spectacles, Oeuvres* I, p 227.

80 *Considérations sur le Gouvernement de Pologne, Vaugh.* II, p 428.

81 l. c. p 434.

82 Vgl. *Projet de Constitution pour la Corse:* »C'est un avantage, sans contredit, de donner à chaque terrain ce qu'il est le plus propre à produire; par cette disposition l'on tire d'un pays plus, et plus aisément, que par aucune autre. Mais *cette considération . . . n'est que secondaire. Il vaut mieux que la terre produise moins, et que les habitants soient mieux ordonnés«* (*Vaugh.* II p 331).

83 Lettre du 27. 11. 1758. *Oeuvres* X, p 199. Vgl. auch hierzu eine Parallelstelle bei Montesquieu: »Le bon sens et le bonheur des particuliers *consiste beaucoup dans la médiocrité* de leurs talents et *de leur fortunes*. Une république, où les lois auront formé beaucoup de gens médiocres, composé de gens sages, se gouvernera sagement« (*Esprit des Lois,* livre V, ch. 3).

84 *Pensées détachées,* in: Streckeisen-Moultou, *Oeuvres et Correspondance inedites,* 1861 p 362 sq.

85 Vgl. *Lettres sur la vertu et le bonhour:* »le luxe des villes porte dans les campagnes la misère, la faim, le désespoir – si quelques hommes sont plus heureux, le genre humain n'en est que plus à pleindre. En *multipliant les commodités* de la vie pour quelques riches, on n'a fait que *forcer la plupart des hommes de s'estimer misérables.* Quel est ce barbare bonheur qu'on ne sent qu'aux dépens des autres? Ames sensibles dites-le-moi: qu'est-ce qu'un bonheur qui s'achète à prix d'argent?« (Streckeisen-Moultou l. c. p 144 sq.).

86 Vgl. *Économie politique:* »L'augmentation de la dépense (durch die hohe Luxussteuer, IF) ne sera qu'une nouvelle raison pour la soutenir quand la *vanité de se montrer opulent* fera son profit du prix de la chose et des frais de la taxe. Tant qu'il y aura des riches ils voudront *se distinguer* des pauvres« (*Vaugh.* I, p 272). In der modernen Soziologie hat Thorstein Veblen diesen Gedanken durch sein Buch *Theory of the leisure class* (1899) unter dem Begriff »conspicuous consumption« bekanntgemacht.

87 *Vaugh.* I, p 349.

88 *Metaphysik der Sitten,* Rechtslehre II, Teil 1, Abschnitt Staatlehre, § 46. *Werke* ed. Weischedel, vol. IV, p 432 sq. Diderot hat in seinem Enzyklopädieartikel »Représentants« die politischen Rechte gleichfalls auf die Besitzenden beschränkt: »Ces assemblées, pour être utiles et *justes* (!), devraient être *composées de ceux que leurs possessions rendent citoyens* . . . en un mot, *c'est la propriété qui fait le citoyen;* tout homme qui possède dans l'Etat est intéressé au bien de l'Etat, et, quel que soit le rang que des conventions particulières lui assignent, c'est toujours comme propriétaire, c'est en raison de ses possessions qu'il doit parler, ou qu'il acquiert le *droit de se faire représenter.* « (O*euvres,*

ed. Assézat et Tourneux, vol. XVII, p 18).
Selbst der weit radikalere Abbé de Mably (1709-1785), ein älterer Bruder Condillacs, hat in seinen *Entretiens de Phocion sur le rapport de la morale avec la politique* (1763) am Eigentum als Voraussetzung staatsbürgerlicher Rechte festgehalten: »Enfin, mon cher Aristias, songez que la politique ne doit admettre au gouvernement de l'état, que des hommes qui possèdent un héritage; eux seuls ont une patrie . . . « (*Œuvres*, Lyon 1792 vol. X, p 108). Aber – wie Rousseau – fordert Mably zugleich, daß dieser Besitz »médiocre« sein müsse, und die Eigentümer ihn selbst zu bebauen hätten.

89 *CS* I, 9.

90 *CS* I, 11.

91 *Projet de Constitution pour la Corse, Vaugh.* II, p 346.

92 Vgl.: »Dans une monarchie où tous les ordres sont intermédiaires entre le prince et le peuple, il peut être assez indifférent que quelques hommes passent de l'un à autre . . . Mais dans une démocratie (hiermit meint Rousseau die von ihm später als »république« bezeichnete Staatsform), où les sujets et le souverain ne sont que les mêmes hommes considérés sous différents rapports, sitôt que le plus petit nombre l'emporte en richesse sur le plus grand, il faut que l'Etat périsse ou change de forme . . . « (*Oeuvres* I, p 256).

93 *Vaugh.* I, p 259. Umgekehrt ist daher auch eine Bevölkerung von *Besitzlosen* nicht mehr unter eine geordnete Herrschaft zu bringen: » . . . la souveraineté et la propriété sont incompatibles . . . les droits du Prince ne sont fondés que sur ceux des sujets, et . . . il est impossible de commander longtemps à des gens qui n'ont plus rien à perdre« (*Vaugh.* I, p 317). Wären freilich die Citoyens wirklich von vollendeter Tugendhaftigkeit, dann könnten sie auch in völliger Besitzlosigkeit im Gemeinwesen existieren, aber dann bedürfte es auch keiner politischen Ordnung mehr. Die vollendete Demokratie wie das Gemeineigentum erschienen Rousseau als ungeeignet für die Menschen dieser Erde!

94 Vgl. »Loin de vouloir que l'Etat soit pauvre je voudrais au contraire qu'il eût tout (!) et que chacun n'eût sa part au bien commun, qu'en proportion de ses services« (*Projet de Const. pour la Corse, Vaugh.* II, p 337). » . . . Ma pensée . . . n'est pas de détruire absolument la *propriété particulière,* parce que cela est impossible, mais de la *renfermer dans les plus étroites bornes;* de lui donner une mesure, une règle, un frein qui la contienne, la dirige, qui la subjugue et la tienne toujours subordonnée au bien public. Je veux, en un mot, que la *propriété de l'Etat, soit aussi grande,* aussi forte, et *celle des citoyens aussi petite,* aussi faible *qu'il est possible«* (l. c.).

95 Fragment *Rome et Sparte, Vaugh.* I, p 316 sq.

96 *CS* I, 9.

97 Vgl.: »Si c'est sur le droit de propriété qu'est fondé l'autorite souverai-

ne, ce droit est celui qu'elle doit le plus respecter; il est inviolable et sacrée pour elle tant qu'il demeure un droit particulier et individuel: sitôt qu'il est considéré comme commun à tous les citoyens, il est soumis à la volonté générale, et cette volonte peut l'anéantir. Ainsi le *souverain n'a nul droit de toucher au bien d'un particulier ni de plusieurs; mais il peut légitimement s'emparer du bien de tous,* comme cela se fit à Sparte au temps de Lycurgue« (*Emile, Oeuvres* II, p 433).

98 Vgl.: »En un mot, toute fonction qui se rapporte à un objet individuel n'appartient point à la puissance législative« – »Et c'est une des raisons pourquoi la Loi ne saurait avoir d'effet rétroactif; car elle aurait statué sur un fait particulier, au lieu de statuer généralement sur une espèce d'actions qui, n'étant encore celles de personne, n'ont rien d'individuel qu'après la publication de la loi, et par la volonté de ceux qui les commettent« (*Vaugh.* I, p 493 und note 5).

99 *Projet de Const. pour la Corse, Vaugh.* II, p 349.

100 *CS* I, 9 note.

101 *Vaugh.* II, p 311. In diesem Punkt weicht Rousseau bezeichnenderweise von Montesquieu ab, der einen Unterschied zwischen dem positiv-bewerteten Handels-Geist und einer zu kritisierenden, die Gleichheit zerstörenden maßlosen Akkumulation macht: »Il est vrai que, lorsque la démocratie est fondée sur le commerce, il peut fort bien arriver que des particuliers y aient de grandes richesses, et que les *mœurs* n'y soient pas corrompues. C'est que l'esprit de commerce entraine avec soi celui de la *frugalité,* d'économie, de modération, de travail, de sagesse, de tranquillité, d'ordre et de règle. Ainsi, tandis que cet esprit subsiste, les richesses qu'il produit n'ont aucun mauvais effet. Le mal arrive lorsque l'excès des richesses détruit cet esprit de commerce; on voit tout à coup naître *les désordres de l'inégalité* . . . « (*Esprit des Lois* XXI, 14).

102 Vgl. z. B. Max Weber, *Wirtschaftsgeschichte,* München 1924 p 264-266, Werner Sombart, *Studien zur Entwicklungsgeschichte des modernen Kapitalismus,* 1. Bd. Luxus und Kapitalismus, München und Leipzig 1913 und H. Baudrillart, *Histoire du Luxe privé et public,* Paris 1880 4 vol.

103 *Oeuvres* I, p 218 sq.

104 l. c., p 291.

105 *Économie politique, Vaugh.* I, p 260.

106 *Vaugh.* I, 261.

107 Vgl. hierzu Maurach, *Das Rechtssystem der UdSSR,* München 1953.

108 *Vaugh.* I, p 268 sq.

109 *Vaugh.* I, p 269 und note 1.

110 *Vaugh.* I, p 267.

111 Vauban, *La dîme royale,* 1707. Rousseau empfiehlt Vaubans Steuersystem in den *Considérations sur le Gouvernement de Pologne* (*Vaugh.* II, p 484).

112 *Vaugh.* I, p 269.
113 *Vaugh.* I, 271.
114 *Vaugh.* I, p 272.
115 l. c.
116 l. c.
117 *Vaugh.* II, p 484.
118 Lizzy Valk, *Rousseaus wirtschaftspolitische Ideen,* Marburger Dissertation, 1927, p 63.
119 *Vaugh.* II, p 340 sq.
120 *Vaugh.* II, p 342.
121 l. c.
122 *Vaugh.* II, p 342. »Commerce« hatte im 18. Jh. eine umfassendere Bedeutung als heute: »Le capital appliqué à la grande industrie naissante est d'origine commerciale. Au 18e siècle, le mot de commerce en France, comme le mot trade en Angleterre, s'applique aussi à certaines entreprises industrielles . . . « (F. Challaye, *histoire de la propriété,* Paris 1948, p 70 sq.).
123 *Vaugh.* II, p 342.
124 »En cas de divisions intestines, il est dans la nature de notre institution que ce soit le colon qui fasse la loi à l'ouvrier . . . « (*Vaugh.* II, p 335).
125 *CS* III, 15. Carl Schmitt hat in einem kleinen Aufsatz unter dem Titel *Demokratie und Finanz* auf die Bedeutung dieser Rousseauschen Äußerung nachdrücklich hingewiesen. Er meint: »Deshalb darf es nach Rousseau in einem demokratischen Staat nur einfache, nur geradezu frugale Verhältnisse und vor allem keinen Reichtum und keinen Gegensatz von arm und reich geben – ein typisch rousseauistisches Ausweichen in eine idyllische Primitivität, das aber trotzdem einen politischen Instinkt für die Gefahr zeigt, welche der Demokratie vom Ökonomischen und Finanziellen her droht« (*Positionen und Begriffe,* Hamburg 1940, p 86).
126 *CS* III, 15.
127 *Projet de Constitution pour la Corse, Vaugh.* II, p 338 sq.
128 *Considérations sur le Gouvernement de Pologne, Vaugh.* II, p 481.
129 Georg Simmel, *Philosophie des Geldes,* zit. nach der 5. unveränderten Auflage, München und Leipzig 1930.
130 l. c., p. 298.
131 l. c., p 299 sq.
132 l. c., 303.
133 *CS* II, 11.
134 *Fragment sur le bonheur public, Vaugh.* I, p 327.
135 *Oeuvres* X, p 223, note 1 und 2, der Herausgeber.
136 *CS* II, 10.
137 *Vaugh.* II, p 348. *Projet de Constitution pour la Corse.*
138 *Vaugh.* II, 312 sq.
139 *Vaugh.* II, p 308.

140 *Vaugh.* II, p 311. In diesem Punkt – aber nur in diesem – stimmt Rousseau mit der Auffassung der Physiokraten überein.
141 *Vaugh.* II, 332 sq.
142 l. c., p 333.
143 l. c.
144 l. c., p 335.
145 l. c.
146 l. c.
147 l. c., p 328.
148 l. c., p 331.
149 l. c., p 322.
150 Vgl. hierzu Lizzy Valk l. c., p 28 sq. (Rousseaus Verhältnis zur zeitgenössischen Ökonomie, A. zu den Merkantilisten).
151 *Vaugh.* I, p 327.
152 Obgleich Vauban von Rousseau lobend erwähnt wird (*Considérations sur le Gvmt. de Pologne),* fehlt in dem sorgfältig gearbeiteten Verzeichnis der »von Rousseau gelesenen, erwähnten oder besessenen Bücher« Vauban ganz (*Annales de la Société J. J. Rousseau,* t. XXI, p 199 sq.).
153 Vgl. z. B. Voltaires Brief an Dupont de Nemours v. 14. 2. 1776: »En général la terre doit tout payer, parce que tout vient de la terre; mais un horloger qui emploie pour trente sous d'acier et de cuivre formés dans la terre, et qui, avec cent écus d'or venu du Pérou, et cent écus de carats venus de Gloconde, fait une montre de soixante sous, n'est-il pas plus en état de payer un petit impôt qu'un cultivateur dont le terrain lui rend trois épis pour un? Je parle contre moi, car j'ai rassemblé plus d'horlogers que tous les possesseurs des terres n'ont autour de Genève . . . « (*Oeuvres complètes,* ed. G. Avenel, Paris 1869, vol. VIII, p 1029).
154 *Première Version du Contrat Social, Vaugh.* I, p 448.
155 Gide-Rist, *Geschichte der volkswirtsch. Lehrmeinungen,* Jena 1921, p 7.
156 Dupont I, S. 341, 24. Zitiert nach Gide-Rist, l. c.
157 *Oeuvres* XII, p 25.
158 Mercier de la Rivière, *L'Ordre naturel et essentiel des sociétés politiques, ed. Depître chap. XLIV, p 329.*
159 Dupont de Nemours, De l'origine et des progès d'une science nouvelle, IV.
160 »Bei den weiteren Köpfen des physiokratischen Systems, namentlich Turgot, verschwindet dieser Schein (d. i. der »feudale Schein« der bürgerlichen Gesellschaft, IF) vollständig und stellt sich das physiokratische System als die innerhalb des Rahmens der feudalen Gesellschaft durchdringende neue kapitalistische Gesellschaft dar« (*Theorien über den Mehrwert,* neue Ausgabe, Berlin 1956, Bd. I, p 16).
161 *F. Quesnay et la physiocratie,* vol. II, textes annotés, Paris 1958, p 952.

162 *F. Quesnay,* l. c., p 953.
163 F. Quesnay zit. nach Bourthoumieux, *Essai sur le fondement philosophique des doctrines économiques,* Paris 1936, p 28.
164 *Fragments relating to the Contrat Social, Vaugh.* I, p 320.
165 Cit. nach Bourthoumieux, l. c., p 123.
166 *Vaugh.* I, p 357.

Kapitel V

§ 19 Rousseau und die Französische Revolution

1 David Mornet, *Les origines intellectuelles de la Révolution française,* 1933.
2 A.a.O. S. 96.
3 J. L. Talmon, *The Origins of totalitarian democracy,* London 1952 (vol. I.) S. 69 ff.
4 Joan McDonald, *Rousseau and the French Revolution, 1789-1791,* London 1965 S. 19.
5 Comte F. L. d'Escherny, *Correspondance d'un habitant de Paris avec ses amis de Suisse et d'Angleterre,* 1791.
6 Joan McDonald, a.a.O. S. 50.
7 A.a.O. S. 51.
8 A.a.O. S. 52.
9 A. Mathiez, *La Révolution française,* Paris 1922/27 Bd. I. S. 164.
10 Joan McDonald, a.a.O. S. 56.
11 F. Robert, *Le républicanisme adapté à la France,* 1790.
12 Joan McDonald, S. 58.
13 G. F. Berthier, *Observations sur le Contrat Social de J. J. Rousseau,* 1789 (1762 geschrieben).
14 Vgl. hierzu auch Robert Derathé, *Rousseau et la Science politique de son Temps,* Paris 1950.
15 Philippe Gudin de Brenellerie, *Suplément au Contrat Social, applicable particulièrement aux grands nations,* 1790; Louis Sébastien Mercier, *De J. J. Rousseau considéré comme l'un des premiers auteurs de la Révolution,* 1791; Abbè C. Fauchet, *Discours sur le Contrat Social de J. J. Rousseau,* in: *Bouche de Fer,* Oktober 1790 bis April 1791.
16 Joan McDonald, a.a.O., S. 80.
17 *Révolutions de Paris 31.10.-7.11.1789* No. XVII, S. 2.
18 »Jean-Jacques Rousseau, le plus parfait et surtout le plus desintéressé des publicistes, passe pour être le père de notre constitution. Si notre constitution peut être considéré comme l'enfant de J. J. Rousseau, il faut du moins convenir que nos representants l'ont furieusement estropié, et je doute que Rousseau, revenant au monde, demeurât d'accord de la paternité« (*Révolutions de Paris, 26.2.-5.3.1791,* No. 86, S. 378).
19 Zit. nach C. A. Sainte Beuve, *Causeries du Lundi, »Etude sur Sieyès«*

par Edmonde de Beauverger, 1851, S. 155.

20 A. J. M. Servan, *Essai sur la formation des assemblées nationales, provinciales et municipales,* 1789, S. 14.

21 J. P. Brissot, *Discours sur les Conventions,* 1791, S. 17.

22 Joan McDonald, a.a.O. S. 111 f.

23 Anon., *Apologie de la Noblesse de France par l'auteur de l'Adresse au Roi, réfugié à Madrid,* 1790, S. 59.

24 A. F. Comte de Ferrand, *Adresse d'un citoyen très actif,* 1789, S. 10-16.

25 Vgl. hierzu die Studie von G. McNeil, *The Cult of Rousseau and the French Revolution, Journal of the History of Ideas,* vol. VI, April 1945, S. 197-212.

26 Joan McDonald, a.a.O. S. 158.

27 G. McNeil, a.a.O. S. 202.

28 Aubert de Vitry, *J. J. Rousseau à l'Assemblée Nationale,* 1789, Einleitung.

29 Albert Soboul, *Jean Jacques Rousseau et le jacobinisme, Studi Storici,* jan-mars 1963 p 3-22.

30 Gaston-Martin, *Les Jacobins,* Paris 1945, p 83.

31 Albert Soboul, l. c. p 6 Note 13.

32 *Discours et Rapports de Robespierre,* ed. par Charles Vellay, Paris 1908, p 312. Gleich zu Beginn seiner Rede hatte Robespierre betont: »La théorie du gouvernement révolutionnaire est aussi neuve que la révolution qui l'a amené. Il ne faut pas la chercher dans les livres des écrivains politiques, qui n'ont point prévu cette révolution . . . « (p 311). Er war sich also der Tatsache deutlich bewußt, daß er hier auch von Rousseau keine Anleitung bekommen konnte, sondern Neuland betreten mußte.

33 *Discours et Rapports de Robespierre,* l. c.: »Quel est le but où nous tendons? la jouissance paisible de la liberté et de l'égalité; le règne de cette justice éternelle, dont les lois ont été gravées, non sur le marbre et sur la pierre, mais dans les cœurs de tous les hommes, même dans celui de l'esclave qui les oublie et du tyran qui les nie« p. 325.

34 *Discours et Rapports de Robespierre,* l. c.: »Nous voulons un ordre de choses où toutes les passions basses et cruelles soient enchaînées, *toutes les passion bienfaisantes et généreuses éveillées par les lois;* où l'ambition soit le désir de mériter la gloire et de servir la patrie; où les distincitions ne naissent que de l'égalité même; où le citoyen soit soumis au magistrat, le magistrat au peuple, et le peuple à la justice; où la patrie assure le bien-être de chaque individu, et où chaque individu jouisse avec orgueil de la prosperité et de la gloire de la patrie . . . « (p 325-326).

35 *Discours et Rapports de Robespierre,* l. c.: »Nous voulons substituer dans notre pays la morale à l'égoisme, la probité à l'honneur, les principes aux usages, les devoirs aux bienséances, l'empire de la raison à la tyrannie de la mode, le mépris du vice au mérpis du malheur, la bierté à l'insolence, la grandeur d'àme à la vanité, l'amour de la gloire à l'amour de l'argent, les bonnes gens à la bonne compagnie, la mérite à l'intrigue,

le génie au bel esprit, la vérité à l'éclat, le charme du bonheur aux ennuis de la volupté, la grandeur de l'homme à la petitesse des grands, un peuple magnanime, puissant, heureux, à un peuple aimable, frivole et misérable, c'est à dire toutes les veruts et tous les miracles de la république à tous les vices et tous les ridicules de la monarchie«, p 326.

36 *Discours et Rapports de Robespierre,* l. c., p 330.

37 *Discours et Rapports de Robespierre,* l. c.: »Mais lorsque par des efforts prodigieux de courage et de raison, un peuple brise les chaînes du despotisme pour en faire des trophées à la liberté; lorsque, par la force de son tempérament moral, il sort, en quelque sorte, des bras de la mort pour reprendre toute la vigueur de la jeunesse; lorsque, tout à tout sensible et fier, intrépide et docile ne peut être arrêté ni par les remparts inexpugnables, ni par les armées innombrables des tryrans armés contre lui, et qu'il s'arrête lui-même devant l'image de la loi; s'il ne s'élance pas rapidement à la hauteur de ses destinées, ce ne pourrait être que la faute de ceus qui le gouvernent« (p 330-331).

38 *Discours et Rapports de Robespierre,* l. c. p 327. Vgl. Rousseau, *Contrat Social* III, 15: »Chez les Grecs, tout ce que le peuple avait à faire, il le faisait lui-même; il était sans cesse assemblé sur la place«.

39 Cf. *Première Version du Contrat Social,* Vaughan (ed.) *The Political Writings of Jean Jacques Rousseau,* Cambridge 1915, vol. I p 493 sq.

40 *Discours et Rapports de Robespierre,* l. c.: » . . . les Français sont le premier peuple du monde qui ait établi la véritable démocratie, en appelant tous les hommes à l'égalité, et à la plénitude des droits du citoyen . . . « (p 328). Vgl. auch schon die Rede vom 11. August 1791 über das Décret du Marc d'Argent, in der Robespierre das Zensuswahlrecht scharf angreift: »La loi est-elle l'expression de la volonté générale, lorsque le plus grand nombre de ceux pour qui elle est faite ne peuvent concourir en aucune manière à sa formation? Non. Cependant, interdire à tous ceux qui ne paient pas une contribution égale à trois journées d'ouvrier le droit même de choisir les électeur destinés à nommer les membres de l'Assemblée législative, qu'est-ce autre chose que *rendre la majeure partie des Français absolument étrangère à la formation de la loi?«* . . . »Enfin la nation est elle souveraine, quand le plus grand nombre des individus qui la composent est dépouillé des droits politiques qui constituent la souveraineté? Non . . . Tous les hommes nés et domicilés en France sont membres de la société politique qu'on appelle la nation française, c'est à dire citoyen français. Ils le sont par la nature des choses et par les premiers principes du droit des gens. Les droits attachés à ce titre ne dépendent ni de la fortune que chacun d'eux possède, ni de la quotité de l'imposition à laquelle il est soumis, parce que *ce n'est point l'impôt qui nous fait citoyens;* la qualité de citoyen oblige seulement à contribuer à la dépense commune de l'Etat, suivant ses facultés. Or, vous pouvez donner des lois aux citoyens, mais vous ne pouvez pas les anéantir« (p 90 sq).

41 *Discours et Rapports de Robespierre,* l. c. p 329.
42 l. c., p 246.
43 l. c., p 251.
44 l. c., p 253.
45 Albert Soboul, *Studi Storici,* jan-mars 1963, p 19 sq.
46 Bibl. Nat. Lb^{41} 2383 imp in 8 132 p. zit nach Soboul, *Studi Storici,* l. c., p 19 und Fußnote 43.
47 Albert Soboul, *Les Institutions républicaines de Saint-Just d'après les manuscrits de la Bibliothèque nationale, Annles historiques de la Révolution française,* 1948, p 193.
48 Zit. nach *Les Orateurs de la Révolution Française,* ed. Roge Garaudy, Paris s. d., p 98.
49 Zit. nach Albert Soboul, *Studi Storici,* jan-mars 1963, p 10. Entsprechend dieser Auffassung lehnten die Jakobiner meist die Bezeichnung »représentants« für die Abgeordneten des Konvent ab und bezeichneten sie als »mandataires«. Rousseau sprach bei den an imperative Mandate der diétines gebundenen Delegierten zum polnischen Reichstag von »nonces«. Diese hatten nach Rückkehr von den Reichstagssitzungen ihren Auftraggebern Rechenschaft abzulegen. Vermutlich haben weder Jakobiner noch Sansculotten diese Bestimmungen der Considérations sur le Gouvernement de Pologne gekannt, Rousseau hat wohl in seiner Phantasie Lösungen antizipiert, zu denen die politische Praxis der Demokratie in einem Großstaat später die französischen Revolutionäre führen sollte.
50 *Discours et Rapports de Robespierre,* l. c., p 264.
51 l. c., p 265. Vgl. Albert Soboul, *Robespierre und die Volksgesellschaften,* in: Walter Markov (ed.), *Maximilien Robespierre,* Berlin 1961, p 271-285.
52 *Discours et Rapports de Robespierre,* l. c., p 269.
53 Albert Soboul, *Robespierre und die Volksgesellschaften,* l. c., p 272.
54 Albert Soboul, *Studi Storici,* jan-mars 1963, p 14.
55 *Discours et Rapports de Robespierre,* l. c.: »l'immoralité est la base du despotisme, comme la vertu est l'essence de la République«, p 354.
56 l. c., p 355.
57 l. c., p 361.
58 l. c., p 360.
59 l. c., p 361.
60 Cf. dieses Buch oben S. 81 und Anm. 38 S. 320.
61 *Discours et Rapports de Robespierre,* l. c., p 365.
62 l. c., p 362.
63 l. c., p 364 sq.
64 l. c., p 370.
65 Cf. Georg Lukàcs, *Der junge Hegel. Über die Beziehungen von Dialektik und Ökonomie,* Zürich 1948, p 82.
66 Albert Soboul, *Studi Storici,* jan-mars 1963: »Entre rousseauisme et ja-

cobinisme, il y a à la fois identité et dépassement. L'œuvre de Rousseau a constitué, pour les Jacobins, comme un arsenal idéologique pour leur travail de critique et de sape, non seulement de la société d'Ancien Régime, mais aussi du système instauré par la Constitution de 1791. Mais à un certain degré de révolution, le rousseauisme s'est révélé incapable de forunir la justification théorique du Gouvernement révolutionnaire et d'aider à la construction de la société nouvelle, parce que sans prise sur le réel. Son caractère abstrait et utopique éclate alors. Les Jacobins peuvent bien toujours s'y référer: la pensée de Rousseau n'en est pas moins infléchie et dépassé«, p 22. Es versteht sich, daß ich mit der Charakterisierung der Rousseauschen Philosophie als »abstrakt und utopisch« nicht einverstanden bin, vielmehr scheint mir Rousseau – auf Grund seines Pessimismus – weit »realistischer« zu sein als Jakobiner *und* Sansculotten, aber in der Charakterisierung des Verhältnisses der Jakobiner zu Rousseau stimme ich ganz mit Soboul überein. Er war eins, vielleicht das wichtigste Ideen-Arsenal für ihre Agitation und für die Artikulation ihres demokratischen Selbstverständnisses bis zur Errichtung der revolutionären Diktatur.

67 *Discours et Rapports de Robespierre,* l. c., p 349.

68 Cf. *Fragments relatifs to the Contrat Social,* Vaughan (ed.), *The Political Writings of Jean Jacques Rousseau,* Cambridge 1915 vol I, p 320.

69 Walter Markov, Albert Soboul (ed.), *Die Sansculotten von Paris,* Berlin 1957, p 2.

70 Albert Soboul, *Les Sansculottes Parisiens en l'an II, mouvement populaire et gouvernement révolutionnaire 2.6.1793 – 9. Thermidor an II (27.7.),* Paris 1958, p 440 sq.

71 Albert Soboul, *Robespierre und die Volksgesellschaften,* in: Walter Markov (ed.) *Maximilien Robespierre 1758-1794,* Berlin 1961, p 272.

72 l. c., p 277.

73 Albert Soboul, *Les Sansculottes Parisiens,* l. c., p 458.

74 l. c., p 458.

75 Albert Mathiez, *Manifest des Enragés, Annales Révolutionnaires* VII, p 547.

76 *Journal de la Montagne,* du 21.8.1793.

77 Markov, Soboul (ed.), l. c., p 66.

78 l. c., p 138-140.

79 l. c., p 220.

80 l. c., p 228.

81 l. c., p 230.

82 Vaughan (ed.). *The Political Writings of J. J. Rousseau,* Cambridge 1915 vol. II, p 479.

83 Albert Soboul, *Les Sansculottes Parisiens,* l. c., p 466.

84 l. c., p 467.

85 l. c.: »Les grandes propriétés . . . « sont dangereuses pour la République. Il faut »anéantir l'opulence particulière, assurer l'aisance générale

et bannir l'ignoble misère. C'est par les *alliances de riche à riche* que les fortunes restent entassées dans un cercle étroit de la société. Proposons de décréter que les hommes peuvent s'unir et non pas les fortunes« (p. 468). Es ist denkbar, daß dem Gesetzesvorschlag nur die Absicht zugrunde lag, den Zusammenschluß von Vermögen durch Heirat auszuschließen. Das wäre ein Gedanke, wie ihn ähnlich schon Rousseau im Verfassungsentwurf für Korsika skizziert hat.

86 Pierre Dolivier, *Essai sur la Justice Primitive*, Paris 1793, Reprint EDHIS, Paris 1967, p 25-27.

87 Albert Soboul, *L'audience des lumières sous la révolution Jean Jacques Rousseau et les classes populaires*, in *Utopie et Institutions au XVIIIe siècle, Le Pragmatisme des Lumières*, Pierre Francastel (ed.), Paris-La Haye 1963, p 292.

88 l. c., p 293. Cf. Albert Mathiez: »Nicolas de Bonneville le 30. 5. 1791 avait affirmé (dans la »Bouche de Fer«) que la nation ne peut être tenue *que par des lois qu'elle a consenties ou demandées*, que la Constitution ne deviendrait définitive qu'une fois ratifiée par le peuple; si les assemblées primaires étaient privées du *droit de critiquer les lois* et d'émettre des voeux, *l'aristocratie des représentants* succéderait à l'aristocratie nobiliaire« (Le Club des Cordeliers, Paris, p 28.).

89 Albert Soboul, *Les Sansculottes Parisiens*, p 508.

90 l. c., p 518.

91 l. c., p 519.

92 l. c. »Les députés seront révocables à la volonté de leur départements« – außerdem: »les fonctionnaires publics seront révocables par leurs commetants dont ils seront obligés d'éxécuter les délibérations« (p 521).

93 l. c. »rappeler à leurs délegués le droit imprescriptible qu'elles ont de retirer leur pouvoir et les rappeler à l'objet de leur mission«, (p 522). Ein Wähler in der Sektion des Halles verlangt am 9. 8. man möge »déclarer comme principe que la souveraineté imprescriptible du peuple admet le droit inaliénable et la *faculté de rappeler ses représentants* (sic!), toutes les fois qu'il le jugera convenable et conforme à ses interêts« (p 522).

94 Albert Soboul, L'audience des Lumières, l. c., p 293.

95 l. c., p 300.
»Die Freiheit ist also nur im Gesetz,
Das Gesetz ist der höchste Wille aller,
Es ist mein Werk, ich hab' es gemacht,
Den Gesetzen unterworfen gehorch ich mir selbst.«
»Die Gleichheit zieht den üppigen Lastern
Die bescheidene Tugend vor, die in den Hütten gedeiht.«

96 l. c., p 291.

Bibliographie

1. Bibliographien und Fragen der Chronologie der Werke Rousseaus

Bibliographie und Rezensionen der Arbeiten über Rousseau in *Annales de la Société J. J. Rousseau*, Genf 1905 sq.

Courtois, Louis J., *Chronologie critique de la vie et des œuvres de J. J. Rousseau, Annales* t. XV, Genf 1923 u. gesondert Genf, 1924.

Masson, P. M., *Questions de chronologie rousseauiste, Annales de la Société J. J. Rousseau*, t. IX, Genf 1913.

Sénelier, Jean, *Bibliographie générale des œuvres de J. J. Rousseau*, Paris PUF 1950.

2. Werke

Oeuvres complètes, Paris 1905 (édition Hacette) 12 vol. u. I Registerband. Die bisher gebräuchlichste Ausgabe.

Oeuvres complètes, édition sous la direction de B. Gagnebin et Marcel Raymond, Paris 1959 sq. Kritische Ausgabe in der Reihe »Bibliothèque de la Pleïade«.

Oeuvres et correspondance inédites, publiées par Streckeisen-Moultou, Paris 1861 I vol.

J. J. Rousseau, ses amis et ses ennemis, correspondance publié par Streckeisen-Moultou, Paris 1865 2 vol.

Correspondance Générale, éd. Dufour-Plan, Paris 1924-1934 20 vol. Dazu: P. P. Plan, *table de la Correspondance générale*, Genf 1953 (enthält einige Korrekturen und weitere, unveröffentlichte Briefe).

The political Writings of Jean Jacques Rousseau, edited by C. E. Vaughan, Cambridge 1915, 2 vol. Ausgezeichnete Ausgabe, die viele erstmals veröffentlichte Fragmente usw. enthält.

3. Einzelausgaben

Discours sur les richesses, ed. Bovet, Paris 1853. Hier wieder abgedruckt als Anhang II.

Über Kunst und Wissenschaft; über den Ursprung der Ungleichheit unter den Menschen, zweisprachige Ausgabe, herausg. v. K. Weigand, Hamburg 1955.

Du Contrat social, edited by C. E. Vaughan, Manchester 1918.

Du Contrat social, publié par Maurice Halbwachs, Paris 1943.

Du Contrat social, précédé d'un Essai sur la politique de Rousseau, par Bertrand de Jouvenel, Genf 1947.

4. *Literatur zur politischen Philosophie J. J. Rousseaus*

Barth, Hans, *Über die Idee der Selbstentfremdung des Menschen bei Rousseau, Ztschr. f. philos. Fschg.* v. XIII. 1958 p 16-35.

Barth, Karl, *Die protestantische Theologie im 19. Jh., ihre Vorgeschichte und ihre Geschichte,* 1952² (enthält ein umfangreiches und bemerkenswertes Kapitel über Rousseau).

Beaulavon, G., *La philosophie de Rousseau et l'esprit cartésien,* in *Etudes sur Descartes, Revue de Métaphysique et de Morale,* Paris 1937.

Bouglé, C., *Rousseau et le socialisme,* dans Leçons faites à l'Ecole des hautes études sociales, Paris 1912.

Bosanquet, Bernard, *The political philosophy of the state,* London 1899.

Bosanquet, Bernard, *Les idées politiques de Rousseau, Revue de Métaphysique et de Morale,* v. XX. 1912.

Bouthoumieux, Ch., *Essai sur le fondement philosophique des doctrines économiques, Rousseau contre Quesnay,* Paris 1936.

Bréhier, Emile, *Lectures malébranchistes de J. J. Rousseau, Revue int. de philos.* 1938.

Brockerhoff, F., *J. J. Rousseau, sein Leben und seine Werke,* 3 vol. 1863/74.

Burgelin, Pierre, *La philosophie de l'existence de J. J. Rousseau,* Paris 1950.

Carcasonne, E., *Montesquieu et le problème de la constitution française au 18ᵉ siècle* (bezeichnet Rousseau als größten Schüler M's cf. pp. 325 sq.).

Cassirer, Ernst, *Das Problem J. J. Rousseau, Archiv f. d. Gesch. der Philos.* v. 41 p 177-213, 479-513, 1932.

Castex, Pierre, *La pensée politique de Rousseau, Revue socialiste* jan.-mars 1949 p 52-76.

Chapman, John, *Rousseau totalitarian or liberal?,* New York 1956.

Chinard, M. G., *L'Amérique et le rêve exotique dans la littérature française du 17ᵉ et 18ᵉ siècle,* nouv. éd., Paris 1934.

Champion, Edm., *J. J. Rousseau révolutionnaire,* Paris 1909.

Cobban, Alfred, *Rousseau and the modern state,* London 1934.

Cole, G. D. H., *Essays in social theory,* London 1950 (enthält: Rousseaus political theory).

Davy, Georges, *Thomas Hobbes and J. J. Rousseau,* the Zaharoff Lecture for 1953, Oxford 1953.

Delbos, Victor, *Rousseau et Kant, Revue de Métaph. et de Morale,* Paris 1912.

Derathé, Robert, *Le Rationalisme de Rousseau,* Paris 1948.

Derathé, Robert, *Rousseau et la science politique de son temps,* Paris 1950 (umfangreiche Bibliographie).

Duguit, Léon, *J. J. Rousseau, Kant et Hegel, Revue du droit publ. et de la science politique en France et à l'étranger,* avril-sept. 1918.

Durkheim, Emile, *Le Contrat Social de J. J. Rousseau, Revue de Métaph. et de Morale* jan.-fév., mars-avril 1918.

Durkheim, Emile, *Montesquieu et Rousseau, précurseurs de la sociologie,* Paris 1953.

Dietrich, K., *Kant und Rousseau,* 1878.

Erdmann, K. D., *Das Verhältnis von Staat und Religion nach der Sozialphilosophie Rousseaus* (Der Begriff der Religion Civile), *Hist. Studien* H. 271, Berlin 1935.

Einaudi, Luigi, *J. J. Rousseau, les théories de la volonté générale et du parti-guide, et les tâches universitaires, Kyklos,* v. IX, p 289-298, 1956.

Faguet, Emile, *La politique comparé de Montesquieu, Rousseau et Voltaire,* Paris 1902.

Faguet, Emile, *Rousseau penseur,* Paris (1910).

Fester, R., *Rousseau und die deutsche Geschichtsphilosophie,* 1890.

Frances Madeleine, *Les reminiscenses spinozistes dans le Contrat Social de Rousseau, Revue philos.* t. CVLI 1951, p 61-84.

Glum, Friedrich, *Rousseau und der Staat,* Stuttgart 1956.

Gough. J. W., *The social contract,* Oxford 1957.

Green, F. C., *Jean Jacques Rousseau, a critical study of his life and writings,* Cambridge 1955.

Gouhier, Henri, *Nature et histoire dans la pensée de Jean Jacques Rousseau, Annales* t. XXXIII, 1953/55 p 7-48.

Gueroult, Martial, *Nature humaine et état de nature chez Rousseau, Kant et Fichte, Revue philos.* LXVI 1941.

Groethuysen, Bernard, *J. J. Rousseau,* Paris 1949.

Gurwitsch, Georg, *Kant und Fichte als Rousseau-Interpreten, Kant-Studien* t. XXVII 1922 p 138-164.

Haymann, Franz, *J. J. Rousseaus Sozialphilosophie,* Berlin 1898.

Haymann, Franz, *Weltbürgertum und Vaterlandsliebe in der Staatslehre Rousseaus und Fichtes,* Berlin 1924.

Haymann, Franz, *La loi naturelle dans la philosophie politique de J. J. Rousseau, Annales* t. XXX 1943/45, p 65-109.

Hashagen, J., *Zur Deutung Rousseaus,* in *HZ* v. 158. p 229-247, 1933.

Häring, Theodor, *Der Gedanke des Sozialvertrags, Kant-Studien* vol. 43. 1943.

Havens, G. R., *La théorie de la bonté naturelle de l'homme chez J. J. Rousseau, Revue d'hist. litt.* XXXI u. XXXII année 1924/25.

Hirsch, E., *Rousseaus Geschichtsphilosophie,* in Festgabe f. Binder, 1930.

Hubert, René, *Les sciences sociales dans l'encyclopédie,* Paris 1923.

Hubert, René, *Rousseau et l'encyclopédie,* Paris 1928.

Hendel, Charles, *Rousseau moralist,* London 1934, 2 vol.

Jaurès, J., *Les idées politiques et sociales de J. J. Rousseau, Revue de Métaph. et de Morale,* vol. XX, 1912.

Krienitz, Moritz, *Das Wesen des Gemeinwillens bei J. J. Rousseau,* Greifswalder Dissertation, 1925.

Landmann, Max, *Der Souveränitätsbegriff bei den französischen Theoretikern von Bodin bis auf J. J. Rousseau,* Leipzig 1896.

Lanson, Gustave, *L'unité de la pensée de J. J. Rousseau, Annales* t. VIII, 1912.

Léon, P. L., *Kritische Studien über Rousseau in Archives de philosophie du droit et de sociologie juridique*, 1934-1938:

1. *Rousseau et les fondements de l'état moderne*, 1934, p 197-238.
2. *Le problème du contrat social chez Rousseau*, 1935, p 157-201.
3. *L'idée de volonté générale et ses antécédents historiques*, 1936, p 148-200.
4. *L'évolution de l'idée de la souveraineté avant Rousseau*, 1937, p 152-185.
5. *La notion de souveraineté dans la doctrine de Rousseau*, 1938, p 231-269.

Liepmann, M., *Die Rechtsphilosophie des J. J. Rousseau*, Berlin 1898.

Lovejoy, Arthur O., *Essays in the history of Ideas*, Baltimore 1948 (enthält u. a.: the supposed primitivism of Rousseaus Discourse on Inequality, erstmals in *Modern Philology* XXI. ann. p 165-186, 1923 veröffentlicht).

McDonald, Joan, *Rousseau and the french revolution* 1762-1791, London 1965.

McNeil, Gordon, *The cult of Rousseau and the french revolution, Journal of the history of ideas*, vol. VI, 1945.

Marck, Siegfried, *Grundbegriffe der Rousseauschen Staatsphilosophie, Kant-Studien* vol. 27, 1922, p 165 sq.

Masson, P. M., *La religion de J. J. Rousseau*, Paris 1916 3 vol.

Meinhold, Peter, *Rousseaus Geschichtsphilosophie*, Tübingen 1936.

Mensch, E., *J. J. Rousseau, der Philosoph des Naturrechts*, Berlin 1907.

Meynier, Albert, *J. J. Rousseau révolutionnaire*, Paris 1912.

Mondolfo, R., *Il Contratto sociale e la tendenza communista in Rousseau, Rivista di filos. e szienze affini*, Bologna ott-dic. 1907 p 693-717.

Moreau-Rendu, S., *L'idée de bonté naturelle chez J. J. Rousseau*, Paris 1929.

Morel, Jean, *Recherches sur les sources du Discours de J. J. Rousseau sur l'origine et les fondements de l'inégalité parmi les hommes, Annales* t. V. 1909.

Mornet, Daniel, *L'influence de J. J. Rousseau au 18e siècle, Annales*, t. VII, 1912.

Mornet, Daniel, *Rousseau l'homme et l'oeuvres*, Paris 1950.

Osborn, Annie O., *Rousseau and Burke, a study of the idea of liberty in 18th century political thought*, New York 1940.

Pahlmann, F., *Mensch und Staat bei Rousseau*, 1939.

Petruzzelis, Nicola, *Il pensiero politico di G. G. Rousseau*, Bari 1958.

Rang, Martin, *Rousseaus Lehre vom Menschen*, Göttingen 1959 (gute Bibliographie).

Reich, Klaus, *Rousseau und Kant*, Tübingen 1936.

Reich, Klaus, *Staatsrecht und Ethik bei Rousseau, Roman. Fschgn.* vol. 60 Hasc. 4, 1947, p 719-734.

Reiche, Egon, *Rousseau und das Naturrecht*, Berlin 1935.
Ravier, André, *L'éducation de l'homme nouveau, essai historique et critique sur le livre de l'Emile*, Issoudoun 1941, 2 vol.
Reiner, H., *Rousseaus Idee des Contrat Social und die Freiheit des Staatsbürgers, Archiv f. Rechts- u. Sozialphilos.* vol. XXXIX, 1950, p 36-62.
Ritzel, Wolfgang, *J. J. Rousseau*, Stuttgart 1959.
Röhrs, Hermann, *J. J. Rousseau, Vision und Wirklichkeit*, Heidelberg 1957.
Rodari, Domenico, *G. G. Burlamacchi et G. G. Rousseau, una fonte trascurata del Contratto sociale, Rivista filios.* vol. XI nov./dic. 1909, p 645-666, 758-779.
Schinz, Albert, *La question du contrat social, nouvelle contribution sur les rapports de J. J. Rousseau avec les encyclopédistes, Rev. d'hist. litt. de la France* t. XIX, p 741 1912.
Schinz, Albert, *La pensée de J. J. Rousseau*, Paris 1929.
Schwartz, Otto, *J. J. Rousseaus Ideal der staatsbürgerlichen Freiheit und die moderne Staatsverfassung*, Erlanger Dissertation 1922.
Seillière, Ernest, *Die Philosophie des Imperialismus*, Bd. 3: *Der demokratische Imperialismus, Rousseau, Proudhon, Marx*, dt. Berlin 1907.
Seillière, Ernest, *J. J. Rousseau*, Paris 1921.
Spink, J. St., *J. J. Rousseau et Genève . . .*, Paris 1934.
Stadelmann, Rudolf, *Die Anfänge einer Kulturphilosophie in Rousseaus erstem Discours, Vierteljahrsschr. f. Literaturwiss. u. Geistesgesch.* 1929 H 1.
Stammler, Rudolf, *Notion et portée de la volonté générale chez J. J. Rousseau, Revue de Métaph. et de Morale* vol. XX, 1912.
Stammler, Rudolf, *Begriff u. Bedeutung der volonté générale bei Rousseau*, in *Rechtsphilos. Abhandlungen* Bd. I. 1925.
Strauß, Leo, *On the intention of Rousseau, Social Research* Jg. 1947.
Strauß, Leo, *Natural Right and History*, Chicago 1953, dt. Stuttgart 1956 (Kap. 6 über Rousseau).
Stutzer, Walter, *J. J. Rousseau und die Schweiz. Zur Geschichte des Helvetismus*, Basel 1950.
Talmon, J. D., *The Rise of Totalitarian Democracy*, Boston 1952.
Valk, Lizzy, *Rousseaus wirtschaftspolitische Ideen*, Marburger Dissertation 1927.
Volpe, G. della, *Rousseau e Marx*, Roma 1957.
Vorländer, Karl, *Kant und Rousseau, Neue Zeit*, 1919 Nr. 20 sq.
Vossler, Otto, *Der Nationalgedanke von Rousseau bis Ranke*, 1937.
Vuy, Jules, *Origines des idées politiques de Rousseau*, Genf 1889^2.
Weil, Eric, *J. J. Rousseau et la politique* (Sammelreferat), *Critique* 7. année, No. 56, 1952 p 3-28.
Windenberger, J. L., *La République confédérative des petits états, essai sur le système de politique étrangère de J. J. Rousseau*, Paris 1899.
Wright, Ernest H., *The meaning of Rousseau*, London 1929.

Ziegenfuß, Werner, *J. J. Rousseau. Eine soziologische Studie*, Berlin 1952.

5. *Werke älterer und zeitgenössischer Autoren*

a) Ethik und Anthropologie

Abbadie, Jacques, *L'art de se connoitre soi-mesme, ou la recherche des sources de la morale* (1692), den Haag 1749 (nouvelle édition).

Duclos, *Considérations sur les moeurs de ce siècle*, Paris 1767 5ième édition. *Mémoires pour servir de suite aux considérations sur les moeurs de ce siècle*, 2. édition, Paris 1767.

Fénelon, François de Salignac de la Motte, *Les aventures de Télémaque* (1699), ed von 1753.

Lucretius Carus, Titus, *De rerum natura*, dt. *Über die Natur der Dinge*, ed. H. Diels, Berlin 1957.

Malebranche, Nicolas, *Oeuvres Complètes*, ed. Genoude, Lourdoueix, Paris, 2 vol. 1837.

Mandeville, Bernard de, *The fable of the bees or private vices public benefits* (1714), dt. *Die Bienenfabel*, München 1914. Auch: Frankfurt/Main 1968, ed. W. Euchner (Suhrkamp).

Manzon, M., *Nouveau manuel philosophique et moral par M. le Duc de la Rochefoucault*, Amsterdam et Münster 1794 (nouvelle édition).

Pascal, *Pensées*, ed. par V. Giraud, Paris 1943, choix de textes, par Marcel Arland, Paris 1946.

Plutarch, *Große Griechen und Römer*, Zürich und Stuttgart 1954, Bd. I. (besonders Lykurgos und Numa).

Logique de Port Royal, ed. Barré, Paris 1859.

La Rochefoucauld und Vauvenargues, *Réflexions* und *oeuvres choisies*, Classiques Garnier, Paris o. J.

Shaftesbury, Anthony Graf, *An inquiry concerning virtue*, London 1699, 2 vol. neue Ausgabe, Heidelberg 1904.

Vauvenargues, Luc de Clapiers Marquis de, *Oeuvres Morales*, Paris 1884, 3 vol.

b) Politik und Naturrechtslehre

Burlamaqui, Jean-Jacques, *Principes du droit naturel*, Genève 1747.

Cumberland, Richard, *Traité philosophique des lois naturelles, où l'on cherche et l'on établit, par la nature des choses, la forme de ces lois, leurs principaux chefs, leur ordre, leur publication et leur obligation: on y refute aussi les Elements de la Morale et de la Politique de Thomas Hobbes*, traduit du latin par M. Barbeyrac, Amsterdam 1744.

Diderot, Denis, *Oeuvres Complètes* ed. Assézat et Tourneux, Paris 1875-1879.

Grotius, Hugo, *De jure belli ac pacis*, libri tres, ed. Molhuysen, Lugduni Batavorum, 1919.
Le droit de la Guerre et de la Paix, nouvelle traduction par Jean Barbeyrac, Basle 1746.
Drei Bücher über das Recht des Krieges und Friedens, ed. v. Kirchmann, Berlin 1869.
Hobbes, Thomas, *Leviathan* und *de cive*, in *The English Works*, ed. W. Molesworth, 11 vol., London 1839-45 bzw. Opera Philosophica quae latine scripsit, ed. Molesworth, London 1839-45, 5 vol.
Locke, John, *Second Treatise von Civil Government and a letter concerning Toleration*, ed. J. W. Gough, Oxford o. J.
Mably, Abbé de, *Oeuvres complètes*, Londres 1789.
Machiavelli, Niccolo, *Discorsi sopra la prima deca di Tito Livio*, in *Opere*, Milano 1820, 9 vol., vol. 3.
Montesquieu, Charles-Louis de Secondat, Baron de la Brède et de, *Esprit des Lois*, in *Oeuvres Complètes*, ed. de la Pleiade, Paris 1949, 2 vol.
Pufendorf, Samuel, *De jure naturae et gentium libri octo*, Lund 1672. *Le Droit de la Nature et des Gens, ou Système général des Principes les plus importants de la Morale, de la jurisprudence, et de la Politique*, traduit du latin par Jean Barbeyrac, Amsterdam 1706.
Suarez, Franciscus, *Tractatus de Legibus et Legislatore Deo*, in *Opera Omnia*, Paris 1856-61, vol. V.
Voltaire, *Oeuvres complètes* ed Bédollière & Avenel, Paris 1867, 9 vol. 40.
Weis, Eberhard, *Geschichtsschreibung und Staatsauffassung in der franz. Enzyklopädie, Veröffentlichungen des Instituts f. europäische Geschichte*, Mainz, Bd. 14, 1956.

c) Ökonomie

Baudeau, Abbé Nicolas, *Introduction à la philosophie économique*, 1771.
Dupont de Nemours, Pierre Samuel, *Physiocratie ou constitution essentielle du gouvernement le plus avantageux au genre humain*, 1767, Neudruck, Physiocrates ed. Daire, Paris 1846.
De l'origine et des progrès d'une science nouvelle, Londres 1767.
Observations sur les effets de la liberté du commerce des grains et sur ceux des prohibitions, Bâle 1770.
Hasbach, Wilhelm, *Die allgemeinen philosophischen Grundlagen der von Quesnay und A. Smith gegründeten polit. Ökonomie, Schmollers Jb.* 10, Jg. 1890, H. 2.
Mercier de la Rivière, Pierre-Paul, *L'ordre naturel et essentiel des sociétés politiques*, Paris 1767.
L'intérêt général de l'Etat ou la liberté du commerce des blés., Amsterdam 1770.
Mirabeau, Marquis Victor, *La théorie de l'impôt*, 1760.
La philosophie rurale, 1763.

Quesnay, Francois, Artikel Grains und Fermiers in der *Großen Enzyklopädie* (1756/57). *Tableau économique*, 1758.
Maximes générales d'un royaume agricole, 1760.
Oeuvres économiques et philosophiques ed. Oncken, Frankfurt 1888.
Quesnay et la Physiocratie, 2 vol. études et textes ed. par l'Institut national d'études démographiques, Paris 1958.
Turgot, Anne Robert Jacques, *Réflexions sur la formation et la distribution des richesses*, 1768, *Oeuvres* ed. Schelle, Paris 1913-23, 4 vol.
Vauban, Sébastien le Prestre Marquis de, *La dîme royale*, 1707. Neudruck in *Economistes-Financiers du XVII. siècle* ed. Daire, Paris 1843, p 1-154.
Woulersse, *Le mouvement physiocratique en France de 1756 à 1770*, Paris 1910. Weitere Literatur in *Quesnay et la Physiocratie* 1958.

Namens- und Sachverzeichnis*

Namensverzeichnis

* Zusammengestellt v. Walter *Euchner;* für die 3. Aufl. bearbeitet von Günter *Dill*

Sachverzeichnis